Schriftenreihe
der Juristischen Schulung

Band 140

Strafrecht im Assessorexamen

von

Dr. Gereon Wolters

o. Professor an der Ruhr-Universität Bochum
Richter am Oberlandesgericht Düsseldorf (bis 2010)
Mitglied des Verfassungsgerichtshofes
für das Land Nordrhein-Westfalen

und

Dr. Michael Gubitz

Rechtsanwalt in Kiel
Fachanwalt für Strafrecht
Honorarprofessor an der Ruhr-Universität Bochum

9., vollständig überarbeitete Auflage 2021

C.H.BECK

Zitiervorschlag: *Wolters/Gubitz* StrafR

www.beck.de

ISBN Print 978 3 406 76557 5
ISBN E-Book 978 3 406 77730 1

Wilhelmstraße 9, 80801 München
Umschlagsgestaltung, Satz, Druck und Bindung: Druckerei C. H. Beck, Nördlingen
(Adresse wie Verlag)

Gedruckt auf säurefreiem, alterungsbeständigem Papier
(hergestellt aus chlorfrei gebleichtem Zellstoff)

Inhaltsverzeichnis

Abkürzungsverzeichnis

Abs.	Absatz
a. F.	alte Fassung
AG	Amtsgericht
Alt.	Alternative
AMG	Arzneimittelgesetz
Anm.	Anmerkung
AufenthG	Aufenthaltsgesetz
Aufl.	Auflage
Az.	Aktenzeichen
BBG	Bundesbeamtengesetz
Bd.	Band
BeamtStG	Beamtenstatusgesetz
Beschl.	Beschluss
BGB	Bürgerliches Gesetzbuch
BGBl.	Bundesgesetzblatt
BGH	Bundesgerichtshof
BGHSt	Sammlung der Entscheidungen des Bundesgerichtshofs in Strafsachen
Bl.	Blatt
BRAO	Bundesrechtsanwaltsordnung
BT-Drs.	Bundestags-Drucksache
BtMG	Gesetz über den Verkehr mit Betäubungsmitteln
BVerfG	Bundesverfassungsgericht
BVerfGE	Sammlung der Entscheidungen des Bundesverfassungsgerichts
BZRG	Bundeszentralregistergesetz
d. A.	der Akte
DRiG	Deutsches Richtergesetz
EGMR	Europäischer Gerichtshof für Menschenrechte
EGGVG	Einführungsgesetz zum Gerichtsverfassungsgesetz
EGStPO	Einführungsgesetz zur Strafprozessordnung
Einl.	Einleitung
EMRK	Europäische Konvention zum Schutz der Menschenrechte
f. /ff.	folgende
GA	Goltdammer's Archiv für Strafrecht
GG	Grundgesetz
GS	Großer Senat (in Strafsachen)
GVG	Gerichtsverfassungsgesetz
i. V. m.	in Verbindung mit
JA	Juristische Arbeitsblätter
JGG	Jugendgerichtsgesetz
Jura	Juristische Ausbildung
JR	Juristische Rundschau
JuS	Juristische Schulung
JZ	Juristenzeitung

KK-StPO .... Karlsruher Kommentar zur Strafprozessordnung

LG .... Landgericht
lit. .... litera
LK-StGB .... Leipziger Kommentar zum Strafgesetzbuch

MDR .... Monatsschrift für Deutsches Recht
MiStra .... Anordnung über Mitteilung in Strafsachen
Mod. .... Modalität
MüKoStPO .... Münchener Kommentar zur Strafprozessordnung

n. F. .... neue Fassung
NJW .... Neue Juristische Wochenschrift
Nr. .... Nummer
NStZ .... Neue Zeitschrift für Strafrecht
NStZ-RR .... Neue Zeitschrift für Strafrecht – Rechtsprechungs-Report

OLG .... Oberlandesgericht
OWiG .... Ordnungswidrigkeitengesetz

PflVG .... Pflichtversicherungsgesetz

RiStBV .... Richtlinien für das Strafverfahren und das Bußgeldverfahren
Rn. .... Randnummer
RPflG .... Rechtspflegergesetz
Rspr. .... Rechtsprechung

S. .... Seite
s. .... siehe
SG .... Soldatengesetz
SK-StGB .... Systematischer Kommentar zum Strafgesetzbuch
StGB .... Strafgesetzbuch
StPO .... Strafprozessordnung
StrEG .... Gesetz über die Entschädigung für Strafverfolgungsmaßnahmen
StV .... Strafverteidiger (Zeitschrift)
StVG .... Straßenverkehrsgesetz
StVO .... Straßenverkehrsordnung

vgl. .... vergleiche

ZRP .... Zeitschrift für Rechtspolitik
ZStW .... Zeitschrift für die gesamte Strafrechtswissenschaft

Literaturverzeichnis

Amelung .... Die Entscheidung des BVerfG zu „Gefahr im Verzug" i. S. d. Art. 13 Abs. 2 GG, NStZ 2001, 337

Arntzen .... Psychologie der Zeugenaussage, System der Glaubwürdigkeitsmerkmale, 5. Aufl. 2011

Arzt .... Die Strafrechtsklausur, 7. Aufl. 2006

Barton .... Die Abgrenzung der Sach- von der Verfahrensrüge bei der klassischen und der erweiterten Revision in Strafsachen, JuS 2007, 977

Beulke .... Die Unmittelbarkeit der Beweisaufnahme in der Hauptverhandlung, JA 2008, 758.

Beulke/Swoboda .... Strafprozessrecht, 15. Aufl. 2020

Bick .... Typische Fehler des strafrechtlichen Urteils, JA 1995, 583 ff.

Bischoff .... Aus der Praxis: Rücknahme und Verzicht bei strafprozessualen Rechtsmitteln, JuS 2018, 670 ff.

Bischoff .... Assessorexamensklausur – Strafrecht: Die Nachtragsanklage, JuS 2004, 508

Bischoff/Braam .... Assessorexamensklausur – Strafrecht: Urteilsklausur – Das Ende einer Partynacht, JuS 2017, 1203

Bischoff/Braam .... Die Verfolgungsjagd, JA 2016, 939

Bischoff/Teepe .... Assessorexamensklausur – Strafrecht: Urteilsklausur – Von Mietern und Motorrädern, JuS 2019, 1198

Blaese/Wielop .... Die Förmlichkeiten der Revision in Strafsachen, 3. Aufl. 1991

Böhm/Feuerhelm .... Einführung in das Jugendstrafrecht, 4. Aufl. 2004

Bosbach .... Verteidigung im Ermittlungsverfahren, 8. Aufl. 2015

Bottke .... Wahrheitspflicht des Strafverteidigers, ZStW 96 (1984), 726

Brößler/Kunnes .... Strafprozessuale Revision, 9. Aufl. 2015

Brunner .... Abschlussverfügung der Staatsanwaltschaft, Eine Anleitung für Klausur und Praxis, 14. Aufl. 2019

Brunner/Heintschel-Heinegg .... Staatsanwaltschaftlicher Sitzungsdienst, Eine Anleitung für Klausur und Praxis, 15. Aufl. 2018

Brunner/Kunnes/Reiher .... Strafrechtliche Assessorklausuren mit Erläuterungen, 11. Aufl. 2020

Burghardt .... Der Rechtsschutz gegen Zwangsmittel im Ermittlungsverfahren, JuS 2010, 605

Dahs .... Die Revision im Strafprozess, 9. Aufl. 2017

Dahs .... Die Wahrheitspflicht des Strafverteidigers, StraFo 2000, 181

Dallmayer .... Die Station in Zivilsachen, 10. Aufl. 2018

Ebert/Gregor/Günter .... Die Anwaltsklausur in der Zweiten Juristischen Staatsprüfung, 2003

Eichel .... Wann Schweigen wirklich Gold ist – die Unterschiede der Verwertung früherer Aussagen von Angeklagten und Zeugen bei Aussageverweigerung in der Hauptverhandlung, JA 2008, 631

Eisenberg/Kölbel .... Jugendgerichtsgesetz, 21. Aufl. 2020

Emde .... Formulierungshilfen zu Gutachten, Anklageschrift und Begleitverfügung in der Assessorklausur, JuS 1996, 442 ff., 631 ff., 825 ff. und 924 ff.

Fezer .... Strafprozessrecht, 2. Aufl. 1995
Fischer .... Strafgesetzbuch und Nebengesetze, 68. Aufl. 2021
Fischer .... Vom „Lesen“ einer zivilrechtlichen Klausur, JuS 2003, 375

Gaede .... Der neue Minimalismus bei der Achtung des Konfrontationsrechts – von tatsächlichen Einschränkungen und vermeintlichen Hintertüren, StV 2018, 175
Geppert .... Das Beweisverbot des § 252 StPO, Jura 1988, 305 ff. und 363 ff.
Gerhold/Hoefer/Ingwersen-Stück/Schulz .... Formulare für Referendare, 2. Aufl. 2016
Graf .... Mustertexte zum Strafprozess, 9. Aufl. 2015
Gremmer .... Assessorexamensklausur – Strafrecht: Verkehrsstrafrecht und Strafzumessung, JuS 2009, 251

Haller/Conzen .... Das Strafverfahren, Eine systematische Darstellung mit Originalakte und Fallbeispielen, 8. Aufl. 2018
Hamm .... Die Revision in Strafsachen, 7. Aufl. 2010
Hamm/Leipold .... Beck'sches Formularbuch für den Strafverteidiger, 6. Aufl. 2018
Hannich .... Karlsruher Kommentar zur Strafprozessordnung und zum Gerichtsverfassungsgesetz mit Einführungsgesetz, 8. Aufl. 2019 (zit.: KK-StPO/*Bearbeiter*)
Heghmanns .... Das Arbeitsgebiet des Staatsanwalts, 5. Aufl. 2017
Hellebrand .... Die Staatsanwaltschaft, Arbeitsgebiet und Arbeitspraxis, 1999
Hellmann .... Fallsammlung zum Strafprozessrecht, 3. Aufl. 2007
Horn .... Sprachfehler, Formfehler, Denkfehler, Jura 1984, 499 ff.
Huber/Hofer .... Das Strafurteil, Grundfragen zu Aufbau und Abfassung von Verurteilung, Freispruch und Einstellung, 3. Aufl. 2016

Ignor/Bertheau .... Die sogenannte Vollstreckungslösung des Großen Senats für Strafsachen – wirklich eine Lösung?, NJW 2008, 2209

Kaiser/Schöneberg .... Der Kurzvortrag im Assessorexamen – Strafrecht, 6. Aufl. 2009
Keiser .... Jugendliche Täter als strafrechtliche Erwachsene, GA 2008, 686
Klesczewski/Schössling .... Strafakte, Von der Strafanzeige bis zum Revisionsurteil, 2003
Knauer/Kudlich/Schneider .... Münchener Kommentar zur Strafprozessordnung, 2014 ff. (zit.: MüKoStPO/*Bearbeiter*)
Knauer/Wolf .... Zivilprozessuale und strafprozessuale Änderungen durch das Erste Justizmodernisierungsgesetz, NJW 2004, 2932
Kock/Neumann .... Strafurteil und Revisionsrecht in der Assessorklausur, Gerichtliche und anwaltliche Aufgabenstellungen, 9. Aufl. 2018
Kraatz .... Die neue Vollstreckungslösung und ihre Auswirkungen, JR 2008, 189

Kraß .... Anklage und Begleitverfügung, Fehlermöglichkeiten und Formulierungsvorschläge, 1977
Krause .... Die Revision im Strafverfahren, 5. Aufl. 2001
Kröpil .... Das strafrechtliche Prüfungsgespräch in den juristischen Staatsprüfungen, JuS 2009, 738 f.
Kroiß .... Revision und Plädoyer im Strafprozess, 2. Aufl. 2001
Krüger/Kock .... Die staatsanwaltliche Assessorklausur, 11. Aufl. 2019
Krüger/Kock .... Die strafrechtliche Assessorklausur, Bd. 2: Aufgabenstellungen im Zwischen-, Haupt- und Rechtsmittelverfahren, Der Aktenvortrag, 3. Aufl. 2002
Krüger/Neumann .... Die strafrechtliche Assessorklausur, Bd. 3, Anwaltliche Aufgabenstellungen, 2006
Kruse .... Übungsklausur – Strafrecht: Der Untergang Babylons, JuS 2007, 822
Kunigk .... Die staatsanwaltschaftliche Tätigkeit, Einführung mit Musterverfügungen, 3. Aufl. 1983

Lackner/Kühl .... Strafgesetzbuch mit Erläuterungen, 29. Aufl. 2018
Laufhütte/Rissing-van Saan/Tiedemann .... Leipziger Kommentar, Strafgesetzbuch, Band 2, 12. Aufl. 2006 (zit.: LK-StGB/*Bearbeiter*)
Löwe/Rosenberg .... Großkommentar, Strafprozessordnung, Band 5/1, 27. Aufl. 2020

Mansdörfer/Timmerbeil .... Grundfälle zur Tenorierung strafrechtlicher Entscheidungen, JuS 2001, 1102 ff. und 1209 ff.
Melzer .... Der Untersuchungshaftbefehlsantrag in Klausur und Praxis, JA 2009, 213
Melzer .... Der Aufbau des erstinstanzlichen Strafurteils in der Assessorklausur, JuS 2008, 878 ff.
Meyer-Goßner .... Hinweise zur Abfassung des Strafurteils aus revisionsrechtlicher Sicht, NStZ 1988, 529 ff.
Meyer-Goßner/Appl .... Die Urteile in Strafsachen, sowie Beschlüsse und Protokoll der Hauptverhandlung, 29. Aufl. 2014
Meyer-Goßner/Schmitt .... Strafprozessordnung, Gerichtsverfassungsgesetz, Nebengesetze und ergänzende Bestimmungen, 63. Aufl. 2020
Miebach .... Die freie richterliche Beweiswürdigung in der neueren Rechtsprechung des BGH, NStZ 2020, 72 ff.
Moldenhauer/Wenkse .... Aktuelle Entwicklungen der Rechtsprechung zur Gefahr im Verzug, JA 2017, 206 ff.
Moldenhauer/Wenkse .... Aktuelle Entwicklungen der Rechtsprechung zum Recht der Zeugnisverweigerung, JA 2017, 860 ff.
Moldenhauer/Wenkse .... Aktuelle Entwicklungen der Rechtsprechung zur Verständigung, JA 2019, 698 ff.
Mosbacher .... Aktuelles Strafprozessrecht, JuS 2019, 129 ff., 766
Müller-Christmann .... Der Kurzvortrag in der Assessorprüfung, 3. Aufl. 2001
Mürbe/Geiger/Haidl .... Die Anwaltsklausur in der Assessorprüfung, 6. Aufl. 2011
Murmann .... Prüfungswissen Strafprozessrecht, 4. Aufl. 2019

Neuhaus .... Zur Notwendigkeit der qualifizierten Beschuldigtenbelehrung, NStZ 1997, 315

Pfeiffer .... Strafprozessordnung und Gerichtsverfassungsgesetz, Kommentar, 5. Aufl. 2005
Proppe/Solbach .... Fallen, Fehler, Formulierungen, 3. Aufl. 1995

Rabe von Kühlwein .... Klausurtechnik und Taktik in der staatsanwaltlichen Assessorklausur, JuS 2019, 436 ff.

Riemann-Prehm/Rottpeter/Schmidt/Theede .... Die strafrechtliche Pflichtklausur im Assessorexamen, Aufbau und examenswichtige Probleme, 3. Aufl. 2002

Riemann-Prehm/Soyka .... Die Anwaltsklausur Strafrecht, 2007

Rössner .... 30 Probleme aus dem Strafprozessrecht, 4. Aufl. 2020

Roxin/Achenbach/Jäger/Heinrich .. Strafprozessrecht, 17. Aufl. 2019

Roxin/Schünemann .... Strafverfahrensrecht, Ein Studienbuch, 29. Aufl. 2017

Russack .... Die Revision in der strafrechtlichen Assessorklausur, 13. Aufl. 2019

Safferling .... Die zwangsweise Verabreichung von Brechmitteln, Jura 2008, 100

Schäfer/Sander .... Die Praxis des Strafverfahrens, 6. Aufl. 2000

Scheffler .... Systemwechsel ohne System, ZIS 2008, 269

Schellhammer .... Die Arbeitsmethode des Zivilrichters, 18. Aufl. 2019

Schenke .... Verwaltungsprozessrecht, 16. Aufl. 2019

Schleif .... Der Aktenvortrag im Assessorexamen, JA 2007, 716

Schönke/Schröder .... Strafgesetzbuch, Kommentar, 30. Aufl. 2019 (zit.: Schönke/Schröder/*Bearbeiter*)

Schwaben .... Die Rechtsprechung des BGH zwischen Rüge und Aufklärungsverbot, NStZ 2002, 288

Schroeder/Verrel .... Strafprozessrecht, 7. Aufl. 2017

Schroeder/Meindl .... Fallrepetitorium zum Strafverfahrensrecht, 4. Aufl. 2004

Solbach .... Dreizehn Regeln für den strafrechtlichen Vortrag im Assessorexamen, JA 1995, 226 ff.

Solbach .... Zur Fassung des Anklagesatzes, MDR 1978, 900 ff.

Solbach/Auchter-Mainz/Deller/Schützeberg .... Anklageschrift, Einstellungsverfügung, Dezernat und Plädoyer, 14. Aufl. 2016

Soyka .... Die Referendarstation bei der Staatsanwaltschaft, Ein Leitfaden, 5. Aufl. 2020

Stülpnagel .... Die wesentlichen Voraussetzungen des Einlegens und der Begründung der strafprozessualen Revision, JA 2004, 231

Vollmer/Heidrich/Neher .... Die Assessorklausur im Strafprozess, 12. Aufl. 2019

von der Heide/Kassebaum .... Aktuelle Rechtsprechung zum Jugendstrafrecht, NStZ-RR 2017, 233

Vordermayer/Heintschel-Heinegg .. Handbuch für den Staatsanwalt, 6. Aufl. 2018

Waßmer .... Verfahrensverzögerung im Strafverfahren als Verfahrenshindernis von Verfassungs wegen, ZStW 118 (2006), 159

Weidemann/Scherf .... Die Revision im Strafrecht, 4. Aufl. 2020

Wessels/Beulke/Satzger .... Strafrecht Allgemeiner Teil, 50. Aufl. 2020

Westphal/Tetenberg .... Strafrechtliche Musterklausuren für die Assessorprüfung, 8. Aufl. 2020

Wolter .... Systematischer Kommentar zum Strafgesetzbuch, Bd. II, 9. Aufl. 2016, Bd. III, 9. Aufl. 2017 (zit.: SK-StGB/*Bearbeiter*)

Wolters .... Fälle mit Lösungen für Fortgeschrittene im Strafrecht, 2. Aufl. 2006

Wolters .... Neues zum strafgesetzlichen Fahrverbot, Festschrift für Thomas Feltes, 2021, S. 597 ff.

Ziegler .... Das Strafurteil, 8. Aufl. 2019

Einleitung[1]

War der Markt zum Zeitpunkt der Erstauflage dieses Anleitungswerks vor inzwischen über zwei Jahrzehnten noch recht gut zu überschauen, widmet sich dem Assessorexamen im Strafrecht heute eine große und noch stetig wachsende Zahl von Veröffentlichungen. Zu den bereits lange eingeführten Werken[2] gesellen sich mehr und mehr Neuerscheinungen,[3] die der Examenskandidatin und dem Examenskandidaten den Schlüssel zum Erfolg in der Assessorklausur und in der mündlichen Assessorprüfung in die Hand geben möchten.[4] 1

Dieses ständig wachsende Angebot, zu dem sich noch die große Zahl privater Repetitorien nebst den jeweils herausgegebenen Skripten gesellt, mag die Examensvorbereitung einzelner zwar erleichtern, bei vielen Referendarinnen und Referendaren dürfte es jedoch die schon vorhandenen Orientierungsschwierigkeiten verstärken. Dies gilt insbesondere auch deswegen, weil sich einige Anleitungsbücher zwar ihrem Titel nach auf die *Assessorklausur* beziehen, bei näherer Betrachtung aber nicht allein deren Anforderungen aufzeigen, sondern geneigt sind, die gesamte strafrechtliche Stationsausbildung abzudecken.[5] Nun mag das besten Absichten folgen, im Hinblick auf die Examensklausur dürfte es aber eher von untergeordnetem Interesse sein, wie das staatsanwaltschaftliche Dezernat zu organisieren ist, das Zwischenverfahren abzulaufen hat, die Hauptverhandlung durch die Vorsitzende oder den Vorsitzenden vorzubereiten oder der staatsanwaltschaftliche Sitzungsdienst zu gestalten ist.[6] Kenntnisse hierzu sind zwar für die Ausbildung dringend angezeigt und durchaus auch einmal in der mündlichen Prüfung von Nutzen, in der Klausurvorbereitung jedoch dürfte eine Beschäftigung mit diesen Fragen kaum auf dem Programm stehen (müssen).

Zumeist wird nämlich die häufig sehr zeitaufwendige Stationsausbildung einerseits und die Vielzahl der zu behandelnden Fachbereiche andererseits von der oder dem vor der Prüfung Stehenden eine Beschäftigung mit dem Wesentlichen verlangen. Das vorliegende, nun schon in neunter Auflage erscheinende und somit

---

1 Wir danken für überaus wertvolle Unterstützung bei der Neubearbeitung der neunten Auflage Frau Assessorin *Jennifer Grafe* und Herrn *Dr. David Chrobok*. Für Danksagungen zu früheren Auflagen sei auf die erste Fußnote der (achten) Vorauflage verwiesen.

2 Hier ist vor allem der inzwischen in 14. Auflage erschienene „Klassiker" von *Solbach/Auchter-Mainz/Deller/Schützeberg* zu nennen. Zu den schon länger eingeführten Werken zu zählen ist auch der Band von *Vollmer/Heidrich.*

3 Beispielhaft genannt sei hier das Werk von *Weidemann/Scherf.* Für einen kurzen Einblick in die Klausurtechnik und Taktik in der staatsanwaltlichen Assessorklausur s. beispielhaft *Rabe von Kühlewein* JuS 2019, 436 ff.

4 Zuvörderst an die Strafrechts*praxis* gewandt sind die Werke von *Heghmanns, Hellebrand, Schäfer/Sander, Vordermayer/Heintschel-Heinegg, Meyer-Goßner/Appl, Kraß* und *Kunigk.*

5 Dagegen sind *ausdrücklich* (auch) auf die Stagen ausgerichtet: *Solbach/Auchter-Mainz/Deller/Schützeberg,* was schon aus dem umfassenden Buchtitel deutlich wird; ebenfalls *gerade* auf die Stationsausbildung zielend sind *Dallmayer* und *Brunner/Heintschel-Heinegg* sowie *Soyka;* s. auch *Klesczewski/Schößling.*

6 S. aber das Beispiel bei *Brunner/Kunnes/Reiher* Klausur 3 (Schlussvortrag des Staatsanwalts).

wohl in Konzeption, Inhalt und Umfang bewährte Werk[7] setzt sich daher das Ziel, das **grundlegende Handwerkszeug** nahe zu bringen, ohne es mit Detailfragen, die nur selten Gegenstand von Prüfungsaufgaben sind, zu überfrachten. Nur wenn es für das Verständnis unerlässlich erscheint, sollen auch vertiefende Hinweise gegeben werden. Bei der Darstellung wurde so auch darauf geachtet, vor allem Standardwerke (insbesondere den in allen Ländern in der Zweiten Juristischen Staatsprüfung zugelassenen Kurzkommentar *Meyer-Goßner/Schmitt* aus diesem Verlagshause)[8] zu zitieren, um durch eine Beschränkung auf das Wesentliche eine intensivere Beschäftigung mit den jeweiligen Problemen zu fördern. Hinweise auf Aufsätze oder Gerichtsentscheidungen finden sich daher allem voran dort, wo eine Lektüre wirklich weiterführt;[9] in dieser (neunten) Auflage sind darüber hinaus – auf vielfachen Wunsch der Leserschaft – auch ausgewählte didaktische Aufarbeitungen aus der jüngsten Zeit aufgenommen werden. Bei allem gilt – seit jeher – auch für die zweite Staatsprüfung: Niemand kann alles wissen und niemand sollte sich sagen lassen, dass nur der eine Weg – schon gar nicht der des stumpfen Auswendiglernens – zum Erfolg führt! Das Wichtigste bleibt und ist ein gutes Problembewusstsein: Dies gilt natürlich dort besonders, wo sich nicht einmal in den im Examen als Hilfsmittel erlaubten Kommentaren die genaue Lösung findet, aber auch dann, wenn letzteres der Fall ist, kann man selbstverständlich nur fündig werden, wenn man überhaupt ein Gespür dafür hat, nach einer Antwort suchen zu müssen. Unabhängig davon, ob man sich auf vertrautem oder weniger vertrautem Boden befindet, bleibt im Übrigen jede und jeder aufgerufen, auch einmal eine „mutige Lösung“ vorzuschlagen, soweit sie den methodischen Regeln genügt.

Das vorliegende Anleitungswerk hat seinem Selbstverständnis nach den Charakter eines **Überblicks.** Es soll und kann nicht an die Stelle eines Lehrbuchs treten, sondern möchte einerseits dem interessierten Anfangssemester in der Strafstation (die nach wie vor zumeist bei der Staatsanwaltschaft absolviert wird) die Grundzüge für die auch in den Arbeitsgemeinschaften zu fertigenden Klausuren vermitteln und andererseits der oder dem kurz vor der Assessorklausur Stehenden noch einmal die wesentlichen Gesichtspunkte mit auf den Weg geben. Da in den strafrechtlichen Klausur- und Aktenvortragsaufgaben in *materiellrechtlicher* Hinsicht weder grundlegende Erweiterungen noch gar Einschränkungen gegenüber dem Pflichtbereich des ersten Staatsexamens oder auch nur stets wiederkehrende typische Fallgestaltungen zu erkennen sind, ist jeder und jede gehalten, das Wissen in diesem Bereich anhand von Lehrbüchern und Kommentaren aufzufrischen und (ebenso wichtig:) auf den neuesten Stand zu bringen. Auch mit Blick hierauf sollte wenigstens eine Ausbildungszeitschrift (wie die in diesem Verlag erscheinende *Juristische Schulung*) oder ein entsprechendes Online-Angebot[10] Pflichtlektüre sein, da sich hier nicht nur *aktuelle* höchstrichterliche Entscheidungen finden, sondern diese häufig auch im *Falllösungsstil* aufbereitet sind. Es soll hier gar nicht übergangen werden, dass auch private Repetitoren insoweit durchaus beachtliche Arbeit leisten: So dürften etwa die

---

7 Wir freuen uns seit langem und fürderhin über jede Anregung, jedes Lob, jede Kritik unter *sekretariat-wolters@rub.de.*

8 Dieser erscheint demnächst bereits in der 64. Auflage.

9 In dieser (neunten) Auflage ist das Schrifttumsverzeichnis deutlich umfangreicher geraten, was seine Ursache nicht nur in der Aktualisierung des Werks, sondern auch darin hat, dass nunmehr die gesamte zitierte Literatur sich auch im vorangestellten Verzeichnis findet.

10 Etwa www.hrr-strafrecht.de *(Online-Zeitschrift für Höchstrichterliche Rechtsprechung zum Strafrecht)* oder www.zjs-online.com *(Zeitschrift für das Juristische Studium)* oder famos.jura.uni-wuerzburg.de *(Fall des Monats im Strafrecht).*

Rechtsprechungsübersichten von *Alpmann Schmidt* (RÜ und RÜ 2 [letztere mit prozessualem Schwerpunkt]) tatsächlich sehr häufig am „Puls der Zeit" sein; auch die Verfasser dieses Werkes bekennen daher ohne jede Berührungsbefindlichkeit, mehr als gelegentlich einen Blick in diese zu werfen. Das vorliegende Buch setzt diese Kenntnisse des sachlichen Rechts voraus, beschreibt mithin die hierüber hinausgehenden Fragen.

Schwerpunktmäßig beschäftigen sich die Ausführungen dabei mit **Aufgabenstellungen aus dem Bereich staatsanwaltschaftlicher Ermittlungsverfahren,** da in allen Ländern nach wie vor mit mindestens einer Klausur aus diesem Bereich zu rechnen ist (Erster Teil). Hier soll versucht werden, klausurtypische Konstellationen herauszuarbeiten und Wege aufzuzeigen, diese sachgerecht und den Anforderungen der Praxis gerecht werdend zu lösen.

Da von den Prüfungsämtern immer mehr Klausuraufgaben aus dem Bereich **anwaltlicher Tätigkeit** entnommen werden, ist seit der vierten Auflage ein zweiter Teil eingefügt worden, der die anwaltliche Perspektive einnimmt.

Daneben sollen aber auch die wesentlichen Fragen zum **Strafurteil erster Instanz** geklärt werden (Dritter Teil). Selbst wenn dieses in manchen Prüfungsamtsbezirken nicht Gegenstand der Examensklausur ist, sollte sich jede und jeder mit den Grundzügen des Strafurteils auseinandersetzen. Zum einen folgt seine Bedeutung schon daraus, dass es den vorläufigen Abschluss des Strafverfahrens darstellt (und damit auch in Revisionsklausuren Bedeutung erlangt), zum anderen sollte auch nicht übersehen werden, dass inhaltliche Fragen (etwa zur Strafzumessung) auch in anderen Zusammenhängen relevant werden können; hier sei zunächst nur der Antrag auf Erlass eines Strafbefehls genannt. Spätestens in der mündlichen Prüfung können die Anforderungen an ein Strafurteil erster Instanz im Allgemeinen und Fragen der Strafzumessung im Besonderen angesprochen werden.

Schon seit der dritten Auflage aufgenommen ist ein **revisionsrechtlicher Abschnitt** (Vierter Teil), da sich das Rechtsmittel der Revision im Assessorexamen einer ständig wachsenden Beliebtheit erfreut. In einem fünften Teil stellt das Werk die zu beachtenden Gesichtspunkte des strafrechtlichen Aktenvortrages in der mündlichen Assessorprüfung vor.

Durchaus hingewiesen werden sollte in diesem Zusammenhang darauf, dass sich über die Kenntnisse von materiell- und verfahrensrechtlichen Problemen hinaus eine wirklich gute Klausurbearbeitung in den von der Sprache lebenden Rechtswissenschaften auch durch einen *verständlichen Ausdruck* und eine *nachvollziehbare Argumentation* auszeichnet. Selbst in Klausuren des *zweiten* Staatsexamens stechen aber immer wieder Fehler gerade in den *Grundlagen* der Falllösung ins Auge. Auch Referendarinnen und Referendare bleiben daher aufgerufen, neben dem „Pauken" von Problemen auch den Gutachtenstil (nicht nur theoretisch) zu üben, da nach wie vor die meisten Aufgabenstellungen im Wesentlichen aus einer materiell- und prozessrechtlichen Begutachtung bestehen und Schwächen in diesem Bereich oft schwerer gewichtet werden als das Übersehen von einzelnen rechtlichen Schwierigkeiten oder Gerichtsentscheidungen.

Noch ein kurzer Hinweis in eigener Sache: In den zurückliegenden acht Auflagen wurde einer **gendergerechten Sprache** viel zu wenig Aufmerksamkeit geschenkt. Bei der Neubearbeitung ist dies sehr viel stärker in den Blick genommen worden. So ist dort, wo dies ohne inhaltliche Veränderung möglich ist, eine neutrale Formulierung gewählt worden (etwa „Bearbeitungsvermerk" statt „Bearbeitervermerk"). Aus „Examenskandidaten" sind „Prüflinge" geworden etc. Wo konkret handelnde einzelne Personen Erwähnung finden, ist dies natürlich nicht möglich, aber ein regelmäßiger Wechsel im Text versucht worden („Beschuldigter" bzw. „Beschuldigte", „Zeugin", „Staatsanwalt", „Richterin" etc.). Sicher ist das Ganze noch nicht perfekt, aber ein wichtiges Zeichen.

1. Teil. Staatsanwaltschaftliche Aufgabenstellungen

Nach wie vor wird in jedem Land zumindest eine Strafrechtsklausur ein staatsanwaltschaftliches Ermittlungsverfahren zum Gegenstand haben. Bei diesem Aufgabentypus muss sich in die Rolle eines mit der Sache befassten Staatsanwaltes versetzt werden, der den Fall in tatsächlicher und rechtlicher Hinsicht zu würdigen und diesbezüglich eine (zumeist das Ermittlungsverfahren abschließende) Entscheidung zu treffen hat. 2

1. Abschnitt. Vorüberlegungen

Dabei ist allem voran dringend ans Herz zu legen, den **Bearbeitungsvermerk** konzentriert (und mindestens zweimal) zu lesen. Aus ihm ergibt sich nämlich häufig, dass der Fall entweder in eine ganz bestimmte Richtung zu lösen ist (etwa der Entwurf eines Antrags auf Erlass eines Strafbefehls zu fertigen ist) oder aber bestimmte Entscheidungen der Staatsanwaltschaft überhaupt nicht in Betracht zu ziehen sind (so etwa, wenn die Begutachtung auf einzelne Beschuldigte zu konzentrieren, die Anwendung der Einstellungsvorschriften der §§ 153 ff. StPO ausgeschlossen oder die Darlegung des „wesentlichen Ergebnisses der Ermittlungen" nach § 200 Abs. 2 Satz 1 StPO erlassen ist).[1] Durch sorgfältige und rechtzeitige Lektüre des Bearbeitungsvermerks können so Fehler (oder zumindest überflüssige Arbeit und damit Zeitverlust) vermieden werden. Zudem sollte jeder Prüfling sich rechtzeitig informieren, ob das für ihn zuständige Prüfungsamt generelle Hinweise für den Aufbau der zu schreibenden Klausuren bereithält. 3

Zumeist wird zur Bearbeitung in der Pflichtklausur folgende Aufgabe gestellt, die lediglich sprachlichen Variationen unterliegt:[2] 4

„In einem Gutachten ist die Strafbarkeit der X (oder: der Beteiligten) zu erörtern. Die Entschließung der Staatsanwaltschaft ist zu entwerfen. Erwägt die Bearbeiterin oder der Bearbeiter eine Anklageerhebung, ist die Abfassung des wesentlichen Ergebnisses der Ermittlungen erlassen."

Schon diese Aufgabenstellung zeigt, dass neben einem – aus dem ersten Staatsexamen vertrauten – **Gutachten** auch eine an der praktischen Arbeit der Staatsanwaltschaft ausgerichtete **abschließende Entscheidung** zu entwerfen ist. Das von dieser Aufgabenstellung verlangte Vorgehen entspricht an sich nicht der täglichen Praxis der Staatsanwaltschaft. Vielmehr dürften dort gutachterliche Erwägungen entweder lediglich in gedanklichen Vorüberlegungen stattfinden oder aber in Vermerkform in die Abschlussverfügung einfließen. Dies bedenkend, findet sich daher gelegentlich auch ein enger an der **Praxis** orientierter Bearbeitungsvermerk: 5

„Die abschließende Entscheidung der Staatsanwaltschaft ist vollständig zu entwerfen!"

---

[1] Gelegentlich (so etwa häufig in Berlin) wird der Prüfling auch von der Anfertigung des Entwurfs der Abschlussverfügung entpflichtet.

[2] So kann es etwa auch knapp heißen: „Zu prüfen ist die Strafbarkeit der X...".

6 Obwohl in Teilen der Literatur auch aus einer solchen Aufgabenstellung gefolgert wird, zunächst ein Gutachten zu erstellen,[3] erscheint es doch sachgerecht, den Bearbeitungsvermerk tatsächlich beim Wort zu nehmen: Soll nach diesem eine „abschließende Entscheidung" entworfen werden, dürfen **sachlich- und verfahrensrechtliche Ausführungen** nicht vorgelagert werden, sondern sind **in die Abschlussverfügung einzubetten.**[4] Aus diesem Ansatz folgt zugleich, dass den Gepflogenheiten der Praxis auch im Hinblick auf den Formulierungsstil Rechnung zu tragen ist. Unter den ersten Gliederungspunkten der Abschlussverfügung ist daher ein **Vermerk im Urteilsstil** zu erstellen, in dem sich mit der tatsächlichen und rechtlichen Würdigung auseinander zu setzen ist; gelegentlich wird es sich in diesen Fällen auch anbieten, einzelne Gesichtspunkte der rechtlichen Würdigung erst in einem Vermerk vor dem jeweiligen darauf bezogenen Teil der Verfügung oder innerhalb eines solchen abzuhandeln.

2. Abschnitt. Das Gutachten

7 Sieht man von dem zuletzt genannten Bearbeitungsvermerk ab, beginnt die strafrechtliche Assessorklausur mit staatsanwaltschaftlichen Aufgabenstellungen ganz überwiegend mit der Anfertigung eines Gutachtens, das sich gewöhnlich in einen sachlichrechtlichen (unten § 1) und einen prozessuale Fragen betreffenden Abschnitt (unten § 2) gliedert.

8 Die Begutachtung des Akteninhalts müsste an sich mit der Prüfung der sachlichen (vgl. §§ 142f. GVG) und örtlichen (vgl. § 143 GVG i. V. m. §§ 7ff. StPO) Zuständigkeit des mit der Sache befassten Staatsanwaltes beginnen. In der Klausur sollte auf diese Frage jedoch allenfalls dann (kurz) eingegangen werden, wenn sich aus der Akte Besonderheiten ergeben, die Zuständigkeitsprobleme andeuten; von der Zuständigkeit des ermittelnden Staatsanwaltes ist in allen übrigen Fällen stillschweigend auszugehen.[5] Häufig wird schon der Bearbeitungsvermerk einen klarstellenden Hinweis in dieser Hinsicht enthalten:

„Die abschließenden Entscheidungen des zuständigen Staatsanwalts sind zu entwerfen!"

§ 1. Der materiellrechtliche Teil des Gutachtens

9 Der materiellrechtliche Abschnitt des Gutachtens[6] in der Assessorklausur weist zunächst viele Ähnlichkeiten mit Vertrautem aus dem Referendarexamen auf. So verdeutlicht die Aufgabenstellung („In einem Gutachten ist die Strafbarkeit zu erörtern") schon begrifflich, dass dieser Teil der Klausur grundsätzlich im Gutachtenstil abzufassen ist.

---

[3] So wohl *Brunner* Rn. 5; vgl. aber auch *Brunner/Kunnes/Reiher* Erste Klausur Rn. 1ff.

[4] S. das Beispiel bei *Brunner/Kunnes/Reiher* Klausur 1 und Klausur 2.

[5] So auch *Brunner* Rn. 19.

[6] In einigen Arbeitsgemeinschaften wird vorgeschlagen, in die Überschrift dieses Teils des Gutachtens (auch) die Bezeichnung „A-Gutachten" aufzunehmen. Mag diese Überschrift in einigen Prüfungsbezirken (etwa Nordrhein-Westfalen) auch vielen Prüfenden geläufig sein, so sollte sie doch nicht im gesamten Bundesgebiet als bekannt vorausgesetzt werden.

Wie bereits betont und auch aus dem ersten Staatsexamen bekannt, sollte zunächst dem **Bearbeitungsvermerk** große Aufmerksamkeit entgegengebracht werden. Diesem kann nämlich möglicherweise entnommen werden, dass sich die Prüfung der Strafbarkeit lediglich auf einzelne Beteiligte zu erstrecken oder sich der Prüfungsumfang auf Vorschriften des Strafgesetzbuches zu beschränken hat, nebenstrafrechtliche Tatbestände mithin nicht zu erörtern sind. Dem Ordnungswidrigkeitenrecht, das in der staatsanwaltschaftlichen Praxis im Hinblick auf die §§ 40 ff. OWiG durchaus einmal zu berücksichtigen sein kann, kommt in der Assessorklausur in der Regel schon deswegen keine Bedeutung zu, weil nach dem üblichen Bearbeitungsvermerk „die *Strafbarkeit* der Beteiligten" zu erörtern ist. 10

Keine Abweichungen von den Anforderungen im Referendarexamen ergeben sich im Grundsatz auch für die Prüfung der in Frage kommenden strafbaren Handlungen. Da die Akte zumeist (äußerlich) umfangreicher sein dürfte als der (feststehende) Sachverhalt in der ersten Staatsprüfung, ist es jedoch noch wichtiger, das Geschehen nach **Handlungsabschnitten** sinnvoll zu strukturieren. Des Weiteren empfiehlt es sich, die verschiedenen Beteiligten getrennt zu prüfen. Schon im ersten Examen ist die gemeinsame Prüfung mehrerer Tatbeteiligter nur in Ausnahmefällen[7] geboten, im Assessorexamen ist eine Trennung darüber hinaus auch deswegen dringend anzuraten, weil neben den sachlichrechtlichen Problemen möglicherweise die Beweislage hinsichtlich der einzelnen Beteiligten unterschiedlich zu bewerten sein kann; zudem kann auch das spätere prozessuale Ergebnis (Anklageerhebung in Bezug auf die eine, Einstellung in Bezug auf die andere beschuldigte Person etc.) abweichen. 11

Unterschiede bei der Anfertigung des Gutachtens in der Assessorklausur ergeben sich demgegenüber vor allem aus der Tatsache, dass dieses nicht auf der Grundlage eines feststehenden Sachverhaltes zu lösen ist, sondern dieser erst aus der Verfahrensakte selbstständig entwickelt werden muss. Zudem birgt der im Vergleich zum vorgegebenen Sachverhalt im Referendarexamen angewachsene äußere Umfang der Aufgabe die noch größere Gefahr, dass möglicherweise wesentliche Punkte übersehen werden. Daher sollte die Klausurakte mehrmals sorgfältig gelesen und in dieser auch auf Details (etwa fehlende Belehrungen bei Beschuldigtenvernehmungen oder eine mögliche Zurücknahme von Strafanträgen) geachtet werden. 12

Daneben gewinnt auch der Umstand, dass die Anfertigung des materiellrechtlichen Gutachtens nur einen Teil der Aufgabenstellung umfasst, Bedeutung, da schon aus Zeitgründen Schwerpunkte zu setzen sind. Diese Erkenntnis darf nun aber auf keinen Fall zu dem Trugschluss verleiten, im zweiten Examen sei das materielle Recht zu vernachlässigen, da jenes vorrangig prozessrechtliche Fragen zum Gegenstand habe. Auch im Assessorexamen bleibt nämlich zunächst und vor allem ein geschichtlicher Vorgang strafrechtlich zu beurteilen.[8] Der Unterschied zum Referendarexamen liegt vor allem darin, dass zum einen das Geschehen in einen umfangreicheren Aufgabentext eingebettet und sich daher selbst zu erarbeiten ist und zum anderen über die Prüfung einer Strafbarkeit hinaus auch eine Entscheidung über das weitere Verfahren erwartet wird. Jeder Prüfling sollte in dieser Hinsicht einmal in sich gehen und sich fragen, ob auch dadurch wertvolle Zeit gewonnen werden kann, 13

[7] Vor allem in gänzlich unproblematischen oder vom Sachverhalt nicht näher individualisierten (Beispiel: A und B verprügeln C) Gestaltungen mittäterschaftlicher Haftung oder aber dann, wenn keiner der in Betracht zu ziehenden Beteiligten alle Merkmale des fraglichen Tatbestands selbstständig verwirklichte (Beispiel: A hält C fest, sodann ergreift B die Brieftasche des C); vgl. dazu *Arzt* S. 198.

[8] Dazu weiterführend → Rn. 14.

sich nicht elegisch mit „Lösungsskizzen“ zu befassen. Natürlich ist jeder und jede gut beraten, sich während der ersten und zweiten Lektüre der Prüfungsakte Notizen über die sich in ihr findenden wesentlichen rechtlichen Aspekte und möglicherweise auch zu intuitiven Gedanken zu machen, oft wird aber auch erkennbar, dass das eigentlich „Skizzenhafte“ ins Minutiöse verfällt, die zu Papier gebrachte Lösung dann aber doch hiervon wieder abweicht. An sich sind breite Vorskizzierungen bei der klassischen staatsanwaltschaftlichen Aufgabe gar nicht in dieser Detailverliebtheit angezeigt, da der gutachtende Teil den Vorteil mit sich bringt, dass das genaue Ergebnis der Prüfung einer einzelnen Strafvorschrift eingangs der Darlegungen noch gar nicht feststehen muss.

A. Formulierungen und Prüfungsaufbau

14 Die Besonderheiten beginnen schon beim **Subsumtionssatz,** auf den auch im Assessorexamen eine besondere Sorgfalt verwendet werden sollte, da er zum einen rein äußerlich – einem Aushängeschild, einer Visitenkarte gleich – den ersten Eindruck von der Arbeit vermittelt,[9] zum anderen aber der Korrektorin oder dem Korrektor eine Ordnung des Geschehens und damit die Struktur der Prüfungen vor Augen führt. Da das Gutachten die Entschließung der Staatsanwaltschaft vorzubereiten hat, ist nicht die Frage *bewiesener* Schuld oder Strafbarkeit maßgeblich, sondern allein die Prüfung, ob hinsichtlich eines oder mehrerer Beteiligter ein **„genügender Anlass zur Erhebung der öffentlichen Klage“** gegeben ist (§ 170 Abs. 1 StPO). Ein solcher „genügender Anlass“ ist immer dann anzunehmen, wenn das zuständige Gericht das Hauptverfahren nach Anklageerhebung eröffnen würde. Damit ist stets der Frage nachzugehen, ob der Beschuldigte **„hinreichend verdächtig erscheint“** (§ 203 StPO), eine strafbare Handlung begangen zu haben.[10]

15 Schon bei der Formulierung des Obersatzes („Subsumtionssatz“) sollte stets auf eine **genaue Zitierweise** der in Rede stehenden Straftatbestände geachtet werden; zu nennen sind daher neben dem Paragraphen und dem Absatz auch Satz,[11] Nummer und Buchstabe (vgl. § 260 Abs. 5 Satz 1 StPO). Auch die (die Grundlage der Subsumtion darstellende) Tathandlung sollte – insbesondere bei komplexeren Geschehnissen – sehr sorgfältig beschrieben werden, so dass etwa zu formulieren ist:

„A könnte sich dadurch, dass sie im Ladenlokal der L die Kopfhörer an sich nahm und in ihrem Mantel verbarg, eines Diebstahls gemäß § 242 Abs. 1 StGB hinreichend verdächtig gemacht haben.“

oder:

„A könnte hinreichend verdächtig sein, sich einer gefährlichen Körperverletzung gemäß § 224 Abs. 1 Nr. 2 Mod. 2 StGB schuldig gemacht zu haben, als sie auf B mit dem Küchenmesser einstach.“[12]

16 In der strafrechtlichen Assessorklausur ist eine ökonomische **Zeiteinteilung** von herausragender Bedeutung.[13] Da neben der Anfertigung des (hoffentlich) vertrauten

---

[9] Allgemein zur Subsumtionstechnik *Arzt* S. 23 ff. (sehr lesenswert!).

[10] Zur Definition des „hinreichenden Tatverdachts“ → Rn. 42.

[11] Bei der Bezeichnung von Tatbeständen, die mehrere Begehungsformen oder Taterfolge beschreiben, sollte auf die Formulierung „1. Alt.“, „2. Alt.“ etc. verzichtet werden, da es begrifflich nur *die (eine)* Alternative gibt; bei der gefährlichen Körperverletzung etwa empfiehlt es sich zu zitieren: „§ 224 Abs. 1 Nr. 2 Mod. 2“.

[12] Zur Formulierung des Subsumtionssatzes allgemein *Horn* Jura 1984, 499 (sehr lesenswert!).

[13] Im Gutachten kann der Prüfling auch dadurch Zeit einsparen, dass er die Namen der Beschuldigten und Zeugen abkürzt; bei der ersten Nennung der jeweiligen Person ist dies

materiellrechtlichen Gutachtens nicht nur prozessrechtliche Fragen zu klären sind, sondern auch eine Entschließung der Staatsanwaltschaft (Abschlussverfügung nebst [in beinahe sämtlichen Aufgaben] der Anklageschrift) zu entwerfen ist, muss bei der Begutachtung im Vergleich zum Referendarexamen Zeit eingespart werden. Ein besonderes Augenmerk ist deshalb darauf zu richten, die Prüferin oder den Prüfer nicht einerseits mit der Abhandlung von Selbstverständlichkeiten zu langweilen, andererseits aber Problematisches zu übergehen oder (im für die Praktikerin oder den Praktiker wohl am wenigsten erfreulichen Fall) die Entschließung der Staatsanwaltschaft nicht fertig gestellt zu haben. Daher sollte man im materiellrechtlichen Teil nicht sklavisch dem grundsätzlich einzuhaltenden Gutachtenstil verhaftet bleiben, sondern gelegentlich auch einmal Evidentes im Behauptungsstil abhandeln oder eine **Kombination von Gutachten- und Urteilsstil** (Merkmal und dessen Definition sowie Subsumtion in einem Satz) wählen.

Da das materielle Gutachten in der Praxis die Frage des weiteren Verfahrensganges beantworten soll, kann von einem strengen Gutachtenstil vor allem dann abgewichen werden, wenn schon auf den ersten Blick innerhalb bestimmter Prüfungspunkte die Annahme eines hinreichenden Tatverdachts auszuschließen ist. So verbieten sich breite Erörterungen zum Vorliegen einzelner objektiver Tatbestandsmerkmale, wenn die beschuldigte Person den subjektiven Tatbestand (ohne weiteres erkennbar) nicht verwirklicht hat, evident gerechtfertigt oder entschuldigt handelte oder der fragliche Tatbestand unzweifelhaft auf der **Konkurrenzebene zurücktreten** würde.[14] In diesen Fällen muss die gewählte Formulierung stets deutlich machen, dass im Gutachten „gesprungen" wird:[15] 17

„Unabhängig von der Frage, ob die Merkmale des objektiven Tatbestands des Totschlags vorliegen, ist festzustellen, dass A jedenfalls nicht vorsätzlich handelte, weil er nach seinen glaubhaften und von den Zeuginnen B und C gestützten Angaben annahm, auf ein Wildschwein zu schießen."

oder

„..., tritt der Tatbestand der gefährlichen Körperverletzung mittels Giftbeibringung nach § 224 Abs. 1 Nr. 1 Mod. 1 StGB hinter denjenigen des heimtückisch begangenen Mordes gemäß § 211 StGB zurück."

Eine straffe Darstellung empfiehlt sich – über die Fälle hinaus, in denen dies auch im Referendarexamen zulässig ist – auch im Hinblick auf Definitionen sowie bei der Prüfung **unproblematischer Tatbestandsmerkmale.** Hier kann durch die angemessene Gewichtung innerhalb des Gutachtens gezeigt werden, dass man den Prüfungsstoff nicht nur theoretisch, sondern auch praktischen Gesichtspunkten gerecht werdend zu verarbeiten vermag.[16] 18

---

aber kenntlich zu machen, also etwa: „Bodo Martens (im Folgenden M)". Es versteht sich von selbst, dass Personen in der Abschlussverfügung und der Anklageschrift *nicht* abgekürzt werden dürfen.

[14] In diesem Zusammenhang ist nochmals darauf hinzuweisen, dass das vorrangige Eingehen auf einzelne objektive Tatbestandsmerkmale kein „Springen" in diesem Sinne darstellt. Da nämlich alle Merkmale des objektiven Tatbestandes gleichwertig sind, kann naturgemäß mit der Prüfung eines jeden dieser Merkmale begonnen werden; so verbieten sich etwa seitenlange Ausführungen zum Gewaltbegriff bei § 240 StGB oder zur Täuschungshandlung bei § 263 StGB, wenn evident der Nötigungserfolg oder der Vermögensschaden ausgeblieben ist.

[15] S. dazu auch *Emde* JuS 1996, 442 (443).

[16] Dazu auch *Krüger/Kock* S. 20 ff.

19 Bei der Bewertung materiellrechtlicher Probleme, die auch in der Assessorklausur den Schwerpunkt der Aufgabenstellung bilden können, sollte die Bearbeitung zwar darauf verzichten, die wissenschaftlichen Standpunkte seitenlang darzustellen, jedoch muss sie deutlich machen, dass ein vom Prüfungsamt vorgesehenes Problem nicht nur erkannt worden ist, sondern auch die Fertigkeit gezeigt wird, dieses kritisch zu würdigen und einer sachgerechten Lösung zuzuführen. Hierbei sollte vermeiden werden, unterschiedliche Meinungen zu einzelnen Deliktsmerkmalen gleich zu „Theorien" zu erheben und sich allzu ausführlich mit diesen zu beschäftigen.[17] Gerade im Bereich von Auslegungsschwierigkeiten wird der Blick für das Wesentliche honoriert, lehrbuchartige Ausführungen, denen zudem der nötige Bezug zu dem zu bearbeitenden Fall fehlt, werden von den meist aus der Praxis stammenden Prüferinnen und Prüfern hingegen negativ bewertet. Trotz der in der Assessorklausur notwendigen Nähe zur Strafrechtspraxis ist diese Lösung allerdings nicht stets und von vornherein auf die „höchstrichterliche Rechtsprechung" zu der Fragestellung zu beschränken. Bei diesem Hinweis wird nicht übersehen, dass es sehr umstritten ist, ob eine **rechtliche Bindung der Staatsanwaltschaft an höchstrichterliche Präjudizien** besteht.[18] Da der Prüfling in der Assessorklausur aber auch das Problembewusstsein in Bezug auf das **materielle Recht** aufzeigen soll, empfiehlt es sich, das Geschehen zunächst (aus dem ersten Examen vertraut) unvoreingenommen zu begutachten. Sollte diese Prüfung zu einem von der höchstrichterlichen Rechtsprechung abweichenden Ergebnis kommen, ist zu differenzieren: Führt gerade die Abweichung zu einer **Verneinung des hinreichenden Tatverdachts,** sollte der oder die Umsichtige dies erwähnen und die Rechtsansicht in der Regel mit einem Hinweis auf die Unabhängigkeit der Staatsanwaltschaft (§ 150 GVG) untermauern; etwas anderes mag dann gelten, wenn (was sehr selten in dieser Klarheit anzunehmen

---

[17] Beispielhaft sei auf die in Bezug auf Klausurlösungen völlig überschätzte Diskussion zur Abgrenzung von Eventualvorsatz und bewusster Fahrlässigkeit hingewiesen: Es dürfte (nicht nur) den praktisch arbeitenden Prüfer (bestenfalls) langweilen oder (schlechtestenfalls) sogar ärgern, wenn die verschiedenen Auffassungen in ihren ganzen theoretischen Verästelungen ohne ein Gespür dafür vorgetragen werden, dass sich die vielfältigen Differenzierungen kaum mehr als in den einzelnen *Formulierungen* zeigen und signifikante Unterschiede in den *Ergebnissen* eher von der letztlich vom Rechtsgefühl getragenen praktischen Subsumtion als von der jeweils angewandten theoretischen Definition zu verantworten sind. Damit sollte in der Klausur (in einschlägigen Fällen) von der inzwischen ganz überwiegend verwandten Grundformel der „Einwilligungs- oder Billigungstheorie" *ausgegangen* werden, nach der ein Eventualvorsatz gegeben ist, wenn der Täter den Erfolg „für möglich hält und billigend in Kauf nimmt". Sodann ist der Schwerpunkt auf die genaue Beschreibung und Subsumtion in Bezug auf das „Billigen" zu legen. Ohne weiteres anzunehmen ist dieses „Billigen" in Konstellationen, in welchen der Täter den für möglich erachteten Erfolg innerlich sogar gutheißt. Über diese eindeutigen Fälle des „Billigens im Sprachsinne" hinaus wird ein Eventualvorsatz aber auch dann gegeben sein, wenn der Täter keine positive Gefühlseinstellung zum Erfolg aufweist, sondern ihm der Eintritt des Erfolges „unerwünscht" ist, er sich aber mit diesem „um des erstrebten Zieles willen ... abfindet" (BGHSt 7, 363 [369]). Wann sich der Täter wiederum mit der Deliktsverwirklichung in diesem Sinne „abfindet" („Billigen im Rechtssinne"), ist letztlich überhaupt keine Frage der Definition des Eventualvorsatzes mehr, sondern vor allem eine des Beweises im Strafverfahren. Ein solches „Abfinden" wird immer dann „naheliegen", wenn der Täter sein Vorhaben trotz erkannter „äußerster Gefährlichkeit durchführt, ohne auf einen glücklichen Ausgang vertrauen zu können, und wenn er es dem Zufall überlässt, ob sich die von ihm erkannte Gefahr verwirklicht oder nicht" (*BGH* JZ 1981, 35). Die vorstehenden beispielhaften Überlegungen lassen sich unschwer auf eine ganze Reihe sogenannter „Streitstände" übertragen, etwa die Frage nach dem „unmittelbaren Ansetzen" im Sinne des § 22 StGB und nach der „Freiwilligkeit" des Rücktritts gemäß § 24 StGB.

[18] S. *Meyer-Goßner/Schmitt* StPO Vor § 141 GVG Rn. 11; *Rössner* Problem 3.

sein wird) eine „feste höchstrichterliche Rechtsprechung“ gegeben ist.[19] Führt hingegen die Abweichung dazu, dass der oder die Gutachtende sich gegen die Ansicht der höchstrichterlichen Rechtsprechung zur **Bejahung eines hinreichenden Tatverdachts** entschließt, ist er oder sie hieran bereits nach den oben genannten Grundsätzen nicht gehindert. Zu der Unabhängigkeit der Staatsanwaltschaft tritt in diesen Konstellationen das Bemühen um eine Fortbildung der Rechtsprechung mit dem Ziel einer einheitlichen Rechtsanwendung.[20]

Vermieden werden sollte auch eine allzu feine Gliederung der Tatbestandsprüfung. 20
So wirkt es nicht nur hölzern und praxisfern, jedes (auch noch so unproblematische) Tatbestandsmerkmal mit einer eigenen Überschrift zu versehen,[21] vielmehr vermittelt es jedenfalls dann sogar den Eindruck einer ungenügenden Schwerpunktsetzung, wenn wesentliche Teile der Aufgabenstellung unbearbeitet bleiben. Es genügt, wenn die jeweiligen einer Begutachtung unterzogenen Delikte überschrieben werden und der Text für die einzelnen Prüfungspunkte lediglich mit Gliederungszeichen versehen wird (es sollten dann sinnvollerweise die aus dem Referendarexamen vertrauten Zeichen benutzt werden; also etwa „I.“ für den Tatbestand, „II.“ für die Rechtswidrigkeit etc.).[22]

B. Prüfung von Strafverfolgungsvoraussetzungen

Das materiellrechtliche Gutachten hat die staatsanwaltschaftliche Abschlussentschei- 21
dung vorzubereiten. Da es der Frage nach einem „hinreichenden Tatverdacht“ (§ 170 Abs. 1 StPO) und demnach derjenigen nach dem „genügenden Anlass zur Erhebung der öffentlichen Klage“ (§ 203 StPO) nachzugehen hat, steht nicht nur die sachlichrechtliche Strafbarkeitsprüfung, sondern stets auch die **Verfolgbarkeit** der jeweiligen möglicherweise strafbaren Handlung im Vordergrund des Interesses. Das zuständige Gericht wird das Hauptverfahren nämlich nur dann eröffnen, wenn der Beschuldigte (nach § 157 StPO im Zwischenverfahren der „Angeschuldigte“, im Hauptverfahren der „Angeklagte“) in dessen weiterem Verlauf auch bestraft werden kann. Die Frage nach der Verfolgbarkeit des jeweiligen Straftatbestandes betrifft als Prozessvoraussetzung schon *eine* Bedingung für die Zulässigkeit, in einem Verfahren zu einem Sachurteil zu gelangen.[23] Eine Verfolgungsbeschränkung stellt somit ein **Prozesshindernis** dar, das es sogar ausschließt, über einen bestimmten Prozessgegenstand mit dem Ziel einer Sachentscheidung überhaupt zu verhandeln. Fragen zur Verfolgbarkeit gehören daher noch *vor* die Ausführungen zur Sache, in der Klausur also vor diejenigen zur Strafbarkeit nach einer bestimmten Vorschrift. Prozessuale Folge des Vorliegens eines Verfahrenshindernisses ist im Ermittlungsverfahren die Einstellung des Verfahrens nach § 170 Abs. 2 Satz 1 StPO,[24] da eine Verurteilung ausgeschlossen

---

[19] Vgl. BGHSt 15, 155 ff.

[20] S. dazu aber auch *Heghmanns* Rn. 232 ff.

[21] Dazu *Horn* Jura 1984, 499 (500).

[22] Hier sei darauf hingewiesen, dass das (vor allem bei der „Vorprüfung“ beim Versuch sehr beliebte) Gliederungszeichen „0.“ vermieden werden sollte. Ist einmal ein Punkt vor der Tatbestandsprüfung („I.“) abzuhandeln (neben der genannten Prüfung der Strafbarkeit des Versuchs etwa die Anwendbarkeit des deutschen Strafrechts), kann auf ein Gliederungszeichen ohne Weiteres verzichtet werden. S. zur „Vorprüfung“ beim Versuch auch *Wolters* Fälle mit Lösungen S. 5.

[23] *Meyer-Goßner/Schmitt* StPO Einl. Rn. 142.

[24] Zwischen Anklageerhebung und Eröffnung ist ein Verfahrenshindernis über die §§ 203, 204 StPO, nach Eröffnung außerhalb der Hauptverhandlung über § 206a StPO und in der Hauptverhandlung über § 260 Abs. 3 StPO zu berücksichtigen.

und daher ein „hinreichender Tatverdacht" (dazu noch → Rn. 42) offensichtlich auszuschließen ist.

22 In der Assessorklausur sind in diesem Zusammenhang vor allem Probleme eines wirksamen Strafantrags (unten I.), der Verfolgungsverjährung (unten II.) oder eines Strafklageverbrauchs (unten III.) zu nennen.[25]

23 Nur am Rande ist zuvor mit Blick auf die Auseinandersetzung mit Prozesshindernissen anzumerken, dass nach der höchstrichterlichen Rechtsprechung die **„überlange Verfahrens- bzw. Verhandlungsdauer"**[26] und das **„tatprovozierende Verhalten"** („Lockspitzel")[27] jedenfalls zumeist **keine Verfahrenshindernisse** darstellen. Danach können etwa auch gewichtige Verfahrensverzögerungen grundsätzlich nur im Urteil kompensiert werden.[28] Gerade in diesem Bereich sollte aber die Entwicklung der höchstrichterlichen und vor allem auch der verfassungsgerichtlichen Rechtsprechung zur Verletzung des Beschleunigungsgebots des Art. 6 Abs. 1 Satz 1 EMRK im Auge behalten werden: So erwägen der *Bundesgerichtshof*[29] und das *Bundesverfassungsgericht*[30] bei **besonders schwerwiegenden** justizverschuldeten Verfahrensverzögerungen („in ganz außergewöhnlichen Sonderfällen"[31]) durchaus auch ein – zur **Einstellung** führendes – Verfahrenshindernis. Stets wird aber auch für diese Konstellationen betont, dass der Verhältnismäßigkeitsgrundsatz vorrangig durch Ausschöpfung anderer Möglichkeiten zu wahren ist.[32] Somit bedarf es hier der sorgfältigen Prüfung, ob es einer strafrechtlichen Sanktion überhaupt noch bedarf. Schon im Ermittlungsverfahren sind demnach die Möglichkeiten der Verfahrensbeendigung durch eine Einstellung nach den §§ 153 und 153a,[33] aber auch nach § 153b StPO (i. V. m. § 60 StGB[34]) zu bedenken. Zur „Vollstreckungslösung" im späteren Sachurteil → Rn. 410.

---

[25] Zu den einzelnen Prozesshindernissen zusammenfassend *Meyer-Goßner/Schmitt* StPO Einl. Rn. 145 ff.; in diesem Zusammenhang sind auch internationale Bezüge zu berücksichtigen (vgl. beispielhaft *EuGH* NJW 2016, 369 f.).

[26] *BGH* NStZ 1987, 19; s. aber auch BGHSt 46, 159 ff. (lesen!) und *LG Wiesbaden* NJW 1995, 409. Die Literatur folgert hingegen aus Art. 6 Abs. 1 EMRK, dass in ganz außergewöhnlichen Einzelfällen eine überlange Dauer des Prozesses zu einem Verfahrenshindernis führen *kann;* vgl. *Meyer-Goßner/Schmitt* EMRK Art. 6 Rn. 9. Zum Rechtsschutz bei überlangen Gerichtsverfahren und strafrechtlichen Ermittlungsverfahren s. den siebzehnten Abschnitt im Gerichtsverfassungsgesetz (GVG).

[27] BGHSt (GS) 33, 356 (362) und BGHSt 45, 321 ff. (lesen!); *Rössner* Problem 4; vgl. zur Provokation zunächst nicht tatgeneigter Personen auch *EGMR* NStZ 2015, 412 (414). S. dazu zuletzt *BGH* NStZ 2018, 355 (356), wo erneut hervorgehoben wird, dass ein aus dem Rechtsstaatsgedanken herzuleitendes Verfahrenshindernis „eine seltene Ausnahme" darstellt, da es „nicht nur die Belange des Beschuldigten, sondern auch das Interesse an einer der materiellen Gerechtigkeit dienenden Strafverfolgung schützt".

[28] S. zunächst BGHSt 52, 124 ff. mit einem Vollstreckungsmodell entsprechend § 51 Abs. 1 S. 1 StGB und → Rn. 402; nach *BVerfG* NStZ 2006, 680 ff. erfolgt keine Reduzierung lebenslanger Freiheitsstrafe bei rechtswidriger Verfahrensverzögerung.

[29] BGHSt 46, 159 (168 f.). Dies gilt auch nach der Entscheidung zur „Vollstreckungslösung" (BGHSt 52, 124) weiter (s. BGHSt 52, 124 [145]).

[30] S. *BVerfG* NStZ 2004, 335; *BVerfG* NJW 2003, 2228 (aufbereitet in RÜ 2004, 201).

[31] BGHSt 46, 159 (171).

[32] Dazu auch *EGMR* EuGRZ 1983, 371.

[33] *BVerfG* NJW 2003, 2228 (aufgearbeitet in RÜ 2004, 201 [202]).

[34] *BVerfG* NStZ 2004, 335 (336) spricht Sanktionen an, die nicht zu vollstrecken sind, und nennt ausdrücklich § 59 StGB.

I. Strafantrag

24 Im Hinblick auf das Vorliegen der Strafverfolgungsvoraussetzungen ist bei den Strafantragsdelikten zu differenzieren: Im Unterschied zum Referendarexamen ist der jeweiligen Tatbestandsprüfung die Frage nach dem Erfordernis eines Strafantrags jedenfalls dann voranzustellen, wenn es sich um ein **„absolutes“ Antragsdelikt**[35] handelt. Da bei einem solchen der Strafantrag eine zwingende Verfahrensvoraussetzung darstellt (die auch nicht durch die Annahme eines „besonderen öffentlichen Interesses an der Strafverfolgung“ ersetzt werden kann) und überflüssige Ausführungen vermieden werden sollen, muss beim Fehlen des Strafantrags (oder bei dessen Unwirksamkeit) die Prüfung bereits an dieser Stelle beendet werden.

„… Der Hausfriedensbruch wird gemäß § 123 Abs. 2 StGB nur auf Antrag verfolgt. Das hier strafrechtlich zu würdigende Geschehen datiert vom 2. August 2021. Der Eigentümer und Bewohner des fraglichen Gebäudes (und demnach der als Verletzter nach § 77 Abs. 1 StGB antragsberechtigte) Emil Klein hat die Tat überhaupt erst am 1. Dezember 2021 zur Anzeige gebracht und am folgenden Nikolaustag einen Strafantrag gestellt. Damit ist die Antragsfrist nach § 77b Abs. 1 StGB nicht eingehalten, so dass der weiteren Verfolgung des Straftatbestands des § 123 Abs. 1 StGB ein Prozesshindernis entgegensteht. Ein hinreichender Tatverdacht ist mithin nicht gegeben.“

25 Im Aufbau schwieriger zu behandeln sind die sogenannten **„relativen“ Antragsdelikte,**[36] bei denen die Strafverfolgungsbehörde einen eventuell fehlenden (oder auch unwirksamen oder zu spät angebrachten) Strafantrag durch die Annahme des „besonderen öffentlichen Interesses an der Strafverfolgung“ ersetzen kann. Fehlt es hier an einem Strafantrag, steht man vor dem Problem, dass einerseits Erwägungen zum Vorliegen des besonderen öffentlichen Interesses sinnvollerweise nur nach der Prüfung des vollständigen gesetzlichen Tatbestands und des Schuldumfangs angestellt werden können, andererseits diese Überlegungen aber bei Verneinung des besonderen öffentlichen Interesses gerade entbehrlich wären. Hinzu kommt, dass die Voraussetzungen der Annahme eines besonderen öffentlichen Interesses eigentlich verfahrensrechtlicher Natur sind und daher der Prozessstation zugehören, was wiederum deshalb problematisch ist, weil dann im sachlichrechtlichen Teil des Gutachtens ein hinreichender Tatverdacht anzunehmen wäre, obwohl die Ermittlungen wegen Fehlens eines besonderen öffentlichen Interesses hinsichtlich dieses Tatbestandes gerade keinen „genügenden Anlass zur Erhebung der öffentlichen Klage“ (vgl. § 170 Abs. 1 StPO) bieten. Diese Schwierigkeiten vor Augen sollte bei relativen Antragsdelikten der aus dem ersten Staatsexamen vertraute Weg beschritten und diese Prüfung an das Ende der Ausführungen zu dem jeweiligen Tatbestand gestellt werden.[37]

26 Bei der (für das absolute wie relative Antragsdelikt gleichsam nötigen) Prüfung des Vorliegens eines wirksamen Strafantrags ist zunächst festzustellen, ob dieser den **förmlichen Anforderungen** genügt. So kann er grundsätzlich nur vom Verletzten[38] gestellt werden (§ 77 Abs. 1 StGB); in Ausnahmefällen geht das Antragsrecht auf Angehörige über (§ 77 Abs. 2 StGB)[39] oder der Kreis der Antragsberechtigten wird

---

[35] Absolute Antragsdelikte finden sich etwa in §§ 123, 247, 248b, 201 Abs. 1 und Abs. 2, 202 bis 204 StGB.

[36] Relative Antragsdelikte sind etwa in den §§ 223, 229, 242 i. V. m. 248a, 246 i. V. m. 248a, 248c i. V. m. 248a, 263 i. V. m. 248a, 266 i. V. m. 248a, 299, 303 bis 303b StGB zu finden.

[37] Nach *Krüger/Kock* S. 13 sollten Ausführungen zum besonderen öffentlichen Interesse erst in das prozessuale Gutachten einfließen, da das entsprechende Delikt bereits im Wege der Konkurrenzen ausscheiden kann, was eine Prüfung des besonderen öffentlichen Interesses erübrigt; wie hier aber etwa *Riemann-Prehm/Rottpeter/Schmidt/Theede* S. 25.

[38] In den Fällen des § 77 Abs. 3 StGB durch den gesetzlichen Vertreter.

[39] So etwa in den Fällen der §§ 230 Abs. 1 Satz 2 und 205 Abs. 2 StGB.

erweitert.[40] Bei der Prüfung ist zu beachten, dass nicht jede Anzeige einer Straftat (§ 158 Abs. 1 StPO) den Anforderungen an einen Strafantrag genügt. Der Strafantrag muss nämlich (zwar nicht unbedingt ausdrücklich so bezeichnet, wohl aber) stets inhaltlich eindeutig den Willen des Berechtigten erkennbar machen, dass er eine bestimmte Tat[41] strafrechtlich verfolgt wissen möchte.[42] Außerdem ist der Strafantrag bei der nach § 158 Abs. 2 StPO zuständigen Behörde (schriftlich) zu stellen.[43] Die Schriftform verlangt die Unterschrift des Antragstellers. Daraus folgt, dass der (fern-)mündlich erklärte Strafantrag gegenüber einem Polizeibeamten, den dieser später nur in einem eigenen, vom Antragsteller nicht unterschriebenen Vermerk niederlegt, den Formerfordernissen nicht genügt.[44] Die **Frist** zur Antragstellung beträgt nach § 77b StGB drei Monate nach Kenntniserlangung des Antragsberechtigten von der Tat und dem Täter. Der Täter ist in diesem Sinne bekannt, wenn er in dem Strafantrag abstrakt individualisiert werden kann; das Wissen des Namens ist hierfür nicht erforderlich: Häufig findet sich daher ein „Strafantrag gegen unbekannt“.

27 Ist bei einem relativen Antragsdelikt der erforderliche Antrag nicht oder nicht in der oben beschriebenen Form oder Frist gestellt worden, hat sich der Prüfling nach obigen Überlegungen im Anschluss an die jeweilige Tatbestandsprüfung mit der Frage zu beschäftigen, ob ein **„besonderes öffentliches Interesse an der Strafverfolgung“** gegeben ist. In Klausuren häufig vorkommen dürfte diese Prüfung bei der einfachen vorsätzlichen oder bei der fahrlässigen Körperverletzung.[45] Eine Auslegungshilfe für die Annahme eines besonderen öffentlichen Interesses an der Strafverfolgung ist hier Nummer 234 Abs. 1 Satz 1 der **Richtlinien für das Strafverfahren und das Bußgeldverfahren** (RiStBV)[46] zu entnehmen;[47] danach wird dieses namentlich dann anzunehmen sein,

---

[40] So etwa nach §§ 194 Abs. 3 Satz 1 und 301 Abs. 2 StGB.

[41] Hier ist naturgemäß nicht der konkrete strafrechtliche Tatbestand gemeint, sondern der einheitliche geschichtliche Vorgang (sog. „prozessualer Tatbegriff“); damit ist der übliche Strafantrag („... wegen des Vorfalls vom 24. November 2021 hinsichtlich aller in Betracht kommenden Delikte“) ohne weiteres zulässig.

[42] *Fischer* StGB § 77 Rn. 24; *Meyer-Goßner/Schmitt* StPO § 158 Rn. 4.

[43] Bei der Staatsanwaltschaft oder dem Gericht kann der Strafantrag auch zu Protokoll angebracht werden (§ 158 Abs. 2 StPO).

[44] Wird für das Stellen des Strafantrages ein Formular benutzt (so etwa häufig in den Fällen des Ladendiebstahls) ist zu beachten, dass der Firmenstempel allein nicht genügt, sondern auch hier die Unterschrift des Berechtigten erforderlich ist (vgl. *Meyer-Goßner/Schmitt* StPO § 158 Rn. 11).

[45] Breite Ausführungen zum Erfordernis eines Strafantrags oder zur Prüfung eines besonderen öffentlichen Interesses sollten vermieden werden, wenn der Beschuldigte neben einer *einfachen* auch einer *gefährlichen* Körperverletzung hinreichend verdächtig ist; hier sollte das Augenmerk allein auf das Offizialdelikt gelegt werden.

[46] Vom 1. Januar 1977 in der ab dem 1. Februar 1997 (bundeseinheitlich) geltenden Fassung (zuletzt geändert mit Bekanntmachung vom 26. November 2018, in Kraft getreten am 1. Dezember 2018 [BAnz AT 30. November 2018 B3]). Es empfiehlt sich, diese Richtlinien, die etwa in *Meyer-Goßner/Schmitt* StPO Anh 12 und *Pfeiffer* Anhang 8 abgedruckt sind, einmal in Gänze zu lesen, da sie zahlreiche auch für das Examen wichtige Hinweise enthalten. Allerdings gilt es in rechtlicher Hinsicht zu betonen, dass diese Richtlinien allein an die dort genannten Behörden gerichtet sind und als **norminterpretierende Verwaltungsvorschrift** keine Außenwirkung entfalten. In der Klausur sollte dies dadurch erkennbar gemacht werden, dass einzelne Nummern nicht als gesetzliche Vorgabe, sondern als **Definitionshilfe** (etwa des „öffentlichen Interesses“) benutzt werden.

[47] Teile der Formulierung fußen auf der neuen Fassung des § 46 Abs. 2 Satz 2 StGB („Beweggründe und Ziele des Täters“).

„wenn der Täter einschlägig vorbestraft ist, roh oder besonders leichtfertig oder aus rassistischen, fremdenfeindlichen oder sonstigen menschenverachtenden Beweggründen gehandelt hat, durch die Tat eine erhebliche Verletzung verursacht wurde oder dem Opfer wegen seiner persönlichen Beziehung zum Täter nicht zugemutet werden kann, Strafantrag zu stellen, und die Strafverfolgung ein gegenwärtiges Anliegen der Allgemeinheit ist."

Allerdings soll andererseits auch

„der Umstand beachtlich sein, dass der Verletzte auf Bestrafung keinen Wert legt."

Im Gutachten kann danach etwa ausgeführt werden:

„... Demnach hat sich A hinreichend verdächtig gemacht, den Tatbestand der Körperverletzung nach § 223 Abs. 1 StGB rechtswidrig und schuldhaft verwirklicht zu haben. Die (einfache) Körperverletzung wird jedoch nach Maßgabe des § 230 StGB grundsätzlich nur auf Antrag verfolgt. Der Verletzte und damit der gemäß § 77 Abs. 1 StGB antragsberechtigte X hat am 17. September 2021 bei der Polizeidienststelle Frankfurt am Main erklärt, er wolle wegen der Ohrfeige des Y am 10. Februar 2021 diesen anzeigen und verlange eine harte Strafe. Unbeschadet der Frage, ob das Begehren des X überhaupt einen wirksamen Strafantrag darstellt, wäre dieser jedenfalls nicht im Rahmen der Antragsfrist des § 77b Abs. 1 Satz 1 StGB gestellt worden. Eine Strafverfolgung ist danach nur dann möglich, wenn ein besonderes öffentliches Interesse im Sinne des § 230 Abs. 1 Satz 1 StGB besteht. Ein solches ist nach der Auslegungshilfe der Nummer 234 RiStBV vor allem gegeben, wenn der Täter einschlägig vorbestraft ist, roh gehandelt hat oder durch die Tat eine erhebliche Verletzung verursacht wurde. Vorliegend versetzte der bisher strafrechtlich nicht in Erscheinung getretene Y dem X eine leichte Ohrfeige, die lediglich eine vorübergehende Rötung der Wange zeitigte; da sich darüber hinaus Täter und Verletzter vor der Tat nicht kannten und fremdenfeindliche etc. Tendenzen nicht zu erkennen sind, ist ein besonderes öffentliches Interesse an der Strafverfolgung nicht zu sehen. Ein hinreichender Tatverdacht im Sinne des § 170 Abs. 1 StPO ist danach nicht gegeben."

Die in der Nummer 234 RiStBV genannten Gesichtspunkte dürften entsprechend auch für die Abwägung bei den weiteren relativen Antragsdelikten, für die sich keine ausdrückliche Regelung findet, Anwendung finden.[48] 28

II. Verfolgungsverjährung

In der Klausur demgegenüber seltener dürften Fragen zur Verfolgungsverjährung gemäß den §§ 78 bis 78c StGB eine Rolle spielen. Sollten hierzu Ausführungen einmal erforderlich sein, sind diese an den Anfang der Prüfung des jeweiligen Tatbestandes zu stellen, da sich auch beim Vorliegen dieses Prozesshindernisses[49] weitere Erörterungen in materiellrechtlicher Hinsicht erübrigen. In der Klausur ist es dann ausreichend, die tatsächlichen Umstände darzulegen, aus denen sich der Eintritt der Verjährung ergibt. Zu denken ist an die Verjährung aber überhaupt nur dann, wenn die Tat zum Zeitpunkt der Abschlussverfügung länger als drei Jahre zurückliegt, da dieser Zeitraum nach § 78 Abs. 3 Nr. 5 StGB die kürzeste Verjährungsfrist markiert. Hinsichtlich der Verfolgungsverjährung dürften kaum tiefgehende Kenntnisse erwartet werden. Jedoch empfiehlt es sich, einige grundsätzliche Fragen zu beachten. So kann etwa der Verjährungsbeginn problematisch sein, da § 78a Satz 1 StGB auf die „Beendigung" der Tat abstellt. Auch etwaige **Verjährungsunterbrechungen** mögen einmal eine Rolle spielen. So unterbricht nach § 78c Abs. 1 Nr. 1 StGB beispielsweise bereits die (unterzeichnete [§ 78c Abs. 2 StGB]) *Anordnung* der ersten Vernehmung des Beschuldigten (§ 136 StPO) die Verjährung unabhängig davon, ob der Beschuldigte von ihr erfährt oder sie ausgeführt worden ist.[50] In der 29

---

[48] Vgl. auch die Nummern 235 Abs. 2 Satz 1 und 243 Abs. 3 RiStBV.

[49] Zur Rechtsnatur der Verfolgungsverjährung s. etwa *Fischer* StGB Vor § 78 Rn. 2 ff.

[50] *Fischer* StGB § 78c Rn. 10.

Klausuraufgabe mögen auch einmal die Unterbrechungstatbestände der Nummern 10 und 11 des § 78c Abs. 1 StGB (ganz lesen!) Bedeutung erlangen.

III. Strafklageverbrauch

30 Nach Art. 103 Abs. 3 GG darf niemand „wegen derselben Tat" mehrmals bestraft werden. Aus diesem verfassungsrechtlichen Verbot folgt ein umfassendes Verfahrenshindernis,[51] an das eingangs des materiellrechtlichen Gutachtens stets gedacht, auf das jedoch nur in problematischen Fällen eingegangen werden sollte.

31 Schon bei diesem Prüfungspunkt ist daher eine Grundkenntnis des **Begriffs der „Tat"** unentbehrlich.[52] Die Strafprozessordnung definiert diesen spezifischen Tatbegriff nicht, sondern setzt ihn in § 264 StPO voraus. Eine klare Bestimmung der Reichweite des verfahrensrechtlichen Tatbegriffs existiert daher nicht. So besteht auch in Rechtsprechung und Literatur lediglich im Ausgangspunkt insoweit Einigkeit, als dass der Tatbegriff nach *tatsächlichen* Kriterien abzugrenzen ist. Eine Tat im prozessualen Sinne bezeichnet danach den durch die Anklage dem Gericht unterbreiteten geschichtlichen Vorgang soweit er nach der Lebensauffassung eine Einheit bildet.[53]

32 Über einen Strafklageverbrauch kann in der Klausur zunächst nachzudenken sein, wenn sich aus dem Aufgabentext – etwa aus dem Auszug aus dem Strafregister – kaum zu übersehende Hinweise auf einen gegen den (oder einen der) in dem neuen Ermittlungsverfahren Beschuldigten geführten **Vorprozess** ergeben, der durch ein formell und materiell rechtskräftiges Urteil abgeschlossen worden ist oder in dem ein Strafbefehl erlassen worden ist, gegen den nicht bzw. nicht rechtzeitig Einspruch erhoben worden ist (§ 410 Abs. 3 StPO).

33 Art. 103 Abs. 3 GG betrifft nach seinem Wortlaut nur Fälle einer Vorverurteilung („Niemand darf … mehrmals *bestraft* werden"). Ein Strafklageverbrauch kann aber durchaus auch bei anderen **Erledigungen des früheren Verfahrens** mit demselben Prozessgegenstand in Betracht zu ziehen sein. Die *Einstellung* des früheren Verfahrens bewirkt dabei grundsätzlich keinen Strafklageverbrauch. Ausnahmsweise sieht das Gesetz selbst Ausnahmen vor: Hier dürfte insbesondere die Regelung des § 153a Abs. 1 Satz 5 StPO von Bedeutung sein, wonach ein Strafklageverbrauch nur im Hinblick auf Vergehenstatbestände[54] eintritt, aber die Verfolgung der prozessualen Tat als Verbrechen trotz der vollständigen Erfüllung der Auflage oder Weisung rechtlich weiter möglich bleibt. Auch bei solchen Einstellungen eines früheren Verfahrens, welche eine entsprechende ausdrückliche gesetzliche Regelung nicht vorsehen, kann über einen Verbrauch der Strafklage nachgedacht werden. So hat der *Bundesgerichtshof*[55] einer *gerichtlichen* Einstellung nach § 153 Abs. 2 StPO die Wirkung eines beschränkten Strafklageverbrauchs zugesprochen:[56] Da gerichtlichen Entscheidungen ein höheres Vertrauen entgegengebracht werde, führe eine Einstellung hier – wie bei § 153a Abs. 1 Satz 5 StPO – dazu, dass die Tat nur noch als Verbrechen verfolgt werden kann. Eine erneute Verfolgung der Tat ist also dann noch möglich, wenn sich im Nachhinein der Verdacht eines Verbrechens ergibt. Dies gilt auch für den Fall, dass der Verbrechensvorwurf in einem früheren Ermittlungsverfahren lediglich übersehen wurde.

---

[51] S. dazu *Roxin/Schünemann* § 52 Rn. 6; *Meyer-Goßner/Schmitt* StPO Einl. Rn. 171.
[52] Auf den Begriff der prozessualen Tat wird → Rn. 143 f. näher eingegangen.
[53] S. zunächst *Roxin/Schünemann* § 20 Rn. 5.
[54] S. zur Einordnung als „Verbrechen" und „Vergehen" § 12 StGB.
[55] *BGH* NStZ 2004, 218.
[56] Vgl. auch *Meyer-Goßner/Schmitt* StPO § 153 Rn. 37 f.

In der Assessorklausur wird in der Regel nur der Verbrauch der Strafklage in Bezug auf *eine* prozessuale Tat von mehreren prozessualen Taten eines Beschuldigten oder die Tat eines (von mehreren) Beschuldigten zu diskutieren sein. So mag man einmal mit einem dem folgenden vergleichbaren Fall konfrontiert werden: 34

Beispiel: X ist in einem Vorprozess im Jahre 2018 wegen gefährlicher Körperverletzung nach § 224 Abs. 1 Nr. 2 StGB rechtskräftig zu einer Geldstrafe verurteilt worden. Aus der zu bearbeitenden Akte ergibt sich, dass (neben dem Verdacht der Begehung weiterer Delikte im Jahre 2021) nunmehr auch angesichts mehrerer neuer Zeugenaussagen ein hinreichender Tatverdacht für einen mit der damaligen Körperverletzung tateinheitlich begangenen schweren Raub nach § 250 Abs. 2 Nr. 1 StGB besteht.

Unabhängig davon, ob in dem ersten Verfahren (in welchem Verfahrensabschnitt auch immer) bereits eine Strafbarkeit wegen Raubes geprüft wurde, steht die Vorverurteilung einer weiteren Strafverfolgung im Wege; demnach ist (jedenfalls[57]) ein hinreichender Tatverdacht abzulehnen. Da die Aufgabenstellung in der Pflichtklausur kaum verlangen dürfte, einen die *Rechtskraft durchbrechenden* Antrag auf **Wiederaufnahme des Verfahrens** (im obigen Fall etwa bei einem Geständnis zuungunsten des insoweit nicht Verurteilten nach § 362 Nr. 4 StPO) zu entwerfen, werden auch Fälle, in denen eine erneute Prüfung geboten ist (weil etwa die im ersten Verfahren freigesprochene Angeklagte nunmehr geständig ist),[58] in Klausuren die seltene Ausnahme bilden.

Wenig klausurrelevant ist auch der Fall eines zu beurteilenden Lebenssachverhaltes, der bereits alleiniger Gegenstand eines früheren zu einer Verurteilung führenden Verfahrens war; wegen vorliegender **Tatidentität** wäre hier eine (das gesamte Aktengeschehen ergreifende) Einstellung auszusprechen. 35

Das in Art. 103 Abs. 3 GG ausgesprochene Verbot strahlt darüber hinaus aber auch schon auf das bzw. die Ermittlungsverfahren aus: Wegen derselben Tat dürfen danach nicht zwei Strafverfahren nebeneinander geführt werden,[59] so dass Gesichtspunkte des Strafklageverbrauchs entsprechend obigen Überlegungen auch dann zu einer Einstellung des Verfahrens führen können, wenn sich aus der Aufgabenstellung ein weiteres Ermittlungsverfahren ergibt, das dieselbe prozessuale Tat zum Gegenstand hat.[60] 36

IV. Weitere Verfolgungsvoraussetzungen

§ 19 StGB begründet eine unwiderlegliche Vermutung für die **Schuldunfähigkeit** von Personen, die noch nicht vierzehn Jahre alt sind. Auch wenn die Fassung dieser 37

[57] Nicht weiter vertieft werden soll an dieser Stelle, ob damit bereits der „Anfangsverdacht" im Sinne von § 152 Abs. 2 StPO entfällt oder (erst) ein „hinreichender Tatverdacht" im Sinne der §§ 203 und 170 Abs. 1 StPO zu verneinen ist. Für den hier in Rede stehenden Fall eines Verfahrenshindernisses liegt es nahe, bereits das Vorliegen „zureichender tatsächlicher Anhaltspunkte" abzulehnen (so auch KK-StPO/*Diemer* § 152 Rn. 13). Hiernach wäre im Beispielsfall ein (im Obersatz erwähnter) hinreichender Tatverdacht zu verneinen, da nicht einmal der mindere Verdachtsgrad (dazu noch → Rn. 42) festzustellen wäre.

[58] Vgl. zu der besonderen Fallkonstellation einer Wiederaufnahme eines durch rechtskräftigen Strafbefehl abgeschlossenen früheren Verfahrens § 373a StPO.

[59] S. dazu nur *Roxin/Schünemann* § 52 Rn. 6.

[60] Dieser Fall dürfte jedenfalls für die Klausur eher theoretischer Natur sein, da das Verfahren mit der Erkenntnis eines parallelen Vorgangs mit demselben Prozessgegenstand keinesfalls *abschluss*reif ist, sondern sich zunächst die Notwendigkeit ergibt zu klären, *welches* der beiden Verfahren einzustellen ist.

Vorschrift zunächst eine Prüfung des Alters erst auf der Schuldebene nahelegt, ist bei Vorliegen ihrer Voraussetzungen stets ein Prozesshindernis anzunehmen, das zur Einstellung des Verfahrens führt.[61] Daher ist schon zu Beginn des materiellrechtlichen Gutachtens in Bezug auf das **Kind** innerhalb der Prüfung des hinreichenden Tatverdachts hinsichtlich des ersten in Frage kommenden Delikts darauf hinzuweisen, dass dieses das Strafmündigkeitsalter noch nicht erreicht hat und eine weitere Strafverfolgung demnach nicht möglich (und damit auch eine weitere Prüfung in der Klausur nicht nötig) ist. Eine materiellrechtliche Prüfung der Strafbarkeit des Kindes verbietet sich demnach selbst dann, wenn sein möglicherweise tatbestandsmäßiges und rechtswidriges Verhalten für die strafrechtliche Beurteilung anderer Beschuldigter von Interesse ist (etwa bei Konstellationen mittelbarer Täterschaft oder einer Teilnahme); hier muss das Handeln des (schuldunfähigen) Kindes im Rahmen der Prüfung des Tatbeteiligten inzident einfließen.

38 Mit dem **Tod des Beschuldigten** hat sich nach der Rechtsprechung[62] ein Verfahrenshindernis herausgestellt. Da schon die Verhandlungsfähigkeit zur Durchführung des Verfahrens erforderlich sei, müsse dies erst recht für den Umstand gelten, dass der Beschuldigte überhaupt lebe.[63]

C. Beweisfragen

39 Wie bereits erwähnt, liegt der wesentliche Unterschied zum im ersten Staatsexamen Gewohnten in der Assessorklausur darin, dass sich aus der Akte kein in jeder Hinsicht feststehender Sachverhalt ergibt. Vielmehr müssen die für die Subsumtion wesentlichen tatsächlichen Vorgänge, die sodann strafrechtlich zu würdigen sind, aus dem Akteninhalt selbst erarbeitet werden.

Dies ist immer dann unproblematisch, wenn sämtliche zur Verfügung stehenden **Beweismittel** ein bestimmtes Geschehen **übereinstimmend** tragen: In diesem Falle ist der Lebenssachverhalt als feststehend zugrunde zu legen, und es kann – wie im Referendarexamen – ohne weitere Ausführungen zur Beweissituation die rechtliche Bewertung erfolgen. Hierbei sollte im Übrigen auf den Begriff „unstreitig" verzichtet werden, da er zivilverfahrensrechtlicher Provenienz ist und nur vor dem Hintergrund des Parteiprozesses sinnvoll und sachgerecht verwendet werden kann.

40 Ist das **Geschehen** dagegen hinsichtlich einzelner für die Subsumtion maßgeblicher Punkte deswegen **unklar,** weil aus den zur Verfügung stehenden Beweismitteln unterschiedliche Folgerungen zu ziehen sind, kommt es auf eine Abwägung dieser Beweismittel im Hinblick auf ihren Aussageinhalt und ihre Beweiskraft an; das oben zum (unschönen und unangezeigten Begriff „unstreitig" Gesagte gilt hier entsprechend für denjenigen des „Streitigen". Die gegebenen Beweismittel sind demnach an eben jener Stelle des Gutachtens, an welcher ein bestimmter nicht feststehender Umstand einem Deliktsmerkmal zu subsumieren ist, zu würdigen. Damit sind Fragen des Beweises oder der Beweisbarkeit stets **innerhalb des Rahmens der Prüfung eines gesetzlichen Tatbestandsmerkmals** anzusprechen; falsch wäre es, Beweisfragen als selbstständigen Prüfungspunkt vor das Gutachten zu ziehen.

41 Bei der Würdigung der Beweissituation ist dringend davon abzuraten, Mutmaßungen oder Unterstellungen in die Klausur einfließen zu lassen. Die Wertung der sich aus der Akte ergebenden Erkenntnisse hat stets anhand **objektivierbarer Kriterien** zu erfolgen. Die Konstellationen, in denen man glaubt, die vorhandenen Beweis-

---

[61] Schönke/Schröder/*Perron*/*Weißer* StGB § 19 Rn. 5.
[62] BGHSt 45, 108 ff; fortgeführt in BGHSt 52, 119 ff. Näheres s. noch → Rn. 176.
[63] BGHSt 45, 108 (112).

mittel enthielten keinen ausreichenden Aussagewert und gäben Anlass zu ergänzenden Ermittlungen, zwingen zu einer besonders kritischen Überprüfung. Man wird nämlich (jedenfalls nach der – letztlich maßgebenden – Meinung des Aufgabenstellers) in der staatsanwaltschaftlichen Klausur praktisch immer ein bereits „ausermitteltes" und damit abschlussreifes Verfahren vor sich haben, so dass weitere Ermittlungen nur in seltenen (erkennbar zu Tage tretenden) Ausnahmefällen zu veranlassen sein werden. Bevor man also zu der „Erkenntnis" gelangt, es bestehe weiterer Ermittlungsbedarf, und einen dementsprechenden Verfügungspunkt fertigt, sollte man sich fragen, ob nicht die vorhandenen Beweismittel allein ein vertretbares Ergebnis ermöglichen. In der Regel dürfte dies auch die Aufgabenstellung insoweit festschreiben, als sie selbst im Falle (zumeist: vermeintlichen) weiteren Ermittlungsbedarfs die **Abschlussreife** durch einen Bearbeitungsvermerk fingiert:

„Hält der Bearbeiter oder die Bearbeiterin weitere Ermittlungen für erforderlich, so ist zu unterstellen, dass sie durchgeführt worden sind, jedoch keine weiterführenden Ergebnisse erbracht haben".

I. Verdachtsgrad

Bei der Beantwortung der Frage, ob eine bestimmte Tatsache im materiellrechtlichen Gutachten als „gegeben" angenommen werden kann, ist stets zu berücksichtigen, dass die Bearbeitung (nicht zuletzt aus dem Subsumtionssatz ersichtlich) aus der **Perspektive eines ermittelnden Staatsanwaltes** zu erfolgen hat (→ Rn. 14). Die beweisbedürftige Tatsache muss daher nicht mit einer für die Verurteilung erforderlichen Sicherheit feststehen, es genügt vielmehr der **für die Anklageerhebung notwendige Verdachtsgrad.** Für die Erhebung der öffentlichen Klage muss nach Maßgabe des § 170 Abs. 1 StPO **„genügender Anlass"** gegeben sein, was (nur) dann der Fall ist, wenn die Anklagebehörde annehmen darf, dass das Gericht ihrem **„Antrag, das Hauptverfahren zu eröffnen"** (§ 199 Abs. 2 Satz 1 StPO), auch Folge leisten wird. Dies wiederum setzt nach § 203 StPO voraus, dass der Beschuldigte nach den Ergebnissen des vorbereitenden Verfahrens (also der Klausurakte) **„hinreichend verdächtig"** erscheint. Ein solcher **hinreichender Tatverdacht**[64] liegt dann vor, wenn sich aus der – naturgemäß nur vorläufigen – Bewertung des gesamten Inhalts der vorliegenden Akte ergibt, dass eine spätere Verurteilung wahrscheinlicher als ein Freispruch ist.[65] Zu beachten ist hier, dass der Grundsatz „in dubio pro reo" nur mittelbar über die Prognose des Staatsanwalts, ob er selbst nach der Sach- und Rechtslage am Ende der Hauptverhandlung überwiegend wahrscheinlich zum Antrag auf Verurteilung gelangen würde, Anwendung findet.[66] 42

Diese Prognose ist in der Klausur häufig einfacher als in der staatsanwaltlichen Praxis, da die Aufgabenstellung zwar eine Würdigung der vorhandenen Beweismittel erwartet, jedoch durch deutliche Hinweise zugleich das Ergebnis dieser Bewertung vorzeichnen dürfte. Hierbei sollte der Prüfling noch einmal in sich gehen, wenn er hinsichtlich sämtlicher beschuldigter Personen und hinsichtlich sämtlicher vor-

[64] Der „hinreichende Tatverdacht" ist zu unterscheiden einerseits vom sog. „Anfangsverdacht" und andererseits vom „dringenden Tatverdacht". Das Vorliegen eines **Anfangsverdachtes** (§ 152 Abs. 2 StPO: „zureichende tatsächliche Anhaltspunkte") ist Voraussetzung für die Einleitung eines Ermittlungsverfahrens (s. *Meyer-Goßner/Schmitt* StPO § 152 Rn. 4), dasjenige eines **„dringenden Tatverdachts"** für die Anordnung der Untersuchungshaft durch Haftbefehl (s. § 112 Abs. 1 Satz 1 StPO); „dringend" ist ein Tatverdacht dann, wenn „die Wahrscheinlichkeit groß ist, dass der Beschuldigte Täter oder Teilnehmer einer Straftat ist" (s. hier zunächst nur *Meyer-Goßner/Schmitt* StPO § 112 Rn. 5 ff.).

[65] Vgl. KK-StPO/*Moldenhauer* § 170 Rn. 3.

[66] Dazu *Meyer-Goßner/Schmitt* StPO § 170 Rn. 1 f.

geworfener (prozessualer) Taten einen hinreichenden Tatverdacht verneint, da wohl annähernd jede Aufgabenstellung darauf angelegt sein dürfte, jedenfalls hinsichtlich einer Person und eines Delikts Anklage zu erheben (s. noch § 2 C.).

II. Bewertung des einzelnen Beweismittels

43 Da aus § 163a Abs. 1 Satz 1 StPO grundsätzlich folgt, dass der Beschuldigte „vor dem Abschluss der Ermittlungen zu vernehmen" ist,[67] findet sich praktisch immer ein Protokoll über die **Vernehmung** des oder der Beschuldigten in der Akte.

44 Der eherne Leitsatz allen rechtsstaatlichen Strafens: Hat die beschuldigte Person die Angaben zur Sache vollständig[68] verweigert, dürfen hieraus keine für sie nachteiligen Schlüsse gezogen werden.[69] Die oder der Beschuldigte wird in der Klausurakte jedoch häufig die meisten Umstände eingestehen. Da nach obigen Überlegungen nur zu den Punkten Ausführungen erforderlich sind, deren Vorliegen nach der Beweissituation zweifelhaft ist, und in der Regel die vom Beschuldigten zugestandenen Tatsachen auch von sämtlichen weiteren Beweismitteln getragen werden dürften, ergeben sich in diesem Falle keine Beweisschwierigkeiten. Der Fall nämlich, dass der oder die Beschuldigte eine bestimmte sich selbst belastende Angabe macht, die von anderen Beweismitteln entkräftet wird **(nicht glaubhaftes Geständnis),** kommt in der Praxis zwar gelegentlich vor, dürfte in der Klausur aber wohl die seltene Ausnahme darstellen.

45 Bestreitet der oder die Beschuldigte hingegen das gesamte Geschehen oder einzelne Umstände, hat die Bearbeitung unter Hinzuziehung der übrigen zur Verfügung stehenden Beweismittel eine Würdigung vorzunehmen.

46 Das in der Klausur wichtigste Beweismittel ist der **Zeuge.** Bei der Klausurbearbeitung kann nicht erwartet werden, dass die Bekundung einer Zeugin oder eines Zeugen umfassend gewürdigt wird, da zumeist nur eine kurze Aussage vorliegt, die zudem lediglich anhand ihrer Protokollform gewürdigt werden kann.[70] Demnach dürften Ausführungen zur **Glaubwürdigkeit**[71] ohne weitere Anhaltspunkte, etwa bestimmte eigene Interessenlagen oder psychische Defizite des Zeugen, kaum verlangt werden. Auch die für Wertungen des Aussageverhaltens eines Zeugen[72] notwendigen Tatsachen (wie Nervosität, Spontaneität, Aggressivität etc.) werden sich aus der Akte nur selten ergeben. Auf das Aussageverhalten kann daher nur eingegangen werden, wenn etwa die Verhörsperson in den Akten einen Vermerk angefertigt hat; dieser dürfte als deutlicher Hinweis kaum übersehen werden. Auch die Bewertung der sächlichen Beweismittel kann kurzgefasst werden.

---

[67] Durch die Bestimmung des § 163a Abs. 1 Satz 1 StPO wird des Beschuldigten Anspruch auf rechtliches Gehör gesichert und dafür gesorgt, dass er unter allen Umständen davon erfährt, dass gegen ihn ein Ermittlungsverfahren in Gang gekommen ist (vgl. KK-StPO/*Griesbaum* § 163a Rn. 1).

[68] Hierunter fällt auch die pauschale Äußerung des Beschuldigten, er habe „mit dem Vorfall nichts zu tun" (s. *BGH* NStZ 2007, 417 f.). Zur (wenig klausurrelevanten) Problematik des sog. **„Teilschweigens"**, das durchaus als Beweisanzeichen verwertet werden darf, vgl. BGHSt 20, 298 ff. sowie den Überblick bei *Meyer-Goßner/Schmitt* StPO § 261 Rn. 17.

[69] S. nur *BVerfG* NStZ 1995, 555; BGHSt 34, 324 (326); *Meyer-Goßner/Schmitt* StPO § 261 Rn. 16 mit weiteren Nachweisen.

[70] Vgl. *Krüger/Kock* S. 44; lesenswert zur **Beweiswürdigung der Zeugenaussage** *Miebach* NStZ-RR 2014, 233.

[71] Der Prüfling sollte sich jedoch für die Klausur zumindest die Begrifflichkeiten einprägen: Von der **„Glaubwürdigkeit"** eines Zeugen wird gesprochen, wenn auf seine *Person* Bezug genommen wird, die **„Glaubhaftigkeit"** bezieht sich dagegen auf den *Inhalt* der Aussage.

[72] Allgemein zum Aussageverhalten *Michaelis-Arntzen* in: Arntzen S. 70 ff.

In der Klausur wird die Beweissituation demnach zumeist in der Weise gegeben sein, dass mehrere Beweismittel für eine Tatsache streiten und lediglich eines (in der Regel die bestreitende Einlassung des bzw. der Beschuldigten) dagegen: 47

„... Die Beschuldigte bestreitet, die zwei Lautsprecherboxen aus dem Geschäft des Hugo Maier in der Konradstraße entwendet zu haben. Die Zeugin Z, welche die Beschuldigte aus dem Fußballverein kennt, hat jedoch ausgesagt, sie unmittelbar nach Ertönen der Alarmanlage mit zwei schwer erscheinenden Kartons bepackt in der Konradstraße gesehen zu haben. Zudem wurden bei der Beschuldigten 25 Minuten nach der Tat die originalverpackten, aus dem Geschäft des Zeugen Maier stammenden Lautsprecherboxen sichergestellt. Anhand der glaubhaften, ohne erkennbare Belastungstendenz gemachten Aussage der Zeugin und der sichergestellten Augenscheinsobjekte ist ein Tatnachweis in der Hauptverhandlung überwiegend wahrscheinlich, so dass jedenfalls ein hinreichender Verdacht hinsichtlich der Wegnahme der Gegenstände durch die Beschuldigte anzunehmen ist."

III. Beweisverwertung

Bei der Würdigung der verschiedenen sich aus der (Klausur-)Akte ergebenden Beweismittel ist stets darauf zu achten, dass die das Ergebnis (hinreichender Tatverdacht) tragenden Beweismittel später auch nach den Regeln des **Strengbeweises**[73] in die **Hauptverhandlung eingeführt** werden können; liegen die Voraussetzungen hierfür nicht vor, ist ein hinreichender Tatverdacht mittels *dieser* Beweise nicht zu begründen. Somit hat ein Beweismittel, das in der Hauptverhandlung *nicht verwertet* werden darf, auch im Hinblick auf die Prüfung eines hinreichenden Tatverdachts grundsätzlich außer Betracht zu bleiben. 48

Dabei ist hinsichtlich der im Ermittlungsverfahren anzustellenden ***staatsanwaltlichen*** **Prognose** freilich zu beachten, dass nicht nur **Beweisverbote** existieren, die zwingend (also: unter allen Umständen) zu einer Unverwertbarkeit[74] in der späteren Hauptverhandlung führen („absolute [indisponible] Beweisverwertungsverbote"), sondern auch solche („disponible"), die dann verwertet werden dürfen, wenn der Beschuldigte von seinem Widerspruchsvorbehalt keinen Gebrauch macht.[75] Bei letzteren Beweisverwertungsverboten führen Fehler der Beweisgewinnung mithin selbst bei schwersten Verstößen (also an sich „absoluter" Geltung) nicht ipso iure zur Unverwertbarkeit des Beweisergebnisses in der Hauptverhandlung, vielmehr gilt hier die in der höchstrichterlichen Rechtsprechung **(BGHSt 38, 214)** entwickelte (zwar theoretisch angreifbare,[76] in der Klausur aber nicht zu hinterfragende) **„Widerspruchslösung":**[77] Ein Verwertungsverbot in der Hauptverhandlung besteht danach *nicht,* wenn der verteidigte (oder der durch das Gericht zuvor umfassend belehrte) Angeklagte der Verwertung nicht bis zu dem in § 257 StPO genannten 49

---

[73] S. zur Unterscheidung von Streng- und Freibeweis nur *Meyer-Goßner/Schmitt* StPO § 244 Rn. 5 ff. und *Roxin/Schünemann* § 24 Rn. 2 ff.

[74] Als für das Staatsexamen besonders bedeutsame Vorschrift ist hier § 136a Abs. 3 StPO zu nennen (dazu noch sogleich → Rn. 64 f.).

[75] Ein Beweisverwertungsverbot mit Widerspruchsvorbehalt besteht etwa bei einem Verstoß gegen § 168c StPO. Die Vorschrift normiert Anwesenheitsrechte und Benachrichtigungspflichten für die Teilnahme des Beschuldigten oder seines Verteidigers bei richterlichen Vernehmungen von Zeugen und Sachverständigen. In der Klausur kann häufig ein Blick in den Kommentar bei der Frage helfen, ob ein Widerspruch erforderlich ist. Nicht selten findet sich in der Kommentierung der jeweiligen Norm, deren Voraussetzungen nicht eingehalten wurden, ein Hinweis auf das Erfordernis eines Widerspruchs.

[76] Diese Ansicht ist in der Literatur ganz überwiegend auf Ablehnung gestoßen (s. den Überblick bei *Fezer* StV 1997, 57 f.), wird aber heute praktisch nicht mehr in Zweifel zu ziehen sein.

[77] BGHSt 38, 214 (225 f.).

Zeitpunkt (spätestens also nach der in Rede stehenden Beweiserhebung) widersprochen hat.[78]

50 Da die staatsanwaltschaftliche Aufgabenstellung aber noch im **Ermittlungsverfahren** angesiedelt ist, kann das künftige Verhalten des Beschuldigten in der Hauptverhandlung naturgemäß nicht sicher vorausgesehen werden. Wird mithin im materiellrechtlichen Gutachten ein relatives (unter dem Widerspruchsvorbehalt des oder der Beschuldigten stehendes) Beweisverwertungsverbot festgestellt, müsste der hinreichende Tatverdacht – dies vor Augen – an sich jedenfalls dann zunächst (auch) auf diesen Beweis gestützt werden dürfen, wenn sich in der Akte keine antizipierenden Hinweise auf die Absicht, in einer etwaigen Hauptverhandlung zu widersprechen, finden. Hier ist indes zweierlei zu beachten: In einschlägigen Gestaltungen werden sich in der Regel bestimmte auf einen späteren Widerspruch weisende Umstände in der Akte (Erklärung des [„empörten"] Beschuldigten im Ermittlungsverfahren, Schriftsatz oder Erklärung der Verteidigerin etc.) oder gar Vorauszusetzendes im Bearbeitungsvermerk finden; in diesen Fällen kann der hinreichende Tatverdacht ohne Zweifel *nicht* auf dem jeweiligen rechtswidrig gewonnenen Beweismittel beruhen. Selbst wenn sich demgegenüber keine entsprechenden Hinweise zeigen sollten, dürfte indes ebenso zu verfahren sein. So hat nämlich der *Bundesgerichtshof* **(BGHSt 64, 89)** inzwischen herausgestrichen, dass die „Widerspruchslösung" im Ermittlungsverfahren **„keine Anwendung"** findet. In diesem Verfahrensstadium seien Beweisverwertungsverbote selbst dann „unabhängig von einer Beanstandung durch den Beschuldigten **amtswegig zu beachten,** ... wenn der zugrunde liegende Verfahrensmangel eine für ihn disponible Vorschrift betrifft".[79] Diese klare Deutung dürfte dem Prüfling auch die letzten Aufbausorgen nehmen, er wird aber in solchen Gestaltungen gut beraten sein, auf diese (etwaig nicht allgemein bekannte) Rechtsprechung ausdrücklich hinzuweisen.

51 Von diesen Konstellationen abgesehen wird die „Widerspruchslösung" häufig erst bei der Anfertigung eines Strafurteils zu beachten sein, ihr Hauptanwendungsbereich liegt in der Revisionsklausur. In der entsprechenden Klausurgestaltung mit staatsanwaltlicher Aufgabenstellung empfiehlt es sich gleichwohl – in der gebotenen Kürze, aber auch dogmatischen Klarheit – auf diese differenzierte Betrachtung einzugehen, um dem oder der Korrigierenden das Erkennen besagter Unterschiede der Verfahrensstadien deutlich zu machen.

1. Grundlegendes zur Beweisverwertung

52 Es ist dringend angezeigt, sich Grundkenntnisse zu den **Beweiserhebungs- und -verwertungsverboten**[80] anzueignen, da aus diesem Bereich durchaus einmal der Schwerpunkt der Aufgabenstellung gewählt sein kann. Gerade im Problemkreis der Beweiserhebungs- und Beweisverwertungsverbote ist vieles umstritten, kaum eine Frage kann als geklärt bezeichnet werden. Es darf vorweggenommen werden, dass dies nicht verunsichern, sondern gerade umgekehrt dazu ermutigen sollte, ein Pro-

---

[78] Wird der Widerspruch nicht rechtzeitig erhoben, tritt diesbezüglich eine **Rügepräklusion** ein; ein Widerspruchsrecht kann danach nicht einmal in einer neuen (zweiten) Hauptverhandlung nach Zurückverweisung der Sache durch das Revisionsgericht geltend gemacht werden (*BGH* NStZ 2006, 348 = RÜ 2006, 200 [201 f.]).

[79] BGHSt 64, 89 (97).

[80] Zur Unterscheidung von Beweiserhebungs- und Beweisverwertungsverboten s. *Roxin/Schünemann* § 24 Rn. 14 ff. und zur Unmittelbarkeit der Beweisaufnahme *Beulke* JA 2008, 758 ff.

blembewusstsein zu zeigen und sich mit einer eigenen Argumentation auszuzeichnen.

Um die in der Klausur häufig auftretenden Fragen zu Beweisverboten nachvollziehbar in die Lösung einbetten zu können, bedarf es einiger Grundkenntnisse zu den Beweismitteln und ihrer Einführung in die (vom Staatsanwalt zu prognostizierende) Hauptverhandlung. Oft wird in der Klausur etwa durch den Hinweis, dass die Einführung eines bestimmten Beweises in die Hauptverhandlung nicht möglich sein wird (der Zeuge kann etwa nicht vernommen werden, weil er verstorben ist oder künftig von seinem Zeugnisverweigerungsrecht Gebrauch macht), die Notwendigkeit aufgezeigt, über ein anderes – oft weniger naheliegendes – Beweismittel (wie die Verlesung der Niederschrift einer früheren Vernehmung, die Vernehmung einer Verhörsperson etc.) nachzudenken. **53**

In der Hauptverhandlung sind als **Beweismittel** zugelassen *Zeugen* (§§ 48 bis 71 StPO), *Sachverständige* (§§ 72 bis 85 StPO), *Augenschein* (§§ 86 bis 93 StPO), *Urkunden* (§§ 249 bis 256 StPO) und schließlich (als Beweismittel im weiteren Sinne) die *Angaben des Angeklagten.* **54**

Bei der (in der Klausur nicht selten auftretenden) Frage, ob und wie ein Beweismittel in der späteren Hauptverhandlung verwertet werden kann, ist stets der aus § 250 StPO abgeleitete **„Unmittelbarkeitsgrundsatz"** im Auge zu behalten. Gemäß § 250 Satz 2 StPO darf die Vernehmung einer Person (insbesondere also eines Zeugen oder Sachverständigen) grundsätzlich nicht durch die Verlesung einer Urkunde ersetzt werden. Der Unmittelbarkeitsgrundsatz besagt für die Beweisverwertung in der Hauptverhandlung auch, dass sich das Gericht bei der Wahrheitsfindung möglichst des sachnächsten Beweismittels bedienen soll.[81] Ableiten lässt sich hieraus der grundsätzliche **Vorrang des Personalbeweises** vor dem Urkundenbeweis, aber auch vor dem Augenscheinsbeweis. Hiermit ist gemeint, dass die Vernehmung von Zeugen oder Sachverständigen sowie die Vernehmung des Angeklagten oder Mitangeklagten grundsätzlich nicht durch den Urkundsbeweis ersetzt werden dürfen (zu den Ausnahmen von diesem Grundsatz sogleich). Auch Skizzen oder Zeichnungen, die ein Zeuge gefertigt hat, dürfen in der Regel nicht anstelle einer Zeugenaussage herangezogen werden. **55**

Steht in der Klausur zur Überführung des Beschuldigten eine **Urkunde** (häufig das frühere Vernehmungsprotokoll einer Zeugenaussage) zur Verfügung, so ist wegen des Unmittelbarkeitsgrundsatzes demnach in der Regel (jedenfalls gedanklich) zu prüfen, ob die Einführung der Urkunde in die spätere Hauptverhandlung überhaupt zulässig ist. Eine **Durchbrechung des Unmittelbarkeitsgrundsatzes** für den Urkundsbeweis ist immer dann möglich, wenn eine **Ausnahme** von diesem Grundsatz gilt. Solche Ausnahmen finden sich in §§ 251, 253, 254, 256 StPO (lesen!).[82] Die Vorschriften der §§ 253, 254 und 256 StPO lassen sich durch aufmerksame Lektüre des Gesetzes erschließen und werfen in der Regel keine besonderen Schwierigkeiten auf. Sollte der Beschuldigte nach Lage des Aktenstücks schon im Ermittlungsverfahren sein zunächst abgegebenes Geständnis widerrufen haben, so ist im Hinblick auf § 254 StPO allerdings zu beachten, dass die Vorschrift nur die Zulässigkeit der Verlesung von früheren Aussagen des Beschuldigten regelt, hingegen kein allgemeines Verwertungsverbot enthält. Dies hat zur Folge, dass die frühere Vernehmungs- **56**

---

[81] S. nur *Haller/Conzen* Rn. 509.

[82] Demgegenüber enthält die Vorschrift des § 252 StPO – systematisch schlecht platziert – keine Durchbrechung des Unmittelbarkeitsgrundsatzes, sondern das die §§ 52 ff. StPO ergänzende Verbot der Einführung des Urkundsbeweises im Fall einer nachträglichen Zeugnisverweigerung (dazu noch sogleich).

person immer als Zeuge vernommen werden kann, was vor allem für die in der Hauptverhandlung nicht verlesbaren Geständnisse vor Polizeibeamten bzw. der Staatsanwaltschaft bedeutsam ist.[83] Hierauf sollte in der entsprechenden Klausurkonstellation hingewiesen und der Vernehmungsbeamte als Zeuge in der Anklageschrift benannt werden.

57 Besonders examensrelevant ist die Ausnahmeregelung des **§ 251 StPO.**[84] Die Vorschrift enthält eine abschließende Aufzählung der Fälle, in denen in der Hauptverhandlung anstelle des unmittelbaren Personalbeweises auf die Niederschrift einer früheren Vernehmung bzw. auf die eine Erklärung enthaltende Urkunde zurückgegriffen werden kann. Dabei gilt § 251 Abs. 2 StPO ausschließlich für *richterliche* Protokolle, § 251 Abs. 1 StPO bezieht sich auf richterliche und nichtrichterliche Protokolle sowie sonstige Schriftstücke.

58 Sind Zeugen, Sachverständige oder Mitbeschuldigte schon im Laufe des Ermittlungs- oder Zwischenverfahrens **richterlich vernommen** worden (insbesondere nach den §§ 162, 169, 223, 202 StPO), kann der Inhalt der Niederschrift unter den Voraussetzungen des (gegenüber dem Absatz 1 speziellen) **§ 251 Abs. 2 StPO** in der Hauptverhandlung verlesen werden. Eine solche Verlesung setzt jedoch zwingend voraus, dass das **Protokoll „ordnungsgemäß errichtet"** worden ist.[85] „Ordnungsgemäß" ist eine Protokollerrichtung in diesem Sinne nur, wenn den Anwesenheits- und Benachrichtigungspflichten aus § 168c StPO[86] Genüge getan und die vernommene Person vorschriftsmäßig belehrt worden ist.[87] Schon hier sei darauf hingewiesen, dass der Inhalt eines (absichtlich, versehentlich oder in Verkennung der gesetzlichen Vorschriften) nicht ordnungsgemäß errichteten Protokolls nicht nur nicht über den Urkundsbeweis des § 251 Abs. 2 StPO, sondern auch nicht über den Personalbeweis durch Vernehmung des Ermittlungsrichters in die Hauptverhandlung eingeführt werden darf;[88] insoweit besteht ein Verwertungsverbot (das freilich über den sogleich zu erörternden § 251 Abs. 1 StPO in der Praxis abgeschwächt wird).

59 Für eine Verlesung in der Hauptverhandlung nach der Grundnorm des **§ 251 Abs. 1 StPO** kommen insbesondere die staatsanwaltlichen oder polizeilichen Ermittlungsprotokolle in Betracht, die Angaben von Zeugen, Sachverständigen oder Mitbeschuldigten enthalten können. Die Verlesung der Niederschrift einer Zeugenvernehmung setzt wiederum voraus, dass der Zeuge nach den §§ 52 Abs. 3 Satz 1, 161a Abs. 1 Satz 2, 163a Abs. 5 StPO **ordnungsgemäß belehrt** worden ist (andernfalls besteht ein Beweisverwertungsverbot). Nach der höchstrichterlichen Rechtsprechung können darüber hinaus auch fehlerhaft zustande gekommene (vor allem also

---

[83] Daher hat der Angeklagte – anders als der zeugnisverweigerungsberechtigte Zeuge gemäß § 252 StPO – keinerlei Möglichkeit, ein früheres Geständnis durch Berufung auf sein Aussageverweigerungsrecht in der Hauptverhandlung (§ 243 Abs. 4 Satz 1 StPO) zu widerrufen. Zu §§ 252 und 254 StPO s. *Eichel* JA 2008, 631 ff.

[84] Zur Neufassung dieser Vorschrift s. den (auch im Übrigen sehr lesenswerten) Überblick bei *Knauer/Wolf* NJW 2004, 2932 (2934 ff.).

[85] *Meyer-Goßner/Schmitt* StPO § 251 Rn. 32.

[86] S. hierzu *BGH* NStZ 1998, 312 (313).

[87] Wegen des Sachzusammenhangs sei mit Blick auf den examensrelevanten Bereich der Revisionsklausur bereits an dieser Stelle darauf hingewiesen, dass gemäß § 251 Abs. 4 StPO zunächst ein Gerichtsbeschluss erforderlich ist, der zu protokollieren und zu begründen ist, will das Gericht statt der Zeugenvernehmung eine entsprechende Verlesung durchführen. Bereits das Fehlen dieses Beschlusses führt zur Aufhebung des Urteils in der Revision (*BGH* NStZ 1988, 283).

[88] BGHSt 26, 332 (335).

gegen § 168c StPO verstoßende) richterliche Protokolle (die mithin nicht über Abs. 2 eingeführt werden dürfen) nach § 251 Abs. 1 StPO in der Hauptverhandlung als nichtrichterliche Protokolle verlesen werden; der Richter muss sich dabei aber des „minderen Beweiswerts des Beweismittels" bewusst sein und die Verfahrensbeteiligten entsprechend § 265 Abs. 1 StPO auf die beabsichtigte Verwertung als nichtrichterliche Vernehmung hinweisen.[89] Tritt letzterer Aspekt allenfalls in der Revisionsklausur zu Tage, kann ersterer durchaus schon mit Blick auf den hinreichenden Tatverdacht von Bedeutung sein: Angesichts des minderen Beweiswerts kann eine **überwiegende Wahrscheinlichkeit der Verurteilung** durchaus dann einmal in Abrede zu stellen sein, wenn es sich um das einzige Beweismittel handelt (der im Ermittlungsverfahren vom Richter ordnungsgemäß nach § 52 Abs. 3 StPO belehrte, aber unter Verstoß gegen § 168c Abs. 5 StPO vernommene einzige Zeuge verstirbt).

Eine über den Grundsatz des Vorrangs des Personalbeweises gegenüber dem Urkunds- und Augenscheinsbeweis hinaus gehende Pflicht, stets das „tatnächste Beweismittel" auszunutzen, lässt sich nach überwiegender Ansicht nicht formulieren.[90] 60
Danach ergeben sich für die Praxis (und damit auch für die Klausur) wichtige Einschränkungen, bei denen eine Verletzung des § 250 StPO trotz der Verwertung eines „tatfernen" Beweismittels nicht gegeben ist. Dies betrifft insbesondere den sogenannten **„Zeugen vom Hörensagen".**[91] Hierbei handelt es sich um eine Person, die ihre Wahrnehmungen zum Tatgeschehen nicht unmittelbar, sondern über eine dritte Person gemacht hat. Der Zeuge vom Hörensagen kann (im Ermittlungsverfahren) ohne weiteres vernommen[92] und der Inhalt seiner Aussage (über die Erklärung einer dritten Person) verwertet werden.[93] Dieser Zeuge bleibt insofern ein unmittelbares Beweismittel, als er unmittelbar über dasjenige berichtet, was er von einer anderen Person gehört hat. Auch das Wissen eines V-Mannes der Polizei bzw. eines verdeckten Ermittlers kann inhaltlich durch Vernehmung eines Zeugen vom Hörensagen (häufig eines Beamten der Polizei) in die Hauptverhandlung eingeführt werden.

Unter den genannten Gesichtspunkten kann in der entsprechenden Klausurkonstellation also einmal näher darzulegen sein, ob das konkrete Beweismittel ohne Verstoß gegen den Unmittelbarkeitsgrundsatz vom Tatgericht in der späteren Hauptverhandlung verwertet werden kann. Wie bereits angedeutet, sind Ausführungen vor

---

[89] *BGH* NStZ 1998, 312 (313); zusammenfassend *Meyer-Goßner/Schmitt* StPO § 251 Rn. 32 und 15.

[90] Hierzu und zum Unmittelbarkeitsgrundsatz insgesamt *Meyer-Goßner/Schmitt* StPO § 250 Rn. 1 ff.

[91] Vgl. *BGH* NStZ 1999, 578; BGHSt 17, 382 (384).

[92] Allerdings ist zu bedenken, dass der Zeuge vom Hörensagen ein weniger verlässliches Beweismittel ist als der unmittelbare Tatzeuge. Diesem Umstand ist in der (möglicherweise schon im Rahmen der Verurteilungsprognose zu berücksichtigenden) Beweiswürdigung Rechnung zu tragen.

[93] S. aber *EGMR* StV 2017, 213: Belastet ein tatrelevanter Zeuge den Angeklagten im Rahmen des Ermittlungsverfahrens und steht dieser – etwa aufgrund unbekannten Aufenthaltes – nicht für eine Aussage in der Hauptverhandlung bereit, kann die fehlende Befragungs- und Konfrontationsmöglichkeit nach Art. 6 Abs. 3 lit. d EMRK unter Umständen zu einer Beeinträchtigung des Rechts auf ein faires Verfahren (Fair-Trial-Prinzip) und damit zu einem Verwertungsverbot führen, wenn seine Aussage nur über den Vernehmungsbeamten als „Zeuge vom Hörensagen" in die Hauptverhandlung eingeführt werden kann; ob die Aussage letztlich verwertet werden darf, soll anhand einer dreistufigen Prüfung (dem sogenannten **„Al-Khawaja-Test"** [s. hierzu den Überblick bei *Gaede* StV 2018, 175]) ermittelt werden. S. dazu auch *BGH* NStZ 2017, 602.

allem dann geboten, wenn ein Verwertungsverbot für das „nähere“ Beweismittel in Betracht kommt (hierzu sogleich).

2. Beweisverbote

61 Nach der Strafprozessordnung dürfen bestimmte Beweise schon nicht gewonnen, die Wahrheit also nicht „um jeden Preis erforscht werden“.[94] Hervorzuheben sind hier die **Beweismittelverbote** der §§ 52 bis 55 StPO und das **Beweismethodenverbot** des § 136a StPO. Dürfen Beweise grundsätzlich gewonnen werden, beschreibt das Verfahrensrecht zumeist bestimmte Regeln der Gewinnung (vgl. etwa § 81a StPO).

62 Sind die Voraussetzungen, an welche die Erhebung des Beweises geknüpft ist, nicht eingehalten worden, ist es fraglich, ob **aufgrund der fehlerhaften Gewinnung** des Beweises auch eine prozessuale **Verwertung versperrt** ist.[95] Zwar wird ein generelles Verwertungsverbot verfassungsrechtlich nicht vorgezeichnet[96] und nach überwiegender Ansicht nicht begründet sein, jedoch hat sich für die Examenssituation bisher auch noch keine „Faustformel“ zur Beantwortung der Frage herausgebildet, wann aus einem Beweiserhebungsverbot ein Beweisverwertungsverbot folgt. Auch wenn das Problem der Verwertungsverbote damit nicht im Allgemeinen geklärt werden kann, lassen sich für die Examensklausur doch jedenfalls bestimmte „klassische“ Fallgestaltungen herausarbeiten, die in wechselnden Varianten Bedeutung erlangen können. Aus den in diesen Einzelfällen verwendeten Argumenten können für eine Vielzahl ähnlich gelagerter Probleme fruchtbare Lösungsansätze gewonnen werden, so dass die Kenntnis dieser Fälle für die Klausurbearbeitung hilfreich ist.

63 Da sich insbesondere im Hinblick auf Beweisfragen in der Rechtsprechung vieles „im Fluss“ befindet, müssen stets auch deren neue Entwicklungen verfolgt werden.[97] Es kann durchaus vorkommen, dass Klausurakten in diesem Bereich sehr aktuellen grundlegenden Entscheidungen des *Bundesgerichtshofs* nachgebildet sind. Schon aus diesem Grunde sollte (etwas überspitzt gesagt) bis zum Vortag der Klausur ein Augenmerk auch auf die neuesten juristischen Veröffentlichungen gerichtet werden (dass dies für die mündliche Prüfung noch stärker zu unterstreichen ist, versteht sich von selbst).

3. Ausdrücklich geregelte Beweisverwertungsverbote

64 Ein Beweis darf immer dann nicht verwertet werden, wenn dies schon gesetzlich verboten ist. Vom Gesetz ausdrücklich als solche geregelte Beweisverwertungsverbote sind recht selten.[98] Für die Klausur dürfte hier allein einmal der Anordnung des

---

[94] BGHSt 14, 358 (365).

[95] Insbesondere gibt es „feste verfassungsrechtliche Maßstäbe für die Frage, ob und unter welchen Voraussetzungen von Verfassungs wegen ein Beweisverbot im Strafverfahren in Betracht kommt, in der verfassungsgerichtlichen Rechtsprechung noch nicht“ (so *BVerfG* NStZ 2000, 489 [490] mit weiteren Nachweisen).

[96] Es „besteht kein Rechtssatz des Inhalts, dass im Fall einer rechtsfehlerhaften Beweiserhebung die Verwertung der gewonnenen Beweise stets unzulässig sei“ (*BVerfG* NStZ 2006, 46 [47]).

[97] Auch im Übrigen sollte der Prüfling die aktuelle Rechtsprechung stets im Blick haben. Zu den aktuellen Entscheidungen zum Strafprozessrecht s. etwa *Mosbacher* JuS 2019, 129 ff. und 766 ff.

[98] Neben der im Folgenden beschriebenen Vorschrift des § 136a Abs. 3 Satz 2 StPO sehen noch § 100d Abs. 2 Satz 1 StPO, § 51 Abs. 1 BZRG (zu diesem s. *BGH* NStZ 2016, 468) und das [inzwischen wohl aus der Examenszeit gefallene] Stasi-Unterlagen-Gesetz aus-

§ 136a Abs. 3 Satz 2 StPO Gewicht zukommen.[99] Nach dieser Vorschrift führt die Anwendung verbotener Vernehmungsmethoden nach § 136a Abs. 1 und Abs. 2 StPO[100] selbst dann zu einer **Unverwertbarkeit,** wenn der **Beschuldigte** der Verwertung **zustimmt.** Im Stadium des (in der Klausur ganz typischerweise vorliegenden) Ermittlungsverfahrens kommt eine unmittelbare Anwendung des § 136a Abs. 3 Satz 2 StPO kaum vor, da sich der gesamte Abschnitt der §§ 133 ff. StPO zunächst nur auf die richterliche Vernehmung bezieht;[101] das Verwertungsverbot gilt in Verbindung mit **§ 163a Abs. 3 Satz 2 StPO** aber auch für staatsanwaltschaftliche und in Verbindung mit **§ 163a Abs. 4 Satz 2 StPO** für polizeiliche Beschuldigtenvernehmungen sowie durch **§ 69 Abs. 3 StPO** für die Vernehmung von Zeugen.

In der Klausur kann es in diesem Bereich vor allem auf die schwierige Frage **65**
ankommen, die verbotene Methode der „Täuschung" von der erlaubten der „kriminalistischen List"[102] abzugrenzen.[103]

Beispielsfall (nach BGHSt 35, 329 ff.): Der Beschuldigte A bestritt während der gesamten polizeilichen Vernehmung eine Beteiligung an einem Tötungsdelikt. Die vernehmende Polizeibeamtin wusste darum, dass die bisherigen von der Polizei erkannten Umstände keine den Beschuldigten stark belastenden Indizien darstellten. Dennoch erklärte die Vernehmungsbeamtin diesem gegenüber, „es lägen so viele Beweise gegen ihn vor, dass er auf keinen Fall entlassen werde, wenn er bei seiner bisherigen Einlassung bleibe; er habe überhaupt keine Chance; alles laufe auf Mord mit ‚lebenslänglich' hinaus; er könne seine Lage überhaupt nur verbessern, wenn er ein Geständnis ablege; denn dann lasse sich prüfen, ob die Tat möglicherweise nur als Totschlag oder nur als Körperverletzung mit Todesfolge einzuordnen sei." Daraufhin räumte A die Tat ein.

Der *Bundesgerichtshof* nahm in diesem Fall ein Verwertungsverbot an, da hier eine „Täuschung" im Sinne des § 136a Abs. 1 Satz 1 StPO vorgelegen habe. Zwar schließe diese Vorschrift nicht jede (kriminalistische) List bei der Vernehmung aus, jedoch sei eine Lüge verboten, durch die der Beschuldigte bewusst irregeführt und seine Aussagefreiheit beeinträchtigt werden solle. Im Beispielsfall wurde der Angeklagte

---

drückliche Verwertungsverbote vor (zu letzterem s. *Roxin/Schünemann* § 24 Rn. 22 mit weiteren Nachweisen); s. darüber hinaus auch die (eingeschränkten) Verwertungsverbote in § 81a Abs. 2 Satz 1 (etwaig i. V. m. § 136 Abs. 4 Satz 3), § 81c Abs. 3 Satz 5, § 100e Abs. 6, § 108 Abs. 2, Abs. 3 und § 479 Abs. 2 Satz 2, Abs. 3 Satz 1 StPO sowie § 97 Abs. 1 Satz 3 InsO.

[99] S. vertiefend zu Hauptproblemen und Streitfragen des § 136a StPO *Jahn* JuS 2005, 1057 ff. und *Beulke* Rn. 130 ff.

[100] Ob ein derartiger **Verfahrensverstoß** im Tatsächlichen gegeben ist, muss von Amts wegen festgestellt werden. Da der Grundsatz **„in dubio pro reo"** hier aber nach ganz überwiegender Meinung **nicht gilt,** kann die Aussage verwertet werden, wenn ein Nachweis nicht zu führen ist (*Meyer-Goßner/Schmitt* StPO § 136a Rn. 32 mit weiteren Nachweisen).

[101] S. nur KK-StPO/*Diemer* Vorbemerkung Zehnter Abschnitt Rn. 1.

[102] Vgl. *Meyer-Goßner/Schmitt* StPO § 136a Rn. 15.

[103] Natürlich können auch andere Anwendungsbereiche von § 136a StPO abgefragt werden. So betrifft *BGH* StV 2005, 201 etwa den – allerdings für die Revisionsklausur relevanten – Fall, dass die Staatsanwaltschaft in einer Sitzungspause der Hauptverhandlung den Angeklagten durch die Äußerung zu einem Geständnis veranlasste, sie werde bei geständiger Einlassung eine Freiheitsstrafe von drei Jahren und sechs Monaten beantragen, während sich die Strafe ohne Geständnis auf sechs bis sieben Jahre belaufen könne. Hierin ist ein Verstoß gegen § 136a Abs. 1 Satz 3 (Versprechen eines gesetzlich nicht vorgesehenen Vorteils) zu sehen mit der Folge der Unverwertbarkeit des Geständnisses. Ein derartiges Vorgehen der Staatsanwaltschaft im Ermittlungsverfahren wäre entsprechend zu beurteilen.

nach Ansicht des *Bundesgerichtshofs* nur durch eine „Täuschung über die Beweis- und Verfahrenslage",[104] die ihm die angebliche Aussichtslosigkeit seiner Situation vorspiegeln sollte, zu seiner Aussage gebracht.

66 In der Klausur wird neben der „Täuschung" vor allem noch dem in § 136a Abs. 1 Satz 1 StPO genannten Merkmal der „Übermüdung" Bedeutung zukommen.

Beispielsfall (BGHSt 1, 376ff.): Die eines Tötungsdelikts Beschuldigte wurde am 22. September polizeilich festgenommen und bis in die Abendstunden vernommen. Im Laufe des folgenden Tages wurde sie ebenfalls wiederholt verhört und wohnte noch in den Abendstunden der Ausgrabung der Kindesleiche bei. Während der Nacht zum 24. September wurde sie geweckt und von 2 bis 4 Uhr erneut vernommen. Während dieser Vernehmung legte die Beschuldigte dann ein Geständnis ab, aufgrund dessen sie schuldig gesprochen wurde. Erst in der Revisionsbegründung machte sie geltend, dass ihre Willensfreiheit durch Ermüdung beeinträchtigt worden sei.

Der *Bundesgerichtshof* stützt seine Überzeugung, dass ein Verwertungsverbot wegen eines Verstoßes gegen § 136a Abs. 1 Satz 1 StPO nicht vorgelegen habe,[105] darauf, dass weder eine **Ermüdung** der Beschuldigten für die Vernehmungsbeamten erkennbar war (und von der Beschuldigten auch nicht vorgetragen wurde) noch die Vernehmung zur Nachtzeit in der Absicht durchgeführt wurde, eine erwartete Übermüdung auszunutzen.[106] Nach der jüngeren höchstrichterlichen Rechtsprechung bezeichnet der Begriff der Ermüdung nach dem Kontext, in dem er in § 136a StPO steht, in erster Linie ein bestimmtes Verhalten des Vernehmenden und nicht einen bestimmten Zustand des Vernommenen.[107] Dem Vernehmenden soll dennoch der Beginn oder die Fortsetzung einer Vernehmung nicht nur dann untersagt sein, wenn er den Zustand der Ermüdung absichtlich herbeigeführt hat, sondern auch

---

[104] BGHSt 35, 328 (330).

[105] Ganz („geradezu aufdrängend") anders in BGHSt 60, 50: Hier hatte die Angeklagte bei Beginn der zum Geständnis führenden polizeilichen Vernehmung um 21.25 Uhr mindestens 38 Stunden nicht geschlafen. In den frühen Morgenstunden hatte sie nach verheimlichter Schwangerschaft allein und dementsprechend unter sehr schwierigen Umständen einen Jungen geboren, den sie aufgrund eines spontanen Entschlusses dann erstickte. Sie erlitt bei der Geburt einen beträchtlichen Blutverlust und war körperlich wie seelisch entkräftet. Bei einem Toilettengang gegen 8.00 Uhr brach sie ohnmächtig zusammen, ein weiterer körperlicher Zusammenbruch folgte kurze Zeit später. Ihre Mutter fand die Angeklagte gegen Mittag apathisch und weinend vor; sie äußerte hier und später, nicht mehr leben zu wollen. Am Nachmittag wurde sie ins Krankenhaus verbracht, wo ein Dammriss genäht wurde; gegen 16.00 Uhr kam sie zur Beobachtung auf eine Station. Von 17.00 Uhr bis 17.30 Uhr wurde sie erstmals von der Polizei als Beschuldigte vernommen, wobei sie angab, dass das Kind tot geboren worden sei. Im Anschluss an diese Vernehmung wurde ihr die vorläufige Festnahme erklärt. Um 20.00 Uhr erhielt sie zwei Baldriandragees, weil sie nicht zur Ruhe gelangte, gegen 20.30 Uhr wurde sie erneut verantwortlich vernommen. Zunächst wurde mit ihr ein lediglich in einem polizeilichen Vermerk erfasstes Vorgespräch geführt, in dem sie die Tat weiterhin leugnete. Um 21.00 Uhr wurde den vernehmenden Polizeibeamten das Ergebnis der rechtsmedizinischen Untersuchung mitgeteilt, wonach von einer Lebendgeburt auszugehen sei. Die Beamten konfrontierten die Angeklagte sogleich mit diesem Ergebnis, woraufhin die Angeklagte die Tat weiter abstritt. Um 21.25 Uhr begann eine nunmehr im Wortlaut schriftlich niedergelegte Vernehmung. Die weinende Angeklagte erklärte zu deren Beginn, „es sei gerade ein bisschen viel für sie". Nach anfänglichem weiteren Bestreiten gestand sie die Tat. Die Vernehmung endete am Tattag um 23.25 Uhr.

[106] BGHSt 1, 376 (378).

[107] BGHSt 38, 291 (293).

dann, wenn durch die bestehende Ermüdung eine Beeinträchtigung der Willensfreiheit zu besorgen war.[108]

Nach § 136a Abs. 3 Satz 2 StPO dürfen Aussagen, die durch **verbotene Vernehmungsmethoden** zustande gekommen sind, nicht verwertet werden. Hieraus folgt allerdings zunächst nur ein Verbot der Verwertung des Inhalts dieser Vernehmung. Die Verwertung einer späteren Vernehmung (gleichen Inhalts) bleibt danach grundsätzlich möglich. Angesichts der Hervorhebung eines Verwertungsverbotes in § 136a Abs. 3 Satz 2 StPO und der Schwere des Verstoßes gegen fundamentale Prinzipien rechtsstaatlicher Strafverfolgung ist für die zweite Vernehmung aber von den Strafverfolgungsbehörden eine **„qualifizierte Belehrung"** zu verlangen: So ist nicht nur auf das generelle Schweigerecht, sondern auch darauf hinzuweisen, dass dem Beschuldigten durch die bisherige Aussage wegen des Verwertungsverbots noch **keine Nachteile erwachsen können.**[109] 67

Zu beachten ist aber insoweit, dass bei einem Verstoß gegen das Erfordernis einer derartigen „qualifizierten Belehrung" nicht der ursprüngliche Fehler in den Fokus zu nehmen, sondern der (noch unten [4.] zu vertiefenden) Frage nachzugehen ist, ob das Unterbleiben dieser spezifischen Belehrung ein unselbstständiges Verwertungsverbot nach sich zieht.[110]

Durchaus erwägenswert ist es übrigens, bei besonders schwerwiegenden Verstößen gegen § 136a Abs. 1 und Abs. 2 StPO (namentlich der Misshandlung) nicht nur ein Verbot der Verwertung der verbotswidrig zustande gekommenen Aussage, sondern sogar ein **umfassendes Prozesshindernis** abzuleiten (das zur Einstellung des Verfahrens zu führen hätte). Das Landgericht Frankfurt a. M.[111] hat – mit Billigung des *Bundesgerichtshofs* – einen Verstoß gegen diese Vorschrift freilich selbst im Falle der (auch dem Folterverbot des Art. 104 Abs. 2 Satz 2 GG und des Art. 3 EMRK unterfallenden) Androhung von Misshandlungen nicht als Prozesshindernis gewürdigt. 68

4. Weitere Beweisverwertungsverbote

Im Übrigen finden sich mit § 81a Abs. 3 und § 100d Abs. 2 in der Strafprozessordnung[112] nur verhältnismäßig wenige klausurrelevante **ausdrücklich benannte Beweisverwertungsverbote.** Dies bedeutet jedoch nicht, dass alle sonstigen Beweismittel ausnahmslos verwendet werden dürfen. Vielmehr ist anerkannt, dass über die 69

---

[108] BGHSt 1, 376 (379); BGHSt 13, 60 (61); BGHSt 38, 291 (293); BGHSt 60, 50; s. zudem den Überblick bei KK-StPO/*Diemer* § 136a Rn. 12 f.

[109] S. zur Notwendigkeit einer **qualifizierten Belehrung** in der neueren Rechtsprechung nunmehr *BGH* NStZ 2019, 227 (228 f.). S. hierzu auch die Ausführungen in BGHSt 53, 112 (115); anders noch BGHSt 22, 129 (132 ff.), wonach das Ergebnis der zweiten Vernehmung ohne weiteres verwertet werden durfte. S. zur Entwicklung *Meyer-Goßner/Schmitt* StPO § 136a Rn. 30 mit weiteren Nachweisen.

[110] Wird der Beschuldigte vor der erneuten Vernehmung nunmehr generell nach § 136 Abs. 1 StPO belehrt und unterbleibt („nur") ein Hinweis auf die Unverwertbarkeit der früheren Aussage, ist nach der höchstrichterlichen Rechtsprechung nicht per se von einem Verwertungsverbot auszugehen; vielmehr sei – wie in anderen Fällen einer fehlerhaften Erkenntnisgewinnung – eine Abwägung vorzunehmen (*BGH* NStZ 2019, 227 [228]).

[111] *LG Frankfurt a. M.* StV 2003, 327 f. *(Jakob von Metzler)*. S. hierzu auch *EGMR* NStZ 2008, 699 ff.

[112] Strafprozessuale Verwertungsverbote sind keineswegs auf die Rechtsquelle der Strafprozessordnung beschränkt. Nicht in der Klausur, wohl aber in der Praxis von großer Bedeutung ist etwa das „Verwendungsverbot" des § 97 Abs. 1 Satz 3 InsO.

ausdrücklichen Anordnungen hinaus in zahlreichen weiteren Fällen eine Verwertung unzulässig ist.

70 Ausgangspunkt für die Frage, ob ein bestimmtes Beweismittel verwertet werden darf, ist zunächst die gesetzliche Voraussetzung für die jeweilige **Erhebung** des Beweises. Ist ein **Verstoß gegen Beweiserhebungsvorschriften** gegeben, kann (nicht aber muss) dies zu einem **„unselbstständigen"** (weil an die fehlerhafte Beweisgewinnung geknüpften) Verwertungsverbot führen.

71 Andererseits sind auch **„selbstständige"** (zumeist unmittelbar aus Grundrechten des Beschuldigten abzuleitende[113]) **Beweisverwertungsverbote** anerkannt, denen ein Verstoß gegen (normierte) Beweiserhebungsverbote nicht vorausgegangen sein muss, nicht einmal in der Regel vorausgegangen ist (vielmehr ist die Beweiserhebung an sich rechtmäßig, nur die Verwertung als solche ist von sich aus [„selbstständig"] unzulässig).

72 Wie bereits festgestellt, können allgemeine, für sämtliche in Betracht kommenden Fallkonstellationen passende Lösungsansätze zu den Beweisverwertungsverboten bislang nicht gefunden werden.[114] Die höchstrichterliche Rechtsprechung sucht die Frage nach der Verwertbarkeit des erlangten Beweises „traditionell" auf der Grundlage ihrer **„Rechtskreistheorie"** zu lösen.[115] Danach soll die Verwertbarkeit davon abhängen, ob „die Verletzung den Rechtskreis des Beschwerdeführers wesentlich berührt oder ob sie für ihn nur von untergeordneter oder von keiner Bedeutung ist", wobei „vor allem der Rechtfertigungsgrund der Bestimmung" und die Frage zu berücksichtigen seien, „in wessen Interesse sie geschaffen ist".[116] Da sich die Rechtskreistheorie zum einen heftiger Kritik des Schrifttums ausgesetzt sieht,[117] sie zum anderen aber auch hinsichtlich ihrer Kriterien und Reichweite nicht unbedingt als scharf umrissen bezeichnet werden kann, sollte sie nicht ohne weiteres zur *alleinigen* Argumentationsgrundlage in der Klausur erhoben werden. Allerdings sollte erkannt werden, dass auch dieser Ansatz in seinem Kern eine **Abwägungslehre** darstellt: Ist ein Interesse des Beschuldigten (wie dies bei einer Nichtbelehrung eines Zeugen nach § 55 Abs. 2 StPO zumeist angenommen wird) schon nicht berührt, genießt das Interesse der Allgemeinheit an der Aufklärung stets den Vorrang, der rechtswidrig erhobene Beweis darf mithin (im Verhältnis zum Beschuldigten) verwertet werden. Ist dagegen das Individualinteresse des Beschuldigten durch die rechtswidrige Beweiserhebung betroffen, muss dieses gegen das Aufklärungsinteresse abgewogen werden. Dies bedeutet in einem Rechtsstaat freilich auch, dass **Verstöße gegen ganz wesentliche** („schlechthin konstituierende") **Prinzipien** des Strafverfahrens (worun-

---

[113] Hier sei dringend geraten, sich (nochmals) auseinander zu setzen zum einen mit der Verwertbarkeit von Tagebuchaufzeichnungen (BGHSt 19, 325 ff.; BGHSt 34, 397 ff.; BVerfGE 80, 367 ff.; *Schroeder/Meindl* Fall 5; *Rössner* Problem 23; *Murmann* Rn. 236 ff.) und zum anderen mit der Zulässigkeit des Verabreichens von Brechmittel (*OLG Frankfurt a. M.* NJW 1997, 1647 ff.; *BVerfG* StV 2000, 1; *Safferling* Jura 2008, 100 ff.). Allgemein zu den Beweisverwertungsverboten s. auch *Hamm* Rn. 1008 ff.

[114] S. zu Versuchen der Systematisierung *Meyer-Goßner/Schmitt* StPO Einl. Rn. 55a.

[115] Grundlegend zur **„Rechtskreistheorie"** BGHSt (GS) 11, 213 ff.; zu beachten ist hierbei, dass diese Entscheidung zu § 55 Abs. 2 StPO ergangen und nicht ohne weiteres übertragbar ist, sondern jeweils im Einzelfall eine (abwägende) Prüfung verlangt. Zu einem abweichenden Ergebnis kommt der *Bundesgerichtshof* beispielsweise in Bezug auf die §§ 53 und 53a StPO mit der Begründung, dass die maßgebenden Erwägungen in der Entscheidung BGHSt 11, 213 ff. keiner Verallgemeinerung und Erweiterung zugänglich sind (*BGH* NStZ 1985, 372 [374]).

[116] Grundlegend BGHSt (GS) 11, 213 (215).

[117] S. zum Stand der Diskussion (jeweils mit weiteren Nachweisen) *Meyer-Goßner/Schmitt* StPO Einl. Rn. 55 und *Roxin/Schünemann* § 24 Rn. 24.

ter etwa – inzwischen auch nach der Rechtsprechung – die Belehrungsvorschrift des § 136 Abs. 1 Satz 2 StPO zu zählen ist) selbst dann zu einem Verwertungsverbot führen, wenn der Beschuldigte einer besonders schweren Straftat verdächtigt wird.

Obwohl wegen der unterschiedlichen Erklärungsversuche eine einheitliche Linie für die Klausur nur schwer vorzuzeichnen ist, sollte dies aber niemanden verunsichern. Vielmehr sollte man sich in diesem Bereich anhand von wegweisenden Fällen ein gewisses Problembewusstsein erarbeiten, welches es dann ohne weiteres ermöglicht, von Bekanntem abweichende Konstellationen sachgerecht und mit tragfähigen Argumenten zu entscheiden. Auf das jeweils gefundene Ergebnis kommt es dabei weniger an. 73

a) Verstoß gegen die Belehrungspflicht des § 136 Abs. 1 Satz 2 StPO

In Klausurfällen werden sich sehr häufig Verstöße gegen **Belehrungspflichten des § 136 Abs. 1 StPO** (wiederum zumeist verbunden mit den für das Vorverfahren geltenden §§ 163a Abs. 3 Satz 2 oder 163a Abs. 4 Satz 2 StPO) ergeben.[118] Ein besonderes und erstes Augenmerk sollte hier dem **Satz 2** des § 136 Abs. 1 StPO gelten: Danach ist der Beschuldigte vor der Vernehmung „hinzuweisen" sowohl auf sein **Recht, „nicht zur Sache auszusagen"**, als auch auf sein Recht, „einen von ihm zu wählenden **Verteidiger zu befragen**" (zu letzterem → Rn. 77 (unter b).[119] Belehrt werden muss nur vor einer **„Vernehmung"**, nach höchstrichterlicher Rechtsprechung also einer **formellen Befragung**, die von einem Staatsorgan[120] in amtlicher Funktion mit dem Ziel der Gewinnung einer Aussage durchgeführt wird.[121] Von vornherein nicht von der Vorschrift erfasst sind danach „informatorische Befragungen"[122] und „Spontanäußerungen". Vergleichbares gilt für solche Situationen, in welchen Äußerungen gegenüber dritten Personen von Amtsträgern (zufällig) wahrgenommen werden; dies gilt selbst für ein Gespräch mit einem Strafverteidiger jedenfalls dann, wenn sich für den Beschuldigten aus den äußeren Umständen eine Wahrnehmbarkeit ergibt.[123] 74

Fehlt es bei einer formellen Vernehmung an der erforderlichen Belehrung, fragt sich, ob die Aussage unverwertbar ist („unselbstständiges Beweisverwertungsverbot").

Beispielsfall (nach BGHSt 38, 214 ff.): Die Beschuldigte verlor als Kraftfahrzeugführerin mit einem Blutalkoholgehalt von 1,6 Promille die Gewalt über ihr Fahrzeug, das schwer beschädigt liegen blieb. Nachdem sie sich zu Fuß entfernt hatte, entdeckte ein Polizist den Wagen und fand darin den Führerschein der Beschuldigten. Eine halbe Stunde danach traf er die Beschuldigte auf der Straße. Angesprochen darauf, ob sie den beschädigten Wagen gefahren habe, stritt sie dies zunächst ab, und räumte dies erst ein, als der

---

[118] Weitere **Belehrungspflichten** finden sich etwa für die Aussagen von nahen Angehörigen in § 52 Abs. 2 und Abs. 3 StPO und für Zeugen, die sich selbst oder nahe Angehörige der Gefahr der Strafverfolgung durch ihre Aussage aussetzen, in § 55 Abs. 2 StPO.

[119] Wird ein Beschuldigter mit **fremder Staatsangehörigkeit** festgenommen, muss er zudem über sein Recht belehrt werden, die unverzügliche Unterrichtung seiner konsularischen Vertretung zu verlangen, Art. 36 Abs. 1b Satz 3 WÜK. Diese Pflicht trifft bereits die Polizeibeamten (*BVerfG* NJW 2007, 499 ff.); ein Verstoß wiegt aber nicht so schwer wie etwa das Fehlen der Belehrung gemäß § 136 Abs. 1 Satz 2 StPO, so dass ein Verwertungsverbot nicht angenommen wird (BGHSt 52, 48 ff.).

[120] Zur Einschaltung Privater s. noch → Rn. 94 f.

[121] BGHSt 42, 139 (145).

[122] *Meyer-Goßner/Schmitt* StPO Einl. Rn. 79. Zur Abgrenzung von Zeugen- und Beschuldigteneigenschaft noch sogleich.

[123] *BGH* JR 2019, 205: Äußerung auf dem Gerichtsflur.

Polizist ihr den Führerschein zeigte. Im späteren Verfahren wegen Verstoßes gegen § 316 StGB leugnete die Beschuldigte, den Wagen gefahren zu haben.

In diesem Fall ist zweifelhaft, ob der Inhalt der Vernehmung in die Hauptverhandlung eingeführt werden kann,[124] obwohl die nunmehr schweigende Beschuldigte vor ihrer Vernehmung nicht im Sinne des § 136 StPO (hier in Verbindung mit § 163a Abs. 4 Satz 2 StPO) belehrt wurde; insbesondere wurde sie nicht darauf hingewiesen, dass es ihr „freistehe, sich zu der Beschuldigung zu äußern oder nicht zur Sache auszusagen" (§ 136 Abs. 1 Satz 2 StPO).

75 Die Vorschrift des § 136 StPO normiert im Unterschied zu § 136a Abs. 3 Satz 2 StPO kein ausdrückliches Verwertungsverbot. So sah der *Bundesgerichtshof* diese Vorschrift auch zunächst als bloße Ordnungsvorschrift an;[125] dabei verbirgt sich auch hinter diesem Begriff nichts anderes als eine Abwägung, die aber stets zugunsten des staatlichen Strafverfolgungsinteresses ausschlägt. Unter der Kritik der Literatur hat sich die Auffassung der Rechtsprechung aber geändert:[126] Zutreffend betont der *Bundesgerichtshof* nun, dass das aus dem Grundsatz, nicht gegen sich selbst aussagen zu müssen, abzuleitende Schweigerecht zu **den tragenden Prinzipien** des Strafprozesses gehöre, und daher die fehlende Belehrung durch die Polizei zu einem Beweisverwertungsverbot führen müsse.[127] Damit konnte im Beispielsfall der Inhalt der auf der Straße gemachten Aussage der Beschuldigten nicht verwertet werden.[128]

Ein Verwertungsverbot soll nach der höchstrichterlichen Rechtsprechung freilich dann nicht anzunehmen sein, wenn dem Beschuldigten sein Schweigerecht auch ohne Belehrung bekannt war.[129]

76 Da damit stets eine Belehrung „des Beschuldigten" zu verlangen ist, rückt die weitere Frage in den Vordergrund, von welchem Zeitpunkt an die **Beschuldigteneigenschaft**[130] und damit die Belehrungspflicht anzunehmen ist.[131]

---

[124] Zur Frage, *wie* dieser Inhalt eingeführt werden kann, → Rn. 244 ff.

[125] So noch BGHSt 22, 170 ff.; zur Entwicklung der Rechtsprechung s. *Roxin/Schünemann* § 24 Rn. 31 ff.

[126] Nachweise bei *Meyer-Goßner/Schmitt* StPO § 136 Rn. 20, *Rössner* Problem 17 und *Schroeder/Meindl* S. 58 f.

[127] BGHSt 38, 214 ff.; s. auch *BGH* NStZ 2019, 227 (228 f.). Nach *BGH* NStZ 2019, 36 (37) kann auch die Verletzung der Aussagefreiheit außerhalb von Vernehmungen nach §§ 136, 136a StPO (im konkreten Fall: Arzt-Patienten-Gespräch) zu einem Beweisverwertungsverbot führen. Einen Überblick der neueren Rechtsprechung zum Aussageverhalten bieten etwa *Miebach* NStZ 2020, 72 (75) und *Schwaben* NStZ 2002, 288 (289).

[128] Dies bedeutet wiederum nicht, dass die Vernehmung nicht mit ordnungsgemäßer Belehrung wiederholt werden könnte. Auch hier dürfte von den Strafverfolgungsbehörden vor der zweiten Vernehmung aber der Hinweis an den Beschuldigten zu verlangen sein, dass seine bisherige Aussage nicht verwertet werden kann („qualifizierte Belehrung"). Dazu *Neuhaus* NStZ 1997, 315 und *Meyer-Goßner/Schmitt* StPO § 136 Rn. 20b (jeweils mit weiteren Nachweisen). S. zum Erfordernis einer qualifizierten Belehrung auch *BGH* RÜ 2009, 236 ff.

[129] *Meyer-Goßner/Schmitt* StPO § 136 Rn. 20. Es sei hier darauf hingewiesen, dass nach der „Widerspruchslösung" des *Bundesgerichtshofs* der verteidigte Angeklagte der Verwertung der ohne Belehrung zustande gekommenen Aussage im zeitlichen Rahmen des § 257 StPO widersprechen muss (*Meyer-Goßner/Schmitt* StPO § 136 Rn. 25).

[130] Zur Frage, wann eine Person Beschuldigter eines Strafverfahrens wird, sei über Gesagtes hinaus folgender Schulfall herangezogen: Ein Polizeibeamter wird in eine Fabrik gerufen, nachdem wiederholt Wertsachen von Angestellten abhandengekommen sind. Er führt zunächst eine Befragung des gesamten Personals durch. Es fragt sich, ob schon hierbei eine Belehrung erforderlich ist, weil jeder der Befragten als möglicher Täter in Betracht kommt (nach *Roxin/Achenbach/Jäger/Heinrich* Nr. 58). Es ist davon auszugehen, dass sich der

Beispielsfall (BGHSt 37, 48 ff.): Der (spätere) Angeklagte wurde von zwei Kriminalbeamten zeugenschaftlich in einer Vermisstensache vernommen. Erst am Ende der achtstündigen Vernehmung wurde ihm erklärt, dass gegen ihn ein dringender Tatverdacht bestehe und er deswegen nunmehr vorläufig festgenommen werde. Die Vernehmungsbeamten waren zuvor am Leichenfundort und gingen aufgrund der Auffindungssituation (der Kopf des Leichnams fehlte) vom Vorliegen eines Tötungsdeliktes aus.

Für die Frage, **wann von der Zeugen- zur Beschuldigtenvernehmung überzugehen ist,** kommt es nach Ansicht des *Bundesgerichtshofs* auf **„subjektive und objektive Elemente“** an.[132] Danach setzt die Beschuldigteneigenschaft subjektiv einen **Verfolgungswillen** der Staatsanwaltschaft oder ihrer Ermittlungspersonen voraus, der sich **objektiv zu manifestieren** hat. Recht einfach festzustellen ist beides in solchen Fällen, in welchen ein förmliches Ermittlungsverfahren eingeleitet oder eine Eingriffsmaßnahme gewählt wird, die sich nur gegen Beschuldigte richten darf.[133] Angesichts teils fließender Übergänge insbesondere bei Vernehmungen wird in anderen Gestaltungen als maßgebendes (objektives) Kriterium die **Stärke des Tatverdachts** heranzuziehen sein. (Auch) Die Bestimmung des Verdachtsgrades soll hierbei zwar grundsätzlich der „pflichtgemäßen Beurteilung der Strafverfolgungsbehörde“[134] unterliegen, dieser Spielraum aber dort seine Grenzen finden, wo entweder bewusst Beschuldigtenrechte umgangen werden sollen **(„subjektive Willkür“)** oder aber angesichts der Stärke des Tatverdachts, wenn sich das Fehlen einer Belehrung „als sachlich unvertretbar“ erweist **(„objektive Willkür“).**[135] Ob dem Prüfling freilich mit der Definition des – eine Belehrung nach § 136 StPO erfordernden – Zeitpunkts gedient ist, der gegeben sein soll, „wenn sich der bereits bei Beginn der Vernehmung bestehende Verdacht so verdichtet hat, dass die vernommene Person ernstlich als Täter der untersuchten Straftat in Betracht kommt“,[136] darf bezweifelt werden. In der Klausur wird daher allein eine vernünftige und sachgerechte Abwägung, die auch die Schwere des Tatvorwurfs einbeziehen sollte, erwartet werden. In Zweifelsfällen dürfte angesichts des doch recht weiten Beurteilungsspielraums der Vernehmungspersonen erst spät der Übergang zur Beschuldigteneigenschaft und damit eine Belehrungspflicht anzunehmen sein. Da somit für eine solche aus der objektivierten Ex-ante-Sicht der Ermittlungsperson nicht bereits der Anfangsverdacht (§ 152 Abs. 2 StPO) hinreichen dürfte, sicher aber auch nicht der dringende Tatverdacht (§ 112 Abs. 1 Satz 1 StPO) erreicht sein darf,[137] mag als Faustformel der „hinreichende Tatverdacht“ dienen.

Verdacht über das im Beispielsfall gegebene Maß hinaus konkretisiert haben muss, um eine Beschuldigteneigenschaft und damit eine Belehrungspflicht zu begründen. Welcher Verdachtsgrad hierfür erforderlich ist, wird kaum generell, sondern nur im konkreten Fall festzustellen sein. Einen Anhaltspunkt gibt § 397 Abs. 1 AO, nach dem das Strafverfahren eingeleitet ist, sobald die Behörde „eine Maßnahme trifft, die erkennbar darauf abzielt, gegen jemanden wegen einer Steuerstraftat strafrechtlich vorzugehen“; die Erwähnung dieser Vorschrift und ihres wesentlichen Inhalts dürfte in der Klausur „Zusatzpunkte“ bescheren.

131 Dazu eingehend *Rössner* Problem 1; *Meyer-Goßner/Schmitt* StPO Einl. Rn. 76 ff.

132 S. BGHSt 64, 89 (98).

133 BGHSt 64, 89 (98 f.).

134 BGHSt 37, 48 (51); BGHSt 64, 89 (100); *BGH* NStZ 2015, 291; *BGH* NStZ 2019, 539.

135 BGHSt 64, 89 (100).

136 BGHSt 37, 48 (52).

137 BGHSt 64, 89 (100).

b) Die Reichweite der §§ 136 Abs. 1 Satz 2 und 137 StPO und der neue § 136 Abs. 1 Satz 3 und 4 StPO

77 Im Bereich der Verwertungsverbote ist weiterhin häufig die **Reichweite** der §§ 136 Abs. 1 Satz 2 (etwaig wieder verbunden mit den §§ 163a Abs. 3 Satz 2 und Abs. 4 Satz 2 StPO) und 137 StPO zweifelhaft. Wird ein Beschuldigter nicht über sein Recht, „einen von ihm zu wählenden Verteidiger zu befragen", belehrt, unterliegt der Inhalt der Vernehmung einem Beweisverwertungsverbot[138] (kann mithin auch nicht durch die Vernehmung der Verhörsperson in die Hauptverhandlung eingeführt werden). Auch wenn der Beschuldigte nach § 136 Abs. 1 Satz 2 StPO ordnungsgemäß über sein Konsultationsrecht belehrt wurde und er auch nicht daran gehindert wurde, in dieser Lage des Verfahrens sich nach § 137 Abs. 1 StPO „des Beistands eines Verteidigers" zu bedienen, sind Fallkonstellationen denkbar, in denen Fragen zur Verwertbarkeit seiner Angaben auftreten.

Beispielsfall (BGHSt 42, 15 ff.): Der Beschuldigte, ein Italiener, war vor seiner Vernehmung von den Polizeibeamten gemäß den §§ 163a Abs. 4 Satz 2, 136 Abs. 1 Satz 2 StPO unter Mitwirkung des Dolmetschers ordnungsgemäß belehrt worden. Nachdem er zunächst erklärte, er sei in einigen Punkten zur Aussage bereit, wünschte er sodann einen „Rechtsbeistand". Er konnte allerdings selbst keinen Rechtsanwalt benennen. Ihm wurde daher das Branchentelefonbuch, in dem die am Ort zugelassenen Anwälte verzeichnet sind, zur Verfügung gestellt. Davon machte er zunächst keinen Gebrauch. Später wurde der Name des Rechtsanwalts A genannt, von dem es hieß, er spreche Italienisch; er konnte aber zu abendlicher Stunde nicht erreicht werden. Der Polizeibeamte K war daran interessiert, die Vernehmung ohne vorangegangene anwaltliche Beratung des Beschuldigten durchzuführen; dies hielt er „im Sinne der Ermittlungen für die erfolgversprechendere Maßnahme". Die Polizeibeamten leisteten dementsprechend „keine weitergehende Hilfe". Sie unterrichteten den Beschuldigten insbesondere nicht darüber, dass vor Ort während der Abend- und Nachtstunden ein anwaltlicher Notdienst erreichbar ist. Nachdem der Beschuldigte erklärte, er sei bereit, „die entlastenden Dinge vorzutragen", fand eine ausführliche Vernehmung statt, deren Niederschrift elf Seiten füllte. Diese Angaben wurden als Beweismittel in der Hauptverhandlung verwertet.

78 Nach Ansicht des *Bundesgerichtshofs* darf eine Vernehmung ohne Verteidiger auch **nach nochmaliger Belehrung** nur erfolgen, wenn sich die Polizei ernsthaft bemüht hat, dem Beschuldigten bei der „Herstellung des Kontakts zu einem Verteidiger in effektiver Weise zu helfen".[139] Dies sei geboten, „weil der Beschuldigte vielfach, insbesondere im Falle einer Festnahme, durch die Ereignisse verwirrt und durch die ungewohnte Umgebung bedrückt und verängstigt ist".[140] Auf der Grundlage dieser Erwägungen hat der *Bundesgerichtshof* im vorliegenden Fall ein Verbot der Verwertung der ohne Verteidigerbeistand gemachten Angaben angenommen.[141]

79 Die jeweils anzulegende Argumentation hat sich durch Einführung des **§ 136 Abs. 1 Satz 4 StPO** nicht geändert, wonach im Rahmen der Belehrung nunmehr ausdrücklich auch auf bestehende anwaltliche Notdienste hinzuweisen ist – hiermit wurde nämlich lediglich die bisherige (oben dargestellte) Rechtsprechung zur Erforderlichkeit von ernsthaften Bemühungen nunmehr durch den Gesetzgeber klargestellt.[142]

---

[138] Dazu BGHSt 38, 372 (373); *OLG Hamm* NStZ-RR 2006, 47.

[139] BGHSt 42, 15 (19). Zur Entwicklung der Rechtsprechung s. den Überblick bei *Schwaben* NStZ 2002, 288 (290 f.).

[140] BGHSt 42, 15 (19) unter Bezugnahme auf BGHSt 38, 214 (222).

[141] Auch hier sei erneut darauf hingewiesen, dass die Rechtsprechung bei diesem Verwertungsverbot wiederum ihre **„Widerspruchslösung"** anwendet.

[142] So *BGH* StraFo 2019, 420.

Auch nach der ausdrücklichen Aufnahme in den Gesetzestext sollte daher nicht vorschnell geschlossen werden, dass nunmehr *jedes* spezifische Versäumnis der Strafverfolgungsbehörde hinsichtlich der Verteidigerkonsultation zu einem (absoluten) Verwertungsverbot führt. So hat die höchstrichterliche Rechtsprechung in einem Fall, in dem der wegen eines Tötungsdeliktes verdächtigte Beschuldigte zu erkennen gab, sich einen Verteidiger nicht leisten zu können, und die Polizisten einen Hinweis auf die Möglichkeit der Bestellung eines Pflichtverteidigers unterließen (dazu noch unten), zwar einen Verstoß gegen § 136 Abs. 1 Satz 2 StPO angenommen, diesen aber im Vergleich zum gänzlichen Fehlen einer Belehrung als weniger schwerwiegend eingeordnet und die Verwertung (nach Abwägung der widerstreitenden Interessen) zugelassen.[143]

Wie schon in den einführenden Bemerkungen erkennbar gemacht, kommt es danach 80
zunächst darauf an, ob ein *elementarer Verstoß* gegen „die Grundlagen der verfahrensrechtlichen Stellung des Beschuldigten“[144] festgestellt werden kann (hier ist [bei Widerspruch] eine Verwertung stets ausgeschlossen); ist dieser unantastbare Bereich des Prozessrechts nicht betroffen, gilt es, die widerstreitenden **Interessen abzuwägen** (was etwa bei einem Tötungsdelikt in der Regel zur Verwertbarkeit führt). Die Pflicht zur „ersten Hilfe“ endet im Übrigen jedenfalls dann, wenn der Beschuldigte die Kontaktaufnahme zu einem ganz bestimmten Verteidiger erbittet und die Polizei ihn bei dieser unterstützt.[145]

c) Die Belehrungspflichten nach der Neufassung der Vorschriften über die notwendige Verteidigung

Von sehr großer praktischer Bedeutung ist die Neufassung der Vorschriften über die 81
notwendige Verteidigung in den §§ 140 und 141 StPO.[146] Insoweit für die staatsanwaltschaftliche Arbeit und damit klausurrelevant können Verstöße gegen die hierauf bezogene neue **Belehrungspflicht nach § 136 Abs. 1 Satz 5 StPO** (etwaig über § 163a Abs. 3 oder 4 StPO) sein. Hier ist noch einiges im Fluss: So war die Behandlung etwaiger Verstöße im Sinne eines absoluten oder nur relativen Beweisverwertungsverbots auch schon bei Anwendung der zuvor[147] geltenden gesetzlichen Fassung[148] und selbst nach der Rechtslage, die eine solche Belehrung noch nicht ausdrücklich gesetzlich vorsah,[149] fraglich.

Der Beschuldigte ist nach § 136 Abs. 1 Satz 5 Halbsatz 1 Fall 2 StPO zu belehren, 82
wenn er „unter den Voraussetzungen des § 140 die Bestellung eines Pflichtverteidigers nach Maßgabe des § 141 Abs. 1 und des § 142 Abs. 1 beantragen kann“. Diese Belehrung korrespondiert mit dem in § 141 Abs. 1 Satz 1 StPO zu findenden Recht des Beschuldigten, dass ihm – auf seinen Antrag – schon im Vorverfahren bei Vorliegen der Voraussetzungen des § 140 Abs. 1 StPO ein Pflichtverteidiger zu bestellen *ist* (gebundene Entscheidung). Für das Verständnis der Normen und der Einordnung eines Verstoßes gegen die spezifische Belehrungspflicht ist es hilfreich zu wissen, dass die Frage, ob das Unterbleiben des – übrigens schon vor der (ersten)

---

[143] *BGH* NStZ 2006, 236; *BGH* NStZ-RR 2006, 181 (= RÜ 2006, 90).
[144] BGHSt 47, 15 (21).
[145] *BGH* NStZ 2006, 114 (= RÜ 2006, 37).
[146] Durch das am 13. Dezember 2019 in Kraft getretene „Gesetz zur Neuregelung des Rechts der notwendigen Verteidigung“ vom 10. Dezember 2019 (BGBl. I S. 2128).
[147] Durch das „Gesetz zur Stärkung der Verfahrensrechte von Beschuldigten im Strafverfahren“ vom 2. Juli 2013 (BGBl. I S. 1938).
[148] Dazu *BGH* NStZ 2018, 671.
[149] Dazu *BGH* NStZ 2006, 236 (237).

gesetzlichen Fassung – höchstrichterlich für erforderlich erachteten Hinweises auf die Möglichkeit einer Pflichtverteidigerbestellung *ohne weitere Ansehung des Einzelfalls* zu einem („absoluten“) Beweisverwertungsverbot führt, vom *Bundesgerichtshof* auf der Grundlage des früheren (ungeschriebenen) Rechts verneint worden ist;[150] insbesondere ist dies damit begründet worden, dass nur *gravierende* Verfahrensverstöße *stets* zu einem Beweisverwertungsverbot führen könnten und die Verletzung der Pflicht zur Belehrung über die Möglichkeit einer Pflichtverteidigerbestellung nicht annähernd einer Verletzung der Pflicht zur Belehrung über die Möglichkeit einer Verteidigerkonsultation gleichkomme, die grundsätzlich ein („absolutes“) Verwertungsverbot nach sich ziehe.

83 An dieser tragenden Begründung hat der *Bundesgerichtshof* in einer jüngeren Entscheidung[151] zunächst auch auf Grundlage der früheren in § 136 Abs. 1 Satz 5 StPO (nun erstmals: gesetzlich) vorgeschriebenen Belehrungspflicht festgehalten. Es sei nämlich nicht ersichtlich, dass mit der Neuregelung das Ziel verfolgt worden sei, die Verletzung der Belehrungspflicht hinsichtlich ihrer Rechtsfolgen den von der Rechtsprechung für Verstöße gegen § 136 Abs. 1 Satz 2 StPO entwickelten Grundsätzen gleichzustellen. Vielmehr bleibe die Pflicht in ihrer Bedeutung hinter derjenigen zurück, welche die *grundsätzliche* Zugangsmöglichkeit zu einem Verteidiger als solchen betrifft. Letzteres sei eine für das Strafverfahren konstitutive Bestimmung, deren Verletzung in aller Regel zur Annahme eines Beweisverwertungsverbots führen muss. Hiermit seien die Regelungen über die Bestellung eines Pflichtverteidigers nicht vergleichbar, da sie keine absolute Geltung beanspruchten, sondern vom Vorliegen der im (früheren) § 140 Abs. 1 und Abs. 2 StPO genannten Voraussetzungen abhängig seien.

84 Mit Blick auf die aktuelle Gesetzeslage zur Pflichtverteidigerbestellung wird aber möglicherweise folgendes, vom *Bundesgerichtshof* zusätzlich angeführtes Argument eine neue Bewertung verdienen: Hervorgehoben wurde nämlich, dass auch auf der Grundlage des seinerzeit (!) neuen Rechts der Beschuldigte im Ermittlungsverfahren *kein* eigenes Antragsrecht auf Beiordnung eines Pflichtverteidigers habe, sondern lediglich anregen könne, dass die Staatsanwaltschaft von ihrem Antragsrecht Gebrauch macht.[152] Auch über das nunmehr gegebene Antragsrecht hinaus wird man betonen dürfen, dass in der Neuregelung des Rechts der notwendigen Verteidigung eine deutliche Erweiterung der grundlegenden, für das Strafverfahren konstituierenden Pflicht zur Belehrung über die Verteidigerkonsultation nach § 136 Abs. 1 Satz 2 StPO zu sehen sein dürfte.[153] Dies liegt durchaus im generellen Geiste der jüngsten Reform,[154] die vor dem Hintergrund europarechtlicher Vorgaben die *„Stärkung der Verfahrensrechte* von Verdächtigen oder beschuldigten Personen in Strafverfahren“ gerade dadurch erreichen möchte, dass „die Beiordnung eines Pflichtverteidigers in zeitlicher Hinsicht künftig maßgeblich durch die *Antragstellung* des Beschuldigten bestimmt werden“ soll; die große Bedeutung wird im Übrigen auch in der flankierenden Dokumentationspflicht des § 168b Abs. 3 StPO erkennbar. Angesichts der Platzierung in der für das Strafverfahren besonders wichtigen Vorschrift des § 136 Abs. 1 StPO und des nunmehr gegebenen eigenen Antragsrechts dürften heute die besseren Argumente dafür sprechen, eine weiterreichende Belehrung zu den **essentiellen Pflichten einer Verhörsperson** zu machen, so dass deren Unterbleiben zu

[150] *BGH* NStZ 2006, 236 (237).
[151] *BGH* NStZ 2018, 671.
[152] *BGH* NStZ 2018, 671 mit Hinweis auf die Begründung in BT-Drs. 17/12578, 16.
[153] So MüKoStPO/*Schuhr* § 136 Rn. 38.
[154] BT-Drs. 19/13829, 1, 3 und 20.

einem (absoluten) Verwertungsverbot führt. Auf der anderen Seite wird man aber auch auf den Satz 6 des § 136 Abs. 1 StPO hinweisen und hieraus schließen können, dass sich in dieser Vorschrift auch Randständiges findet. Wer zu dem (anderen) Ergebnis gelangt, dass nur ein relatives Verwertungsverbot gegeben ist, muss sich wie gewohnt damit beschäftigen, welche Interessen auf der Grundlage einer einzelfallbezogenen *Abwägung* überwiegen: Insoweit streitet das staatliche Aufklärungsinteresse gegen das Interesse des Beschuldigten, umfassend über seine Rechte und Möglichkeiten ins Bild gesetzt zu werden. Hierbei wird auch einzufließen haben, ob der Vernehmungsbeamte bewusst oder gar berechnend die Belehrung unterlassen hat; auch mögen einmal Anhaltspunkte dafür eine Rolle spielen, dass der Beschuldigte auch bei (hypothetisch) ordnungsgemäßer Belehrung wegen der möglichen künftigen Kostenfolge des § 465 StPO (s. § 136 Abs. 1 Satz 5 Halbsatz 2 StPO) *generell* keinen Rechtsbeistand in Anspruch nehmen wollte.

d) Verstöße gegen § 136 Abs. 4 StPO

Im Zusammenhang mit etwaigen absoluten Beweisverwertungsverboten sei auch auf 85
den neu eingefügten[155] vierten Absatz des § 136 StPO hingewiesen. Hiernach besteht nunmehr die Möglichkeit einer audio-visuellen Dokumentation der Vernehmung.[156] Durch die Aufzeichnung der Vernehmung soll einer zuverlässigeren Wahrheitsfindung gedient werden. Eine Bild- und Tonaufzeichnung der gesamten Vernehmung ist nach § 136 Abs. 4 Satz 2 Nr. 1 StPO sogar obligatorisch,[157] wenn dem Verfahren ein vorsätzlich begangenes Tötungsdelikt[158] zugrunde liegt und der Aufzeichnung weder die äußeren Umstände noch die besondere Dringlichkeit (etwa in der Tatortsituation) der Vernehmung entgegenstehen. Mit Blick auf die Falllösung ist es nun von maßgebender Bedeutung, ob bei einem Unterlassen der Aufzeichnung trotz eindeutigen Vorliegens der Voraussetzungen des § 136 Abs. 4 Satz 2 StPO (ob und inwieweit von einem gewissen Beurteilungsspielraum der Strafverfolgungsbehörde auszugehen sein wird, ist eine weitere noch zu klärende Frage) von einem Verwertungsverbot auszugehen ist: Auch hier stellt sich im Kern die Frage, ob lediglich ein Verstoß gegen eine „Ordnungsvorschrift" anzunehmen ist oder ob sie gerade einen auch den Beschuldigten schützenden Charakter von solchem Gewicht aufweist, dass ein absolutes Verwertungsverbot gerechtfertigt zu sein scheint. Während der Examensvorbereitung sollte die Diskussion um die noch junge Vorschrift im Blick behalten werden.[159]

---

[155] Eingeführt durch das „Gesetz zur effektiveren und praxistauglicheren Ausgestaltung des Strafverfahrens" vom 17. August 2017 (BGBl. I S. 3202).

[156] Über die Verweisung in § 163a Abs. 2 bzw. Abs. 4 Satz 2 StPO gilt § 136 Abs. 4 StPO auch bei einer **Vernehmung** durch die **Staatsanwaltschaft** und durch die **Beamten des Polizeidienstes.** Das Abspielen einer solchen Vernehmungsaufzeichnung kann zwar zum Zweck der Beweisaufnahme über ein Geständnis gemäß § 254 Abs. 1 StPO in die Hauptverhandlung durch Inaugenscheinnahme eingeführt werden, gleichwohl ersetzt diese Möglichkeit jedoch nicht die Vernehmung des Beschuldigten in Person nach § 243 Abs. 5 Satz 2 StPO (vgl. *Meyer-Goßner/Schmitt* StPO § 136 Rn. 19h).

[157] Hingegen dürfte § 136 Abs. 4 Satz 2 Nr. 2 StPO in Klausuren keine Bedeutung erlangen.

[158] Hierzu zählen neben §§ 211 bis 221 StGB (auch als Versuchsstrafbarkeit) zudem erfolgsqualifizierte Delikte, sofern der Vorsatz auf die Herbeiführung der schweren Folge gerichtet war (dazu *Meyer-Goßner/Schmitt* StPO § 136 Rn. 19c).

[159] *Meyer-Goßner/Schmitt* StPO § 136 Rn. 20c (mit weiteren Nachweisen aus dem Gesetzgebungsverfahren und der Literatur) sieht kein Verwertungsverbot.

e) Das Verlesungsverbot des § 252 StPO

86 Sehr empfehlenswert ist es, sich auch mit der Vorschrift des **§ 252 StPO** vertraut machen.[160] Ergibt sich aus dem zu bearbeitenden Aktenstück, dass ein Zeuge nach zunächst erfolgter Aussage zur Sache zwischenzeitlich (etwa bei einer zweiten [richterlichen] Vernehmung im Ermittlungsverfahren) von seinem **Zeugnisverweigerungsrecht** Gebrauch gemacht hat, oder ist abzusehen, dass er in der späteren Hauptverhandlung von diesem Recht Gebrauch machen wird, muss sich die Klausurbearbeitung mit der Verwertbarkeit des Inhalts der früher gemachten Aussage auseinandersetzen. Nachdem in der Klausur (anhand der §§ 52 ff. StPO) festgestellt worden ist, dass dem Zeugen ein Zeugnisverweigerungsrecht *tatsächlich* zusteht,[161] bedarf es zunächst eines Hinweises, auf welchem Wege der Inhalt der Aussage überhaupt in die Hauptverhandlung eingeführt werden *könnte.*

Denkbar ist einerseits die **Einführung im Wege des Urkundsbeweises** über eine Verlesung der Niederschrift (des Protokolls) der früheren Vernehmung, andererseits aber auch im Wege des **Zeugenbeweises** über die Vernehmung derjenigen Person, welche die Vernehmung im Ermittlungsverfahren durchgeführt (die Polizeibeamtin, der Staatsanwalt oder die Ermittlungsrichterin) oder ihr beigewohnt (Urkundsbeamter) hat (hier handelt es sich um die „Wahrnehmung einer Person" im Sinne des § 250 Satz 1 StPO).

87 Nach § 252 StPO darf die Aussage eines vor der Hauptverhandlung vernommenen Zeugen, der erst in der Hauptverhandlung von seinem Recht, das Zeugnis zu verweigern, Gebrauch macht, nicht verlesen werden. Aus dieser Formulierung lässt sich zunächst in einem ersten Schritt eindeutig das **Verbot eines Urkundsbeweises** ableiten: eine Protokollverlesung nach § 251 StPO ist danach von vornherein versperrt. Obwohl die Vorschrift sich nach ihrem Wortlaut auf das „Verlesen" beschränkt, ist heute im Grundsatz anerkannt, dass die Aussage auch nicht in anderer Weise verwertet werden darf.[162] Auch die Vernehmung der Verhörsperson ist danach verboten, so dass in § 252 StPO ein **umfassendes Verwertungsverbot** zu sehen ist. Dies folgt aus dem Zweck der Vorschrift, nach dem die frühere Aussage als Grundlage der Überzeugungsbildung überhaupt ausgeschaltet werden soll.[163]

88 Eine **Ausnahme** soll nach der höchstrichterlichen Rechtsprechung allerdings für eine **frühere richterliche Vernehmung** gelten, bei welcher der Zeuge vor seiner Aussage ordnungsgemäß belehrt worden war.[164] In diesen Fällen soll die Aussage durch Vernehmung des (Ermittlungs-)Richters (nicht jedoch eines Referendars oder anderer bei der Vernehmung anwesender Personen) in die Hauptverhandlung eingeführt und später verwertet werden können.[165] Tragender Gedanke hinter dieser Ausnahme ist die Betonung des besonderen Gewichts einer richterlichen Vernehmung,

---

[160] S. hierzu *Murmann* Rn. 228 ff., *Eichel* JA 2008, 631 ff. und *Moldenhauer/Wenske* JA 2017, 860 ff.

[161] Trotz des Vorliegens der Voraussetzungen etwa des § 52 Abs. 1 Nr. 1 StPO kann durchaus einmal darüber nachzudenken sein, ob das Berufen auf das prozessuale Recht der Zeugnisverweigerung nicht aus dem Grunde unzulässig ist, weil der Zeuge auf dieses Recht manipulativ hingewirkt hat und sich damit rechtsmissbräuchlich (s. dazu allgemein *Meyer-Goßner/Schmitt* StPO Einl. Rn. 111) zum „Herrn des Verfahrens" gemacht hat (vgl. BGHSt 45, 342 [347 f.] zu § 252 StPO).

[162] BGHSt 61, 221. S. zudem *Meyer-Goßner/Schmitt* StPO § 252 Rn. 12 ff. Zur aktuellen Entwicklung der Rechtsprechung zum Zeugnisverweigerungsrecht s. *Moldenhauer/Wenske* JA 2017, 860 ff.

[163] *Roxin/Achenbach/Jäger/Heinrich* Nr. 316.

[164] Lesenswert zur Rechtsprechungsentwicklung BGHSt 61, 221 (230 f.).

[165] S. zum Meinungsstand *Meyer-Goßner/Schmitt* StPO § 252 Rn. 14.

das sich etwa in den §§ 251 Abs. 2, 168c Abs. 2 und 161a Abs. 1 Satz 3 StPO zeige.[166] Einer gesonderten („qualifizierten") Belehrung über den Umstand der möglichen Verwertbarkeit der Zeugenaussage in einer späteren Hauptverhandlung, wie sie die frühere Rechtsprechung noch für notwendig erachtet hat,[167] bedarf es nach Ansicht des Großen Senats für Strafsachen allerdings nicht.[168] Zudem soll auch eine nichtrichterliche Vernehmungsperson als Zeuge gehört werden dürfen, wenn der sich nunmehr auf sein Zeugnisverweigerungsrecht berufende Zeuge sein Einverständnis mit der Verwertung seiner früheren Vernehmung erklärt.[169]

Im Hinblick auf § 252 StPO ist zu beachten, dass das Verbot der Aussageverwertung in dem oben genannten Umfang nur für das Zeugnisverweigerungsrecht nach **§ 52 StPO uneingeschränkt** gilt. Im Falle eines Zeugnisverweigerungsrechts von Berufsgeheimnisträgern und deren Helfern nach den §§ 53 und 53a StPO soll § 252 StPO nur dann Anwendung finden, wenn das Recht, das Zeugnis zu verweigern, schon bei der früheren Vernehmung bestanden hat, nicht aber wenn der Zeuge zu diesem Zeitpunkt nach den §§ 53 Abs. 2 oder 53a Abs. 2 StPO von der Schweigepflicht entbunden war.[170] In eine ähnliche Richtung gehen neuere höchstrichterliche (bisher nicht entscheidungserhebliche) Erwägungen, ein umfassendes Verwertungsverbot auch im Übrigen (also auch im Rahmen des § 52 StPO) dann nicht anzunehmen, wenn das Zeugnisverweigerungsrecht zum Zeitpunkt der ersten Vernehmung noch gar nicht bestand (die Zeugin hat sich etwa mit der Beschuldigten erst später verlobt), da die durch das Angehörigenverhältnis begründete schützenswerte Position in diesem Falle nicht gleichermaßen stark betroffen sei.[171] 89

Umstritten ist dagegen die Frage, ob die **frühere Aussage eines Zeugen,** der nunmehr die Aussage unter Berufung auf **§ 55 StPO**[172] verweigert, verlesen werden darf.[173] Ohne weitere Differenzierung – etwa danach, ob eine Verletzung der gesetzlich zwingend vorgeschriebenen Belehrung nach § 55 Abs. 2 StPO unterblieben ist oder das Recht bestand, die Aussage gänzlich zu verweigern – begründet die Rechtsprechung ihre Auffassung, dass kein Verwertungsverbot besteht, mit der oben bereits erwähnten **Rechtskreistheorie.**[174] Für die Frage der Verwertbarkeit soll danach entscheidend sein, ob bei der Verletzung von Beweisverboten die verletzte Norm den „Rechtskreis" des Angeklagten „wesentlich berührt" oder ob sie für ihn nur von untergeordneter oder von keiner Bedeutung ist. Für diese Prüfung ist demnach weiter maßgebend, in wessen Interesse die Bestimmung, bezüglich derer ein Verstoß festgestellt worden ist, geschaffen wurde. § 55 StPO bezieht sich nach Ansicht des *Bundesgerichtshofs* ausschließlich auf die Interessenlage des Zeugen; ihm solle die seelische Zwangslage erspart werden, unter dem Druck der Aussagepflicht sich oder einen nahen Angehörigen der Strafverfolgung aussetzen zu müssen.[175] Ein 90

---

[166] BGHSt 61, 221 (236).

[167] Nachweise (auch der Literatur) in BGHSt 61, 221 (233 f.).

[168] BGHSt 61, 221 ff.; vgl. hierzu *Moldenhauer/Wenske* JA 2017, 860 ff.

[169] *BGH* NStZ 2007, 712 (713); BGHSt 45, 203. Die Freigabeerklärung überwindet aber nur das Verwertungsverbot und lässt den Unmittelbarkeitsgrundsatz unberührt (BGHSt 52, 148 ff.).

[170] Vgl. im Einzelnen *Meyer-Goßner/Schmitt* StPO § 252 Rn. 3.

[171] BGHSt 45, 342 (347).

[172] Die für das Auskunftsverweigerungsrecht erforderliche „Zwangslage" besteht unabhängig davon, ob die Strafverfolgung für den Zeugen im Inland oder im Ausland droht (*BGH* NStZ 2019, 539).

[173] S. dazu den Überblick von *Geppert* Jura 1988, 305 ff. und *Rössner* Problem 19.

[174] S. dazu schon die einleitenden Hinweise → Rn. 72.

[175] Vgl. dazu *Geppert* Jura 1988, 305 (312).

Verwertungsverbot nach § 252 StPO soll daher in den Fällen, in denen ein nach § 55 StPO auskunftsverweigerungsberechtigter Zeuge dieses Recht wahrnimmt, nicht gegeben sein.

91 Wenn das **Zeugnisverweigerungsrecht** nach § 52 StPO **erst nach der polizeilichen oder staatsanwaltlichen Vernehmung** (etwa durch Heirat der Zeugin und des Beschuldigten) **entstanden** ist, darf die im Ermittlungsverfahren getätigte Aussage nach bisheriger Rechtsprechung (s. schon → Rn. 89) gleichwohl nicht verwertet werden, wenn sich der Zeuge in der Hauptverhandlung auf sein Zeugnisverweigerungsrecht beruft.[176]

92 Bei Angaben, die der Zeuge gegenüber einem **Sachverständigen** (etwa anlässlich eines aussagepsychologischen Gutachtens) gemacht hat,[177] ist zwischen sogenannten **„Zusatztatsachen“** und **„Befundtatsachen“** zu differenzieren. Zusatztatsachen sind solche, die das eigentliche Tatgeschehen betreffen und zu deren Ermittlung und Wahrnehmung keine besondere Sachkunde erforderlich ist. Dagegen sind unter Befundtatsachen Anknüpfungstatsachen für das Gutachten – die der Sachverständige aufgrund seiner Sachkunde selbst festgestellt hat – zu verstehen.[178] Letztere betreffen also die eigentliche Untersuchung (wie die Angaben des Zeugen zur Krankengeschichte oder zum Lebenslauf des Beschuldigten). Soweit es sich um Befundtatsachen handelt, findet § 252 StPO keine Anwendung. Dagegen stehen Zusatztatsachen einer innerhalb einer Vernehmung getätigten Aussage gleich und dürfen dementsprechend im Falle der Zeugnisverweigerung auch nicht durch die Vernehmung des Sachverständigen als Zeugen vom Hörensagen oder die Verlesung des Sachverständigengutachtens eingeführt werden.

93 Bei Angaben des zeugnisverweigerungsberechtigten Zeugen gegenüber dem **Verteidiger des Beschuldigten** gilt § 252 StPO entsprechend, sofern der Verteidiger das Gespräch vernehmungsähnlich geführt hat.[179]

f) Einschaltung von Privatleuten

94 Ebenfalls nicht zweifelsfrei zu beurteilen ist der Fall, in dem der später das Zeugnis verweigernde Zeuge seine früheren **Angaben** nicht im Rahmen einer formellen Vernehmung, sondern **gegenüber Privatpersonen** gemacht hat. Zweifel an der Verwertbarkeit können sich insbesondere dann ergeben, wenn die Dritten von den Strafverfolgungsbehörden eigens zu dem Zweck der Informationsbeschaffung eingesetzt wurden.

Beispielsfall (BGHSt 40, 212 ff. [„Sedlmayr"]): Da sich die Aufklärung eines Tötungsdeliktes sehr schwierig gestaltete, verpflichtete die Polizei im Einvernehmen mit der Staatsanwaltschaft die Kaufleute R und H als Vertrauenspersonen. Diese hatten den Auftrag, Kontakt mit zwei Tatverdächtigen (den späteren Angeklagten) und deren Umfeld aufzunehmen. Ihre Wahrnehmungen sollten sie jeweils vollständig an die Polizei weitergeben. Die beiden V-Leute sprachen ihre Kontakte mit der Polizei ab, hatten aber keine Kenntnis vom Stand der Ermittlungen. Es gelang ihnen, das Vertrauen des Beschuldigten L und seiner Verlobten K zu gewinnen. Letztere erklärte Anfang Juli 1991 einem der V-Männer gegenüber von sich aus, der in der Zeitung abgebildete Tathammer gehöre dem L. Auf Nachfrage beschrieb sie individuelle Merkmale und erklärte später von sich aus erneut, dass sie „hundertprozentig" sicher sei. Erstmals gegenüber dem Ermittlungsrichter am 30. März 1992 und dann in der Hauptverhandlung berief sich die

---

[176] Vgl. hierzu BGHSt 22, 219 (220).
[177] Vgl. hierzu *BGH* StV 2007, 68 ff.
[178] *Meyer-Goßner/Schmitt* StPO § 79 Rn. 10 f.
[179] *BGH* NJW 2000, 1277 (1278).

Zeugin K auf ihr Zeugnisverweigerungsrecht nach § 52 StPO und machte keine Angaben zur Sache. Das Gericht hat die V-Leute als Zeugen vernommen.

Der *Bundesgerichtshof*[180] hat in diesem Fall ein Verwertungsverbot mit der Begründung verneint, die Aushorchung durch die V-Leute[181] stelle keine „Vernehmung" dar. Zum **Begriff der „Vernehmung"** gehöre nämlich, dass „der Vernehmende dem Zeugen in amtlicher Funktion gegenübertritt" und in dieser Eigenschaft von ihm Auskunft verlange.[182] Auch die hierbei vorgenommene Täuschung ziehe kein Verbot der Verwertung des Beweises nach sich, weil § 52 StPO nicht dem Schutz des Beschuldigten diene.[183]

In jüngerer Zeit recht kontrovers diskutiert werden auch Fallgestaltungen, in denen **Privatleute** von den Ermittlungsbehörden dazu veranlasst wurden, **Telefonate mit Tatverdächtigen** zu führen, in denen diese die Tat gestehen, wobei den späteren in der Hauptverhandlung vernommenen Zeugen das Mithören mit einem Zweithörer ermöglicht wurde. 95

Beispielsfall (BGHSt 42, 139 ff. [„Zweithörer"]):[184] Der Beschuldigte wurde verdächtigt, zusammen mit anderen das Tatopfer in seiner Wohnung überfallen und unter Einsatz von Waffen ungefähr 80.000 Euro entwendet zu haben. Nachdem die Zeugin E der Polizei mitgeteilt hatte, der Beschuldigte habe ihr gegenüber in einem Telefonat seine Täterschaft eingeräumt, veranlasste die Polizei ein weiteres Telefongespräch zwischen E und dem Angeklagten. Den Dolmetscher F ließen sie dieses Gespräch an einem Zweithörer mithören. Seine Bekundungen über den Inhalt des weiteren Telefonats zwischen E und dem Angeklagten hat das Landgericht dem Urteil zugrunde gelegt.

Der *Bundesgerichtshof* ließ im Ergebnis die Verwertung der Zeugenaussage des Dolmetschers zu. Eine Umgehung des § 136 StPO[185] soll hier nicht vorliegen, weil dieser den Beschuldigten nur vor dem Irrtum bewahren solle, zur Aussage verpflichtet zu sein, nicht aber vor staatlich veranlasster irrtumsbedingter Selbstbelastung schützen wolle.[186] Die Bedenken, die im Hinblick auf den Grundsatz, dass niemand sich selbst belasten müsse, bestünden, seien gegen die Pflicht des Staates zur effektiven Strafverfolgung abzuwägen: Der „heimliche Einsatz von Personen, die den Beschuldigten befragen, um ihn zu belastenden Äußerungen zu veranlassen", ist nach der Auffassung des *Bundesgerichtshofs*[187] jedenfalls „dann zulässig und führt zu keinem Beweisverwertungsverbot, wenn es sich bei der den Gegenstand der Verfolgung bildenden Tat um eine Straftat von erheblicher Bedeutung handelt und

---

180 BGHSt 40, 211. Vgl. auch *BVerfG* NStZ 2000, 489 f.

181 Als Ermächtigungsgrundlage für den Einsatz von Privatleuten ist § 161 Abs. 1 S. 1 StPO anzuführen.

182 BGHSt 40, 211 (213).

183 BGHSt 40, 211 (217).

184 Vgl. schon BGHSt 39, 335 ff., dem ein ähnlicher Sachverhalt zugrunde lag.

185 Zu möglichen Verstößen gegen § 136a StPO, wenn Private durch dort verbotene Vernehmungsmittel Aussagen erlangen s. *Rössner* Problem 22 und *Murmann* Rn. 104 ff.

186 BGHSt (GS) 42, 139 (153).

187 Vgl. dazu *BVerfG* NStZ 2000, 488 f. und *BVerfG* NStZ 2000, 489. In drei zeitlich nahe beieinander liegenden Entscheidungen (neben den zitierten noch *BVerfG* NStZ 2000, 489 f.) verzichtet das *Bundesverfassungsgericht* ausdrücklich darauf, verfassungsrechtliche Maßstäbe für die Frage der Beweisverbote im Strafverfahren zu entwickeln, da die Verfassungsbeschwerden durchweg aus Gründen des Substantiierungserfordernisses der §§ 23 Abs. 1 Satz 2 und 92 BVerfGG bereits unzulässig gewesen sein sollen.

wenn der Einsatz anderer Ermittlungsmethoden – für deren Auswahl untereinander wiederum der Grundsatz der Verhältnismäßigkeit gilt – erheblich weniger erfolgversprechend oder wesentlich erschwert wäre".[188]

g) Verwertungsverbote im Zusammenhang mit Durchsuchungen

96 In der Klausur können auch Probleme im Zusammenhang mit der Anordnung oder der Vornahme von **Durchsuchungen** auftreten.[189] Hier sind zunächst zu unterscheiden Durchsuchungen beim Verdächtigen (§ 102 StPO) und Durchsuchungen bei Dritten (§ 103 StPO). Die Durchsuchung von **Räumlichkeiten des Verdächtigen** kann insbesondere vorgenommen werden, „wenn zu vermuten ist, dass die Durchsuchung zur Auffindung von Beweismitteln führen werde". Damit setzt die Hausdurchsuchung in materieller Hinsicht lediglich eine schlichte „Vermutung" voraus, die zwar nicht notwendigerweise durch konkrete Tatsachen gestützt, jedoch zumindest in gesicherter kriminalistischer Erfahrung begründet sein muss.[190] Für die Klausur von Bedeutung können einmal solche Fälle sein, bei denen die Hausdurchsuchung nicht auf eine richterliche Anordnung gestützt wurde. So darf nach § 105 Abs. 1 Satz 1 StPO auch die Staatsanwaltschaft (und ihre Ermittlungspersonen) die Durchsuchung unter bestimmten Voraussetzungen anordnen. In diesen Fällen ist eine Prüfung des Merkmals „Gefahr im Verzug" notwendig.[191] Kommt die Bearbeitung zu dem Ergebnis, die Strafverfolgungsbehörden hätten zu Unrecht ihre (Eil-) Zuständigkeit angenommen und damit gegen den Richtervorbehalt verstoßen, stellt sich die (bei Aufgabenstellern sehr beliebte) Frage der Verwertbarkeit des so gewonnenen Beweismittels.[192] Nach überwiegender Meinung soll die Verwertung nur dann ausgeschlossen sein, wenn es sich um einen besonders schwerwiegenden Verstoß handelt,[193] der etwa dann anzunehmen sein dürfte, wenn eine völlige oder gar bewusste Umgehung der Zuständigkeitsvorschrift durch die Polizei oder Staatsanwaltschaft zu erkennen ist.[194]

Die Eilkompetenz der Ermittlungsbehörden endet jedoch, sobald beim zuständigen Ermittlungsrichter ein Antrag auf Erlass einer Durchsuchungsanordnung gestellt wurde; sie kann nur neu begründet werden, wenn (im Sinne einer überholenden Kausalität) nachträglich Umstände eintreten oder bekannt werden, wonach die Gefahr eines Beweismittelverlustes im Raum steht, die sich nicht aus der vorgegangenen Prüfung und Entscheidung über den ursprünglichen Antrag auf Durchsuchung ergibt.[195]

Die Voraussetzungen der **Hausdurchsuchung bei Unverdächtigen** sind im Grundsatz gegenüber denjenigen bei Verdächtigen in materieller und formeller Hinsicht insoweit strenger, als das gesuchte Beweismittel nicht nur bestimmt sein muss, sondern auch Tatsachen vorliegen müssen, aus denen geschlossen werden kann, dass sich der fragliche Gegenstand in den zu durchsuchenden Räumen befindet. Zudem

---

[188] BGHSt (GS) 42, 139 (156 f.).

[189] S. dazu zunächst den Überblick bei *Murmann* Rn. 124 ff.

[190] S. *Roxin/Schünemann* § 35 Rn. 5 und *Meyer-Goßner/Schmitt* StPO § 102 Rn. 2.

[191] Dazu umfassend *BVerfG* NStZ 2001, 382 ff.; zur Eilkompetenz der Staatsanwaltschaft beim entscheidungsunwilligen Richter s. *BVerfG* NStZ 2015, 529 ff. Zur aktuellen Entwicklung der Rechtsprechung zur „Gefahr im Verzug" s. *Moldenhauer/Wenske* JA 2017, 206 ff.

[192] Zum Meinungsstand s. die Darstellung bei *Amelung* NStZ 2001, 337 (340 ff.).

[193] *Meyer-Goßner/Schmitt* StPO § 94 Rn. 21 mit weiteren Nachweisen.

[194] S. *BGH* NJW 2007, 2269 ff. (= RÜ 2007, 429 ff.) hinsichtlich grober Verkennung des Richtervorbehalts.

[195] S. hierzu BVerfGE 139, 245 ff. = NJW 2015, 2787 (2790 f.) und BGHSt 61, 266; vgl. auch *Moldenhauer/Wenske* JA 2017, 206 ff.

ist in diesen Fällen die Polizei auch bei Eilbedürftigkeit zu einer Durchsuchungsanordnung nicht berechtigt (so der Umkehrschluss aus § 105 Abs. 1 Satz 2 StPO).

Finden sich bei der Durchsuchung Gegenstände, die in keiner Beziehung zur Untersuchung stehen, aber auf die Verübung einer anderen strafbaren Handlung hindeuten (**„Zufallsfunde"**), sind die Voraussetzungen des § 108 Abs. 1 StPO zu beachten. Die danach zulässige Beschlagnahme und spätere Verwertung von Zufallsfunden setzt zunächst voraus, dass die Anordnung der Durchsuchung rechtmäßig war sowie angeordnete Durchsuchungsbeschränkungen eingehalten wurden und § 97 StPO nicht entgegensteht.[196] Verwertungsfragen können sich hier aber etwa dann ergeben, wenn Zufallsfunde durch die durchsuchenden Beamten *angestrebt* worden sind. 97

Beispielsfall (KG StV 1985, 404 f.): Dem Angeklagten wurde eine Beihilfe zum Betrug und zum Gebrauch unrichtiger Gesundheitszeugnisse zur Last gelegt. Deswegen wurde eine Hauptverhandlung vor der Strafkammer durchgeführt. Daneben ermittelte die Staatsanwaltschaft gegen den Angeklagten wegen des Verdachts des unerlaubten Waffenbesitzes. In diesem Verfahren ordnete das zuständige Amtsgericht die Durchsuchung der Wohnung des (dort noch) Beschuldigten an. Bei der noch am selben Tage durchgeführten Durchsuchung nahmen die Polizeibeamten nach einer „Grobsichtung" aus einem Koffer eine Reihe schriftlicher Unterlagen in Beschlag, weil diese nach ihrer Auffassung für die bei der Strafkammer anhängige Sache von Bedeutung sein könnten.

Das *Kammergericht*[197] ging davon aus, dass die Unterlagen nicht als Zufallsfunde (im Sinne des § 108 Abs. 1 StPO) sichergestellt worden sind. Die vorliegend durchgeführte „Grobsichtung" der Unterlagen hatte nach der Auffassung des Senats nämlich „mit der Suche nach einer Schusswaffe nichts mehr zu tun", da sie „weder erforderlich noch geeignet (war), den festgelegten Zweck der Durchsuchung zu erreichen". Dieser Verstoß gegen gesetzliche Bestimmungen sei als so schwerwiegend anzusehen, dass bei **Abwägung aller Umstände im konkreten Fall** das öffentliche Interesse an einer Aufklärung der Tat, die nicht dem Bereich der Schwerkriminalität entstammt, zurückzutreten hat. Damit nimmt das Kammergericht nicht in allen Fällen der gezielten Suche nach Zufallsfunden ein Verwertungsverbot an, sondern verlangt stets zusätzlich eine Abwägung zwischen Aufklärungsinteresse und Einhaltung eines rechtmäßigen Verfahrens.[198]

Sofern aus Gründen der (präventiven) polizeilichen Gefahrenabwehr (etwa das Aufsuchen von hilfsbedürftigen Personen) die Öffnung einer Wohnungstür erforderlich ist, bedarf es hierzu bei einer Gefahr im Verzug nach den jeweiligen Polizeilandesgesetzen in der Regel keiner gerichtlichen Anordnung. Soweit es danach polizeirechtlich erlaubt gewesen ist, die Wohnungstür zu einem bestimmten Zweck zu öffnen, kann aber die nicht mehr vom Zweck veranlasste Fortführung einer Durchsuchung (etwa durch das Öffnen von Schränken) nach der Rechtsprechung des *Bundesgerichtshofs* wegen einer Missachtung des Richtervorbehalts gemäß § 105 Abs. 1 Satz 1 StPO verfahrensfehlerhaft sein. Im Vergleich zum bereits verfahrensfehlerhaften *Betreten* mag diesem Verstoß im Rahmen der gebotenen Abwägung indes ein minderes Gewicht zukommen.[199]

---

[196] *Roxin/Schünemann* § 35 Rn. 11.
[197] Das Oberlandesgericht in Berlin heißt aus historischen Gründen „Kammergericht".
[198] Dagegen *Roxin/Schünemann* § 35 Rn. 11.
[199] *BGH* NStZ 2019, 227 (230).

h) Verwertungsverbote im Zusammenhang mit Telefonüberwachungen

98 Gelegentlich wird sich auch in der Klausur die Frage stellen, ob Erkenntnisse aus einer **Telefonüberwachung** verwertet werden können.[200] In diesen Fällen ist zunächst zu prüfen, ob der vom Gesetz für die Überwachung des Fernmeldeverkehrs[201] bestimmte Rahmen eingehalten worden ist. Die Voraussetzungen für die Zulässigkeit der Überwachung ergeben sich vor allem aus den **§§ 100a, 100d und 100e StPO.** Danach darf die Anordnung einer Telefonüberwachung im Regelfall nur durch einen Richter erfolgen und sich zudem nur auf eine der in § 100a StPO genannten Straftaten beziehen.[202] Betrifft die Maßnahme den Kernbereich der privaten Lebensführung, sieht § 100d Abs. 1 und 2 StPO ein ausdrückliches Beweiserhebungs- und Verwertungsverbot vor.

Fraglich ist, wann Verstöße gegen die Anordnungsvorschriften ein Verbot der Verwertung erlangter Erkenntnisse nach sich ziehen.[203] Anerkannt ist, dass jedenfalls solche Telefonüberwachungen, die unter **völliger Umgehung der Voraussetzungen** der §§ 100a und 100e StPO zustande gekommen sind, nicht verwertet werden dürfen. So führt das Fehlen einer wesentlichen sachlichen Voraussetzung für die Anordnung der Maßnahme nach § 100a StPO, beispielsweise das Nichtvorliegen einer Katalogtat, dazu, die rechtswidrig erlangte Information allgemein als unverwertbar anzusehen.[204]

99 Schwieriger zu beurteilen sind die Fälle, in denen die Voraussetzungen der Strafprozessordnung zwar eingehalten worden sind, sich aber aus anderen Gründen Zweifel an der Verwertbarkeit der erlangten Informationen ergeben. Hier sind insbesondere die Fälle von erlangten Erkenntnissen in Bezug auf andere als die Taten, auf die sich die Anordnung bezog, und solche in Bezug auf andere Personen, als die in der Anordnung bezeichneten (vgl. § 100b Abs. 2 Satz 2 StPO), zu nennen.

100 **Beispielsfall (BGH NStZ 1998, 426 f.):** Wegen des Verdachts des bandenmäßigen Handeltreibens mit Betäubungsmitteln wurde vom Gericht die Überwachung und Aufzeichnung des Fernmeldeverkehrs nach den §§ 100a Satz 1 Nr. 4 a. F. (jetzt § 100a Abs. 2 Nr. 7), 100e Abs. 1 Satz 1 StPO gegen die Beschuldigte A angeordnet. Nach Abschluss

---

[200] Nunmehr wird mit § 101a Satz 2 StPO auch ausdrücklich eine Quellen-Telekommunikationsüberwachung (Quellen-TKÜ) ermöglicht, die bei Nutzung moderner verschlüsselter Kommunikationsmethoden (insbesondere bei der Nutzung von Messenger-Diensten) zum Einsatz kommt. Mit Hilfe von technischen Methoden (insbesondere Überwachungssoftware) soll so ein Zugriff auf das jeweilige Gerät ermöglicht werden, bevor es zu einer Verschlüsselung der Nachrichten beim Übertragungsvorgang kommt (hierzu vertiefend *Meyer-Goßner/Schmitt* StPO § 100a Rn. 14a ff.). Abzugrenzen hiervon gilt es die Online-Durchsuchung nach § 100b StPO, die noch seltener eine Rolle in der Klausur spielen dürfte. Auch Abhörmaßnahmen im Sinne des § 100c Abs. 1 und Abs. 2 dürften seltener vorkommen (lesenswert dazu BGHSt 44, 138 ff. [Safwan E.], wo es um das Abhören eines Privatgesprächs im Besuchsraum einer Untersuchungshaftvollzugsanstalt ging).

[201] Sofern eine Klausurvorlage den Zugriff auf den E-Mail-Verkehr zum Gegenstand hat, müssen die verschiedenen Phasen des E-Mail-Verkehrs (1. vor Speicherung beim Provider, 2. die Speicherung beim Provider und 3. die Phase nach dem Abrufen der Nachricht durch den Empfänger) sauber voneinander getrennt werden (hierzu s. den hilfreichen mit weiteren Nachweisen versehenen Überblick bei *Meyer-Goßner/Schmitt* StPO § 100a Rn. 6b). Zur Sicherstellung und Beschlagnahme von E-Mails auf dem Mailserver des Providers s. die sehr lesenswerte Entscheidung BVerfGE 124, 43 ff. = NJW 2009, 2431 (2432 ff.), wonach bei verdeckten Ermittlungen die (strengeren) Voraussetzungen des § 101a StPO gewahrt werden müssen als bei offenen Ermittlungen (bei denen § 94 StPO heranzuziehen sein soll).

[202] Zu den Voraussetzungen s. *Roxin/Schünemann* § 36 Rn. 5 ff.

[203] Zur Verwertung der Erkenntnisse s. *Meyer-Goßner/Schmitt* StPO § 100a Rn. 29 ff.

[204] S. BGHSt 31, 304 (309).

der Ermittlungen wurde von der Staatsanwaltschaft die gegen die Beschuldigte erhobene Anklage nicht auf das oben genannte Delikt, sondern überwiegend auf solche Taten, bei denen eine Überwachung nach § 100a StPO nicht zulässig gewesen wäre, gestützt.

In diesem Fall stellt sich die Frage, inwieweit **Erkenntnisse über weitere Straftaten,** die bisher nicht Gegenstand der Ermittlungen waren und die sich anlässlich einer Telefonüberwachung ergeben haben, verwertet werden können. Eine ausdrückliche Regelung fand sich lediglich in § 100b Abs. 5 StPO a. F., nach dem personenbezogene Informationen in anderen Strafverfahren zu Beweiszwecken nur dann verwertet werden durften, wenn sie zur Aufklärung einer der in § 100a StPO bezeichneten Straftaten benötigt werden. Im Beispielsfall lag aber kein anderes, sondern dasselbe Ermittlungsverfahren gegen dieselbe Beschuldigte vor, so dass § 100b Abs. 5 StPO a. F. keine Anwendung fand. Nach Ansicht des *Bundesgerichtshofs* dürfen Zufallserkenntnisse aus einer Telefonüberwachung aber auch im Übrigen „nur dann als Beweismittel verwertet werden, wenn sie eine andere als die in der Anordnung bezeichnete Katalogtat nach § 100a StPO betreffen".

Im Hinblick auf Nichtkatalogtaten soll dagegen im Grundsatz ein Verwertungsverbot bestehen; die insoweit erlangten Erkenntnisse dürfen damit zu Beweiszwecken nicht verwertet werden, sie können allenfalls Anlass zu weiteren Ermittlungen zur Gewinnung neuer Beweismittel sein.[205] Etwas anderes soll nach ständiger Rechtsprechung für die „Verwertung von Zufallserkenntnissen bei ordnungsgemäß angeordneter Überwachung im Hinblick auf Nichtkatalogtaten" nur dann gelten, „wenn ein enger Bezug zu der in der Anordnung aufgeführten Katalogtat besteht, sei es dass eine andere Begehungsform der Katalogtat vorliegt, selbst wenn die abweichende Begehungsform eine Überwachung nicht zulassen würde, sei es dass Tateinheit vorliegt oder ein solcher Zusammenhang mit der Katalogtat, dass Tatidentität im Sinne von § 264 StPO anzunehmen ist".[206]

Beispielsfall (nach BGHSt 26, 298 ff.): In einem Ermittlungsverfahren gegen mehrere Personen der „Düsseldorfer Unterwelt" wegen des Verdachts der Erpressung und anderer Straftaten hatte das Amtsgericht gemäß § 100a StPO die Überwachung des Fernmeldeverkehrs hinsichtlich des Gastwirts B angeordnet. Bei dieser Überwachung nahm die Kriminalpolizei auf Tonband verschiedene Ferngespräche auf, die der Rechtsanwalt R mit der Ehefrau des B führte. Aufgrund des Inhalts dieser Gespräche leitete die Staatsanwaltschaft gegen den Rechtsanwalt ein Ermittlungsverfahren wegen Begünstigung und Hehlerei ein. 101

Über die im ersten Beispielsfall angesprochenen Schwierigkeiten hinaus ergibt sich hier ein weiteres Problem: Die gewonnenen Erkenntnisse bezogen sich – unabhängig von der Qualität der aufgedeckten Taten – auf einen **Dritten,** der bisher nicht zum beschuldigten Personenkreis gezählt hatte. Nach Ansicht des *Bundesgerichtshofs* ist zunächst die Verwertbarkeit von Zufallsfunden nicht auf den in § 100a Abs. 3 StPO genannten Personenkreis, das heißt auf den oder die Beschuldigten der Katalogtat, derentwegen die Überwachung des Fernmeldeverkehrs angeordnet worden ist, oder auf Nachrichtenmittler beschränkt, vielmehr können die gewonnenen Erkenntnisse auch gegen eine dritte Person verwertet werden. Zur Begründung führte der *Bundesgerichtshof* an, dass in einem solchen Fall auch die Überwachung dieser dritten

[205] So auch *BGH* NJW 2005, 2766.
[206] *BGH* NStZ 1998, 426 (427).

Person zulässig wäre und die dabei gewonnenen Erkenntnisse dann unmittelbar gegen sie verwertet werden könnten. Das zweite Problem, dass die Delikte der Begünstigung und Hehlerei keine Katalogtaten nach § 100a StPO darstellen, ist mit dem im ersten Beispielsfall beschriebenen vergleichbar. So betont der *Bundesgerichtshof* auch hier, die Verwertbarkeit sei zu beschränken auf solche Erkenntnisse, die „im Zusammenhang" mit Katalogtaten des § 100a StPO stehen. Die weitergehende Frage, ob es sich um dieselbe Katalogtat, derentwegen die Überwachung angeordnet wurde, oder um irgendeine Katalogtat handeln müsse, wird in der Entscheidung ausdrücklich offen gelassen.[207] Die Verwertbarkeit richtet sich nunmehr nach § 479 Abs. 2 Satz 1 i. V. m. § 161 Abs. 3 Satz 1 StPO,[208] wonach die Verwendung zur Aufklärung solcher Straftaten erfolgen darf, zu deren Aufklärung eine solche Maßnahme nach dem Gesetz hätte selbst angeordnet werden dürfen.

i) Blutproben

102 Die Frage eines möglichen Verwertungsverbots bei Entnahme von Blutproben ohne Einschaltung eines Gerichts war nach der früheren Rechtslage umstritten;[209] mit der Neufassung des § 81a StPO dürfte sich dieses weiland sehr beliebte Klausurthema indes weitgehend erledigt haben. So sieht § 81a Abs. 2 Satz 1 StPO zwar für körperliche Untersuchungen auch weiterhin einen Richtervorbehalt vor und steht diese Kompetenz nur bei Gefährdung des Untersuchungserfolges durch Verzögerung auch der Staatsanwaltschaft und ihren Ermittlungspersonen zu, nach § 81a Abs. 2 Satz 2 StPO unterliegt die **Entnahme einer Blutprobe** aber dann nicht mehr dem richterlichen Vorbehalt, wenn Tatsachen auf eine Straftat nach § 315a Abs. 1 Nr. 1, Abs. 2 und 3, § 315c Abs. 1 Nr. 1 lit. a, Abs. 2 und 3 oder § 316 StGB hindeuten. Nicht ausgeschlossen ist natürlich, dass eine Klausuraufgabe einmal eine *andere* körperliche Untersuchung oder die Entnahme einer Blutprobe *außerhalb der Katalogtaten* zum Gegenstand hat. Hier sollte also ein gewisses Bewusstsein dafür gewahrt bleiben, dass die Frage der Verwertbarkeit zwischen den (vor allem: Ober-) Gerichten umstritten war.[210] Für die Bearbeitung kommt es etwaig nur darauf an, dass die Prüfung richtig aufgebaut wird und sie sich mit dem tatsächlichen Geschehen auseinandersetzt. Dabei ist zunächst die Frage aufzuwerfen, ob überhaupt ein Verstoß gegen den Richtervorbehalt des § 81a StPO vorliegt, und hierbei der Sachverhalt mit seinen etwaigen Besonderheiten umfassend auszuwerten. Relevant sind hierbei etwa die Fragen, ob überhaupt ein richterlicher Eildienst bestand und ob der Beschuldigte eine Atemalkoholprobe verweigerte.

---

[207] BGHSt 26, 298 (302 f.).

[208] S. hierzu *Meyer-Goßner/Schmitt* StPO § 479 Rn. 3 ff.

[209] S. dazu die (achte) Vorauflage mit dem immer noch für das Grundverständnis lehrreichen Beispielsfall *OLG Hamm* – 3 Ss 31/09: Der Senat sah dort für das Ergebnis der Blutprobe ein Verwertungsverbot an. Zunächst stellte er einen Verstoß gegen den in § 81a StPO niedergelegten Richtervorbehalt fest; die Annahme von Gefahr im Verzug wegen drohenden Beweisverlustes lehnte es mit der Begründung ab, dass der Alkoholspiegel des Beschuldigten zwar während der Zeit, die zur Einholung einer richterlichen Anordnung benötigt wurde, sinke, jedoch sei hier ein richterlicher Eildienst erreichbar gewesen, so dass eine richterliche Anordnung angesichts des einfachen Sachverhaltes telefonisch und in kurzer Zeit hätte eingeholt werden können. Der Verstoß gegen den Richtervorbehalt führe auch zu einem Beweisverwertungsverbot, da die Vorgehensweise des Polizeibeamten willkürlich gewesen sei; dieser habe sich nämlich keinerlei Gedanken über die Fragen von Gefahr im Verzuge und richterlicher Anordnungskompetenz gemacht hat, sondern allein aufgrund „langjähriger Praxis" eine eigene Anordnung getroffen.

[210] Vgl. die diversen Nachweise in der zitierten Entscheidung des *OLG Hamm*. Zusammenfassend etwa *Fickenscher/Dingelstadt* NStZ 2009, 124 ff.; *Krumm* ZRP 2009, 71 ff.

Nur wenn ein Verstoß angenommen wird, ist in einem zweiten Schritt die Frage nach einem Verwertungsverbot zu beantworten.

5. Fernwirkung von Verwertungsverboten

Auch wenn im Einzelfall ein Verbot der Beweisverwertung festgestellt worden sein 103 sollte, ist noch nicht die weitergehende Frage geklärt, welche Reichweite diesem Verwertungsverbot zukommt. So ist problematisch, ob nur die unmittelbar auf verbotenem Wege gewonnenen oder auch die dadurch nur mittelbar erlangten Beweismittel nicht verwertet werden dürfen.

Beispiel: Der Beschuldigte wird mit unerlaubten Vernehmungsmethoden nach den §§ 136a Abs. 1, 163 Abs. 4 Satz 2 StPO zu einer Aussage gebracht; diese führt die Ermittlungsbehörden zum Tatwerkzeug, an dem sich die Fingerabdrücke des Beschuldigten finden. Das Schwurgericht nimmt zwar ein Verwertungsverbot hinsichtlich des Inhalts der Aussage des Angeklagten an (§ 136a Abs. 3 Satz 2 StPO), möchte ihn aber aufgrund des daktyloskopischen Gutachtens verurteilen.

Auch die Frage nach der **Fernwirkung der Verwertungsverbote** ist eine lebhaft umstrittene.[211] Die höchstrichterliche Rechtsprechung geht im Grundsatz nicht von einer umfassenden Fernwirkung aus. Entscheidungen zu dieser Frage sind bisher insbesondere zu § 136a Abs. 3 Satz 2 StPO[212] und § 100a StPO[213] ergangen. Bei einem (im Beispielsfall vorliegenden) Verstoß gegen § 136a StPO soll nach Ansicht des *Bundesgerichtshofs* etwa die Aussage eines Zeugen, der nur aufgrund der Anwendung verbotener Ermittlungsmethoden ermittelt werden konnte, verwertet werden dürfen. Dies folge daraus, dass ein Verfahrensfehler, der ein Verwertungsverbot für ein Beweismittel herbeiführt, nicht ohne weiteres dazu führen dürfe, „dass das gesamte Verfahren lahmgelegt wird".[214] Die Begrenzung der Fernwirkung eines Verfahrensfehlers sei „zu einer wirksamen Verbrechensbekämpfung und auch deshalb erforderlich, weil sich kaum jemals feststellen lässt, ob die Polizei den Zeugen ohne den Verstoß nicht auch gefunden hätte".[215] Nur in wenigen Ausnahmefällen wird man ein fernwirkendes Verwertungsverbot annehmen dürfen, wie bei der Erlangung von Erkenntnissen aus dem Kernbereich privater Lebensgestaltung entgegen den §§ 100a, 100d Abs. 1 und 2 StPO.

6. Schlussbetrachtung zu den Beweisverwertungsverboten

Aus Vorstehendem folgt, dass bei Überlegungen zu den Beweisverwertungsverboten 104 zunächst von den in den meisten Fällen vorliegenden gesetzlichen Vorschriften auszugehen ist und deren Regelungscharakter und -sinn bei der Auslegung herangezogen werden müssen. Führt dies noch nicht zu einem eindeutigen Ergebnis der Frage, ob ein Verwertungsverbot anzunehmen oder abzulehnen ist, kann eine Verhältnismäßigkeitsprüfung, insbesondere unter Abwägung der Intensität des Verstoßes gegen eine Beweiserhebungsvorschrift und der Schwere der aufzuklärenden Straftat, geboten sein.

---

211 Die Rechtsfrage wird zumeist unter dem Schlagwort **„Fruit of the poisonous tree doctrine"** behandelt; zum Meinungsstand s. *Rössner* Problem 21; *Roxin/Schünemann* § 24 Rn. 59; *Murmann* Rn. 252 ff.

212 BGHSt 34, 362 ff.

213 BGHSt 32, 68 ff., BGHSt 35, 32 ff. und *BGH* NJW 2006, 1361 ff. (= RÜ 2006, 259 ff.).

214 BGHSt 34, 362 (364) unter Hinweis auf BGHSt 27, 355 (358) und BGHSt 32, 68 (71).

215 BGHSt 34, 362 (365).

D. Zusammenfassung des materiellrechtlichen Gutachtens

105 In der Klausur sollte im Anschluss an die Konkurrenzerwägungen am Ende des materiellrechtlichen Gutachtens dessen Ergebnis zusammengefasst werden:

„Der Beschuldigte A ist nach alledem hinreichend verdächtig, ..."

„Die Beschuldigte B hat sich hingegen nicht wegen der Begehung eines Straftatbestandes hinreichend verdächtig gemacht."

§ 2. Der prozessrechtliche Teil des Gutachtens

106 Im Anschluss an das materiellrechtliche Gutachten ist in einem prozessualen[216] Teil der Klausur die Entschließung der Staatsanwaltschaft gutachterlich vorzubereiten. Wie oben gezeigt wurde, beschäftigt sich der erste Teil des Gutachtens mit der Frage, ob sich der Beschuldigte hinsichtlich der Begehung einer oder mehrerer Straftaten hinreichend verdächtig gemacht hat. Schon in diesem Zusammenhang können – wie ausgeführt – einzelne verfahrensrechtliche Fragen (etwa zu Strafantragsvoraussetzungen oder zum Vorliegen etwaiger Beweisverwertungsverbote) eine Rolle spielen. Der prozessuale Teil des Gutachtens (auch **„Prozessstation"**[217] genannt) hat damit nicht sämtliche die Strafprozessordnung betreffenden Erwägungen zum Gegenstand, sondern nur solche, die das weitere praktische Vorgehen des zuständigen Staatsanwaltes betreffen.

A. Vorüberlegungen und Sinn dieses Gutachtenteils

107 Dieser Teil des Gutachtens dient damit der Vorbereitung der zu treffenden „Entschließung der Staatsanwaltschaft". Er hat in der Praxis kein Gegenstück, da sich die prozessrechtlichen Überlegungen zunächst im Kopf des Staatsanwaltes oder der Staatsanwältin abspielen. In der Klausur soll dagegen auch gutachterlich gezeigt werden, dass komplexe Zusammenhänge auch theoretisch abgehandelt werden können. Aus der sich aus der Aufgabenstellung ergebenden Pflicht zur Erörterung prozessrechtlicher Vorfragen folgt aber auch, dass der sich mit derselben Frage beschäftigende Vermerk in der Abschlussverfügung nicht sämtliche Erwägungen wiederholen kann. In letzteren sollten vielmehr nur die wesentlichen Gedanken aufgenommen werden. Auch jeder Prüfer weiß nämlich, dass die Aufgabenstellung die Arbeit der Praxis nicht genau widerspiegelt, sondern zwischen Theorie (Abfragen von Wissen) und Praxis (Anwendung von Wissen) zu vermitteln sucht.

108 Das Anliegen der prozessrechtlichen Überlegungen ist demnach die **Entscheidung über den Fortgang des Strafverfahrens.** In der Praxis hat die Staatsanwaltschaft in diesem Stadium darüber zu entscheiden, ob bzw. in welchem Umfang das Verfahren einzustellen oder die öffentliche Klage zu erheben ist.[218] Bei der Klausurbearbeitung

[216] Diese Bezeichnung wird hier benutzt, weil sie allgemein üblich ist; genauer wäre die Benennung als „verfahrensrechtlicher Teil", da in diesem Abschnitt des Gutachtens häufig gerade der Frage nachzugehen ist, ob ein „Prozess" im eigentlichen Sinne (mithin die „Hauptverhandlung") stattzufinden hat oder ob nicht ein Verfahrensabschluss etwa nach den §§ 153 ff. oder § 407 StPO der Anklage vorzugswürdig erscheint.

[217] Hinsichtlich der nicht in allen Prüfungsbezirken vertrauten Bezeichnung als „B-Gutachten" gilt das oben zum „A-Gutachten" Gesagte entsprechend.

[218] Nach § 155a StPO soll die Staatsanwaltschaft „in jedem Stadium des Verfahrens die Möglichkeiten prüfen, einen **Ausgleich zwischen Beschuldigtem und Verletztem** zu erreichen". Da ein solches Vorgehen der Staatsanwaltschaft aber – vor allem mit Blick auf § 153b

dürfte sich dagegen in den meisten Fällen die Frage stellen, ob und gegebenenfalls welche Entscheidungen *neben* der (bzw. einer) Anklage zu treffen sind, da nämlich gezeigt werden soll, dass eine Anklageschrift formuliert werden kann. Damit ist in der ganz überwiegenden Zahl der Klausuren davon auszugehen, dass (mindestens hinsichtlich eines Beschuldigten) die öffentliche Klage zu erheben ist.[219]

Es kann aber darüber hinaus durchaus das Anliegen der Aufgabenstellung sein zu überprüfen, ob daneben die komplexe Materie der in Betracht zu ziehenden Einstellungsvorschriften beherrscht wird. Die eigentlichen Schwierigkeiten liegen in der Klausur in diesem Falle darin, dass weder das gesamte Verfahren einzustellen noch bezüglich aller festgestellten Tatbestandsverwirklichungen Anklage zu erheben sein wird. In seltenen Einzelfällen kann es auch die Aufgabe sein zu erkennen, dass ein Verfahren *vollständig* einzustellen ist.

Mit dieser Erkenntnis sind für die Klausur bereits gewisse Weichen gestellt: Sollte hier der in der Praxis häufig vorkommende Fall eines Ermittlungsverfahrens gegen einen Beschuldigten, dem auch nur **eine Tat im prozessualen Sinne** vorgeworfen wird, vorliegen, wird über eine Einstellung des Verfahrens kaum nachzudenken sein.[220] Vielmehr dürfte in der Regel eine Anklageschrift zu fertigen sein, so dass in dieser Konstellation für eine etwaige (Teil-)Einstellung kein Raum bleibt, weil die gesamte Tat Gegenstand der späteren Urteilsfindung ist. 109

Schwieriger wird der Fall, wenn ein Beschuldigter **mehrere prozessuale Taten** im Sinne des § 264 StPO begangen hat oder aber mehreren Beschuldigten eine oder mehrere prozessuale Taten zur Last gelegt werden. In diesen Konstellationen sollte – zumindest gedanklich – stets die Möglichkeit von Teileinstellungen des Verfahrens neben einer Anklageerhebung erwogen werden. Klausurtypisch dürfte es danach beispielsweise sein, dass für einen Beschuldigten eine Teileinstellung mit einer Anklageerhebung im Übrigen zusammentrifft oder Probleme dadurch entstehen, dass für mehrere Beschuldigte jeweils unterschiedliche Entscheidungen zu treffen sind. 110

Damit haben die prozessrechtlichen Überlegungen nach den obigen Ansätzen meistens der Vorbereitung der Anklageschrift, häufig aber auch der Prüfung der Voraussetzungen einer Teileinstellung des Verfahrens zu dienen.

Gerade im Hinblick auf die Möglichkeit einer Einstellung oder Teileinstellung des Verfahrens sollte der Bearbeitungsvermerk sehr genau gelesen werden. Häufig wird sich nämlich schon aus diesem ergeben, dass die Einstellungsvorschriften der §§ 153 ff. StPO nicht anzuwenden sind und eine Erörterung dieser Regelungen im prozessualen Gutachten daher von vornherein zu unterbleiben hat.[221] 111

StPO und § 46a StGB – vor dem Abschluss des Ermittlungsverfahrens stattfinden sollte, dieses nach dem Bearbeitungsvermerk der Klausuraufgabe aber abzuschließen ist, sollte der Vorschrift in der Klausur nur dann eine Bedeutung beigemessen werden, wenn eindeutige Hinweise auf einen Ausgleich zwischen Beschuldigtem und (mutmaßlich) Verletztem zu erkennen sind (s. zu Schwierigkeiten bei der Anwendung des § 155a StPO in der Praxis *Weimer* NStZ 2002, 349 ff.).

[219] Je nach Lage des Aktenstücks kann hier natürlich auch einmal der Entwurf eines **Antrags auf Erlass eines Strafbefehls** in Betracht zu ziehen sein.

[220] Die Möglichkeit der Beschränkung der Strafverfolgung gemäß § 154a StPO sollte der Kandidat allerdings im Blick haben (Näheres hierzu → Rn. 189 f.).

[221] Dies führt naturgemäß gelegentlich zu recht praxisfernen Abschlussentscheidungen, da unter Umständen die öffentliche Klage zu erheben sein kann gegen einen bisher strafrechtlich nicht in Erscheinung getretenen geständigen Jugendlichen, der einer gemeinschädlichen Sachbeschädigung nach § 304 Abs. 1 StGB (natürlich kein Privatklagedelikt!) mit einer Schadenshöhe von fünf Euro hinreichend verdächtig ist.

B. Prozessuale Überlegungen im Hinblick auf die Anklageerhebung

112 Aus der Vorüberlegung, dass in der Klausur fast ausnahmslos der Entwurf einer Anklageschrift zu fertigen sein wird, folgt, dass bestimmte verfahrensrechtliche Prüfungspunkte in der Klausur beinahe stets wiederkehren. Diese sich einzuprägen dürfte daher keine größeren Probleme bereiten.

I. Sachliche Zuständigkeit

113 Soll gegen den, die oder einen der Beschuldigten die öffentliche Klage erhoben werden, ist zunächst zu klären, bei welchem Gericht sie einzureichen ist (vgl. § 170 Abs. 1 StPO: „Einreichung … bei dem zuständigen Gericht"). Zu unterscheiden ist hier die sachliche und die örtliche Zuständigkeit:

Die sachliche[222] Zuständigkeit im ersten Rechtszug ergibt sich aus dem Gerichtsverfassungsgesetz (GVG). Gedanklich ist es sinnvoll, die Zuständigkeiten zunächst nach aufdrängenden Zuweisungen und daran anschließend an der **Straferwartung zu orientieren.** Aufdrängende Zuständigkeiten nach § 24 Abs. 1 Nr. 1 GVG, die für die Klausur beachtet werden sollten, ergeben sich aus dem Katalog des § 74 Abs. 2 GVG, der (mit Ausnahme des § 74 Abs. 2 Nr. 17 GVG) durchweg Verbrechen zum Gegenstand hat, bei denen der Tod eines Menschen eingetreten ist. Die Zuständigkeiten der Wirtschaftsstraf- und der Staatsschutzkammer (§ 74c und § 74a GVG) dürften in der Klausur eine ebenso untergeordnete Rolle spielen wie diejenige des Oberlandesgerichtes in den Fällen des § 120 GVG.

114 Nach § 24 GVG ist in der Regel die Zuständigkeit des Amtsgerichts begründet. Abgesehen von der oben angesprochenen Zuweisung an das Landgericht nach § 24 Abs. 1 Nr. 1 GVG und der Zuständigkeit des Landgerichts in Fällen mit „besonderer Bedeutung"[223] (§ 24 Abs. 1 Nr. 3 GVG) ist maßgeblich die im weiteren Verfahren zu erwartende Strafe. Das Amtsgericht ist danach (in der Regel[224]) zuständig, wenn eine höhere Strafe als vier Jahre Freiheitsstrafe nicht zu erwarten ist. Innerhalb der Zuständigkeit des Amtsgerichts ist die Anklage beim Strafrichter einzureichen, wenn das Verfahren ein Vergehen zum Gegenstand hat, das entweder ein Privatklagedelikt darstellt oder aber die Straferwartung zwei Jahre Freiheitsstrafe nicht übersteigt (§ 25 GVG). Beim Schöffengericht einzureichen ist damit die Anklageschrift in den Fällen einer Straferwartung zwischen mehr als zwei Jahren und höchstens vier Jahren Freiheitsstrafe, bei Verbrechen auch bei Erwartung einer niedrigeren Strafe.

Damit sind an dieser Stelle zumindest die **wesentlichen Gesichtspunkte der Strafzumessung** im vorliegenden Fall zu erwähnen. Es empfiehlt sich daher auch in der Vorbereitung auf die staatsanwaltliche Klausur,[225] sich mit den Grundsätzen des § 46

---

[222] Mit der „sachlichen" Zuständigkeit ist zu beginnen, da die sachlich zuständigen Gerichte in verschiedenen Orten liegen können (Landgericht Bochum und Amtsgericht Witten).

[223] Eine „besondere Bedeutung" kann sich etwa ergeben aus dem Ausmaß der Rechtsverletzung und den Auswirkungen der Straftat sowie der Persönlichkeit und Stellung des Beschuldigten (vgl. *Meyer-Goßner/Schmitt* GVG § 24 Rn. 6). Zur „besonderen Bedeutung" s. beispielhaft *OLG Karlsruhe* NStZ-RR 2001, 144 f. Eine erstinstanzliche Zuständigkeit des Landgerichts kann sich gemäß § 24 Abs. 1 Nr. 3 GVG auch wegen besonderer Schutzbedürftigkeit der/des Verletzten (sogenannten „Opferzeugen") ergeben, vgl. hierzu *LG Hechingen* NStZ-RR 2006, 51 (52).

[224] Ausnahmsweise ergibt sich auch hier eine erstinstanzliche Zuständigkeit des Landgerichts, wenn die Anordnung der Unterbringung in einem psychiatrischen Krankenhaus oder der Sicherungsverwahrung zu erwarten ist (s. § 24 Abs. 1 Nr. 2 und Abs. 2 GVG).

[225] Zur Strafzumessung → Rn. 349 ff. und Rn. 392 ff.

StGB (lesen!) vertraut zu machen. Zwar dürften hier kaum ausgefeilte Überlegungen erwartet werden, die Bearbeitung kann sich hier jedoch schon durch wenige verständige Ausführungen auszeichnen. Unverzichtbar ist in diesem Zusammenhang die Erwähnung der anzuwendenden Strafrahmen, der verursachten Folgen der Straftat, vor allem aber auch etwaiger Vorstrafen des Täters (oder auch, dass dieselben nicht vorliegen) sowie gegebenenfalls dessen Nachtatverhaltens.[226]

Die sachliche Zuständigkeit in Jugendstrafverfahren ergibt sich für Verfehlungen Jugendlicher aus den §§ 39 bis 41 JGG, für Verfehlungen Heranwachsender aus § 108 JGG.[227] 115

II. Örtliche Zuständigkeit

Da die Zuständigkeit der jeweiligen Staatsanwaltschaft bereits durch den Aktenauszug und die Aufgabenstellung vorgegeben ist, ergeben sich hinsichtlich der örtlichen Zuständigkeit in der Klausur jedenfalls dann keine Probleme, wenn die sachliche Zuständigkeit des Landgerichts angenommen wurde. Hier decken sich nämlich nach § 143 Abs. 1 GVG regelmäßig die örtlichen Zuständigkeitsbereiche. Soll die öffentliche Klage dagegen bei einem Amtsgericht erhoben werden, können auch einmal andere Gerichtsstände als der Sitz des Landgerichts in Betracht zu ziehen sein: In diesem Falle ist § 7 StPO zu beachten, nach dem grundsätzlich die örtliche Zuständigkeit des Gerichts begründet ist, in dessen Bezirk die Straftat begangen worden ist.[228] Hier dürften kaum ausgewiesene geographische Kenntnisse verlangt werden, jedoch empfiehlt es sich, einige Worte mit der Nennung der anzuwendenden Vorschriften (§§ 7 ff. StPO und § 9 StGB) in das prozessuale Gutachten einfließen zu lassen. 116

Die örtliche Zuständigkeit in Jugendstrafverfahren wird für Verfehlungen Jugendlicher (und über § 108 Abs. 1 JGG auch für Verfehlungen Heranwachsender) durch § 42 JGG ergänzt. 117

III. Zuständigkeitsfragen bei mehreren Beschuldigten

Bei der Feststellung der Zuständigkeit kann bei mehreren Beschuldigten das Problem auftreten, dass sich für die einzelnen Beschuldigten sowohl in Bezug auf den örtlichen Gerichtsstand als auch im Hinblick auf die Frage, ob Klage beim Amts- oder Landgericht zu erheben ist, zunächst voneinander abweichende Zuständigkeiten ergeben können: 118

Beispiel: Der Beschuldigte A schlug X mit einem Knüppel nieder und entwendete sodann deren Brieftasche (Anklagevorwurf: Schwerer Raub nach § 250 Abs. 2 Nr. 1 StGB mit einer Mindeststrafe von fünf Jahren Freiheitsstrafe, so dass sich nach § 74 Abs. 1 Satz 2 GVG die Zuständigkeit des Landgerichts ergibt). Den Knüppel erhielt A von der Beschul-

226 Hier sei darauf hingewiesen, dass für die Fälle der „Alltagskriminalität" der Terminus „Regelfall" eingeführt wurde (BGHSt 27, 2 ff.), der in das untere Drittel des gesetzlichen Strafrahmens einzuordnen ist (s. SK-StGB/*Horn*/*Wolters* § 46 Rn. 98).

227 Hinsichtlich der sachlichen Zuständigkeit in Jugendstrafverfahren ist für die Abschätzung der Sanktionserwartung zu beachten, dass die Strafrahmen des allgemeinen Strafrechts nicht gelten (§ 18 Abs. 1 Satz 3 JGG; die Dauer der Jugendstrafe ist in § 18 Abs. 1 Satz 1 und 2 JGG abweichend geregelt). Zudem sind generalpräventive Gesichtspunkte und die Schwere der Schuld nach dem JGG nicht bzw. nur eingeschränkt einzubeziehen (Jugendstrafe möglich wegen Schwere der Schuld [§ 17 Abs. 2 JGG]).

228 Die Tat ist dort begangen, wo der Täter gehandelt hat oder im Falle des Unterlassens hätte handeln müssen oder an dem der zum Tatbestand gehörende Erfolg eingetreten ist oder nach der Vorstellung des Täters hätte eintreten sollen (§ 9 Abs. 1 StGB).

digten B, die von dem Plan des A wusste, aber selbst keine täterschaftsbegründende Stellung hatte (Anklagevorwurf: Beihilfe zum schweren Raub nach §§ 250 Abs. 2 Nr. 1, 27 Abs. 1 StGB mit einem über die §§ 27 Abs. 2, 49 Abs. 1 Nr. 2 und Nr. 3 StGB gemilderten Strafrahmen von zwei bis zu elf Jahren und drei Monaten Freiheitsstrafe, so dass sowohl die Zuständigkeit des Amtsgerichtes nach § 24 Abs. 1 Nr. 1 GVG als auch diejenige des Landgerichts in Betracht kommt).

Im Hinblick auf die Prozessökonomie wäre es wenig sinnvoll, für jeden Beschuldigten ein eigenes Verfahren anzustrengen, da dann zum einen Doppelarbeit geleistet werden müsste, zum anderen aber auch die Gefahr bestünde, dass derselbe Sachverhalt von verschiedenen Gerichten unterschiedlich beurteilt wird.[229] Daher eröffnen die §§ 2 und 3 StPO (lesen!) die Möglichkeit, „zusammenhängende Strafsachen" auch dann bei demselben Gericht (höherer Ordnung) anzuklagen, wenn sich für einen der Beschuldigten an sich die Zuständigkeit eines anderen Gerichts (niedrigerer Ordnung) ergeben würde. In der Klausur spricht schon die Tatsache, dass gegen sämtliche Beschuldigte nur ein, sich aus der Akte ergebendes, Ermittlungsverfahren geführt wird, für das Vorliegen eines Zusammenhangs. Damit wird in der Regel auch eine gemeinsame Anklage vertretbar sein.[230] Will man hingegen bei unterschiedlichen Gerichten anklagen, muss das Verfahren zunächst getrennt und sodann zwei Anklagen gefertigt werden. Schon aus Zeitgründen wird sich dieser Weg selten empfehlen.

119 Richtet sich das Verfahren sowohl gegen Jugendliche bzw. Heranwachsende als auch gegen Erwachsene, ist eine gemeinsame Anklage gemäß § 103 Abs. 1 JGG[231] nur dann zulässig, wenn zum einen die gerade genannten allgemeinen Voraussetzungen vorliegen, zum anderen eine Verbindung „zur Erforschung der Wahrheit oder aus anderen wichtigen Gründen geboten ist." Auch hier wird es in der Klausur selten auf Detailwissen ankommen, der Prüfling sollte sich jedoch merken, dass eine solche Verbindung nach dem gesetzgeberischen Willen „in der Regel unerwünscht" ist und die Voraussetzungen des § 103 JGG daher eng auszulegen sind.[232] Werden die Verfahren verbunden, bestimmt sich das zuständige Gericht nach § 103 Abs. 2 JGG.

IV. Besonderheiten in Bezug auf Maßnahmen

120 Bereits im Rahmen des die Anklage vorbereitenden prozessualen Gutachtens können knappe Erwägungen hinsichtlich einer etwaigen Anordnung von Maßnahmen im weiteren Verfahren anzustellen sein. Zu den Maßnahmen gehören nach § 11 Abs. 1 Nr. 8 StGB neben den Maßregeln der Besserung und Sicherung (s. die Übersicht in § 61 StGB) vor allem die Einziehung. In diesem Zusammenhang darf die Bearbeitung im prozessualen Gutachten aber auf keinen Fall den (unzutreffenden) Eindruck erwecken, als wenn *die Staatsanwaltschaft* die jeweilige Maßnahme anordnet oder auch nur den Antrag dieser Anordnung bereits mit der Anklageschrift verbindet.[233] Nach § 69 Abs. 1 Satz 1 StGB etwa entzieht nämlich „das Gericht" die Fahrerlaubnis erst im Urteil (die nach § 69 Abs. 3 Satz 1 StGB mit dessen Rechtskraft erlischt); der richtige Ort und die rechte Zeit für einen entsprechenden *Antrag*

---

[229] *Meyer-Goßner/Schmitt* StPO § 2 Rn. 2.

[230] Dies gilt naturgemäß etwa dann nicht, wenn bei wechselseitig begangenen Straftaten jeder Beschuldigte auch Opfer des jeweils anderen Beschuldigten ist.

[231] Die Vorschrift gilt gemäß § 112 Satz 1 JGG auch für **Heranwachsende.**

[232] Vgl. *Eisenberg/Kölbel* JGG § 103 Rn. 7, 9 ff.

[233] Für wertvolle Hinweise zu einer insoweit missverständlichen Vorauflage danken wir Herrn Staatsanwalt *Gerrit Schwedler* von der Staatsanwaltschaft Flensburg.

der Staatsanwaltschaft ist danach der der Beratung und der Verkündung des Urteils vorausgehende *Schlussvortrag* nach § 258 Abs. 1 StPO; hiervon streng zu trennen sind natürlich solche Anträge, welche diese Maßnahmen vorbereitende vorläufige Entscheidungen (wie § 111a StPO) betreffen (dazu → Rn. 133). Ausführungen zu späteren *gerichtlichen* Entscheidungen sind im prozessualen Gutachten danach allein *mit Blick auf Nummer 110 Abs. 2 lit. c RiStBV* geboten, nach der „die Umstände, welche die Anordnung einer Maßnahme (§ 11 Abs. 1 Nr. 8 StGB) rechtfertigen", im Anklagesatz anzugeben sind. Da Nummer 110 Abs. 2 lit. c RiStBV eine solche Nennung nur für den Fall vorschreibt, in dem das tatsächliche Geschehen die Anordnung „rechtfertigt", wird man hieraus abzuleiten haben, dass sich aus der Perspektive der Anklagebehörde nach dem jetzigen Verfahrensstand eine gewisse Wahrscheinlichkeit für die spätere gerichtliche Anordnung der Maßnahme ergibt, wobei man angesichts des für die Anklage selbst erforderlichen Tatverdachtsgrads auch hier eine überwiegende Wahrscheinlichkeit vorauszusetzen haben wird. Hiernach ist es durchaus angezeigt, wenige Worte zu den für die jeweilige Maßnahme relevanten Umständen anzubringen.

Schon durch knappe Ausführungen in diesem Bereich können in der Bearbeitung Kenntnisse aufgezeigt werden, die in der Ausbildung nicht unbedingt zum Selbstverständlichen, in der Praxis jedoch zum täglichen Handwerkszeug zu zählen sind. Von vornherein kaum konfrontiert werden dürfte man in der Klausur mit den Maßregeln der §§ 63 und 64 StGB, die eine Unterbringung zum Gegenstand haben. Wegen der vielschichtigen Voraussetzungen für diese Formen der Freiheitsentziehung ist die Staatsanwaltschaft auf ein Sachverständigengutachten[234] angewiesen, das – sollte es sich einmal in der Akte finden – deutliche Hinweise für die vom Gericht später zu treffende Entscheidung enthält.

Dagegen wird die Maßregel der **Entziehung der Fahrerlaubnis** nach § 69 StGB durchaus einmal zu erörtern sein. Hier sollte die Bearbeitung angesichts des oben angesprochenen vorbereitenden Sinns der Nummer 110 Abs. 2 lit. c RiStBV nur kurz andeuten, dass das weitere prozessuale Vorgehen vertraut ist.[235] Im verfahrensrechtlichen Gutachten kann es hier etwa lauten: 121

„Der Beschuldigte A hat sich einer fahrlässigen Straßenverkehrsgefährdung gemäß § 315c Abs. 3 Nr. 1 i. V. m. Abs. 1 Nr. 1 lit. a StGB hinreichend verdächtig gemacht. Sollte sich seine Strafbarkeit in der Hauptverhandlung erweisen, ist er gemäß § 69 Abs. 1 Satz 1 und Abs. 2 StGB in der Regel als ungeeignet zum Führen von Kraftfahrzeugen anzusehen, so dass die Anordnung der Entziehung der Fahrerlaubnis (§ 69 Abs. 1 Satz 1 StGB), die Einziehung des Führerscheins (§ 69 Abs. 3 Satz 2 StGB) und die Bestimmung einer Sperre für die Erteilung einer neuen Fahrerlaubnis (§ 69a Abs. 1 StGB) durch das Gericht im Regelfall getroffen werden wird. Nach Nummer 110 Abs. 2 lit. c RiStBV sind danach in der Anklageschrift entsprechende Ausführungen der diese Entscheidung tragenden *Umstände* erforderlich."[236]

Dürfte der Anordnung der **Einziehung von Taterträgen** nach § 73 Abs. 1 StGB[237] in der Klausur wohl nur bei Vermögens- und Eigentumsdelikten Bedeutung zukom- 122

---

[234] Bei der Frage nach der Unterbringung nach § 63 StGB soll die Zuziehung eines Sachverständigen „unerlässlich" sein (*BVerfG* NJW 1995, 3047).

[235] Sollten die Voraussetzungen des § 69 StGB einmal trotz Vorliegens einer Katalogtat nicht gegeben sein, so kann in diesem Gutachtenteil immerhin kurz darauf hingewiesen werden, dass in dem späteren Urteil die „Nebenstrafe" des § 44 StGB als „Auffangvorschrift" grundsätzlich auszusprechen sein wird.

[236] Da sich die in Bezug auf § 69 StGB darzulegenden „Umstände" in diesem Fall mit der „Tat" decken, enthält der Anklagesatz allein deren Beschreibung.

[237] Ist die Einziehung eines erlangten Gegenstandes nicht (mehr) möglich (da dieser etwa verbraucht wurde), so kann nach § 73c StGB das Gericht die Einziehung eines Geldbetrages

men, ist die Anordnung einer **Einziehung von Tatprodukten, Tatmitteln und Tatobjekten** nach § 74 StGB demgegenüber recht häufig. Der Prüfling wird beispielsweise durch die Existenz eines Sicherstellungsprotokolls in den Akten auf den möglicherweise einziehungsfähigen Gegenstand hingewiesen. Es kann in diesen Fällen etwa zu formulieren sein:

„Das von der Beschuldigten bei dem Banküberfall verwendete[238] ihr gehörende Messer der Marke ‚Wagrien' unterliegt gemäß § 74 Abs. 1 StGB der Einziehung."

V. Mit der Anklage im Zusammenhang stehende Anträge

123 Weiterhin muss sich das prozessuale Gutachten mit Umständen beschäftigen, welche die mit der Anklageschrift zu stellenden Anträge betreffen.

1. Antrag auf Erlass eines Haftbefehls bzw. auf Fortdauer der Untersuchungshaft

124 Ist gegen den Beschuldigten die Untersuchungshaft noch nicht angeordnet worden, sind aber der Klausurakte Anhaltspunkte für das Vorliegen der Voraussetzungen des § 112 oder des § 112a StPO zu entnehmen, ist auch zu prüfen, ob die Staatsanwaltschaft mit der Anklage einen entsprechenden Antrag zu stellen hat.[239] Zwar ist mit der Erhebung der öffentlichen Klage nicht nur die Zuständigkeit für den Erlass des Haftbefehls beim Hauptsachegericht begründet (§ 125 Abs. 2 StPO), es *bedarf* auch keines nach § 125 Abs. 1 StPO (im Ermittlungsverfahren in der Regel erforderlichen) diesbezüglichen Antrags der Staatsanwaltschaft mehr. Nach § 207 Abs. 4 StPO hat die Prüfung der **„Anordnung oder Fortdauer der Untersuchungshaft"** von Amts wegen zu geschehen. Hierbei ist aber zu beachten, dass sich diese Vorschrift auf den Zeitpunkt des Eröffnungsbeschlusses („zugleich") bezieht, es danach durchaus möglich ist, dass ein Haftbefehl (etwa wegen Fluchtgefahr) sofort zu erlassen ist. In diesem Fall kann es für die Staatsanwaltschaft angezeigt bleiben, einen Antrag auf Anordnung der Untersuchungshaft bei dem Gericht (nun: der Hauptsache) zu stellen. Auch wenn nach § 207 Abs. 4 StPO eine Prüfung „von Amts wegen" erfolgt, sieht Nummer 110 Abs. 4 Satz 2 RiStBV vor, dass jedenfalls für ihre *Fortdauer* ein „bestimmter Antrag" zu stellen ist.

125 Unabhängig davon, ob über einen Antrag auf Erlass eines Haftbefehls (§§ 114, 125 Abs. 2, 207 Abs. 4 StPO) oder auf Fortdauer der Untersuchungshaft (§ 207 Abs. 4 StPO)[240] nachzudenken ist, sollten die Voraussetzungen für die Anordnung der Untersuchungshaft und deren Fortdauer bekannt sein.

---

anordnen, der dem Wert des Erlangten entspricht. Die erweiterte Einziehung von Taterträgen nach § 73a StGB dürfte hingegen wenig Relevanz für die Klausur aufweisen.

[238] Der „Umstand" (Nummer 110 Abs. 2 lit. c RiStBV), dass das Messer verwendet wurde, findet sich auch hier schon in der Beschreibung der „Tat" im Anklagesatz.

[239] Nochmals sei klargestellt, dass die Staatsanwaltschaft selbst die Untersuchungshaft nicht anordnen kann! Diese kann ausschließlich durch den Richter angeordnet werden (§ 114 Abs. 1 StPO). Die Anordnung wird formal als „Haftbefehl" (§ 114 StPO) bezeichnet. Im Einzelfall kann es nach dem Bearbeitungsvermerk auch die Aufgabe des Prüflings sein, anstelle einer Anklageschrift einen Antrag auf Anordnung der Untersuchungshaft zu prüfen. Hier hat sich das sachlichrechtliche Gutachten mit den materiellen Voraussetzungen des Haftbefehls (vor allem also dem „dringenden Tatverdacht" [§ 112 Abs. 1 S. 1 StPO]) zu beschäftigen; im Rahmen des *prozessualen* Gutachtens sind die formalen Voraussetzungen (Zuständigkeit des Gerichts etc.) darzustellen. Hinsichtlich des Inhalts der Verfügung (vgl. → Rn. 171 ff.) s. *Krüger/Kock* S. 132 f.; *Melzer* JA 2009, 213 ff.

[240] S. die beispielhafte Klausurlösung bei *Klemme* JA 1991, 85 ff.

Materielle Voraussetzungen der Anordnung von Untersuchungshaft sind das Bestehen eines **dringenden Tatverdachts und das Vorliegen eines Haftgrundes** (§ 112 Abs. 1 Satz 1 StPO). Ferner darf die Untersuchungshaft **nicht unverhältnismäßig** sein (§ 112 Abs. 1 Satz 2 StPO).

„Dringender Tatverdacht" bedeutet, dass aufgrund bestimmter Tatsachen ein hoher Grad von Wahrscheinlichkeit dafür gegeben sein muss, dass der Beschuldigte die Tat begangen hat und dass sämtliche Voraussetzungen der Strafbarkeit und Verfolgbarkeit vorliegen.[241] 126

Des Weiteren muss einer der in den §§ 112 Abs. 2 Nr. 1 bis 3 und Abs. 3, 112a Abs. 1 StPO[242] beschriebenen **Haftgründe** vorliegen: Hier ist zunächst die **Flucht oder die Fluchtgefahr** des Beschuldigten (§ 112 Abs. 2 Nrn. 1 und 2 StPO) zu nennen. Ersterer (vom Gesetz nicht ausdrücklich so bezeichneter) Haftgrund liegt vor, wenn der Beschuldigte flüchtig ist oder sich verborgen hält.[243] „Fluchtgefahr" ist gegeben, wenn der Beschuldigte zwar aktuell noch nicht „auf der Flucht", es nach den Umständen des Einzelfalles aber wahrscheinlicher ist, dass er sich dem Strafverfahren entziehen, als dass er sich diesem stellen wird.[244] 127

Daneben kommt der Antrag auf Erlass eines Haftbefehls bei Vorliegen einer **Verdunkelungsgefahr** in Betracht; Anhaltspunkte für eine solche ergeben sich aus den in § 112 Abs. 2 Nr. 3 lit. a bis c StPO genannten Verhaltensweisen. 128

Darüber hinaus ist in **§ 112 Abs. 3 StPO** ein Katalog besonders schwerer Straftaten aufgeführt, deretwegen gegen einen Beschuldigten die Untersuchungshaft nach der Formulierung des Gesetzes auch dann angeordnet werden darf, „wenn ein Haftgrund nach Absatz 2" (also Flucht, Fluchtgefahr, Verdunkelungsgefahr) „nicht besteht". In diesen Fällen folgt schon aus dem Straftatbestand, dessen der Beschuldigte dringend verdächtig ist, ein (allein aus der Schwere der Schuld resultierender) Haftgrund; vom Wortlaut ausgehend passt diese Vorschrift nicht zu den „klassischen" Haftgründen, weil sie nicht der Sicherung des Strafverfahrens dient, sondern (entgegen der Unschuldsvermutung) eine staatliche Reaktion auf begangenes Unrecht darstellt. Hier ist allerdings zu beachten, dass das *Bundesverfassungsgericht*[245] diese Regelung verfassungskonform dahingehend auslegt, dass auch die zumindest geringe Gefahr der Flucht oder Verdunkelung (Haftgrund des § 112 Abs. 2 StGB) oder der Wiederholung bestimmter Delikte (Haftgrund des § 112a StPO) bestehen muss. Dies bedeutet in der Praxis (und insoweit auch für die Klausurbearbeitung), dass die Flucht- oder Verdunkelungsgefahr bzw. die ernstliche Befürchtung, der Täter werde weitere ähnliche Taten begehen, nicht anhand konkreter Tatsachen dargetan zu werden braucht; ausreichend ist vielmehr, dass diese Gefahr nicht auszuschließen ist.[246] 129

---

[241] Vgl. *Roxin/Schünemann* § 30 Rn. 5.

[242] Die Aufzählung ist abschließend. Ziel der Untersuchungshaft ist die ordnungsgemäße Durchführung des Strafverfahrens bis zur Rechtskraft; daher ist es unzulässig, die Freiheitsentziehung formal auf einen anerkannten Haftgrund zu stützen, tatsächlich aber die Haft anzuordnen, um die Geständnisbereitschaft des Beschuldigten zu „fördern" („U-Haft schafft Rechtskraft").

[243] Näheres bei *Meyer-Goßner/Schmitt* StPO § 112 Rn. 12 f.

[244] Für die Beurteilung der Fluchtgefahr können etwa die Höhe der zu erwartenden Strafe (gegebenenfalls verbunden mit einem drohenden Widerruf der Strafaussetzung zur Bewährung), die Persönlichkeit des Beschuldigten (Beherrschen von Fremdsprachen, Vorstrafen etc.), soziale Bindungen (insbesondere Familie, Arbeitsplatz, fester Wohnsitz sowie Kontakte in das Ausland) sowie die finanziellen Möglichkeiten des Beschuldigten herangezogen werden; s. dazu *Meyer-Goßner/Schmitt* StPO § 112 Rn. 17 f.

[245] BVerfGE 19, 342 (350).

[246] Vgl. dazu *LG Kiel* StV 2001, 687; *Meyer-Goßner/Schmitt* StPO § 112 Rn. 38.

130 Schließlich bleibt der Haftgrund der **Wiederholungsgefahr** (§ 112a Abs. 1 StPO) zu nennen.[247]

131 Ein Haftbefehl darf zudem dann nicht erlassen werden, wenn er **unverhältnismäßig** wäre.[248] Nach § 112 Abs. 1 Satz 2 StPO ist hierfür die Schwere des Eingriffs in die Lebenssphäre des Beschuldigten auf der einen gegen die „Bedeutung der Sache“ und die „zu erwartende Strafe“ auf der anderen Seite abzuwägen.[249]

132 Ist der Beschuldigte schon im Laufe des Ermittlungsverfahrens in Untersuchungshaft genommen worden, so kann durchaus auch einmal der **Antrag auf Aufhebung des Haftbefehls** gestellt werden, wenn die Voraussetzungen der Untersuchungshaft *nicht mehr* vorliegen oder sie nunmehr unverhältnismäßig geworden ist (§ 120 Abs. 1 Satz 1 StPO).

Im prozessualen Gutachten kann in unproblematischen Fällen etwa ausgeführt werden:

„Da die Beschuldigte A aufgrund ihres Geständnisses der Tat dringend verdächtig ist und zudem bereits mehrmals versucht hat, den Zeugen X durch Bedrohungen zur Rücknahme seiner belastenden Aussagen zu bewegen, ist der Antrag zu stellen,[250] gegen die Beschuldigte Haftbefehl wegen Verdunkelungsgefahr gemäß § 112 Abs. 2 Nr. 3 lit. b StPO zu erlassen.“

2. Weitere Anträge

133 Im prozessualen Gutachten können die Voraussetzungen für eine vorläufige Entziehung der Fahrerlaubnis (§ 111a StPO)[251] dann zu erörtern sein, wenn eine solche vorläufige Maßnahme noch nicht stattgefunden hat. Über das oben (→ Rn. 120) Gesagte hinaus, bedarf es hier der Begründung, dass „dringende Gründe für die Annahme vorhanden sind, dass die Fahrerlaubnis entzogen werden wird“ (§ 111a Abs. 1 Satz 1 StPO). Angesichts der Regelentziehung bei den in § 69 Abs. 2 StGB genannten Delikten, bedarf es nur der knappen Begründung, dass hinsichtlich eines der dort genannten Delikte ein dringender Tatverdacht anzunehmen ist.

Auch ein Antrag auf Beschlagnahme zur Sicherung von Einziehungsgegenständen[252] nach § 111b StPO kann zu bedenken sein, wie auch die Anordnung eines Vermögensarrests[253] zur Sicherung der Wertersatzeinziehung nach § 111e StPO. Grundsätzlich werden nach § 111j Abs. 1 Satz 1 StPO die Beschlagnahme und der Vermögensarrest durch das Gericht angeordnet; nur nach Satz 2 darf bei Gefahr im

[247] Systematisch ist anzumerken, dass § 112a StPO keine echte Untersuchungs-, sondern eine (an sich polizeirechtliche) Sicherungshaft begründet. Zu § 112 StPO ist die Vorschrift subsidiär, es sei denn, dass von der Anordnung einer Untersuchungshaft nach § 112 StPO entsprechend § 116 StPO abgesehen werden könnte (vgl. § 112a Abs. 2 StPO); s. hierzu auch *Meyer-Goßner/Schmitt* StPO § 112a Rn. 17.

[248] Wenn auch die *Verhältnismäßigkeit* oft als Voraussetzung der Anordnung der Untersuchungshaft genannt wird, so erkennt die überwiegende Meinung doch in der *Unverhältnismäßigkeit* einen Haftausschließungsgrund. Dies ist nicht allein ein Streit um Worte, sondern bringt zum Ausdruck, dass die **Unverhältnismäßigkeit** nur dann den Erlass des Haftbefehls hindert, wenn sie feststeht; der Grundsatz **„in dubio pro reo“ gilt insoweit nicht** (*Meyer-Goßner/Schmitt* StPO § 112 Rn. 8).

[249] KK-StPO/*Graf* § 112 Rn. 47.

[250] Einige Prüfer verlangen auch einen Hinweis auf die Zuständigkeit „nach Erhebung der öffentlichen Klage“ (§ 125 Abs. 2 StPO).

[251] Sollte ein entsprechender Antrag formuliert werden, ist darauf hinzuweisen, dass die Mitteilungspflicht nach Nummer 45 Abs. 1 Nr. 1 MiStra (dazu → Rn. 138) erst für den gerichtlichen Beschluss nach § 111a StPO, nicht aber schon für den Antrag der Staatsanwaltschaft zu beachten ist.

[252] Zu den Anordnungsvoraussetzungen s. *Meyer-Goßner/Schmitt* StPO § 111b Rn. 5 ff.

[253] Zu den Arrestvoraussetzungen s. *Meyer-Goßner/Schmitt* StPO § 111e Rn. 3 ff.

Verzug die Anordnung auch durch die Staatsanwaltschaft selbst erfolgen. Die eigentliche Vollziehung der Beschlagnahme und des Vermögensarrests erfolgt nach § 111k Abs. 1 Satz 1 StPO durch die Staatsanwaltschaft.

Auch die Voraussetzungen für die Bestellung eines Verteidigers (§ 140 StPO)[254] können hier zu prüfen sein: 134

„Der Beschuldigten wird ein Verbrechen zur Last gelegt; ihr ist damit ein Verteidiger zu bestellen, da ein Fall notwendiger Verteidigung nach § 140 Abs. 1 Nr. 2 StPO vorliegt."

Auch wenn Anklage beim Schöffengericht erhoben wird, dürften die Voraussetzung des § 29 Abs. 2 GVG („Umfang") in Klausurfällen kaum gegeben sein, so dass die Zuziehung eines zweiten Richters selten zu beantragen sein wird. Gleiches gilt für die Frage der Zulassung oder Nichtzulassung der Nebenklage (§ 396 Abs. 2 Satz 1 StPO). 135

3. Anträge bei Anklageerhebung gegen Jugendliche und Heranwachsende

Wird Anklage gegen einen Jugendlichen erhoben, ist hinsichtlich eines etwaigen Antrags auf Erlass eines Haftbefehls § 72 JGG zu beachten, der die Voraussetzungen des § 112 StPO einschränkt. Hervorzuheben sind bei der Prüfung in Bezug auf die Voraussetzungen eines Haftbefehlsantrags die „besonderen Belastungen", denen der Jugendliche im Vollzug ausgesetzt ist, und etwaige weniger einschneidende Maßnahmen, durch die der Zweck der Untersuchungshaft erreicht werden kann. Gegen Heranwachsende gelten demgegenüber keine Besonderheiten im Vergleich zum Antrag auf Erlass eines Haftbefehls bei Erwachsenen (vgl. § 109 JGG, der auf § 72 JGG nicht verweist). 136

Die Voraussetzungen für eine notwendige Verteidigung in Verfahren gegen Jugendliche ergeben sich aus § 68 JGG, der über den Anwendungsbereich des § 140 StPO hinausgeht.[255] 137

VI. Weitere Besonderheiten

1. Mitteilungspflichten

Da das prozessrechtliche Gutachten die Entschließung der Staatsanwaltschaft in ihrem ganzen Umfang vorbereiten soll, muss bereits hier (in der gebotenen Kürze) ein Hinweis gegeben werden, wenn (insbesondere) von der Anklageerhebung andere behördliche Stellen zu unterrichten sind. Hier ist vor allem die **„Anordnung über Mitteilungen in Strafsachen (MiStra)"**[256] zu nennen – auch bei ihr handelt es sich um eine Verwaltungsvorschrift.[257] Auch im Bereich dieser Mitteilungspflichten können zusätzliche Punkte gesammelt werden, wenn im Gutachten auf die notwendige Mitteilung durch die Staatsanwaltschaft (Nummer 4 Abs. 1 Satz 1 Nr. 1 MiStra) an die zuständige Behörde etc. hingewiesen wird. Insbesondere ist in diesem Zusammenhang die – in diesem Verfahrensstadium wesentliche – Pflicht der Mitteilung der Anklageerhebung gegen einen Angehörigen einer bestimmten **Personengruppe**, insbesondere einen Beamten, eine Richterin, einen Soldaten oder eine Jugendliche bzw. 138

[254] Nach § 141 Abs. 2 StPO ist ein Pflichtverteidiger bereits im Ermittlungsverfahren von Amts wegen zu bestellen.

[255] *Bei Heranwachsenden* verweist § 109 Abs. 1 Satz 1 JGG auf § 68 Nr. 1 und 4 JGG.

[256] Abgedruckt sind die Anordnungen in *Meyer-Goßner/Schmitt* StPO Anhang 13. Da dieser Kommentar in den Klausuren zur Verfügung steht, sollte eine genaue Wiedergabe des Textes und der Nummerierung der entsprechenden Norm selbstverständlich sein.

[257] Die Rechtsgrundlage findet sich in den §§ 12 ff. EGGVG; vgl. auch § 479 StPO.

einen Heranwachsenden oder einen Strafgefangenen, zu nennen;[258] daneben können entsprechende Pflichten aber auch auf dem **Tatvorwurf** gründen (Straßenverkehrsdelikte [Nummer 45 MiStra],[259] Betäubungsmitteldelikte [Nummer 50 MiStra] etc.). Zu beachten ist hier, dass für die staatsanwaltliche Aufgabenstellung vor allem solche Pflichten bedeutsam sind, welche (abstrakt) die Mitteilung der Erhebung der öffentlichen Klage oder (weitergehend sogar konkret) der Anklageschrift betreffen. Hier eine **Auswahl** einiger wichtiger Pflichten, welche aus den persönlichen Verhältnissen folgen:

- Mitteilung der *Anklageschrift* (oder des Antrags auf Erlass eines Strafbefehls) an den zuständigen Dienstvorgesetzten nach **Nummer 15** Abs. 1 Nr. 2 und Nr. 3 MiStra), wenn die beschuldigte Person in einem **Beamten**- oder **Richterverhältnis** steht (vgl. § 115 BBG, § 49 BeamtStG und §§ 46 und 71 DRiG)[260]
- Mitteilung der *Anklageschrift* (oder des Antrags auf Erlass eines Strafbefehls) an das Kommando Territoriale Aufgaben der Bundeswehr nach **Nummer 19** Abs. 1 Satz 1 Nr. 2 und Nr. 3 MiStra, wenn sie gegen einen **Soldaten** oder eine **Soldatin** der Bundeswehr gerichtet ist (vgl. § 89 Abs. 1 und 3 SG und § 115 BBG)
- Mitteilung der *Erhebung der öffentlichen Klage* nach **Nummer 23** Abs. 1 Satz 1 Nr. 3 MiStra an die zuständige Generalstaatsanwaltschaft und die zuständige Rechtsanwaltskammer, wenn die beschuldigte Person **Rechtsanwalt** oder **Rechtsanwältin** ist (vgl. § 36 BRAO)
- Mitteilung der *Erhebung der öffentlichen Klage* nach **Nummer 26** Abs. 1 Nr. 3 MiStra an die zuständige Ärztekammer, wenn die beschuldigte Person **Arzt oder Ärztin** ist („wenn der Tatvorwurf … geeignet ist, Zweifel an der Eignung, Zuverlässigkeit oder Befähigung hervorzurufen")
- Mitteilung der *Erhebung der öffentlichen Klage* nach **Nummer 32** Nr. 4 MiStra an die Jugendgerichtshilfe, wenn die beschuldigte Person eine **jugendliche** oder **heranwachsende** ist (vgl. §§ 70, 72a und 109 JGG)[261]
- Mitteilung der *Einleitung des Verfahrens* nach **Nummer 42** Abs. 1 Satz 1 Nr. 1 MiStra an die örtlich zuständige (Wohnsitz im Inland) Ausländerbehörde, wenn die beschuldigte Person **Ausländer** oder **Ausländerin** ist (vgl. §§ 87 und 88 AufenthG)[262]
- Mitteilung der *Einleitung des Verfahrens* und der *Erhebung der öffentlichen Klage* nach **Nummer 43** Nr. 1 und Nr. 2 MiStra an die Leitung der Justizvollzugsanstalt, wenn das Verfahren gegen **Untersuchungsgefangene** oder **Strafgefangene** geführt wird[263]

---

[258] Nicht über die Anklageerhebung zu unterrichten ist die Polizei (§ 482 StPO und Nummer 11 MiStra).

[259] Zu beachten ist hier etwa, dass die Fahrerlaubnisbehörde nicht über den staatsanwaltlichen Antrag, sondern über den gerichtlichen Beschluss nach § 111a StPO informiert wird (Nummer 45 MiStra).

[260] Vergleichbare Pflichten der Mitteilung der Anklageerhebung gegen eine in einem privatrechtlichen Arbeitsverhältnis zu einer öffentlichrechtlichen Körperschaft stehenden Person finden sich in Nummer 16 MiStra.

[261] Demgegenüber besteht eine entsprechende Pflicht gegenüber der Schule nur selten (vgl. §§ 70 und 109 JGG; Nummer 33 MiStra).

[262] Hier ist zu beachten, dass die Ausländerbehörde nicht zusätzlich auch über die Anklageerhebung zu informieren ist (Nummer 43 MiStra), mag dies in der Praxis auch häufig geschehen.

[263] Hier ist zudem Folgendes zu unterscheiden: Diese Mitteilungspflicht betrifft nur den Fall, dass der Beschuldigte eine Freiheitsstrafe verbüßt oder sich in einem *anderen* Strafverfahren in Untersuchungshaft befindet. Dagegen richtet sich die Mitteilungspflicht an die Justizvollzugsanstalt nach § 114 Abs. 2 Satz 2 StPO, wenn sich der Beschuldigte in *diesem* Verfahren

Im prozessualen Gutachten kann beispielsweise formuliert werden:

„Der Beschuldigte Doll ist Soldat auf Zeit bei der Marinewaffenschule in Rostock. Über die Anklageerhebung ist daher gemäß Nummer 19 Abs. 1 Satz 1 Nr. 2 MiStra eine Mitteilung an das Kommando Territoriale Aufgaben der Bundeswehr zu machen."

2. Abgabe an Ordnungsbehörde

In seltenen Fällen kann im materiellrechtlichen Gutachten ein hinreichender Tatverdacht bezüglich einer Straftat abgelehnt worden sein, es können sich aber Anhaltspunkte für die Begehung einer Ordnungswidrigkeit ergeben haben. Hier darf die Staatsanwaltschaft die Sache nicht ohne weitere Veranlassungen nach § 170 Abs. 2 Satz 1 StPO (teil-)einstellen, sondern sie gibt „die Sache an die Verwaltungsbehörde ab" (§ 43 Abs. 1 OWiG). 139

„Die Beschuldigte A hat sich nicht wegen fahrlässiger Trunkenheit im Verkehr gemäß § 316 Abs. 2 StGB hinreichend verdächtig gemacht. Wegen der festgestellten Blutalkoholkonzentration von 0,52 Promille kommt aber die Verfolgung als Ordnungswidrigkeit nach § 24a Abs. 1 StVG in Betracht. Die Sache ist daher an die zuständige Ordnungsbehörde abzugeben."

C. Prozessuale Überlegungen im Hinblick auf die (Teil-)Einstellung des Verfahrens

Neben den oben ausgeführten Überlegungen, die im Zusammenhang mit der Anklageerhebung stehen, sind bereits im prozessualen Gutachten Erwägungen anzustellen, die eine mögliche Einstellung des Verfahrens betreffen. Während der zuständige Staatsanwalt in der Praxis nach der Prüfung des hinreichenden Tatverdachts[264] darüber zu entscheiden hat, ob bzw. in welchem Umfang das Verfahren einzustellen oder öffentliche Klage zu erheben ist, kann sich die Klausurbearbeitung in der Regel auf die Frage beschränken, ob neben der Anklage eine Teileinstellung in Betracht zu ziehen ist. Grundsätzlich sind sowohl bei einer teilweisen als auch bei einer vollständigen Einstellung eines Verfahrens folgende Grundsätze zu beachten: Einer förmlichen Einstellung bedarf es nur dann, wenn die prozessuale Tat nicht zur Anklage gebracht wird (→ Rn. 143 f.). Sind im Rahmen derselben prozessualen Tat mehrere beteiligt, liegt für jeden Beschuldigten eine „eigene" prozessuale Tat vor. 140

Es kommt grundsätzlich eine Einstellung nach § 170 Abs. 2 StPO, nach § 170 Abs. 2 StPO i. V. m. § 376 StPO oder nach §§ 153 ff. StPO in Betracht (→ Rn. 147 ff.). Zudem muss stets durch eine Verfügung ausgesprochen werden, dass das Verfahren eingestellt wird. Dabei ist zu prüfen, ob der Beschuldigte von der Einstellung nach § 170 Abs. 2 Satz 2 StPO in Kenntnis zu setzen ist und ob der Antragsteller bei Vorliegen der Voraussetzungen des § 171 StPO einen Einstellungsbescheid erhält (→ Rn. 177 ff.). Da in der Klausur in den allermeisten Fällen nur eine Teileinstellung in Betracht kommt, widmen sich die nachfolgenden Ausführungen ausschließlich dieser Thematik. Wie oben bereits gezeigt wurde, kommt zum einen eine Teileinstellung hinsichtlich eines von mehreren Beschuldigten (im Folgenden sog. **„vertikale Teileinstellung"**) und zum anderen eine Teileinstellung, die eine von mehreren in Rede stehenden prozessualen Taten eines Beschuldigten betrifft (im Folgen- 141

---

in Untersuchungshaft befindet. Ebenso ist der Ermittlungsrichter über die Erhebung der Anklage zu informieren, da mit der Anklage für die Haftüberprüfung das erkennende Gericht zustandig ist.

[264] Zu den Anforderungen an den Tatverdacht im Rahmen einer hypothetischen Schuldbeurteilung bei § 153 Abs. 1 StPO s. *Meyer-Goßner/Schmitt* StPO § 153 Rn. 3.

den sog. **„horizontale Teileinstellung“**), in Betracht. Beide Formen können naturgemäß auch nebeneinander auftreten.[265]

142 In Schaubildern lassen sich die Konstellationen wie folgt darstellen, wobei der jeweils einzustellende Teil hervorgehoben wird:

Einzustellender Teil ⇓	Anzuklagender Teil ⇓
Beschuldigter A	Beschuldigte B
Prozessuale Tat 1	Prozessuale Tat 1

Schaubild 1 zur „vertikalen Teileinstellung“ des Verfahrens bei mehreren derselben prozessualen Tat beschuldigten Personen

Einzustellender Teil ⇓	Anzuklagender Teil ⇓
Beschuldigter A	Beschuldigte B
Prozessuale Tat 1	Prozessuale Tat 1
Prozessuale Tat 2	Prozessuale Tat 2

Schaubild 2 zur „vertikalen Teileinstellung“ des Verfahrens bei mehreren derselben prozessualen Taten beschuldigten Personen

	Beschuldigte
Einzustellender Teil ⇒	**Prozessuale Tat 1**
Anzuklagender Teil ⇒	Prozessuale Tat 2

Schaubild 3 zur „horizontalen Teileinstellung“ des Verfahrens bei einer Beschuldigten und mehreren prozessualen Taten

Beschuldigter A	Beschuldigte B
Einzustellender Teil ⇓ **Prozessuale Tat 1**	Anzuklagender Teil ⇓ Prozessuale Tat 1
Anzuklagender Teil ⇓ Prozessuale Tat 2	**Einzustellender Teil** ⇓ **Prozessuale Tat 3**

Schaubild 4 zu einer Mischung von „horizontaler“ und „vertikaler Teileinstellung“ des Verfahrens bei mehreren beschuldigten Personen und mehreren je unterschiedlichen vorgeworfenen prozessualen Taten

I. Der Begriff der prozessualen Tat

143 Für eine Auseinandersetzung mit den Einstellungs- bzw. Verfolgungsbeschränkungsvorschriften der §§ 153 bis 154e StPO ist eine Kenntnis des Begriffs der **„prozessualen Tat“ nach § 264 StPO** unerlässlich. Eine Begrenzung des Untersuchungsgegenstandes durch Teileinstellung des Verfahrens etwa kommt nur dann in Betracht, wenn der auszuscheidende Teil eine selbstständige prozessuale Tat darstellt; von einer Beschränkung der Strafverfolgung ist demgegenüber nur dann zu spre-

[265] Zur Problematik der Teileinstellung umfassend *v. Heintschel-Heinegg* in: Proppe/Solbach S. 119ff. (sehr lesenswert!).

chen, wenn es sich bei den auszuscheidenden Tatbeständen um solche „innerhalb“ einer Tat im Sinne des § 264 StPO handelt.

Unter der prozessualen Tat soll nach gängiger Definition der **durch die Anklage dem Gericht unterbreitete geschichtliche Vorgang, soweit er nach der Lebensauffassung eine Einheit bildet,** zu verstehen sein.[266] Durch die Voraussetzung eines „einheitlichen geschichtlichen Vorgangs“ kann aber kaum eine konturenscharfe Abgrenzung vorgenommen werden. Zwar besteht Einigkeit insoweit, als der prozessuale Tatbegriff im Grundsatz vom materiellen Recht unabhängig zu bestimmen ist, jedoch lassen sich aus der Betrachtung der Konkurrenzen der verwirklichten Tatbestände zumindest einige wesentliche Anhaltspunkte ableiten, die für die Klausurbearbeitung hilfreich sind.

Soweit im materiellrechtlichen Gutachten ein hinreichender Tatverdacht für tateinheitlich verwirklichte Delikte festgestellt worden ist, bildet das gesamte Geschehen in der Regel auch eine „Tat“ nach § 264 StPO.[267] Umgekehrt ist im Grundsatz dann von selbstständigen prozessualen Taten auszugehen, wenn materiellrechtlich ein Verhältnis der Tatmehrheit festgestellt worden ist. Nach der Rechtsprechung soll jedoch trotz Vorliegens von Tatmehrheit ausnahmsweise nur eine „Tat“ im Sinne des § 264 StPO gegeben sein, wenn es sich um faktisch untrennbare und ineinander übergehende Vorgänge handelt, die nicht nur zeitlich und räumlich eng miteinander verbunden sind, sondern auch hinsichtlich ihres Unrechtsgehaltes vergleichbar sind.[268] Die für die Klausur bedeutsamen Fallgruppen, in denen der Tatbegriff unabhängig vom materiellen Recht zu bestimmen ist, entstammen zumeist dem Bereich der Straßenverkehrsdelikte: 144

Beispielsfall (nach BGHSt 23, 141 ff.): Der nach Alkoholgenuss fahruntüchtige Angeklagte verschuldete bei Dunkelheit mit seinem Kraftfahrzeug alkoholbedingt einen Zusammenstoß mit einem anderen Kraftfahrzeug. Beide Fahrzeuge wurden nicht unerheblich beschädigt. Um sich den Feststellungen seiner Person und der Art seiner Beteiligung an dem Unfall zu entziehen, verweilte er nicht am Unfallort, sondern fuhr davon.

Nach dem vom *Bundesgerichtshof* vertretenen Tatbegriff bilden die fahrlässige Straßenverkehrsgefährdung nach § 315c Abs. 1 Nr. 1 lit. a, Abs. 3 Nr. 2 StGB und das daran anschließende (in Tateinheit mit einer fahrlässigen Trunkenheit im Verkehr nach § 316 Abs. 2 StGB begangene) unerlaubte Entfernen vom Unfallort nach § 142 Abs. 1 StGB ungeachtet ihrer sachlichrechtlichen Selbstständigkeit einen einheitlichen Lebensvorgang und damit verfahrensrechtlich eine Tat. Hierbei soll darauf abzustellen sein, dass sie nicht nur äußerlich ineinander übergehen, sondern auch innerlich – strafrechtlich – eng miteinander verknüpft sind, da der Unrechts- und Schuldgehalt des Tatbestandes des § 142 StGB nicht ohne Berücksichtigung der

---

266 *Roxin/Schünemann* § 20 Rn. 5. So auch die Definition des *Bundesgerichtshofs* (NStZ 2019, 428): „Tat im Sinne dieser Vorschrift ist ein einheitlicher geschichtlicher Vorgang, der sich von anderen ähnlichen oder gleichartigen unterscheidet und innerhalb dessen der Angeklagte einen Straftatbestand verwirklicht haben soll“.

267 Die wenigen von diesem Grundsatz abweichenden Fallgruppen werden im Assessorexamen kaum jemals Bedeutung erlangen. So sollen etwa bei der Verwirklichung eines Organisationsdeliktes (wie §§ 99, 129, 129a StGB, § 20 Abs. 1 Nr. 1 VereinsG) die im Dienste der Vereinigung begangenen Straftaten zu diesem zwar materiellrechtlich in Tateinheit stehen, aber dennoch selbstständige prozessuale Taten darstellen (ausführlich dazu *Roxin/Schünemann* § 20 Rn. 9; vgl. auch *Meyer-Goßner/Schmitt* StPO § 264 Rn. 18 f.).

268 S. etwa BGHSt 23, 141 ff.; BGHSt 23, 270 ff.; vgl. dazu zusammenfassend *Roxin/Schünemann* § 20 Rn. 5 und 11.

Umstände, unter denen es zum Unfall gekommen ist, beurteilt werden könne. Die natürliche Betrachtungsweise – auf die es nach dem Ansatz des *Bundesgerichtshofs* entscheidend ankommt – lässt ihre getrennte Würdigung und Aburteilung in verschiedenen Verfahren insbesondere dann nicht zu, wenn der Täter nach einem Unfall ohne Halt weiterfährt.[269]

Zwar trifft dieser Ansatz des *Bundesgerichtshofs* zum Begriff der „Tat" in der Literatur vielfach auf Ablehnung,[270] jedoch sollte in der Klausur versucht werden, auf der Grundlage der oben dargelegten Erwägungen eine tragfähige und sachgerechte Lösung zu finden.

II. Vorläufige und endgültige Teileinstellungen

145 Im Rahmen der Einstellungsüberlegungen im Gutachten ist zunächst deutlich zwischen vorläufigen und endgültigen Teileinstellungen zu unterscheiden. Eine vorläufige Einstellung des gesamten Ermittlungsverfahrens wird schon deswegen kaum jemals zu leisten sein, weil der Prüfling eine abschlussreife Ermittlungsakte vor sich hat. Mit einer vorläufigen Einstellung wird das Verfahren aber gerade nicht abgeschlossen, sondern im Grundsatz weiterbetrieben.

146 **Vorläufige Einstellungen** des Ermittlungsverfahrens kennt die Strafprozessordnung etwa in den Fällen der §§ 154d und 154e (zu den §§ 154 Abs. 1 und 153a Abs. 1 StPO, die ebenfalls vorläufigen Charakter haben können, → Rn. 153 und → Rn. 156f.). Examensrelevant ist insofern § 154f StPO, der die Einstellung bei längerer Zeit der Abwesenheit des Beschuldigten nun auch ausdrücklich für das Ermittlungsverfahren regelt (es eines Rückgriffs auf § 205 StPO, dem zuvor ein allgemeiner analogiefähiger Verfahrensgrundsatz zugesprochen worden ist, mithin nicht mehr bedarf).[271] Hier werden die Aufgaben gelegentlich so gestaltet sein, dass die Einstellung lediglich einen von mehreren Beschuldigten betrifft und hinsichtlich der anderen das Ermittlungsverfahren anderweitig abzuschließen ist. In der Prozessstation kann zu formulieren sein:

„Demgegenüber ist der Aufenthalt des Beschuldigten A unbekannt. Das Verfahren gegen ihn ist daher abzutrennen und sodann wegen unbekannten Aufenthalts gemäß § 154f StPO vorläufig einzustellen."

In den wesentlich häufiger vorkommenden Fallkonstellationen werden allerdings **verfahrensabschließende Teileinstellungen** vom Prüfling zu bedenken sein.[272]

III. Teileinstellung nach § 170 Abs. 2 Satz 1 StPO aus sachlichrechtlichen Gründen

147 Eine Teileinstellung wird vielfach vorzunehmen sein, weil die Ermittlungen in einem bestimmten Umfang keinen „genügenden Anlass zur Erhebung der öffentlichen Klage" (§ 170 StPO) geboten haben. Die dann nach § 170 Abs. 2 Satz 1 StPO zu

---

[269] BGHSt 23, 141 (147); vgl. *Meyer-Goßner/Schmitt* StPO § 264 Rn. 17.

[270] So etwa *Fezer* Fall 18 Rn. 10ff., der darauf hinweist, dass die Relevanz einer Tat für den Unrechts- und Schuldgehalt einer anderen Tat nicht für die Begründung prozessualer Tatidentität ausreichen kann (insbesondere Rn. 38).

[271] Für den Hinweis auf die in der Vorauflage noch übersehene Gesetzesänderung sind wir Herrn Assessor *Christopher Tiede* dankbar.

[272] Wie oben bereits ausgeführt, stellt der Tod des Beschuldigten ein Prozesshindernis dar. Das Verfahren ist daher gegen diesen gemäß § 206a StPO (BGHSt 45, 108 [111]) teileinzustellen (Näheres s. noch → Rn. 176). Zur Aufhebung eines solchen Beschlusses, wenn sich nachträglich herausstellt, dass der Beschuldigte noch lebt, s. BGHSt 52, 119ff.; *Meyer-Goßner/Schmitt* StPO § 206a Rn. 11.

verfügende Einstellung kann unterschiedliche Gründe haben, die im prozessrechtlichen Teil des Gutachtens kurz angeführt werden sollten:

So kann zum einen festgestellt worden sein, dass sich einer der Beschuldigten aus tatsächlichen oder rechtlichen Gründen der Begehung keines Straftatbestandes hinreichend verdächtig gemacht hat („vertikale Teileinstellung“):

„Da hinsichtlich des Beschuldigten A kein hinreichender Tatverdacht bezüglich einer Strafbarkeit wegen gefährlicher Körperverletzung gemäß § 224 Abs. 1 Nr. 2 StGB festzustellen war, ist das Verfahren gegen ihn gemäß § 170 Abs. 2 Satz 1 StPO teileinzustellen.“

Ebenso ist zu verfahren, wenn sich bei Begutachtung mehrerer prozessualer Taten (unabhängig davon, ob ein Beschuldigter oder mehrere Beschuldigte zu prüfen waren) herausstellt, dass hinsichtlich einer prozessualen Tat kein hinreichender Tatverdacht gegeben ist („horizontale Teileinstellung“).

IV. Teileinstellung nach § 170 Abs. 2 Satz 1 StPO wegen prozessualer Hindernisse

Auch prozessuale Hindernisse können einer Anklageerhebung entgegenstehen. Eine (wiederum sowohl „vertikal“ als auch „horizontal“ denkbare) Teileinstellung kann so etwa dann geboten sein, wenn bei einem reinen Antragsdelikt der Strafantrag nicht,[273] nicht von dem Berechtigten (§ 77 StGB) oder verspätet (§ 77b StGB) gestellt worden ist oder aber wenn hinsichtlich der Straftat, derer der Beschuldigte hinreichend verdächtig ist, eine Verfolgungsverjahrung (§§ 78 ff. StGB) festgestellt wurde. Zu denken ist bei der Prüfung darüber hinaus an einen Strafklageverbrauch oder eine etwaige anderweitige Rechtshängigkeit. Auf diese zuletzt genannten prozessualen Hindernisse wird der Prüfling durch entsprechende kaum zu übersehende Hinweise im Akteninhalt aufmerksam gemacht. 148

In allen Fällen einer Teileinstellung aus prozessualen Gründen unterscheiden sich die gutachterlichen Ausführungen nicht von den oben (→ Rn. 147) beschriebenen:

„Der Beschuldigte A ist hinreichend verdächtig, einen Diebstahl nach § 242 Abs. 1 StGB begangen zu haben. Der nach § 248a StGB erforderliche Strafantrag wurde verspätet gestellt und ein besonderes öffentliches Interesse wurde verneint.[274] Das Verfahren gegen den Beschuldigten A ist daher nach Maßgabe des § 170 Abs. 2 Satz 1 StPO teileinzustellen.“

V. Teileinstellung und Verweisung auf den Privatklageweg

Neben den oben genannten Einstellungsgründen kommt beim Privatklagedelikt (Katalog des § 374 Abs. 1 StPO lesen!) ein weiterer hinzu. Hier bestimmt nämlich § 376 StPO, dass die Erhebung der öffentlichen Klage bedingt ist durch die Annahme eines **„öffentlichen Interesses“.** Eine Auslegungshilfe bietet hier Nummer 86 Abs. 1 RiStBV: 149

„Sobald der Staatsanwalt von einer Straftat erfährt, die mit der Privatklage verfolgt werden kann, prüft er, ob ein öffentliches Interesse an der Verfolgung von Amts wegen besteht.“

Die Voraussetzungen für die Feststellung eines solchen „öffentlichen Interesses“ an der Anklageerhebung sind in der Strafprozessordnung nicht genannt. Eine weitere

---

273 Hierher gehören auch Überlegungen zu dem inhaltlichen Erfordernis an einen Strafantrag, in dem eindeutig das Verlangen nach Strafverfolgung zum Ausdruck kommen muss; das bedeutet zugleich, dass nicht jede Strafanzeige nach § 158 Abs. 2 StPO auch einen Strafantrag enthält (vgl. *Brunner* Rn. 52 f.).

274 Bei dieser Formulierung wurde davon ausgegangen, dass die Frage nach einem „besonderen öffentlichen Interesse“ bereits im materiellrechtlichen Gutachten abgehandelt wurde; s. dazu → Rn. 27.

Auslegungshilfe stellt Nummer 86 Abs. 2 RiStBV dar, deren tragende Formulierung auch in der Klausur verwandt werden sollte.

„Ein öffentliches Interesse wird in der Regel vorliegen, wenn der Rechtsfrieden über den Lebenskreis des Verletzten hinaus gestört und die Strafverfolgung ein gegenwärtiges Anliegen der Allgemeinheit ist, beispielsweise wegen des Ausmaßes der Rechtsverletzung, wegen der Rohheit oder Gefährlichkeit der Tat, der rassistischen, fremdenfeindlichen oder sonstigen menschenverachtenden Beweggründe des Täters oder der Stellung des Verletzten im öffentlichen Leben. Ist der Rechtsfrieden über den Lebenskreis des Verletzten hinaus nicht gestört worden, so kann ein öffentliches Interesse auch dann vorliegen, wenn dem Verletzten wegen seiner persönlichen Beziehung zum Täter nicht zugemutet werden kann, die Privatklage zu erheben, und die Strafverfolgung ein gegenwärtiges Anliegen der Allgemeinheit ist."

150 Das „öffentliche Interesse" ist nicht zu verwechseln mit dem **„besonderen öffentlichen Interesse"**, das die Voraussetzung der Strafverfolgung bei den **relativen Antragsdelikten** darstellt. Fehlt es etwa bei der einfachen Körperverletzung nach § 223 Abs. 1 StGB an einem Strafantrag, so hatte der Prüfling bereits im materiellrechtlichen Gutachten zur Frage Stellung zu nehmen, ob ein „besonderes öffentliches Interesse" an der Strafverfolgung besteht. Mit der Beantwortung dieser Frage wurde auch im Hinblick auf eine etwaige Privatklage die Weiche gestellt: Wurde ein „besonderes öffentliches Interesse" angenommen, enthält dies schon begrifflich das Vorliegen eines „öffentlichen Interesses"; wurde ersteres hingegen verneint, besteht ein Verfolgungshindernis, weitere Überlegungen zur Privatklage erübrigen sich daher, das Verfahren ist vielmehr ohne weiteres nach § 170 Abs. 2 Satz 1 StPO einzustellen.

151 Hat der Verletzte aber einen Strafantrag gestellt, bleibt es bei der Notwendigkeit der Prüfung der **Voraussetzungen des § 376 StPO.** Für die Verfolgung von Körperverletzungen ergänzt Nummer 233 RiStBV die allgemeine Vorschrift der Nummer 86 Abs. 2 RiStBV.

„Das öffentliche Interesse an der Verfolgung von Körperverletzungen ist vor allem dann zu bejahen, wenn eine rohe Tat, eine erhebliche Misshandlung oder eine erhebliche Verletzung vorliegt (Nummer 233 RiStBV; vgl. Nummer 86 RiStBV). Dies gilt auch, wenn die Körperverletzung in einer engen Lebensgemeinschaft begangen wurde; …"

152 Eine Teileinstellung des Verfahrens (verbunden mit einer Verweisung auf den Privatklageweg[275]) ist bei Verneinung des „öffentlichen Interesses" aber immer nur dann zu bedenken, wenn eine der geprüften prozessualen Taten ausschließlich ein (oder auch mehrere) Privatklagedelikt(e) zum Gegenstand hat. **Treffen** nämlich innerhalb einer prozessualen Tat **Offizial- und Privatklagedelikt zusammen,** darf das Verfahren, wenn das Offizialdelikt angeklagt werden soll, nicht („horizontal") teileingestellt werden, da nach § 264 StPO die gesamte „Tat" Gegenstand der Urteilsfindung ist. Hinsichtlich des „Privatklageteils" der Tat ist aber an eine Beschränkung der Strafverfolgung nach § 154a Abs. 1 StPO zu denken (s. noch → Rn. 159).[276] Im Gutachten (im Beispielsfall einer „vertikalen Teileinstellung") kann es danach etwa lauten:[277]

---

[275] Zu beachten ist, dass nach § 80 Abs. 1 Satz 1 JGG Privatklage gegen einen Jugendlichen nicht erhoben werden kann (die Nebenklage ist [nur] unter den in § 80 Abs. 3 JGG genannten Voraussetzungen zulässig).

[276] Dem Verletzten wird durch die Beschränkung jedoch nicht die Möglichkeit genommen, sich der öffentlichen Klage als Nebenkläger (Katalog des § 395 Abs. 1 und Abs. 2 StPO lesen!) anzuschließen (vgl. § 397 Abs. 2 StPO).

[277] Da, wie bereits mehrfach betont, nach der hier vertretenen Ansicht in den allermeisten Fällen eine Anklage zu fertigen ist, wird im Beispielsfall eine Einstellung wegen mangelnden

„Der Beschuldigte A hat sich einer Körperverletzung nach § 223 Abs. 1 StGB hinreichend verdächtig gemacht. Die Tat hat sich im Rahmen einer Nachbarstreitigkeit zugetragen. Der Rechtsfrieden ist damit nicht über die Lebenskreise der unmittelbar Beteiligten hinaus gestört worden, so dass ein öffentliches Interesse im Sinne des § 376 StPO zu verneinen ist. Das Verfahren gegen den Beschuldigten A ist demnach gemäß den §§ 170 Abs. 2 Satz 1, 376 StPO teileinzustellen, wobei der Verletzte auf den Weg der Privatklage zu verweisen ist."

Einer vorherigen Abtrennung bedarf es im Beispielsfall nicht, da im Rahmen eines Privatklageverfahrens die Ermittlungsakten der Staatsanwaltschaft (jedenfalls zunächst) nicht benötigt werden (s. § 377 Abs. 1 StPO).

VI. Teileinstellung bei unwesentlichen Nebenstraftaten

Nach Maßgabe des **§ 154 Abs. 1 StPO** kann die Staatsanwaltschaft von der **Verfolgung einzelner Taten im prozessualen Sinne absehen,** wenn deren Unrechtsgehalt im Vergleich zu der oder den übrigen (anzuklagenden) Taten nicht wesentlich ins Gewicht fällt. § 154 StPO betrifft damit immer nur den Fall einer „horizontalen Teileinstellung". Soweit der Bearbeitungsvermerk eine solche Teileinstellung nicht ausdrücklich verbietet, besteht bei der Anwendung dieser Vorschrift die Möglichkeit, insbesondere bei umfangreichen Tatkomplexen die eigenen prozessualen Kenntnisse praxisnah anzuwenden.[278] Im Rahmen der prozessrechtlichen Überlegungen ist darauf zu achten, dass § 154 Abs. 1 StPO zumeist keine endgültige,[279] sondern nur eine vorläufige Teileinstellung[280] beschreibt, bei der die endgültige Einstellung erst durch eine spätere Entscheidung der Staatsanwaltschaft[281] erfolgt. 153

„Der Beschuldigte A ist hinreichend verdächtig, einen Betrug zum Nachteil der Autovermietung V sowie tatmehrheitlich dazu eine besonders schwere Brandstiftung begangen zu haben. Die wegen des Betrugs angesichts des verursachten Schadens in Höhe von 49 Euro zu erwartende Strafe fällt gegenüber der zu erwartenden Bestrafung wegen der besonders schweren Brandstiftung gemäß § 306b Abs. 1 StGB (Mindeststrafe nicht unter zwei Jahren Freiheitsstrafe) nicht beträchtlich ins Gewicht. Das Verfahren hinsichtlich des Betruges ist daher gemäß § 154 Abs. 1 Nr. 1 StPO im Hinblick auf die Strafverfolgung wegen besonders schwerer Brandstiftung vorläufig teileinzustellen."

VII. Teileinstellung wegen Geringfügigkeit

Eine besondere Bedeutung kommt in der staatsanwaltschaftlichen Praxis der Einstellung des Verfahrens nach **§ 153 Abs. 1 StPO** zu. In der Assessorklausur wird unter Zugrundelegung der obigen Vorüberlegungen eine Einstellung nach dieser Vorschrift in der Regel nur bei mehreren Beschuldigten in Betracht kommen („vertikale Teileinstellung"). Ist nämlich nur das Verhalten eines Beschuldigten zu begutachten, kann (da vom Prüfling meistens eine Anklageschrift verlangt werden dürfte) § 153 Abs. 1 StPO schon deswegen nicht relevant werden, weil eine („horizontale") Teileinstellung des Verfahrens im Hinblick auf eine von mehreren prozessualen 154

öffentlichen Interesses hinsichtlich nur eines Beschuldigten gewählt; gegen den oder die anderen Beschuldigten würde demnach Anklage zu erheben sein.

[278] Vgl. Nummer 101 Abs. 1 RiStBV: Der Staatsanwalt soll von den Möglichkeiten einer Einstellung nach § 154 Abs. 1 StPO „in weitem Umfang und in einem möglichst frühen Verfahrensstadium Gebrauch machen".

[279] Eine endgültige Einstellung nach § 154 Abs. 1 Nr. 1 StPO setzt voraus, dass das Verfahren im Hinblick auf eine schon *rechtskräftig verhängte* Sanktion eingestellt wird.

[280] Die Einstellung sollte in der Klausur auch als „vorläufig" bezeichnet werden, wenn diese Bezeichnung in der Praxis auch nicht zwingend geboten ist (vgl. KK-StPO/*Diemer* § 154 Rn. 18; *Meyer-Goßner/Schmitt* StPO § 154 Rn. 15).

[281] Zum Verfahrensgang KK-StPO/*Diemer* § 154 Rn. 17 ff.

Taten nach dieser Norm kaum üblich ist. Auch wenn die Tatbestandsvoraussetzungen des § 153 Abs. 1 StPO formal vorliegen sollten, dürfte die Einstellung nach § 154 Abs. 1 StPO vorgehen: Hierbei wird naturgemäß nicht von einer Spezialität im engeren Sinne zu sprechen, wohl aber material zu betonen sein, dass im Anwendungsbereich des § 154 Abs. 1 StPO für den tragenden Gedanken des § 153 Abs. 1 StGB der „absoluten Geringfügigkeit" wegen des insgesamt breiteren Vorwurfs kein rechter Raum sein dürfte, sondern gerade die **„relative Geringfügigkeit"** im Vordergrund steht;[282] aus letzterem Gesichtspunkt folgt im Übrigen auch, dass eine Teileinstellung nach § 154 Abs. 1 StPO auch oberhalb der Schwelle des § 153 Abs. 1 StPO denkbar ist.

155 Der Anwendungsbereich von § 153 Abs. 1 StPO in der Klausur ist weiter dadurch eingeschränkt, dass diese Vorschrift regelmäßig die **Zustimmung des Gerichts** verlangt. Sollte nicht nach dem Bearbeitungsvermerk eine solche Zustimmung vorauszusetzen sein, kommt eine abschließende Entscheidung nur durch eine Einstellung nach § 153 Abs. 1 Satz 2 StPO (lesen!) in Betracht. Klausurtypisch ist damit vor allem die Konstellation einer Teileinstellung im Anwendungsbereich des § 153 Abs. 1 Satz 2 StPO:

„Die Beschuldigte A ist eines Diebstahls gemäß § 242 Abs. 1 StGB hinreichend verdächtig. Da der Wert des entwendeten Lippenstiftes lediglich 7,99 Euro beträgt, sind die Folgen der Straftat als gering anzusehen. Damit wäre das Verschulden der Beschuldigten, auch wenn es vom Gericht festgestellt würde, als gering anzusehen. An der Strafverfolgung besteht unter diesen Umständen kein öffentliches Interesse. Das Verfahren ist daher nach § 153 Abs. 1 Satz 2 StPO teileinzustellen."

VIII. (Vorläufige) Teileinstellung des Verfahrens bei Erfüllung von Auflagen und Weisungen

156 Entsprechend den Überlegungen zu den Einstellungsmöglichkeiten nach § 153 Abs. 1 StPO kommt auch einer solchen nach **§ 153a Abs. 1 StPO** in der Klausur eine geringe Bedeutung zu. Problematisch dürfte schon das Erfordernis der Zustimmung des Gerichts (und des Beschuldigten) nach § 153a Abs. 1 Satz 1 StPO sein, weil das Verfahren bei Fehlen einer solchen auch hier nicht abschlussreif wäre. Hinzu kommt noch, dass selbst dann, wenn einmal ein Fall des § 153a Abs. 1 Satz 7 StPO[283] (lesen!) vorliegen sollte oder der Bearbeitungsvermerk eine Zustimmung des Gerichts und des Beschuldigten fingiert, das Absehen von der Erhebung der öffentlichen Klage nach § 153a Abs. 1 StPO immer nur einen vorläufigen Charakter hätte, da die endgültige Entscheidung nunmehr vom Verhalten des Beschuldigten abhängt. Die Teileinstellung wäre damit auch hier wiederum keine abschließende.

157 Eine Verfahrenseinstellung nach § 153a StPO setzt im Unterschied zu einer solchen nach § 153 Abs. 1 StPO zunächst voraus, dass im materiellrechtlichen Gutachten ein **hinreichender Tatverdacht hinsichtlich eines Vergehens** festgestellt worden ist. § 153a StPO geht davon aus, dass an sich eine Strafverfolgung geboten ist, das öffentliche Interesse an dieser aber auch durch die Erfüllung von bestimmten Auflagen und Weisungen beseitigt werden kann, solange die Schwere der Schuld nicht entgegensteht. Die Anwendung dieser Einstellungsvorschrift kommt danach vor allem dann in Betracht, wenn der Beschuldigte nicht oder nicht einschlägig vorbestraft ist und die zu erwartende Strafe (unter Beachtung des § 46 Abs. 2 StGB) im

---

[282] Vertiefend Löwe/Rosenberg/*Mavany* StPO § 154 Rn. 2.

[283] Hier dürfte freilich zumeist schon über die (direkte) Anwendung des § 153 Abs. 1 Satz 2 StPO nachzudenken sein.

Bereich mittlerer Kriminalität[284] liegt. Im prozessualen Gutachten sollte die Einstellung nach § 153a StPO deutlich von der nach § 153 Abs. 1 StPO abgegrenzt werden:

„Der Beschuldigte A hat sich hinreichend verdächtig gemacht, den Tatbestand der Nötigung rechtswidrig und schuldhaft verwirklicht zu haben.

Eine Teileinstellung des Verfahrens gegen den Beschuldigten A nach § 153 Abs. 1 Satz 1 StPO kommt nicht in Betracht, da der vorliegende Sachverhalt für großes Aufsehen in der Bevölkerung gesorgt hat und daher insbesondere aus generalpräventiven Gesichtspunkten grundsätzlich ein öffentliches Interesse an der Verfolgung der Tat besteht.[285] Es ist jedoch zu beachten, dass der Beschuldigte A das Hindernis, das den Zugang zum Rathaus versperrte, nach kurzer Zeit selbst wieder beseitigte und auch aus seiner weltanschaulichen Überzeugung heraus handelte. Da der Beschuldigte A zudem nicht vorbestraft ist, kann das öffentliche Interesse an der Strafverfolgung nach § 153a Abs. 1 Satz 1 Nr. 2 StPO durch die Erfüllung einer Geldauflage[286] in Höhe eines Monatsgehaltes des A kompensiert werden. Der Beschuldigte hat der Einstellung zugestimmt,[287] einer Zustimmung des Gerichts bedarf es, da ein Fall des § 153a Abs. 1 Satz 7 StPO gegeben ist, nicht. Das Verfahren ist deshalb nach Maßgabe des § 153a Abs. 1 Satz 1 StPO vorläufig teileinzustellen."

IX. Teileinstellung nach § 153b StPO

Nach § 153b Abs. 1 StPO kann die Staatsanwaltschaft (wiederum mit Zustimmung des zuständigen Gerichts[288]) von der Erhebung der öffentlichen Klage absehen, wenn die Voraussetzungen vorliegen, unter denen das Gericht von Strafe absehen könnte. Der Einstellung nach § 153b Abs. 1 StPO dürfte in der Klausur zwar keine bedeutende Rolle zukommen, jedoch sollte nicht übersehen werden, dass durch die Ergänzung des Tatbestandes des unerlaubten Entfernens vom Unfallort um eine Regelung der tätigen Reue (§ 142 Abs. 4 StGB) der Anwendungsbereich dieser Einstellungsvorschrift in der Praxis deutlich erweitert wurde. Hier könnte daher in der Klausur zu formulieren sein: 158

„Die Beschuldigte hat sich hinreichend verdächtig gemacht, den Tatbestand des unerlaubten Entfernens vom Unfallort gemäß § 142 Abs. 1 StGB rechtswidrig und schuldhaft verwirklicht zu haben. Sie erfüllte jedoch auch die Voraussetzungen des § 142 Abs. 4 StGB, nach dem das Gericht von der Bestrafung absehen kann. Da zum einen der von der Beschuldigten verursachte Schaden nur unwesentlich über der Bagatellgrenze des Tatbestandes[289] liegt und zum anderen die Beschuldigte den Schaden bereits am nächsten Tage regulierte, erscheint es sachgerecht, das Verfahren nach Maßgabe des § 153b Abs. 1 StPO hinsichtlich ihrer Person teileinzustellen."

X. (Teilweise) Beschränkung der Strafverfolgung

Demgegenüber sollte in der Assessorklausur die Vorschrift des **§ 154a Abs. 1 StPO** besondere Beachtung finden. Gerade durch deren Anwendung kann nämlich gezeigt werden, dass man in der Lage ist, das Verfahren **praxisnah** zu **„vereinfachen"**.[290] Es ist nochmals zu betonen, dass § 154a Abs. 1 StPO keine Teileinstellung des Verfahrens beschreibt, sondern lediglich die Strafverfolgung auf **einzelne Delikte inner-** 159

---

284 Vgl. die beispielhaft aufgezählten Anwendungsfälle bei *Meyer-Goßner/Schmitt* StPO § 153a Rn. 8.

285 Besteht – wie hier – ein öffentliches Interesse an der Strafverfolgung, ist § 153 Abs. 1 StPO auch dann nicht anwendbar, wenn die „durch die Tat verursachten Folgen gering sind".

286 In der Klausur genügt ein solcher allgemeiner Vorschlag; nicht nötig ist die Bestimmung, an wen der Geldbetrag zu zahlen ist.

287 Zustimmungen zu Einstellungen ergeben sich in der Klausur zumeist aus dem Bearbeitungsvermerk.

288 Für die Klausur müsste der Bearbeitungsvermerk für einen derartigen Verfahrensabschluss mithin wiederum die Zustimmung fingieren.

289 S. zu dieser sachlichrechtlichen Voraussetzung etwa *Fischer* StGB § 142 Rn. 11.

290 So ausdrücklich Nummer 101a Abs. 1 RiStBV.

halb einer prozessualen Tat beschränkt (→ Rn. 189, → Rn. 214). Gerade im Hinblick auf die §§ 154 und 154a StPO sind daher Kenntnisse zum Begriff der „prozessualen Tat" unverzichtbar.[291]

160 Die Beschränkung der Strafverfolgung kann in einer Aufgabe natürlich auch einmal nur auf eine von mehreren prozessualen Taten zu beziehen sein, also etwa eine Tat in ihrem gesamten und eine andere Tat lediglich wegen des schwereren Vorwurfs zur Anklage gebracht werden **(„horizontale Teilbeschränkung").**

161 Die Anwendung des § 154a Abs. 1 StPO ermöglicht zum einen, die Anklageschrift auch in der Klausur zu entlasten, indem Gesetzesverletzungen ausgesondert werden, hinsichtlich derer ein hinreichender Tatverdacht zwar festgestellt wurde, denen jedoch mit Blick auf die schwereren Gesetzesverstöße nur untergeordnete Bedeutung zukommt. Neben dieser positiven Auswirkung auf die in der Klausur häufig auftretenden Zeitprobleme kann der Prüfling zum anderen nachweisen, dass er die gemeinhin als anspruchsvoll geltende Materie des Tatbegriffs bewältigen kann.

„Der Beschuldigte hat sich hinreichend verdächtig gemacht, eine besonders schwere Brandstiftung nach § 306b Abs. 2 Nr. 1 StGB in Tateinheit mit einer Brandstiftung nach § 306 Abs. 1 Nr. 1 StGB begangen zu haben. Der Beschuldigte hat schon wegen der Verwirklichung des Tatbestandes des § 306b Abs. 2 Nr. 1 StGB eine Freiheitsstrafe nicht unter fünf Jahren zu erwarten. Der daneben erfüllte Tatbestand der einfachen Brandstiftung dürfte insbesondere wegen des nur geringen Schadens am Gebäude bei der Strafzumessung innerhalb des nach § 52 Abs. 2 Satz 1 StGB anzuwendenden Strafrahmens des § 306b Abs. 2 Nr. 1 StGB nicht beträchtlich ins Gewicht fallen. Die Strafverfolgung ist daher gemäß § 154a Abs. 1 Satz 1 Nr. 1 StPO vorläufig[292] auf die besonders schwere Brandstiftung zu beschränken."

XI. Besonderheiten bei Einstellung von Taten Jugendlicher und Heranwachsender

162 Auch in der Klausur kann einmal die (Teil-)Einstellung eines gegen einen Jugendlichen oder Heranwachsenden geführten Verfahrens in Betracht zu ziehen sein. Hier ergeben sich im Ausgangspunkt zunächst keine Unterschiede zu den oben dargelegten Einstellungsvorschriften im Erwachsenenstrafrecht. So hat der Staatsanwalt auch in Jugendstrafsachen das Verfahren gemäß § 170 Abs. 2 Satz 1 StPO einzustellen, wenn die Ermittlungen aus tatsächlichen oder rechtlichen Gründen keinen hinreichenden Tatverdacht ergeben haben.

163 Da das Jugendstrafrecht dem Erziehungsgedanken verpflichtet ist, eröffnet das Jugendgerichtsgesetz neben den aus dem allgemeinen Strafrecht bekannten Einstellungsvorschriften mit **§ 45 JGG** zahlreiche Möglichkeiten, auf den jugendlichen oder heranwachsenden Täter einzuwirken, gleichzeitig aber ein Gerichtsverfahren zu vermeiden.

164 Für die Klausur von besonderem Interesse dürfte dabei zum einen § 45 Abs. 1 JGG sein. Danach kann die Staatsanwaltschaft „ohne Zustimmung des Richters" von der Verfolgung absehen, wenn die Voraussetzungen des § 153 StPO vorliegen:[293]

„Der zur Tatzeit sechzehnjährige Beschuldigte Boris Nerz hat sich des Vergehens eines Diebstahls hinreichend verdächtig gemacht. Zwar haben die entwendeten Turnschuhe einen Wert von 119,– Euro, jedoch ist zu berücksichtigen, dass der Beschuldigte bisher strafrechtlich noch

---

[291] → Rn. 143 f.

[292] Vgl. § 154a Abs. 3 Satz 1 StPO.

[293] Die Frage, ob neben der Einstellung nach §§ 45 Abs. 1 JGG, 153 Abs. 1 StPO auch eine solche direkt nach § 153 Abs. 1 StPO zulässig ist, wird nicht einheitlich beurteilt (s. hierzu *Eisenberg/Kölbel* JGG § 45 Rn. 10 f.); hier sei nur darauf hingewiesen, dass eine Einstellung nach § 153 Abs. 1 StPO für den Jugendlichen insoweit günstiger ist, als diese Einstellung, anders als die nach § 45 Abs. 1 JGG, nicht ins Erziehungsregister eingetragen wird (vgl. § 60 Abs. 1 Nr. 7 BZRG).

nicht in Erscheinung getreten ist und zudem zwei Tage nach der Tat aus eigenem Antrieb dem Verletzten die Schuhe unbenutzt zurückgab. Danach ist die Schuld des Täters als gering anzusehen; ein öffentliches Interesse an der Strafverfolgung besteht nicht. Demnach ist das Verfahren nach § 45 Abs. 1 JGG i. V. m. § 153 Abs. 1 Satz 1 StPO, ohne dass es einer Zustimmung des Gerichts bedürfte, einzustellen."[294]

Zum anderen sollte auch § 45 Abs. 2 JGG beachtet werden, der es ermöglicht, von der Verfolgung abzusehen, wenn eine „erzieherische Maßnahme bereits durchgeführt oder eingeleitet" wurde und weder eine Beteiligung des Richters noch die Erhebung der Anklage für erforderlich zu erachten ist. Im Rahmen der Anwendung dieser Vorschrift ist darauf hinzuweisen, dass auch „erzieherische Maßnahmen" der Eltern, des Jugendamtes, der Schule oder des Lehrherrn genügen können.[295] Sollte der Aufgabensteller der Assessorklausur eine Auseinandersetzung mit der Einstellung nach § 45 Abs. 2 JGG[296] vor Augen haben, wird sich mit dem Vorliegen einer solchen Maßnahme ein recht deutlicher Hinweis aus der Akte ergeben. 165

D. Besonderheiten hinsichtlich einer Prüfung des Antrags auf Erlass eines Strafbefehls

Erwägt der Prüfling (oder verlangt dies die Aufgabenstellung sogar), einen Antrag auf Erlass eines Strafbefehls zu stellen, müssen sich bereits im prozessualen Gutachten Ausführungen zu dessen Voraussetzungen und Inhalt finden. 166

I. Zulässigkeitsvoraussetzungen

Zunächst muss festgestellt werden, ob der Erlass eines Strafbefehls nicht schon deswegen ausscheidet, weil der Beschuldigte Jugendlicher (s. § 79 JGG) oder Heranwachsender, auf den das Jugendstrafrecht Anwendung findet (s. § 109 Abs. 2 Satz 1 JGG), ist. Das Verfahren muss sich weiterhin auf ein Vergehen beziehen, das zur Zuständigkeit des Strafrichters[297] gehört, und es dürfen nur die in § 407 Abs. 2 StPO (abschließend) genannten Rechtsfolgen in Betracht kommen. 167

Nach Maßgabe des § 407 Abs. 1 Satz 2 StPO darf der Antrag nur gestellt werden, wenn „die Staatsanwaltschaft nach dem Ergebnis der Ermittlungen eine Hauptverhandlung nicht für erforderlich erachtet". Wann dies der Fall ist, wird durch Nummer 175 Abs. 3 RiStBV konkretisiert:

„Im Übrigen soll von dem Antrag auf Erlass eines Strafbefehls nur abgesehen werden, wenn die vollständige Aufklärung aller für die Rechtsfolgenbestimmung wesentlichen Umstände oder Gründe der Spezial- oder Generalprävention die Durchführung einer Hauptverhandlung geboten erscheinen lassen. Auf einen Strafbefehlsantrag ist nicht schon deswegen zu verzichten, weil ein Einspruch des Angeschuldigten zu erwarten ist."

---

[294] Im Beispielsfall käme auch eine Einstellung nach den §§ 153b StPO, 46a StGB in Betracht. Das Verhältnis der Einstellungsvorschriften nach § 45 JGG zu § 153b StPO ist indes nicht vollständig geklärt (vgl. dazu *Eisenberg/Kölbel* JGG § 45 Rn. 13).

[295] S. dazu *Böhm/Feuerhelm* S. 99 und *Eisenberg/Kölbel* JGG § 45 Rn. 19ff.

[296] Ein Formulierungsvorschlag hierzu findet sich im Abschnitt zur Abschlussverfügung der Staatsanwaltschaft; → Rn. 191.

[297] Zwar spricht § 407 Abs. 1 Satz 1 StPO neben dem Strafrichter auch von der Zuständigkeit des Schöffengerichts; diese Voraussetzung für den Antrag auf Erlass eines Strafbefehls hat aber seit der Änderung des § 25 GVG durch das Rechtspflegeentlastungsgesetz vom 11. Januar 1993 (BGBl. I S. 50) keine Bedeutung mehr, da der Strafrichter bei Vergehen nun stets zustandig ist, wenn eine hohere Freiheitsstrafe als zwei Jahre nicht zu erwarten ist, und durch den Strafbefehl höchstens eine Freiheitsstrafe von einem Jahr (§ 407 Abs. 2 Satz 2 StPO) verhängt werden darf.

Diese Voraussetzungen werden sich in der Klausur gerade im Hinblick auf Strafzumessungsfragen[298] angesichts der nicht allzu umfangreichen Akte zwar nur schwer feststellen lassen, es kann sich aber gelegentlich anbieten, die Voraussetzungen des Antrags auf Erlass eines Strafbefehls zumindest zu prüfen. Hier kann dann durchaus festgestellt werden, dass sich der vorliegende Fall für eine solche Verfahrensbeendigung eben nicht eignet. Man sollte sich daher jedenfalls in Grundzügen mit dem Inhalt der Nummer 175 Abs. 3 RiStBV bekannt machen. In seltenen Fällen können sich in dem zu bearbeitenden Aktenstück tatsächlich einmal Anhaltspunkte dafür befinden, dass nach dem Ergebnis der Ermittlungen eine Hauptverhandlung nicht erforderlich ist (§ 407 Abs. 1 StPO). Wenn das Aktenstück Angaben zum Einkommen des Beschuldigten enthält, der Beschuldigte außerdem frei von (jedenfalls einschlägigen) Vorstrafen, geständig sowie das von ihm verwirklichte Unrecht im unteren Kriminalitätsbereich anzusiedeln ist, so kann durchaus auch einmal ein Strafbefehlsentwurf zu fertigen sein.

II. Inhaltliche Anforderungen

168 Im Rahmen des prozessualen Gutachtens ist für die Prüfung der Voraussetzungen eines Antrags auf Erlass eines Strafbefehls zunächst auf dessen **inhaltliche Besonderheiten** einzugehen. Zu beachten sind hier insbesondere die Nrn. 6 und 7 des § 409 Abs. 1 Satz 1 StPO sowie § 408b StPO.

Danach sind zunächst die **Rechtsfolgen** (unter Beachtung des § 407 Abs. 2 StPO) **festzusetzen** (§ 409 Abs. 1 Satz 1 Nr. 6 StPO). Hier werden von dem Prüfling damit Ausführungen zur Strafzumessung erwartet.[299] Weiterhin ist im prozessualen Gutachten kurz auf die **Rechtsbehelfsbelehrung** nach § 409 Abs. 1 Satz 1 Nr. 7 StPO (und gegebenenfalls auf den weiteren Antrag an das Gericht, einen Verteidiger nach § 408b StPO zu bestellen) hinzuweisen.

E. Die Prüfung eines Antrags im beschleunigten Verfahren

169 Ist nach den materiell- und prozessrechtlichen Überlegungen ein hinreichender Tatverdacht hinsichtlich eines Beschuldigten oder mehrerer Beschuldigter festgestellt worden, hat die Staatsanwaltschaft in der Praxis vor einer Anklageerhebung stets darüber nachzudenken, ob nicht ein Antrag auf Entscheidung im beschleunigten Verfahren nach § 417 StPO in Betracht zu ziehen ist. In der Klausur hingegen wird eine Entscheidung im beschleunigten Verfahren (s. Nummer 146 RiStBV) schon deswegen nur selten zu fertigen sein, weil sich die notwendigen Voraussetzungen für einen solchen Antrag aus der knappen Klausurakte kaum ergeben dürften. Dem Prüfling werden nämlich im Regelfall keine Informationen darüber zur Verfügung stehen, ob die Geschäftslage des zuständigen Gerichts eine Hauptverhandlung innerhalb kurzer Zeit zulässt; gerade das Vorliegen dieser Voraussetzung stellte aber das gesetzgeberische Motiv für die Neuregelung dieser Verfahrensform dar.[300] Über diese Erwägung hinaus ist bei einem für die Zweite Juristische Staatsprüfung geeigneten Sachverhalt auch kaum davon auszugehen, dass er „einfach" ist und eine „klare Beweislage" (s. § 417 StPO sowie Nummer 146

---

[298] Dazu → Rn. 391 ff.

[299] Dazu → Rn. 349 ff. und Rn. 391 ff.

[300] Ziel der durch das Verbrechensbekämpfungsgesetz vom 28. Oktober 1994 (BGBl. I S. 3186) eingeführten Regelung des beschleunigten Verfahrens ist es, in einfach gelagerten Fällen eine Aburteilung zu ermöglichen, die der Tat „auf dem Fuße folgt"; vgl. *OLG Stuttgart* NJW 1998, 3134 (3134 f.); *Meyer-Goßner/Schmitt* StPO § 417 Rn. 17.

Abs. 1 RiStBV) vorliegt; nur in diesen Fällen ist aber ein Verfahrensabschluss in einem Termin zu erwarten.[301]

3. Abschnitt. Die Entschließung der Staatsanwaltschaft

Nach Anfertigung der beiden Gutachten hat der Prüfling in einem zweiten Teil der Klausur die „Entschließung des zuständigen Staatsanwaltes" zu entwerfen. Diese Entschließung ist wiederum in **zwei Teile** zu gliedern. Zum einen ist eine abschließende Verfügung zu erstellen (→ Rn. 171 ff.) und zum anderen (in der Regel[302]) eine Anklageschrift zu entwerfen (→ Rn. 200 ff.). 170

§ 1. Die staatsanwaltschaftliche Abschlussverfügung

Insbesondere im Hinblick auf die Abfassung der staatsanwaltschaftlichen Abschlussverfügung – die häufig auch als Begleitverfügung bezeichnet wird[303] – in der Assessorklausur sind Prüflinge häufig auf sich allein gestellt, da die meisten Anleitungsbücher in erster Linie praxisorientiert ausgerichtet sind und so Hinweise auf klausurrelevante Punkte häufig nur oberflächlich behandeln können. Im Folgenden soll dem entgegengetreten werden, indem in der Klausur immer wiederkehrende Konstellationen in eine praxisgerechte Form der Abschlussverfügung eingebettet werden. 171

Beim Entwurf der staatsanwaltschaftlichen Entschließung hat der Prüfling in der Klausur in der Regel ein abschlussreifes Ermittlungsverfahren vor sich, weitere Ermittlungen werden also nicht zu veranlassen sein. Wie bereits gesagt, hat die Staatsanwaltschaft in der Praxis in diesem Stadium darüber zu entscheiden, ob bzw. in welchem Umfang das Verfahren einzustellen oder öffentliche Klage zu erheben ist. Demgegenüber kann sich der Prüfling – wie gezeigt – in der Regel auf die Frage beschränken, welche Entscheidungen *neben der Anklage* zu treffen sind. Schwierigkeiten ergeben sich in der Klausur dann, wenn weder das gesamte Verfahren einzustellen noch bezüglich aller festgestellten Tatbestandsverwirklichungen Anklage zu erheben sein wird, so etwa, wenn hinsichtlich eines Beschuldigten eine Teileinstellung mit einer Anklageerhebung im Übrigen zusammentrifft oder Probleme dadurch entstehen, dass für mehrere Beschuldigte jeweils unterschiedliche Entscheidungen zu treffen sind. 172

In der Abschlussverfügung können daher neben allgemeinen Fragen (→ Rn. 174 f.) zwei Teile deutlich unterschieden werden. Der Prüfling wird in den meisten Klausuren die Verfügungspunkte aufzunehmen haben, die bei Anklageerhebung zu beachten sind (hier sog. **„Anklageteil"** [→ Rn. 192 ff.]). Da diese damit immer wiederkehren und inhaltlich kaum variieren, dürften sie – einmal nachvollzogen und eingeprägt – in der Klausur kaum Schwierigkeiten bereiten. Derjenige Teil der Abschlussverfügung, der die Verfahrenseinstellungen behandelt (hier sog. **„Einstellungsteil"** [→ Rn. 177 ff.]), hat dagegen den hierbei denkbaren unterschiedlichen Fallkonstellationen Rechnung zu tragen. 173

---

[301] Diese (kurze) Verfahrensdauer ist nach *OLG Stuttgart* NJW 1998, 3134 (3135) ebenfalls Voraussetzung für das beschleunigte Verfahren.

[302] Dazu → Rn. 107 ff.

[303] So etwa *Solbach/Auchter-Mainz/Deller/Schützeberg* S. 168.

A. Formalien

174 Die Abschlussverfügung beginnt stets am linken oberen Rand mit der Bezeichnung der Behörde und dem Aktenzeichen des Ermittlungsverfahrens. Beides ergibt sich aus dem Akteninhalt (also etwa „Staatsanwaltschaft Duisburg,[304] 33 Js 345/06"). Ob das Datum und der Ort der Entscheidung bereits im Kopf der Verfügung[305] zu platzieren sind oder aber erst vor der Unterschrift, bleibt dem Prüfling überlassen.

Es folgt die meist zentriert gesetzte Überschrift „Verfügung". Befindet sich der Beschuldigte in Untersuchungshaft, erscheint es auch hier zweckmäßig, auf diese Tatsache hinzuweisen, indem im rechten oberen Teil der Abschlussverfügung „Haft! Sofort!" vermerkt wird.[306]

B. Vermerke

175 In der staatsanwaltschaftlichen Praxis wird sich häufig ein Vermerk in der Abschlussverfügung finden, in dem **Ausführungen zur Sach- und Rechtslage** zu lesen sind.[307] So wird in **Vermerkform** zu erörtern sein, warum etwa zunächst wegen eines Tötungsdeliktes ermittelt wurde, dann aber nur wegen Körperverletzung mit Todesfolge angeklagt wird. Ebenso können sich in diesem Punkt der Verfügung Angaben darüber finden, warum ein hinreichender Tatverdacht hinsichtlich einzelner Tatbestände innerhalb einer prozessualen Tat[308] nicht angenommen werden konnte. In der Praxis können sich hier etwa auch Ausführungen zu etwaigen Beweisverwertungsverboten[309] finden. In der Klausur hat der Prüfling zu diesen Fragen bereits ausführlich im gutachterlichen Teil Stellung bezogen. Der Einleitungsvermerk ist daher entbehrlich und wird auch aus zeitlichen Gründen kaum zu leisten sein. Sollte die Aufgabenstellung einmal einen oben beschriebenen Vermerk verlangen,[310] könnte dieser beispielsweise zu formulieren sein:

„1. Vermerk: Ein hinreichender Tatverdacht wegen Totschlags oder Mordes scheidet aus, da dem Beschuldigten nicht nachzuweisen sein wird, dass er den Faustschlag in das Gesicht des Opfers im Rahmen der Auseinandersetzung in der Gaststätte „Zur Tankstelle" mit Tötungsvorsatz vornahm. Die Ermittlungen haben nämlich ergeben, dass …"

176 Ein Sonderfall eines einleitenden Vermerks ist gegeben, wenn einer der **Beschuldigten** während des Ermittlungsverfahrens **verstorben** ist. Folgt man entgegen der oben erwähnten höchstrichterlichen Rechtsprechung[311] der (heute kaum mehr vertretenen) Ansicht, dass es keiner formellen Einstellung (nach § 170 Abs. 2 Satz 1 oder § 206a StPO analog) bedarf,[312] ist die faktische Erledigung lediglich in deklaratorischer Form zu den Akten zu bringen:

---

[304] Diese Bezeichnung ist in der Praxis gebräuchlich, obwohl § 141 GVG die Bezeichnung „Staatsanwaltschaft *bei dem Landgericht* …" nahelegt.

[305] So *Solbach/Auchter-Mainz/Deller/Schützeberg* S. 171.

[306] So etwa auch *Soyka* Rn. 237 und *Emde* JuS 1996, 923 (925).

[307] Vgl. *Solbach/Auchter-Mainz/Deller/Schützeberg* S. 171.

[308] Da die prozessuale Tat als Einheit anzusehen ist und damit im Falle der Anklage in ihrer Gesamtheit Gegenstand der Urteilsfindung ist, darf in diesen Fällen nicht von einer Teileinstellung gesprochen werden.

[309] Zur Bedeutung von Beweisverwertungsverboten in der staatsanwaltschaftlichen Abschlussverfügungsklausur s. *Brunner* Rn. 63 ff.

[310] Zu einer solchen Aufgabenstellung *Brunner* Rn. 4 ff.

[311] BGHSt 45, 108 (111); dazu schon → Rn. 38.

[312] So noch KK-StPO/*Schneider,* 4. Aufl., § 206a Rn. 9; s. aber nun KK-StPO/*Schneider,* 8. Aufl., § 206a Rn. 11 sowie KK-StPO/*Moldenhauer,* 5. Aufl., § 170 Rn. 15, die – der

„1. Vermerk: Die Beschuldigte B ist am 6. November 2021 verstorben. Das Verfahren wird damit hinsichtlich ihrer Person nicht weitergeführt.“[313]

C. „Einstellungsteil“ der Abschlussverfügung

Hat sich der Prüfling im prozessrechtlichen Teil seines Gutachtens entschieden, das Verfahren teilweise einzustellen, muss er dies auch bei der Abfassung der Begleitverfügung dringend beachten: In der Klausur kommt – wie gezeigt[314] – zum einen eine Teileinstellung hinsichtlich eines von mehreren Beschuldigten („vertikale Teileinstellung“) und zum anderen eine Teileinstellung, die eine von mehreren in Rede stehenden prozessualen Taten eines Beschuldigten betrifft („horizontale Teileinstellung“), in Betracht. 177

I. (Vorläufige) Teileinstellung nach § 154f StPO

In der Klausur dürfte der vorläufigen Einstellung nach § 154f StPO[315] – wie dargestellt – eine nur untergeordnete Bedeutung zukommen, weil sie bei mehreren Beschuldigten zuvor einer Trennung der Verfahren bedarf.[316] Der Verfügungspunkt 178

„1. Das Ermittlungsverfahren hinsichtlich des Beschuldigten A wird aus den Gründen des Vermerks zu 2. nach § 154f StPO vorläufig teileingestellt.“

findet sich nur in dem neuen Verfahren und ist damit nicht Gegenstand der im Bearbeitungsvermerk verlangten „Entschließung der Staatsanwaltschaft“. Diese müsste bezüglich des Beschuldigten A in einem solchen Fall lediglich lauten:

„1. Das Verfahren gegen den Beschuldigten A wird wegen unbekannten Aufenthalts des Beschuldigten abgetrennt.
2. Mit beglaubigter Abschrift von Ziffer 1 und Ziffer 2 dieser Verfügung und den zu fertigenden Ablichtungen von Blatt 1 bis 24 d. A. beginnt eine neue Js-Sache gegen A wegen des Verdachts der Erpressung.“

II. Teileinstellung aus tatsächlichen oder rechtlichen Gründen

In den wesentlich häufiger vorkommenden Fallkonstellationen werden endgültige Teileinstellungen vom Prüfling zu verfügen sein. 179

Vielfach wird eine solche Teileinstellung vorzunehmen sein, weil die Ermittlungen in einem bestimmten Umfang **keinen „genügenden Anlass zur Erhebung der öffentlichen Klage“** (§ 170 StPO) geboten haben. Die dann nach § 170 Abs. 2 Satz 1 StPO zu verfügende Einstellung kann unterschiedliche Gründe haben:

Ist im materiellrechtlichen Gutachten festgestellt worden, dass sich einer der Beschuldigten aus tatsächlichen oder rechtlichen Gründen der Begehung keines Straftatbestandes hinreichend verdächtig gemacht hat („vertikale Teileinstellung“), kann in der Verfügung ausgeführt werden:

---

jüngeren höchstrichterlichen Rechtsprechung folgend – aus Gründen der Klarstellung eine förmliche Einstellungsverfügung empfehlen.

313 Hierüber sollte auch der Anzeigeerstatter beschieden werden (vgl. *Emde* JuS 1996, 923 [926]).

314 → Rn. 140.

315 Vor Einfügung des § 154f StPO wurde im Ermittlungsverfahren der unmittelbar nur für das Zwischenverfahren geltende § 205 StPO analog angewendet.

316 → Rn. 146.

„1. Vermerk: Hinsichtlich des Beschuldigten A liegt ein hinreichender Tatverdacht bezüglich einer Strafbarkeit wegen gefährlicher Körperverletzung gemäß § 224 Abs. 1 Nr. 2 StGB nicht vor. Die Zeugin Z war mit dem Beschuldigten nämlich zur Tatzeit im 300 km vom Tatort entfernten Cloppenburg bei einem Violinkonzert. An der Glaubwürdigkeit der Zeugin und der Glaubhaftigkeit ihrer Aussage bestehen keine Zweifel. (…) Auch passt keine der Täterbeschreibungen auf den Beschuldigten. (…)
2. Teileinstellung des Verfahrens nach § 170 Abs. 2 Satz 1 StPO hinsichtlich des Beschuldigten A aus den Gründen des Vermerks zu 1.“

180 Für die Formulierung der Abschlussverfügung ergeben sich keine Unterschiede zu Vorstehendem, wenn sich bei Begutachtung mehrerer prozessualer Taten (unabhängig davon, ob ein Beschuldigter oder mehrere Beschuldigte zu prüfen waren) herausstellt, dass hinsichtlich einer prozessualen Tat kein hinreichender Tatverdacht gegeben ist („horizontale Teileinstellung“).

Vor allem (s. den Wortlaut des § 170 Abs. 2 Satz 2 StPO), wenn der **Beschuldigte** zum Tatvorwurf **verantwortlich vernommen** oder aber gegen ihn Haftbefehl erlassen wurde,[317] ergeht an ihn eine „Mitteilung“,[318] die ebenfalls zu verfügen ist:

„1. …
3. Mitteilung (formlos[319]) an Beschuldigten
Sehr geehrter …
Das Ermittlungsverfahren gegen Sie wegen des Verdachts der Brandstiftung wurde mangels eines hinreichenden Tatverdachts eingestellt.
Mit freundlichen Grüßen“

181 Hat die Staatsanwaltschaft nicht von Amts wegen, sondern aufgrund einer **Anzeige** die Ermittlungen eingeleitet, so hat sie nach § 171 Satz 1 StPO den **Anzeigeerstatter**[320] zu **„bescheiden“.** Erwägungen zum hinreichenden Tatverdacht finden in diesem Fall nicht in Vermerkform Eingang in die Abschlussverfügung, sondern durch Verweisung auf diesen Bescheid,[321] der grundsätzlich formlos, jedoch dann förmlich zuzustellen ist, wenn dem Antragsteller die Rechtsmittel nach § 172 StPO zustehen:[322]

„1. Teileinstellung des Verfahrens nach § 170 Abs. 2 Satz 1 StPO aus den Gründen des Bescheides zu 2.
2. Formloser (bzw. förmlicher) Bescheid an Anzeigeerstatterin
Sehr geehrte …
Auf Ihre Anzeige vom … gegen … wegen … haben die Ermittlungen ergeben, dass … Mangels sonstiger Beweismittel, insbesondere Zeugen des Vorfalls, ist dem Beschuldigten eine strafbare Handlung nicht nachzuweisen. Ich habe das Verfahren daher eingestellt.
Mit freundlichen Grüßen“

---

[317] S. *Meyer-Goßner/Schmitt* StPO § 170 Rn. 10.

[318] Diese Bezeichnung ergibt sich aus Nummer 88 RiStBV (lesen!).

[319] Die Einstellungsverfügung ergeht grundsätzlich formlos (Nummer 91 Abs. 1 Satz 1 RiStBV). Eine Zustellung hat dagegen zu erfolgen (§ 91 Abs. 1 Satz 2 RiStBV), wenn eine Einstellungsnachricht mit einer Belehrung nach § 9 StrEG über eine Entschädigung nach § 2 StrEG in Betracht kommt; gemäß § 9 Abs. 1 S. 5 StrEG ist der Beschuldigte dann über sein Antragsrecht, die Frist und das zuständige Gericht zu belehren.

[320] Zwar spricht § 171 StPO vom „Antrag“ und „Antragsteller“, dieser Begriff ist jedoch nicht technisch im Sinne eines „Strafantrags“ zu verstehen; vielmehr ist derjenige als „Antragsteller“ anzusehen, der durch eine Strafanzeige nach § 158 Abs. 1 StPO den eindeutigen Willen hat erkennen lassen, die Verfolgung des Angezeigten in Gang zu setzen (KK-StPO/*Moldenhauer* § 171 Rn. 1; *Meyer-Goßner/Schmitt* StPO § 171 Rn. 1).

[321] Vgl. Nummer 89 RiStBV, zur inhaltlichen Gestaltung des Bescheides insbesondere dessen zweiten Absatz. S. auch *Kruse* JuS 2007, 822 ff.

[322] Vgl. Nummer 91 Abs. 2 Satz 2 RiStBV, in der auch der Grund für die förmliche Zustellung genannt ist. Diese soll den Nachweis des Ablaufs der Beschwerdefrist nach § 172 Abs. 1 Satz 1 StPO ermöglichen.

Bei dieser Bescheidung des Anzeigeerstatters ist weiterhin in denjenigen Fällen, in welchen dieser zugleich **Verletzter** ist, das etwaige Erfordernis einer **Rechtsmittelbelehrung** zu beachten.[323] Einer solchen bedarf es nach § 172 StPO immer dann, wenn dem Anzeigenden die Möglichkeit eines **Klageerzwingungsverfahrens** offensteht. Negativ formuliert, ergibt sich aus § 172 Abs. 2 Satz 3 StPO, dass in den Fällen einer Einstellung nach § 170 Abs. 2 Satz 1 StPO nur dann keine Belehrung vonnöten ist, wenn ein Privatklagedelikt (§ 374 StPO)[324] Gegenstand des Verfahrens ist. 182

„1. …
2. Förmlicher Bescheid an Anzeigeerstatterin (wie oben)
Gegen diesen Bescheid können Sie binnen zwei Wochen nach der Bekanntmachung bei dem Generalstaatsanwalt bei dem Schleswig-Holsteinischen Oberlandesgericht oder bei der Staatsanwaltschaft bei dem Landgericht Itzehoe Beschwerde einlegen.“[325]

III. Teileinstellung wegen prozessualer Hindernisse

Auch **prozessuale Hindernisse** können einer Anklageerhebung – wie oben ausgeführt – entgegenstehen. Bei einer (wiederum „vertikal“ als auch „horizontal“ denkbaren) Teileinstellung aus prozessualen Gründen unterscheidet sich die Abschlussverfügung nicht von den oben beschriebenen. 183

IV. Teileinstellung und Verweisung auf den Privatklageweg

Eine Teileinstellung des Verfahrens ist bei Verneinung eines öffentlichen Interesses immer nur dann zu verfügen, wenn eine der geprüften prozessualen Taten ausschließlich ein (oder auch mehrere) Privatklagedelikt(e) zum Gegenstand hat. Eine Abschlussverfügung (im Beispielsfall einer „vertikalen Teileinstellung“) kann hier dann etwa lauten:[326] 184

„1. Teileinstellung des Verfahrens gegen den Beschuldigten A nach den §§ 170 Abs. 2 Satz 1 und 376 StPO aus den Gründen des Bescheides zu 2.
2. Bescheid an Antragsteller
Sehr geehrter …
Auf Ihre Anzeige vom … gegen … wegen … teile ich Ihnen mit, dass die Strafverfolgung nicht im öffentlichen Interesse liegt. Das Gesetz sieht für die Verfolgung von Vergehen der angezeigten Art in erster Linie den Weg der Privatklage vor. Die Staatsanwaltschaft darf gemäß § 376 StPO von Amts wegen nur tätig werden, wenn ein gegenwärtiges Anliegen der Allgemeinheit an der Strafverfolgung besteht. Die Prüfung des Sachverhaltes hat ergeben, dass der angezeigte Vorfall sich im Rahmen einer Nachbarstreitigkeit abgespielt hat und damit der Rechtsfrieden nicht über die Lebenskreise der Beteiligten hinaus gestört worden ist. Ich habe das Verfahren daher eingestellt und stelle Ihnen anheim, gegen den Beschuldigten im Wege der Privatklage vorzugehen.
Mit freundlichen Grüßen“

Auch in diesem Fall muss der Bescheid an den Antragsteller nicht mit einer Rechtsbehelfsbelehrung versehen werden (vgl. § 172 Abs. 2 Satz 3 StPO). Die Einstellung des Verfahrens ist dem Beschuldigten wiederum dann formlos mitzuteilen, wenn die

---

[323] Vgl. dazu *Solbach/Auchter-Mainz/Deller/Schützeberg* S. 178 und 210ff.

[324] Wird ein Verfahren, welches ein Privatklagedelikt zum Gegenstand hat, mangels Beweises nach § 170 Abs. 2 Satz 1 StPO eingestellt, wird der Antragsteller in dem Bescheid nicht auf den Privatklageweg verwiesen (*Meyer-Goßner/Schmitt* StPO § 171 Rn. 4).

[325] Die Rechtsmittelbelehrung ist in der Klausur grundsätzlich nur zu verfügen, nicht auszuformulieren.

[326] Einer vorherigen Abtrennung bedarf es nicht, da im Falle eines Privatklageverfahrens die Ermittlungsakten der Staatsanwaltschaft (jedenfalls zunächst) nicht benötigt werden (vgl. § 377 Abs. 1 StPO).

Voraussetzungen des § 170 Abs. 2 Satz 2 StPO vorliegen, insbesondere also dann, wenn er verantwortlich vernommen worden ist.[327]

V. Teileinstellung bei unwesentlichen Nebenstraftaten

185 Gemäß **§ 154 Abs. 1 StPO** kann die Staatsanwaltschaft von der Verfolgung **einzelner prozessualer Taten** absehen, wenn deren Unrechtsgehalt im Vergleich zu der oder den übrigen (angeklagten) nicht wesentlich ins Gewicht fällt. Bei der Formulierung der Abschlussverfügung ist darauf zu achten, dass § 154 Abs. 1 StPO zumeist keine endgültige,[328] sondern nur eine vorläufige Teileinstellung[329] beschreibt, bei der die endgültige Einstellung erst durch eine spätere Entscheidung der Staatsanwaltschaft[330] erfolgt.

„1. Vorläufige Teileinstellung des Verfahrens nach Maßgabe des § 154 Abs. 1 Nr. 1 StPO im Hinblick auf eine Strafverfolgung wegen Betruges aus den Gründen des Vermerks zu 2.
2. Vermerk: Der Beschuldigte A ist hinreichend verdächtig, einen Betrug zum Nachteil der Autovermietung V sowie tatmehrheitlich dazu eine schwere Brandstiftung begangen zu haben. … (Begründung). Die wegen des Betrugs angesichts des verursachten Schadens in Höhe von 49 Euro zu erwartende Strafe fällt gegenüber der zu erwartenden Bestrafung wegen schwerer Brandstiftung nicht ins Gewicht.“

Sind die Ermittlungen nicht von Amts wegen eingeleitet worden, ist der **Anzeigeerstatter zu bescheiden.**[331] Einer Rechtsmittelbelehrung für den Anzeigeerstatter bedarf es in diesem Falle nicht. Eine solche ist nach überwiegender Auffassung nämlich nur dann geboten, wenn dem Anzeigenden die Möglichkeit eines Klageerzwingungsverfahrens offensteht.[332] Dieses ist nach Maßgabe des § 172 Abs. 2 Satz 3 StPO im Anwendungsbereich des § 154 Abs. 1 StPO aber ausdrücklich ausgeschlossen. In dem hier gebildeten Fall einer Anklageerhebung im Übrigen ist auch die Mitteilung an den Beschuldigten entbehrlich:[333]

„1. …
3. Bescheid an die Anzeigeerstatterin
Sehr geehrte Frau …,
auf Ihre Anzeige vom … gegen … wegen Betruges wird mitgeteilt, dass die Strafe, zu der die Verfolgung des von Ihnen angezeigten Verhaltens führen kann, gegenüber einer gegen den Beschuldigten wegen einer anderen Tat zu erwartenden Strafe nicht beträchtlich ins Gewicht fällt. Das Verfahren wurde daher gemäß § 154 Abs. 1 Nr. 1 StPO vorläufig eingestellt.
Mit freundlichen Grüßen“

---

[327] Vgl. *Brunner* Rn. 229.

[328] Eine endgültige Einstellung nach § 154 Abs. 1 Nr. 1 StPO setzt – wie gesagt – voraus, dass das Verfahren im Hinblick auf eine schon rechtskräftig verhängte Sanktion eingestellt wird.

[329] Noch einmal: Die Einstellung sollte in der Klausur auch als „vorläufig“ bezeichnet werden, wenn diese Bezeichnung in der Praxis auch nicht zwingend geboten ist (vgl. KK-StPO/*Diemer* § 154 Rn. 18).

[330] Zum Verfahrensgang KK-StPO/*Diemer* § 154 Rn. 17 ff.

[331] S. Nummern 101 Abs. 2 und 89 RiStBV.

[332] S. etwa *Meyer-Goßner/Schmitt* StPO § 171 Rn. 7; *Solbach/Auchter-Mainz/Deller/Schützeberg* S. 178, 214.

[333] Vgl. Nummer 101 Abs. 2 RiStBV, die ausdrücklich nur einen Bescheid an den Anzeigenden vorsieht und insofern auf Nummer 89 RiStBV verweist, während eine Verweisung auf Nummer 88 RiStBV fehlt. Eine Mitteilung an den Beschuldigten kann aber in den Fällen in Betracht kommen, in denen im Hinblick auf ein *anderes Verfahren* eingestellt wird (so auch das Beispiel bei *Solbach/Auchter-Mainz/Deller/Schützeberg* S. 194 f.).

VI. Teileinstellung wegen Geringfügigkeit

Kommt der Einstellung des Verfahrens nach § 153 Abs. 1 StPO auch in der Praxis eine besondere Bedeutung zu, wird diese in der Assessorklausur – wie ausgeführt – allerdings nur bei mehreren Beschuldigten in Betracht kommen. So dürfte insbesondere die Fallgestaltung einer „vertikalen Teileinstellung" im Anwendungsbereich des § 153 Abs. 1 Satz 2 StPO in der Examensklausur auftreten. Hier muss der Anzeigende beschieden werden; dem Beschuldigten muss eine formlose Mitteilung zukommen, die keiner Begründung bedarf. 186

„1. Das Verfahren wird hinsichtlich des Beschuldigten A aus den Gründen des Bescheides zu 2. gemäß § 153 Abs. 1 Satz 2 StPO teileingestellt.
2. Bescheid an den Antragsteller:
Sehr geehrter …,
auf Ihre Anzeige vom … gegen … wegen Diebstahls haben die Ermittlungen ergeben, dass … Jedoch wäre das Verschulden des Beschuldigten, auch wenn es vom Gericht festgestellt würde, gering. Dies gilt vor allem deswegen, weil der Wert des entwendeten Taschenrechners und damit die Folgen der Straftat als gering anzusehen sind. An der Strafverfolgung besteht unter diesen Umständen kein öffentliches Interesse. Das Verfahren wurde daher nach § 153 Abs. 1 Satz 2 StPO eingestellt.
Mit freundlichen Grüßen"

Auch diese Bescheidung bedarf wegen § 172 Abs. 2 Satz 3 StPO keiner Rechtsmittelbelehrung.

VII. (Vorläufige) Teileinstellung des Verfahrens bei Erfüllung von Auflagen und Weisungen

Entsprechend den Überlegungen zu den Einstellungsmöglichkeiten nach § 153 Abs. 1 StPO kommt auch einer solchen nach § 153a Abs. 1 StPO in der Klausur eine geringe Relevanz zu.[334] 187

VIII. Teileinstellung nach § 153b StPO

Möchte der Prüfling das Verfahren gemäß § 153b Abs. 1 StPO teilweise einstellen, ergeben sich keine Besonderheiten. Nach dieser Vorschrift kann die Staatsanwaltschaft mit Zustimmung des zuständigen Gerichts auf die Anklageerhebung verzichten, wenn die Voraussetzungen vorliegen, unter denen das Gericht von Strafe absehen könnte. Damit hat sich der Prüfling das weitere mögliche Verfahren vor Augen zu führen; er sollte in einem Vermerk begründen, warum eine Anklageerhebung nicht notwendig erscheint. In den hier zumeist vorliegenden Fällen von „tätiger Reue"[335] ist kurz darzustellen, warum die Schuld des Beschuldigten als so gering angesehen wird, dass auch bei durchgeführter Hauptverhandlung die Folge der Straftat aufgrund seines Reueverhaltens allenfalls ein Schuldspruch mit gleichzeitigem Absehen von Strafe wäre. 188

„1. Teileinstellung des Verfahrens gegen den Beschuldigten D nach § 153b Abs. 1 StPO aus den Gründen des Vermerks zu 2.
2. Vermerk:[336] Der Beschuldigte hat sich hinreichend verdächtig gemacht, den Tatbestand des unerlaubten Entfernens vom Unfallort gemäß § 142 Abs. 1 StGB rechtswidrig und schuldhaft verwirklicht zu haben. Er erfüllte jedoch auch die Voraussetzungen des § 142

---

[334] Dazu → Rn. 156f.

[335] Sollten einmal die Vorschriften des § 60 StGB oder des § 46a StGB, auf die sich § 153b StPO ebenfalls bezieht (*Meyer-Goßner/Schmitt* StPO § 153b Rn. 1), einschlägig sein, werden sich nicht zu übersehende Hinweise in der Aufgabenstellung finden.

[336] Auch im Falle des § 153b StPO bedarf es der Bescheidung des Antragstellers (Nummer 89 Abs. 3 RiStBV). Die Vermerkform ist danach – wie hier – nur dann zu wählen, wenn ein

Abs. 4 StGB. Nach dieser Vorschrift kann das Gericht von der Bestrafung absehen. Da zum einen der vom Beschuldigten verursachte Schaden nur unwesentlich über der Bagatellgrenze tatbestandsmäßigen Verhaltens liegt und zum anderen der Beschuldigte den Schaden bereits am nächsten Tage regulierte, erscheint es sachgerecht, das Verfahren nach Maßgabe des § 153b Abs. 1 StPO hinsichtlich seiner Person teileinzustellen."

IX. Beschränkung der Strafverfolgung

189 Möchte der Prüfling in der Klausur die Anklageschrift durch Anwendung der Vorschrift des **§ 154a Abs. 1 StPO** entlasten,[337] indem Gesetzesverstöße ausgesondert werden, hinsichtlich derer ein hinreichender Tatverdacht zwar festgestellt wurde, denen aber im Hinblick auf die schwereren Gesetzesverletzungen nur untergeordnete Bedeutung zukommt, ist zu verfügen:

„1. Beschränkung der Strafverfolgung gemäß § 154a Abs. 1 Satz 1 Nr. 1 StPO auf die besonders schwere Brandstiftung aus den Gründen des Vermerks zu 2.

2. Vermerk: Der Beschuldigte hat sich hinreichend verdächtig gemacht, eine besonders schwere Brandstiftung nach § 306b Abs. 2 StGB in Tateinheit mit einer (einfachen) Brandstiftung nach § 306 Abs. 1 Nr. 1 StGB begangen zu haben ... Der Beschuldigte hat jedoch schon wegen der Verwirklichung des Tatbestandes des § 306b Abs. 2 StGB eine Freiheitsstrafe nicht unter fünf Jahren zu erwarten. Der daneben erfüllte Tatbestand der (einfachen) Brandstiftung dürfte insbesondere wegen des nur geringen Schadens am Gebäude bei der Strafzumessung innerhalb des nach § 52 Abs. 2 Satz 1 StGB anzuwendenden Strafrahmens des § 306b Abs. 2 StGB nicht beträchtlich ins Gewicht fallen."

190 Auch wenn die Ermittlungen durch eine Anzeige veranlasst wurden, wird der **Anzeigeerstatter** im Regelfall nicht beschieden.[338] Eine **Mitteilung an den Beschuldigten** erfolgt nicht, da im Übrigen Anklage erhoben wird und sich die Beschränkung nach § 154a Abs. 1 StPO schon aus der Anklageschrift ergibt (s. Nummer 101a Abs. 3 RiStBV).

X. Einstellungen nach dem Jugendstrafrecht

191 Erwägt der Prüfling eine Einstellung nach Vorschriften des Jugendgerichtsgesetzes, ergeben sich im Hinblick auf die Abschlussverfügung im Grundsatz keine Unterschiede zu oben Ausgeführtem. Der Katalog der in Betracht kommenden Einstellungsvorschriften wird jedoch – wie ausgeführt – durch § 45 JGG erweitert. Die Verfügungspunkte können in einem Ermittlungsverfahren gegen Jugendliche damit etwa lauten:

„1. Das Verfahren wird hinsichtlich des Beschuldigten Gerd Michels nach § 45 Abs. 2 JGG aus den Gründen des Vermerks zu 2. eingestellt.

2. Vermerk: Der Beschuldigte ist hinreichend verdächtig, seinen Mitschüler Carsten Baumer durch zwei Faustschläge ins Gesicht im Sinne des § 223 Abs. 1 StGB körperlich misshandelt zu haben. Er entschuldigte sich aber später bei dem Verletzten und dessen Eltern. Die Entschuldigung wurde angenommen. Zudem ermahnte der Schulleiter den Beschuldigten mit Nachdruck. Da der Beschuldigte einen Ausgleich mit dem Verletzten erreicht hat (§ 45 Abs. 2 Satz 2 JGG) und eine erzieherische Maßnahme bereits durchgeführt (§ 45 Abs. 2 Satz 1 JGG) wurde, ist weder die Beteiligung des Richters noch die Erhebung der Anklage für erforderlich zu halten und demnach von der Verfolgung abzusehen."

Antrag im Sinne des § 171 Satz 1 StPO fehlt. Liegt er vor, kann die Einstellung – wie → Rn. 186 – „aus den Gründen des Bescheides zu 2." verfügt werden.

[337] Beachte Nummer 101a RiStBV.

[338] Dies ergibt sich schon aus Nummer 101a Abs. 3, dem eine der Nummer 101 Abs. 2 RiStBV entsprechende Bestimmung fehlt; vgl. auch *Solbach/Auchter-Mainz/Deller/Schützeberg* S. 215, 217.

D. „Anklageteil" der Abschlussverfügung

Wie bereits in den einleitenden Bemerkungen angedeutet, dürfte der Prüfling wesentlich weniger Schwierigkeiten mit den im Folgenden dargestellten Verfügungspunkten haben, die bei Erhebung der öffentlichen Klage stets zu beachten sind. 192

Nach **§ 169a StPO** ist der **Abschluss der Ermittlungen in den Akten** (das heißt in der Regel in der Abschlussverfügung) **zu vermerken;**[339] hierauf ist auch in der Klausur stets zu achten. In der Praxis findet sich dieser Vermerk gelegentlich auch dann eingangs der Abschlussverfügung, wenn sich das Ermittlungsverfahren gegen mehrere Beschuldigte richtete und etwa hinsichtlich eines Beschuldigten das Verfahren teileingestellt wurde.[340] Dies entspricht jedoch nicht der Anordnung des § 169a StPO, da sich diese Vorschrift nur auf Fälle der späteren Klageerhebung (bzw. des späteren Antrags auf Erlass eines Strafbefehls, § 407 Abs. 1 Satz 4 StPO) bezieht.[341] Der Vermerk ist damit immer erst direkt vor den „Anklageteil" der Begleitverfügung zu setzen.[342]

„1. Vermerk: Die Ermittlungen sind (im Falle einer vorangegangenen Teileinstellung hinsichtlich eines von mehreren Beschuldigten: im Übrigen) abgeschlossen (§ 169a StPO).
2. Anklage nach anliegendem Entwurf in Reinschrift mit den erforderlichen Abschriften fertigen.
3. Eine Abschrift der Anklage zu den Handakten.
4. Ablichtungen von Blatt ... der Akte sowie dieser Verfügung fertigen und zu den Handakten nehmen."

Sind in besonderen Fällen andere **behördliche Stellen** von der Anklageerhebung zu unterrichten, ist dies zu verfügen: 193

„5. Mitteilung der Anklageerhebung nach Nummer 23 Abs. 1 Nummer 3 MiStra[343] übersenden an die Schleswig-Holsteinische Rechtsanwaltskammer."

Ebenfalls sowohl praxisrelevant als auch in Klausuren häufig zu bedenken ist die Mitteilung der Anklageerhebung an die **Haftanstalt,** wenn sich der Beschuldigte in Untersuchungshaft befindet: 194

„6. Mitteilung von Anklageerhebung an den Leiter der Untersuchungshaftanstalt Uelzen."

Sollte sich bei den Akten noch kein Auszug aus den in Betracht kommenden **Registern** (Bundeszentral-, Erziehungs-, Verkehrszentralregister) befinden, so ist dieser anzufordern:[344] 195

„7. Auskunft aus dem Bundeszentralregister für den Beschuldigten D (Bl. 6 d. A.) anfordern."[345]

---

[339] Dieser Abschlussvermerk ist nicht nur eine bloße Förmlichkeit, sondern hat zur Folge, dass nunmehr dem Beschuldigten auf Antrag der Staatsanwaltschaft ein Verteidiger zu bestellen ist (§ 141 Abs. 3 Satz 3 StPO) und dem Verteidiger die **unbeschränkte Akteneinsicht** und die Besichtigung der amtlich verwahrten Beweisstücke (§ 147 Abs. 2 StPO) nicht mehr versagt werden kann (vgl. auch Nummer 109 Abs. 1 RiStBV).

[340] So etwa *Solbach/Auchter-Mainz/Deller/Schützeberg* S. 169.

[341] Wie hier auch *Meyer-Goßner/Schmitt* StPO § 169a Rn. 2.

[342] Dieses Vorgehen wird auch von Nummer 109 Abs. 3 RiStBV gestützt, nach der „der Vermerk erkennen lassen (muss), gegen welchen Beschuldigten die Ermittlungen abgeschlossen sind".

[343] Wie bereits gesagt, wird die genaue Bezeichnung der entsprechenden Nummer in der Klausur nicht zwingend verlangt.

[344] Formulierungshilfen finden sich bei *Kraß* S. 1, 3 und 5.

[345] Häufig findet sich in der Praxis die sprachlich wenig schöne Formulierung „erfordern".

196 Es folgt die Übersendungsverfügung, die besagt, dass das Original der Verfügung mit den Akten versandt werden soll. Aufzunehmen ist an dieser Stelle auch, wenn Beiakten oder Asservate mit versandt werden sollen:

„8. Urschriftlich mit Akten und Beiakten 224 Js 37/21
dem Amtsgericht[346]
– Schöffengericht[347] –
Koblenz[348]
unter Bezugnahme auf beiliegende Anklageschrift übersandt."

197 Auch wenn sich dies nicht immer in den Abschlussverfügungen findet, ist es ratsam, **weitere** an das Gericht zu stellende **Anträge** (insbesondere solche, die nicht bis zur Eröffnung des Hauptverfahrens warten können) schon hier einzufügen. Hier kann insbesondere folgender Zusatz aufgenommen werden:

„mit den Anträgen auf Bestellung eines Pflichtverteidigers gemäß § 140 Abs. 2, auf vorläufige Entziehung der Fahrerlaubnis nach § 111a Abs. 1 StPO sowie auf Erlass eines Haftbefehls gemäß den §§ 112 Abs. 1 Nr. 2 und 114 StPO unter Bezugnahme auf die beiliegende Anklageschrift übersandt."[349]

198 Die Abschlussverfügung endet mit einem **Wiedervorlagevermerk,** der sich naturgemäß nur auf die Handakten beziehen kann, sowie dem Datum (s. aber → Rn. 174) und der (vollen) **Unterschrift** des bearbeitenden Staatsanwaltes nebst seiner Dienstbezeichnung:

„9. Handakte wiedervorlegen in sechs Wochen.
Duisburg, den …
(Unterschrift mit Dienstbezeichnung)"

E. Besonderheiten bei Antrag auf Erlass eines Strafbefehls

199 Kommt der Prüfling zu dem Ergebnis, statt Erhebung der öffentlichen Klage einen Antrag auf Erlass eines Strafbefehls zu stellen, ergeben sich für die Abschlussverfügung lediglich kleinere sprachliche Besonderheiten, da nicht auf die „Anklageschrift", sondern auf den „Strafbefehl" Bezug zu nehmen ist:

„…

Antrag auf Erlass eines Strafbefehls nach anliegendem Entwurf in Reinschrift mit den erforderlichen Abschriften fertigen.

…

Urschriftlich mit Akten

---

[346] Zur Zuständigkeit des Gerichtes vgl. §§ 24 ff. und §§ 73 ff. GVG; hierzu hat der Prüfling bereits im prozessualen Teil des Gutachtens Stellung bezogen.

[347] Praktisch häufig werden die Akten an den „Vorsitzenden des Schöffengerichts" gerichtet; dies dürfte aber dem Wortlaut des § 199 Abs. 2 Satz 2 StPO, der auf das „Gericht" (§ 28 GVG) abstellt, widersprechen (vgl. *Solbach/Auchter-Mainz/Deller/Schützeberg* S. 125, 170).

[348] Die örtliche Zuständigkeit des Gerichts ergibt sich vor allem aus den §§ 7 und 9 StPO sowie § 9 StGB.

[349] Hinsichtlich der Bestellung eines Verteidigers sehen die §§ 140 Abs. 2 und 141 Abs. 3 Satz 2 und 3 StPO ausdrücklich einen Antrag der Staatsanwaltschaft vor. Auch wenn über die Anordnung oder Fortdauer der Untersuchungshaft im Eröffnungsbeschluss „von Amts wegen" entschieden wird (s. § 207 Abs. 4 StPO), ist ein solcher Antrag bei Eilbedürftigkeit geboten, jedenfalls aber – als schlichter Hinweis an das Gericht – unschädlich (dazu auch → Rn. 259 ff.).

dem Amtsgericht

– Strafrichter –

in Rostock

unter Bezugnahme auf den beiliegenden Antrag auf Erlass eines Strafbefehls übersandt."

§ 2. Die Anklageschrift

Wie oben bereits ausgeführt, wird vom Prüfling in der strafrechtlichen Pflichtklausur im Assessorexamen neben der Klärung von materiell- und prozessrechtlichen Fragen und der Anfertigung eines Entwurfs der Abschlussverfügung der zuständigen Staatsanwaltschaft auch die Fertigung eines Entwurfs einer Anklageschrift verlangt. In Klausuren wird daher nicht nur stets ein abschlussreifes Ermittlungsverfahren gegeben sein, so dass eine staatsanwaltschaftliche Abschlussverfügung zu verfassen ist, sondern beinahe ausnahmslos dürfte dieses Verfahren auch (zumindest in Teilen[350]) „anklagereif" sein. 200

A. Vorüberlegungen

Haben die materiell- und prozessrechtlichen Überlegungen einen hinreichenden Tatverdacht (§ 203 StPO) hinsichtlich eines Beschuldigten oder mehrerer Beschuldigter ergeben, hat die Staatsanwaltschaft regelmäßig die „öffentliche Klage ... durch Einreichung einer Anklageschrift bei dem zuständigen Gericht" zu erheben (§ 170 Abs. 1 StPO). In der Praxis hat der Staatsanwalt vor einer Anklageerhebung zwar auch über einen Antrag auf Entscheidung im beschleunigten Verfahren nach § 417 StPO oder auf Erlass eines Strafbefehls nach § 407 Abs. 1 StPO nachzudenken, in der Klausur wird einer Entscheidung im beschleunigten Verfahren – wie in → Rn. 169 gezeigt wurde – kaum Relevanz zukommen. Auch die gegen die Entscheidung für den Entwurf eines Antrags auf Erlass eines Strafbefehls nach § 407 StPO sprechenden Gründe wurden dargestellt.[351] 201

Die Prüflinge haben damit in der Regel eine Anklageschrift zu entwerfen, so dass es empfehlenswert ist, sich die wesentlichen – immer wiederkehrenden – formalen und inhaltlichen Erfordernisse einzuprägen.

B. Allgemeines

Bei der Anfertigung des Entwurfs ist zunächst im Hinblick auf die zu verwendende Begrifflichkeit zu beachten, dass die Praxis den Beschuldigten schon in der Anklageschrift als **„Angeschuldigten"** bezeichnet;[352] dies sollte daher auch in der Klausur unbedingt beachtet werden. Da nach § 157 StPO hierfür an sich die bereits „erhobene" Klage vorausgesetzt wird, diese Klageerhebung aber gemäß § 170 Abs. 1 StPO erst durch „Einreichung ... bei dem zuständigen Gericht" erfolgt, müsste sich in der Abfassung der Anklageschrift nach dem Gesetzeswortlaut eigentlich noch die Bezeichnung „Beschuldigter" finden (allerdings spricht auch § 200 Abs. 1 Satz 1 StPO von dem „Angeschuldigten"). 202

[350] S. dazu schon → Rn. 171.

[351] S. dazu → Rn. 166 f.

[352] KK-StPO/*Diemer* § 157 Rn. 1.

Inhalt und Form der Anklageschrift sind gesetzlich nicht abschließend geregelt. Einzelne Hinweise zu ihrer Gestaltung ergeben sich aus den §§ 199 Abs. 2 Satz 1 und 200 StPO sowie den Nrn. 110 bis 114 RiStBV (lesen!). In der Praxis hat sich ein **regional unterschiedlicher Aufbau der Anklageschrift** herausgebildet, ohne dass sich hierdurch inhaltliche Unterschiede ergeben. Im Folgenden soll zunächst die überwiegend gebräuchliche Form dargestellt werden. Abweichende Besonderheiten (vor allem in den Ländern Bayern und Baden-Württemberg) werden entweder in Anmerkungen oder im Anschluss an diesen Abschnitt (→ Rn. 263 ff.) genannt.

Bei der Abfassung des Entwurfs der Anklageschrift ist zunächst zwischen dem „Anklagesatz" (§ 200 Abs. 1 Satz 1 StPO) und weiteren Angaben zu unterscheiden.

C. Anklagesatz

203 Die inhaltlichen Hauptanforderungen an den „Anklagesatz", der nach § 243 Abs. 3 Satz 1 StPO in der Hauptverhandlung verlesen wird und daher das „Herz" der Anklageschrift darstellt, sind in § 200 Abs. 1 Satz 1 StPO (lesen!) aufgeführt. Nähere Angaben finden sich in Nummer 110 Abs. 2 RiStBV, wobei aber beachtet werden sollte, dass die dort gewählte Reihenfolge nicht dem Aufbau des Anklagesatzes, der in der überwiegenden Praxis üblich ist, entspricht.

I. Kopf der Anklageschrift

204 Die Anklageschrift wird stets am oberen linken Rand mit der Bezeichnung der absendenden **Behörde** und dem staatsanwaltschaftlichen **Aktenzeichen,** das dem Klausurtext zu entnehmen ist, sowie am rechten Rand mit dem **Datum** versehen:

„Staatsanwaltschaft bei dem Landgericht Kiel[353] Kiel, den 28. Oktober 2021
322 Js 1432/21"

205 Da die Anklageschrift an das „für die Hauptverhandlung zuständige **Gericht**" (s. § 199 Abs. 1 StPO) zu übersenden ist, findet sich in der Praxis zumeist[354] bereits im Kopf der Anklageschrift dessen Bezeichnung und Anschrift. Obwohl § 199 Abs. 1 StPO nur auf „das Gericht" abstellt und sich daher auch die Adressierung auf dieses beschränken könnte, wird gewöhnlich schon an dieser Stelle dessen **Spruchkörper**[355] – nicht jedoch wie gelegentlich zu finden „der Vorsitzende"[356] – bezeichnet.

„An das
Landgericht
– Schwurgericht –
in Kiel"

oder

„An das
Amtsgericht

[353] Oder: Staatsanwaltschaft Kiel (→ Rn. 174).

[354] Hierauf verzichtet unter anderem die bayerische Praxis (s. etwa *Brunner* Rn. 119 f. und *Solbach/Auchter-Mainz/Deller/Schützeberg* S. 115).

[355] Neben den unten beispielhaft genannten, kann die Anklageschrift auch gerichtet sein an den „Strafrichter" (§ 25 GVG), den „Jugendrichter" (§ 39 JGG), an das „Jugendschöffengericht" (§ 40 JGG), an die „Jugendkammer" (§ 41 JGG), an die „Wirtschaftsstrafkammer" (§ 74c GVG) und (bei einer in der Klausur seltenen erstinstanzlichen Zuständigkeit des OLG) an den „Strafsenat" (s. § 120 GVG).

[356] Vgl. dazu *Solbach/Auchter-Mainz/Deller/Schützeberg* S. 125

– Schöffengericht –[357]
in Oldenburg/Holstein"

Nach der Anschrift des Gerichts (aber noch vor der Überschrift) ist gegebenenfalls durch einen besonderen Hinweis (gewöhnlich am rechten Rand) hervorzuheben, dass sich der Angeschuldigte oder einer der Angeschuldigten in **Untersuchungs- oder Strafhaft** befindet (s. die Nummern 52 und 110 Abs. 4 Satz 1 RiStBV).[358] 206

„Haft!"

Mit diesem Hinweis zu verbinden ist der mit der Untersuchungshaft bzw. ihrer Fortdauer **Fristablauf nach sechs Monaten gemäß § 121 StPO** (s. die Nummern 56 und 110 Abs. 4 Satz 3 RiStBV).[359]**.** Dass der sich in Untersuchungshaft befindliche Angeschuldigte keinen Verteidiger hat, ist durch § 140 Abs. 1 Nr. 4 StPO inzwischen ausgeschlossen, so dass der früher erforderliche Hinweis auf die Haftprüfung gemäß § 117 Abs. 5 StPO a. F. nicht mehr relevant ist. 207

„Ablauf der Frist gemäß § 121 Abs. 2 StPO am …"

Nunmehr ist der Entwurf zentriert mit 208

„Anklageschrift"

zu überschreiben.

II. Personalien

Da der Angeschuldigte in der Hauptverhandlung identifiziert und individualisiert werden muss, ist er in der Anklageschrift so genau zu bezeichnen, dass eine Verwechslung ausgeschlossen ist. Aus Nummer 110 Abs. 2 lit. a RiStBV ergeben sich die in die Anklageschrift aufzunehmenden **Personalien** des Angeschuldigten. Danach sind anzugeben der Familienname, die Vornamen (Rufname unterstrichen), der Geburtsname, der Beruf, die Anschrift, der Familienstand, der Geburtstag und der genaue Geburtsort sowie die Staatsangehörigkeit.[360] Nicht geboten sind bereits hier Zusätze hinsichtlich etwaiger Vorstrafen,[361] diese können aber im wesentlichen Ergebnis der Ermittlungen[362] genannt werden, da ihnen für die Strafzumessung 209

---

[357] Eine Adressierung an das „Schöffengericht" ist auch in dem Fall zu wählen, in dem eine Entscheidung durch das *erweiterte* Schöffengericht begehrt wird; die Anschrift „erweitertes Schöffengericht", die sich in der Praxis gelegentlich findet, sollte vermieden werden, weil dieser Spruchkörper in diesem Verfahrensstadium überhaupt noch nicht existiert; über die Zuziehung eines zweiten Richters ist nach § 29 Abs. 2 Satz 1 GVG nämlich erst „bei Eröffnung des Hauptverfahrens" zu entscheiden. S. zur Formulierung des **Antrags auf Zuziehung eines zweiten Richters** *Solbach/Auchter-Mainz/Deller/Schützeberg* S. 125.

[358] Der hier ebenfalls zu platzierende Hinweis „Jugendschutzsache" (vgl. § 26 GVG) dürfte in der Klausur keine Rolle spielen.

[359] Die Fristberechnung beginnt nicht schon mit der vorläufigen Festnahme, sondern erst mit Erlass des Haftbefehls, datiert letzterer etwa unter dem 6. August 2021, hat die Prüfung nach § 117 Abs. 5 StPO bis zum 6. November 2021 zu erfolgen; s. im Einzelnen *Meyer-Goßner/Schmitt* StPO § 121 Rn. 4.

[360] Auch wenn in der Klausurakte einige Angaben fehlen, sollten diese nicht weggelassen, sondern als „nicht bekannt" gekennzeichnet werden.

[361] Vgl. aber *Emde* JuS 1996, 631 (632).

[362] Das wesentliche Ergebnis der Ermittlungen ist in Klausuren nur selten zu fertigen, da von seiner Erstellung häufig durch den Bearbeitungsvermerk entpflichtet wird bzw. die Darstellung bei Anklage vor dem Strafrichter wegen § 200 Abs. 2 Satz 2 StPO entfallen kann (es sei denn, der Bearbeitungsvermerk gibt vor, dass von § 200 Abs. 2 Satz 2 StPO kein Gebrauch zu machen ist).

Bedeutung zukommen kann; hierbei sollte jedoch der Rahmen des § 243 Abs. 4 Satz 3 StPO beachtet werden.

210 Bei **Minderjährigen** sind – deutlich abgesetzt – zusätzlich auch der Name und die Anschrift der gesetzlichen Vertreter in die Anklageschrift aufzunehmen. Bezieht sich die Klageerhebung auf mehrere Angeschuldigte, sind diese ohne Gliederungsziffern lediglich durch einen entsprechenden Absatz getrennt aufzuführen.[363]

211 Besonders hervorzuheben ist hier noch einmal eine etwaige **Inhaftierung** des Angeschuldigten. Anzugeben sind der Tag der polizeilichen Festnahme und derjenige des Erlasses des Haftbefehls; daneben sind auch das Gericht, das den Haftbefehl erlassen hat (mit dem dortigen Aktenzeichen), und die Justizvollzugsanstalt, in der der Angeschuldigte zum Zeitpunkt der Anklageerhebung einsitzt, nebst Gefangenenbuchnummer zu nennen.

212 Falls sich eine **anwaltliche Vertretung** bereits aus dem Akteninhalt ergibt, ist auch die Nennung des Strafverteidigers[364] geboten.

„Die Ärztin Dr. Petra Schwarz, geboren am 27. Juni 1959 in Berchtesgaden, wohnhaft Parkstraße 16 in 23759 Oldenburg/Holstein, ledig, Deutsche,

- in anderer Sache zurzeit in Strafhaft in der Justizvollzugsanstalt Celle bis zum 4. März 2022,
- Verteidiger: Rechtsanwalt Dr. Franz Hoffmann aus Kiel (Bl. 10 d. A.),[365]

die Auszubildende Laura Ramona Polenz, geboren am 6. Mai 2004[366] in Karlsruhe, wohnhaft Kirchenweg 4 in 23 759 Oldenburg/Holstein, ledig, Deutsche,

- gesetzliche Vertreterin: Helga Polenz, Bahnhofstraße 34, 24119 Kronshagen
- in dieser Sache vorläufig festgenommen am 17. Juli 2021 und seit dem 18. Juli 2021 in Untersuchungshaft in der JVA Neumünster aufgrund des Haftbefehls des Amtsgerichts Bad Segeberg vom 18. Juli 2021 – Az. … –[367]
- Verteidigerin: Dr. Franziska Hubertus aus Kiel (Bl. 5 d. A.)“

---

[363] In der Anklageschrift kommen den arabischen und römischen Ziffern besondere Bedeutungen zu, → Rn. 226. Hinsichtlich der zu wählenden Reihenfolge verfährt die Praxis uneinheitlich; in der Klausur empfiehlt sich eine Ordnung nach der Schwere des Tatvorwurfs, bei vergleichbarer Schwere eine alphabetische.

[364] Hier wird gelegentlich auch die Stellung als Pflicht- oder Wahlverteidiger aufgenommen; s. *Emde* JuS 1996, 631 (632); *Kraß* S. 35; vgl. aber *Solbach/Auchter-Mainz/Deller/Schützeberg* S. 128. *Vollmer/Heidrich* Rn. 218 empfehlen auch die Nennung der Blattzahl der Vollmachterteilung.

[365] Notwendig ist schon hier die Angabe der Vollmacht oder des Beschlusses der Beiordnung als Pflichtverteidiger.

[366] Soll, wie im Beispielsfall, eine Strafsache gegen Jugendliche und Erwachsene *gemeinsam* verhandelt werden, ist hinsichtlich der Voraussetzungen und der Gerichtszuständigkeit § 103 JGG zu beachten.

[367] Auch wenn der Haftbefehl zwischenzeitlich aufgehoben wurde (s. § 120 StPO), ist dies (nun nicht mehr wegen der Erreichbarkeit des Angeschuldigten, sondern vor allem wegen der späteren Anrechnung erlittener Untersuchungshaft nach § 51 Abs. 1 StGB bzw. wegen etwaiger Entschädigung nach § 2 Abs. 1 StrEG) in die Anklageschrift aufzunehmen; in diesem Falle kann etwa formuliert werden: „In dieser Sache vorläufig festgenommen am … und in Untersuchungshaft in der Justizvollzugsanstalt … gewesen vom … bis zum … aufgrund des Haftbefehls des Amtsgerichts … vom …“. Ähnliches gilt, wenn der Haftbefehl außer Vollzug gesetzt wurde (s. § 116 StPO); hier kann es heißen: „In dieser Sache vorläufig festgenommen am … und in Untersuchungshaft in der Justizvollzugsanstalt … gewesen aufgrund des Haftbefehls des Amtsgerichts … vom … Durch Beschluss des Amtsgerichts … vom … wurde der Vollzug des Haftbefehls ausgesetzt; entlassen am …“.

III. Zeit und Ort der Tatbegehung

Nunmehr sind gemäß § 200 Abs. 1 Satz 1 StPO die **Tat,** die dem Angeschuldigten zur Last gelegt wird, **Zeit und Ort ihrer Begehung** sowie ihre **gesetzlichen Merkmale** so genau wie möglich zu bezeichnen. Diese Punkte werden mit dem Rubrum durch die Wendung verbunden: 213

„wird" (bzw.: „werden") „angeklagt,„

Gelegentlich findet sich hier auch die Formulierung „klage ich an:"; da jedoch nach § 170 Abs. 1 StPO „die Staatsanwaltschaft" und nicht ein einzelner Staatsanwalt Anklagebehörde ist, dürfte die neutrale Fassung vorzugswürdig sein.

Schon in diesem überleitenden Teil des Anklagesatzes findet sich in der Praxis der **Hinweis auf eine Strafverfolgungsbeschränkung nach § 154a StPO** (s. hierzu Nummer 101a und Nummer 110 Abs. 2 lit. e RiStBV).[368] Durch Anwendung dieser Vorschrift kann der Prüfling nicht nur strafprozessuale Kenntnisse in die Klausur einfließen lassen, sondern auch zeigen, dass er in der Lage ist, das Verfahren – den Erfordernissen der Praxis gerecht werdend – zu „vereinfachen" (Nummer 101a Abs. 1 RiStBV). Zugleich bietet die Verfolgungsbeschränkung die für die Klausur besonders wichtige Möglichkeit, sehr komplizierten und verschachtelten Formulierungen der „gesetzlichen Merkmale" vorzubeugen. Ausführungen zu den Voraussetzungen des § 154a StPO werden bereits im prozessualen Gutachten oder in der Begleitverfügung verlangt, so dass im Anklagesatz etwa zu formulieren bleibt: 214

wird – unter Beschränkung nach § 154a Abs. 1 Nr. 1 StPO in Bezug auf den Vorwurf des versuchten Betruges und der Urkundenfälschung – angeklagt,

Tatzeit und Tatort sind im Folgenden so genau wie möglich anzugeben:[369] 215

„am 3. November 2021
in Duisburg"

Diese Angaben dienen nicht nur der Information der Verfahrensbeteiligten, sondern auch dazu, die äußeren Merkmale der prozessualen Tat(en) und damit den Gegenstand der Anklage genau zu umreißen. Sind die Informationen in der Akte nicht geeignet, ein genaues Datum zu benennen, ist ein Zeitraum anzugeben; so kann es etwa heißen:

„an einem nicht näher bestimmbaren Tag in den nordrhein-westfälischen Schulherbstferien 2021 (11. bis 23. Oktober)"
oder

„vor dem 10. Oktober 2021 in nicht rechtsverjährter Zeit"

Sind strafbare Handlungen **zu verschiedenen Zeiten und/oder an mehreren Orten** begangen worden, besteht die Gefahr, den Anklagesatz zu überfrachten. In einem solchen Fall sollte daher hinsichtlich beider eine zusammenfassende Angabe gemacht werden.[370] Die Praxis beschränkt sich bei der Bezeichnung des Tatorts etwa auf die Wiedergabe desjenigen, welcher die örtliche Zuständigkeit des Gerichts begründet.[371] 216

„in der Zeit vom 13. Juni 2021 bis zum 4. Dezember 2021

in Regensburg und andernorts"

---

[368] Teilweise wird der Hinweis auf eine etwaige Verfolgungsbeschränkung auch erst im Anschluss an die anzuwendenden Vorschriften eingefügt (so etwa *Emde* JuS 1996, 825 [826]).
[369] Nicht erforderlich ist in der Regel die Aufnahme der Uhrzeit (vgl. auch *Kraß* S. 36).
[370] *Solbach/Auchter-Mainz/Deller/Schützeberg* S. 129.
[371] Vgl. *Kraß* S. 37.

IV. Gesetzliche Merkmale der Straftat

217 Daran anschließend sind nach § 200 Abs. 1 Satz 1 StPO in der Anklageschrift die **„gesetzlichen Merkmale der Straftat“**[372] zu bezeichnen.[373] Um Wiederholungen zu vermeiden, werden diese sinnvollerweise mit allgemeinen Hinweisen, die sämtliche oder eine Vielzahl von Tatbestandsverwirklichungen betreffen, eingeleitet. Hervorzuheben ist hier gegebenenfalls, dass der Angeschuldigte „als **Jugendlicher mit Verantwortungsreife**“ **oder „als Heranwachsender“** gehandelt hat.

218 Wird in der staatsanwaltschaftlichen Praxis zumeist darauf verzichtet, die mittelbare Täterschaft durch die Formulierung „durch einen anderen“ zu kennzeichnen, so besteht jedenfalls Einigkeit, die **mittäterschaftliche Begehung** durch den Begriff „gemeinschaftlich“ im Anklagesatz vor der Bezeichnung der gesetzlichen Merkmale der Tat zu nennen, wobei der Mittäter insbesondere dann genau zu bezeichnen ist, wenn er nicht Mitangeklagter ist:

„gemeinschaftlich mit der gesondert verfolgten Christiane Maier“ oder „... bereits abgeurteilten ...“ oder „... zwischenzeitlich verstorbenen ...“

219 Sachgerecht ist es auch, bei Vorliegen der Voraussetzungen des **§ 21 StGB** einen entsprechenden Hinweis[374] jedenfalls dann voranzustellen, wenn sämtliche angeklagte Delikte in diesem Zustand begangen wurden.[375]

220 Darüber hinaus sieht Nummer 110 Abs. 2 lit. c RiStBV vor, bei der Bezeichnung des gesetzlichen Tatbestands **tateinheitliches bzw. tatmehrheitliches Zusammentreffen** anzugeben. Bei Tateinheit geschieht dies durch die Formulierung „durch dieselbe Handlung“, wobei die einzelnen Straftatbestände im Weiteren mit kleinen Buchstaben (a., b. etc.) gekennzeichnet werden. Bei Vorliegen von Tatmehrheit findet sich die Wendung „durch ... selbstständige Handlungen“, die durch arabische Ziffern in der zeitlichen Reihenfolge ihrer Begehung untergliedert werden (bei tateinheitlicher Verwirklichung „innerhalb“ einer selbstständigen Handlung ist wie oben mit kleinen Buchstaben weiter zu untergliedern). Wurde ein Tatbestand mehrmals verwirklicht, ist dies bei Tatmehrheit vor der Bezeichnung der Merkmale durch die Worte „in ... Fällen“,[376] bei Tateinheit durch die Nennung der Anzahl der Tatobjekte („drei andere Personen körperlich misshandelt zu haben“) zu verdeutlichen. Die Beteiligung mehrerer Personen wird gewöhnlich mit römischen Ziffern gegliedert.

221 Bei **Qualifizierungen** sind deren Merkmale im Anschluss an die Bezeichnung des Grundtatbestandes im Nebensatz mit „wobei“ einzuleiten.

„gemeinschaftlich mit dem bereits abgeurteilten Daniel Langen und dem gesondert verfolgten Michael Martens eine fremde bewegliche Sache einem anderen in der Absicht weggenommen zu haben, die Sache einem Dritten rechtswidrig zuzueignen, wobei ein anderer Beteiligter, namentlich der gesondert verfolgte Michael Martens, ein Mittel bei sich führte, um den Widerstand einer anderen Person durch Drohung mit Gewalt zu überwinden.“

222 Gleiches gilt nach überwiegender Praxis[377] für **Strafzumessungsregeln** (bei § 243 Abs. 1 Satz 2 Nr. 1 StGB also etwa: „..., wobei er zur Ausführung der Tat in ein

---

[372] Diese werden gelegentlich auch als „abstrakter Anklagesatz“ oder „Abstraktum“ (im Unterschied zum „konkreten Anklagesatz“ [„Konkretisierung“ oder „Konkretum“]) bezeichnet.

[373] In Bayern werden die gesetzlichen Merkmale erst im Anschluss an die Sachverhaltsschilderung angeführt; s. etwa *Brunner* Rn. 193.

[374] Zur Formulierung s. sogleich → Rn. 223.

[375] Vgl. *Meyer-Goßner/Schmitt* StPO § 200 Rn. 11.

[376] Die Bezeichnung „Fall“ sollte nur bei gleichartiger Tatmehrheit benutzt werden, um Verwechselungen mit der gleichartigen Tateinheit zu vermeiden.

[377] S. nur *Solbach* MDR 1978, 900 (900 f.); *Meyer-Goßner/Schmitt* StPO § 200 Rn. 10.

Gebäude einbrach").[378] Sind Tatbestände sowohl vorsätzlich als auch fahrlässig zu begehen (wie §§ 315c, 316 und 323a StGB), muss dies aus der Bezeichnung der gesetzlichen Merkmale hervorgehen.

223 Gelegentlich kann es sich empfehlen, gesetzliche Merkmale vereinfacht wiederzugeben (beim Versuch ist dies in Nummer 110 Abs. 2 lit. c RiStBV ausdrücklich genannt). Dies gilt insbesondere dann, wenn die Wiedergabe der gesetzlichen Merkmale den Anklagesatz sehr unübersichtlich geraten ließe. So sollten etwa in Fällen des § 21 StGB nicht die dort beschriebenen Merkmale genannt, sondern einfacher formuliert werden („im Zustand verminderter Schuldfähigkeit …"[379]). Bei **Anstiftungs- oder Beihilfekonstellationen** sollten[380] die gesetzlichen Merkmale der Haupttat nicht aufgenommen werden, sondern diese nur mit ihrer gesetzlichen Überschrift wiedergegeben werden („… vorsätzlich einem anderen zu dessen vorsätzlich begangener rechtswidriger Tat, namentlich eines Diebstahls, Hilfe geleistet zu haben"). Ein Begehen durch Unterlassen (§ 13 Abs. 1 StGB) wird bei der Bezeichnung der gesetzlichen Merkmale nicht aufgenommen, nähere Ausführungen hierzu finden sich erst in der „Konkretisierung".[381]

224 In Fällen der („echten"[382]) **Wahlfeststellung**[383] werden die gesetzlichen Merkmale der in Frage kommenden Tatbestände mit einem „oder" verbunden.[384]

225 Die **Merkmale des Tatbestands** sind bei der Bezeichnung immer in ihrer **konkret verwirklichten Form** wiederzugeben. Sieht ein Tatbestand verschiedene Handlungsmodalitäten oder Erfolge vor, sind daher nur diejenigen zu nennen, hinsichtlich welcher im materiellrechtlichen Gutachten ein hinreichender Tatverdacht angenommen wurde. Nicht aufzunehmen sind ungeschriebene Tatbestandsmerkmale (wie die Vermögensverfügung beim Betrug) oder ein allgemeines Verbrechensmerkmal (wie: „rechtswidrig" bei § 303 Abs. 1 StGB, „widerrechtlich" bei § 123 Abs. 1 StGB oder „unbefugt" bei § 203 Abs. 1 StGB).[385]

226 Die Bezeichnung der gesetzlichen Merkmale der Straftat im Anklagesatz kann bei mehreren Angeschuldigten, denen zudem verschiedene tateinheitlich und tatmehrheitlich begangene Delikte zur Last gelegt werden, beispielhaft wie folgt aussehen:

---

[378] Unbenannte besonders schwere Fälle werden in der Klausur keine bedeutende Rolle spielen; ist ein solcher einmal festgestellt worden, ist er in den Anklagesatz aufzunehmen („…, wobei ein besonders schwerer Fall anzunehmen ist.").

[379] Vgl. *Emde* JuS 1996, 631 (633).

[380] Vgl. *Riemann-Prehm/Rottpeter/Schmidt/Theede* S. 89 f.; im Einzelnen ist das Vorgehen hier aber uneinheitlich und sehr umstritten (vgl. *Solbach/Auchter-Mainz/Deller/Schützeberg* S. 135).

[381] Dazu sogleich → Rn. 227 ff.

[382] S. dazu den Überblick bei *Wessels/Beulke/Satzger* Rn. 1304 ff. sowie *Kruse* Jura 2008, 173 ff.

[383] Hier sollten Examenskandidaten die **Entwicklung der höchstrichterlichen Rechtsprechung** im Blick behalten; s. den Überblick bei *Fischer* StGB § 1 Rn. 41 f. Nachdem der 2. Senat des *Bundesgerichtshofs* Zweifel an einer wahldeutigen Verurteilung ohne Gesetzesgrundlage hegte (Vorlagebeschluss, BeckRS 2015, 20998), hat nunmehr der Große Senat für Strafsachen (BGHSt 62, 164 ff. [lesen!]) entschieden, dass es sich bei der ungleichartigen Wahlfeststellung (lediglich) um eine prozessuale Entscheidungsregel handelt, die nicht an dem strengen Gesetzlichkeitsprinzip des Art. 103 Abs. 2 GG zu messen sei – als solche unterliege sie demnach „lediglich den allgemein für die richterliche Rechtsfortbildung bestehenden Zulässigkeitsvoraussetzungen, denen sie genügt". Mittlerweile wurde diese rechtliche Bewertung auch durch das *Bundesverfassungsgericht* „abgesegnet" (NJW 2019, 2837 ff.).

[384] Vgl. dazu *Solbach/Auchter-Mainz/Deller/Schützeberg* S. 135.

[385] S. die zahlreichen Formulierungsbeispiele häufig vorkommender Tatbestände bei *Emde* JuS 1996, 631 (632).

„I. der Angeschuldigte Andersson
durch drei selbstständige Handlungen
1. durch dieselbe Handlung
a) eine fremde bewegliche Sache in der Absicht, die Sache sich rechtswidrig zuzueignen, weggenommen und
b) zwei andere Personen körperlich misshandelt zu haben,
2. fahrlässig ein Fahrzeug geführt zu haben, obwohl er infolge des Genusses alkoholischer Getränke nicht in der Lage war, das Fahrzeug sicher zu führen, sowie
3. durch dieselbe Handlung
a) als Arbeitgeber Beiträge der Arbeitnehmerin zur Sozialversicherung vorenthalten zu haben und
b) in der Absicht, einem Dritten einen rechtswidrigen Vermögensvorteil zu verschaffen und dadurch das Vermögen eines anderen zu beschädigen, durch Vorspiegelung falscher Tatsachen versucht zu haben, einen Irrtum zu erregen,[386]

II. der Angeschuldigte Borowski
durch drei selbstständige Handlungen
1. dem Angeschuldigten Andersson vorsätzlich zu dessen vorsätzlich begangener rechtswidriger Tat, namentlich einer Körperverletzung, Hilfe geleistet zu haben und
2. durch dieselbe Handlung
a) eine fremde bewegliche Sache einem anderen in der Absicht weggenommen zu haben, die Sache sich rechtswidrig zuzueignen, wobei er zur Ausführung der Tat in einen umschlossenen Raum einbrach, und
b) vorsätzlich ein Kraftfahrzeug geführt zu haben, obwohl er die dazu erforderliche Fahrerlaubnis nicht hatte, sowie
3. Entweder
eine fremde bewegliche Sache einem anderen in der Absicht weggenommen zu haben, die Sache sich rechtswidrig zuzueignen,
Oder
eine Sache, die ein anderer gestohlen hat, sich verschafft zu haben,

III. die Angeschuldigte Cichon
durch drei selbstständige Handlungen
1.–3. jeweils einen anderen an der Gesundheit beschädigt zu haben."

V. „Konkretisierung"

227 Im Anschluss an die gesetzlichen Merkmale der Straftat(en) ist im Anklagesatz „die Tat", die dem Angeschuldigten „zur Last gelegt" wird (s. § 200 Abs. 1 Satz 1 StPO), zu bezeichnen. Diese gesetzlich vorgeschriebene Bezeichnung der (vorgeworfenen) Tat, für die sich der Begriff „Konkretisierung" eingebürgert hat, muss das konkrete **Tatgeschehen als Lebensvorgang und als geschichtliches Ereignis unverwechselbar nach bestimmten Tatumständen** so genau kennzeichnen, dass keine Unklarheit über den Tatvorwurf aufkommen kann. Gerade die Konkretisierung bereitet oftmals Schwierigkeiten. Diese können jedoch recht einfach überwunden werden, wenn man sich vor Augen führt, dass die Schilderung nur auf das Wesentliche zu beschränken ist.[387] Allein darzustellen sind danach diejenigen Tatsachen, die für die Verwirklichung des gesetzlichen Tatbestands und – dem obigen Ansatz zum Inhalt der gesetzlichen Merkmale folgend – gegebenenfalls auch einer Strafzumessungsregel[388] erforderlich sind. Weiterführende Angaben gehören allenfalls in das „wesentliche

[386] Das Beispiel folgt der Ansicht von *Solbach/Auchter-Mainz/Deller/Schützeberg* S. 134, in dem klargestellt wird, welcher Teil des mehraktigen Delikts nicht zur Vollendung gelangt ist.
[387] *Meyer-Goßner/Schmitt* StPO § 200 Rn. 8.
[388] *Solbach* MDR 1978, 900 (900); vgl. auch *Solbach/Auchter-Mainz/Deller/Schützeberg* S. 135; KK-StPO/*Schneider* § 200 Rn. 15.

Ergebnis der Ermittlungen". Damit dürfen sich an dieser Stelle insbesondere keine Ausführungen zur Beweiswürdigung finden.[389]

228 In der Praxis werden (regional abweichend) verschiedene einleitende Formulierungen gewählt. Teilweise wird nach den gesetzlichen Merkmalen ein neuer Hauptsatz begonnen, der dann etwa lautet:

„Der Angeschuldigten wird folgendes zur Last gelegt: Gegen 17.00 Uhr befuhr sie ..." oder: „Der Angeschuldigten wird vorgeworfen, dass sie gegen 17.00 Uhr ... befuhr" oder (ohne jede Einleitung): „Die Angeschuldigte befuhr gegen 17.00 Uhr ...."

Möglich ist auch die Verbindung der Bezeichnung der gesetzlichen Merkmale mit der „Konkretisierung" durch einen Nebensatz, der gewöhnlich mit dem Wort „indem" beginnt. Der gesamte Anklagesatz wird danach tatsächlich (dem Gesetzeswortlaut des § 200 Abs. 1 Satz 1 StPO entsprechend) in einem Satz zusammengefasst:

„indem sie gegen 17.00 Uhr ... befuhr."

Dieser Aufbau hat den Vorteil, dass der Prüfling daran erinnert wird, die Konkretisierung nicht zu überlasten, sondern sich wirklich darauf zu beschränken, diejenigen Tatsachen aufzuzählen, welche die Subsumtion tragen. Er birgt jedoch auch die Gefahr in sich, den „Faden" zu verlieren, so dass der zuerst genannte Ansatz in der Klausur wohl vorzuziehen ist.

229 Wenn damit auch stets vom verletzten Straftatbestand auszugehen ist, so ist bei der Formulierung der Konkretisierung dennoch dringend darauf zu achten, den jeweiligen Gesetzestext nicht zu wiederholen, da das geschilderte Geschehen diesem gerade subsumiert werden soll. Zu vermeiden ist zudem die Verwendung des Passivs. Die Zeitform ist das **Präteritum** und – für vor der Tat liegende Geschehnisse – das **Plusquamperfekt.**

230 Besonders wichtig – und dennoch häufig vergessen – ist die Mitteilung der Tatsachen, die zur Subsumtion der **inneren Tatseite** benötigt werden. Hier genügt nicht allein die Darstellung der intellektuellen Komponente des Vorsatzes, einzugehen ist immer auch auf dessen voluntative Seite.[390]

„... Dabei erkannte die Angeschuldigte die Möglichkeit des Todeseintritts und nahm diesen billigend in Kauf."

231 Es ist zweifelhaft, ob auch die Umstände, die für die **Strafzumessung** von Bedeutung sein können, wie etwa die verursachten Tatfolgen oder das Verhalten des Täters nach der Tat (s. § 46 Abs. 2 Satz 2 StGB), schon in die Konkretisierung aufzunehmen sind. Gegen eine Erwähnung der Tatfolgen und des Nachtatverhaltens spricht zwar, dass die Funktion des Anklagesatzes lediglich darin besteht, den Verfahrensgegenstand genau zu umschreiben,[391] wofür die genannten weitergehenden Angaben nicht erforderlich sind,[392] jedoch finden sich in der Praxis häufig bereits in der Konkretisierung Angaben, die nicht für die Strafbarkeit selbst, sondern allein für die

---

389 *Meyer-Goßner/Schmitt* StPO § 200 Rn. 7a.

390 Die häufig zu findende Formulierung „Der Angeschuldigte handelte in Kenntnis aller tatsächlichen Umstände" (s. etwa *Brunner* Rn. 130 und *Riemann-Prehm/Rottpeter/Schmidt/Theede* S. 91) gerät daher zu knapp.

391 Vgl. BGHSt 16, 47 (48) und BGHSt 22, 336 (337 f.); s. dazu auch KK-StPO/*Schneider* § 200 Rn. 3 mit weiteren Nachweisen

392 So ausdrücklich *Meyer-Goßner/Schmitt* StPO § 200 Rn. 10; differenzierend KK-StPO/*Schneider* § 200 Rn. 15.

Folgen der Straftat von Interesse sind.[393] Die Aufnahme solcher Angaben in den Anklagesatz ist daher nicht falsch, sondern allenfalls überflüssig.

232 Bei einem vorsätzlichen Begehungsdelikt kann die Konkretisierung danach etwa wie folgt formuliert werden:

„Gegen 17.00 Uhr bestieg die Angeschuldigte das Taxi der Anne Schumann[394] und begehrte, zur Schützenstraße gefahren zu werden. Bereits zu diesem Zeitpunkt plante sie, den Fahrpreis später nicht zu begleichen. Beim Anhalten am Zielort wies das Taxameter einen Fahrpreis in Höhe von 12,70 Euro aus. Als Anne Schumann[395] diese Summe von der Angeschuldigten verlangte, zog sie wortlos eine Gaspistole der Marke „Starigard" und richtete diese auf das Gesicht der Taxifahrerin Schumann. Ohne ihre Reaktion abzuwarten, feuerte sie sodann aus einer Entfernung von 50 Zentimetern einen Schuss ab, wobei sie sich bewusst war und zumindest billigend in Kauf nahm, dass die Taxifahrerin Schumann hierdurch Verletzungen an den Augen erleiden würde. Anne Schumann, die durch den Schuss eine starke Bindehautreizung erlitt, riss sich beide Hände vor das Gesicht. In diesem Moment verließ die Angeschuldigte, ihren Planungen entsprechend, das Fahrzeug und flüchtete."

233 Bei dem Vorwurf einer **fahrlässigen Tatbegehung** ist darauf zu achten, das sorgfaltswidrige Verhalten so genau wie möglich zu beschreiben:

„Der Angeschuldigte befuhr gegen 22.00 Uhr mit seinem Kraftfahrzeug mit dem amtlichen Kennzeichen FR-OG 222 die Kreisstraße 546 von Wermelshagen nach Benndorf. Im Ortsbereich der Gemeinde Tersdorp beugte er sich in Richtung seines Handschuhfaches und wechselte eine Kassette seines Autokassettenradios. Hierbei achtete er für einen kurzen Zeitraum nicht mehr auf den vor ihm fließenden Verkehr; aufgrund dieser Unachtsamkeit fuhr er auf das vor ihm abbiegende und vorschriftsmäßig die Änderung der Fahrtrichtung anzeigende Kraftfahrzeug des Horst Bucher auf. Dieser erlitt durch den Aufprall ein Halswirbelsäulen-Schleudertrauma und eine Platzwunde an der Stirn."

234 Ist das Verhalten **mehrerer Angeschuldigter** in eine Konkretisierung aufzunehmen, ergeben sich dann keine Schwierigkeiten, wenn ausschließlich ein Fall mittäterschaftlicher Haftung vorliegt. Hier ist eine gemeinsame Konkretisierung zu fertigen, in welcher die Angeschuldigten mit ihren Namen bezeichnet werden:

„Die Angeschuldigten betraten um die Mittagszeit des 6. November 2021 das Grundstück des Juweliers Erich Schneider in der Parkstraße 6. Der Angeschuldigte Andersson schlug sodann mit einem mitgeführten Brecheisen das zum Garten gelegene Kellerfenster ein. Durch dieses kletterten die Angeschuldigten in das Haus und gelangten durch die Kellerräume in den Wohnbereich. Im Wohnzimmer öffnete der Angeschuldigte Borowski mit dem Brecheisen den Sekretär, in dem sich 15.000 Euro Bargeld befanden. Dieses nahmen die Angeschuldigten an sich und verließen damit das Gebäude durch die Vordertür. Das entwendete Geld verbrauchten sie in den kommenden Wochen – wie von vornherein geplant – für aufwendige Urlaubsreisen."

235 Werden den Angeschuldigten neben einer gemeinschaftlichen Tatbegehung **auch nicht gemeinschaftlich begangene** Taten zur Last gelegt, so sollte dies in der Konkretisierung durch Verwendung von Gliederungspunkten zum Ausdruck gebracht werden, wobei es sinnvoll ist, das Geschehen in der zeitlichen Reihenfolge zu schildern.

---

[393] So etwa *Riemann-Prehm/Rottpeter/Schmidt/Theede* S. 91.

[394] Häufig findet sich schon hier die Bezeichnung „Zeuge" oder „Zeugin"; dies ist aber schon deshalb nicht ganz richtig, weil sich die Stellung als Zeuge erst aus dem Beweismittelkatalog ergibt.

[395] Es lässt sich kaum vermeiden, den Namen eines Tatopfers häufig zu wiederholen. Variationen bieten sich zwar sprachlich an, werden in der Praxis aber nicht immer gern gesehen. So ist die Bezeichnung „Herr Klein" oder „Frau Groß" ebenso zu vermeiden wie die Verbindung des Nachnamens mit einem Artikel ohne weiteren Zusatz („der Jörgensen"); s. dazu etwa *Brunner* Rn. 135.

„1. Die Angeschuldigten betraten um die Mittagszeit des 6. November 2021 das Grundstück des Juweliers Erich Schneider in der Parkstraße 6. ... Das entwendete Geld verbrauchten sie in den kommenden Wochen – wie von vornherein geplant – für aufwendige Urlaubsreisen.
2. Der Angeschuldigte Borowski traf am 22. Dezember 2021 in der Gaststätte ‚Zum Anker' auf den ihm aus der Studienzeit bekannten Heiner Jörgensen. Im Verlaufe eines Gesprächs kam es zu einem Streit. Nachdem Heiner Jörgensen den Angeschuldigten Borowski wegen seines Verhaltens auslachte, zog dieser ein mitgeführtes Messer und stieß dieses Heiner Jörgensen in den rechten Arm, um ihn zu verletzen. Er wollte ihm hiermit einen ‚Denkzettel' verpassen. Die heftig blutende Stichwunde musste mit zwölf Stichen genäht werden."

Auch wenn ein Angeschuldigter **mehrere selbstständige Handlungen** begangen hat, 236
ist – entsprechend der Bezeichnung bei den gesetzlichen Merkmalen – mit arabischen Zahlen zu untergliedern („zu 1.", „zu 2." etc.).

Wurde im materiellrechtlichen Gutachten eine **Wahlfeststellung** angenommen, sind 237
in der Anklageschrift zwei Konkretisierungen mit „oder" zu verbinden.[396]

VI. Anzuwendende Strafvorschriften

Am **Ende des Anklagesatzes** sind die „anzuwendenden Strafvorschriften zu be- 238
zeichnen" (§ 200 Abs. 1 Satz 1 StPO). Hier ist es umstritten, ob es neben der Angabe des Paragraphen auch einer Bezeichnung als „Verbrechen" oder „Vergehen" bedarf. Für die Fassung des Urteilstenors ist anerkannt, dass es einer solchen Klassifizierung nicht bedarf (s. § 260 Abs. 4 Satz 1 und Satz 2 StPO). Da die Anklageschrift die „Tat" bezeichnen soll, die „Gegenstand der Urteilsfindung" (§ 264 Abs. 1 StPO) ist, erscheint es nicht notwendig, in die Anklage Informationen aufzunehmen, die sogar für die Tenorierung des Urteils entbehrlich sind.[397] Zudem eröffnet die Einteilung eine zusätzliche Fehlerquelle,[398] die gerade in der Klausur umgangen werden sollte.

Die Aufzählung hat im Hinblick auf Absatz, Satz, Nummer und Buchstabe (s. 239
§ 260 Abs. 5 Satz 1 StPO) exakt zu erfolgen. Sie beginnt mit den **Straftatbeständen des Besonderen Teils,** die in **aufsteigender Linie** angegeben werden; hieran **anschließend** werden die anzuwendenden **Tatbestände des Allgemeinen Teils,** ebenfalls in aufsteigender Linie, aufgezählt. Tatbestände, die Nebengesetzen entnommen werden, sind nach denen des Strafgesetzbuches anzuführen. Im Einzelnen ist zu beachten, dass auch ein etwaiges **Antragserfordernis** (etwa aus den §§ 247 und 248a StGB) und die Bezeichnung des jeweiligen **Konkurrenzverhältnisses** gemäß den §§ 52 und 53 StGB sowie bei einer Anklage von Jugendlichen zusätzlich die **§§ 1 und 3 JGG** sowie bei Heranwachsenden **§§ 1 und 105 JGG** aufzunehmen sind (bei Anwendung von Jugendstrafrecht ist darüber hinaus im Bereich der Konkurrenzen Vorsicht geboten: wegen der Einheitsstrafe gemäß § 31 JGG sind die §§ 52 und 53 StGB in diesen Fällen nämlich nicht zu zitieren). Ebenfalls aufzulisten sind § 25 Abs. 1 Fall 2 StGB bei Tatbegehung in mittelbarer Täterschaft und § 25 Abs. 2 StGB bei Mittäterschaft.[399] Darüber hinaus sind auch

---

[396] S. *Meyer-Goßner/Schmitt* StPO § 200 Rn. 7a.

[397] Abweichend *Solbach/Auchter-Mainz/Deller/Schützeberg* S. 138, welche die Informationsfunktion der Anklage hervorheben; dem lässt sich aber entgegenhalten, dass zum einen mit dieser Information eine unnötige diskriminierende Wertung der Tat einhergeht und zum anderen das Urteil die Verfahrensbeteiligten in nicht geringerem Maße informieren soll als die Anklage.

[398] So ausdrücklich *BGH* NJW 1986, 1116 (1117).

[399] Dagegen wird § 25 Abs. 1 Alt. 1 StGB, der die unmittelbare Tatbegehung beschreibt, gewöhnlich nicht angeführt.

die Rauschtat bei § 323a Abs. 1 StGB[400] und die Vorschriften eine Einziehung betreffend zu nennen.

240 Bei einer Vielzahl von Taten, die möglicherweise außerdem noch von verschiedenen Angeschuldigten begangen wurden, kann sich zur besseren Übersicht eine **Gliederung nach den einzelnen Beteiligten** empfehlen. Aus § 260 Abs. 4 Satz 2 StPO könnte auch für die Anklageschrift gefolgert werden, dass neben der Paragraphennennung auch die gesetzliche Überschrift aufzunehmen ist. Die Praxis ist hier uneinheitlich;[401] für die Klausur empfiehlt es sich aber schon aus Zeitgründen, auf die Überschriften zu verzichten.

„Für den Angeschuldigten Andersson strafbar gemäß den §§ 223 Abs. 1[402], 224 Abs. 1 Nr. 2, 242 Abs. 1, 243 Abs. 1 Satz 2 Nr. 7, 306a Abs. 1 Nr. 2, 21, 22, 23 Abs. 1, 25 Abs. 2, 52 Abs. 1 und Abs. 2, 53 Abs. 1, 73 Abs. 1 StGB, §§ 37 Abs. 1 Nr. 1 lit. d, 52a Abs. 1 Nr. 1 WaffG.

Für die Angeschuldigte Borowski strafbar gemäß den §§ 223 Abs. 1, 224 Abs. 1 Nr. 1, 242 Abs. 1, 323a Abs. 1, 25 Abs. 2, 27 Abs. 1 und Abs. 2, 52 Abs. 1 und Abs. 2, 53 Abs. 1, 74 Abs. 1 und Abs. 2 Nr. 1 StGB.“

VII. Weitere Angaben

241 Im Anschluss an die Mitteilung der anzuwendenden Vorschriften sind in Sonderfällen noch weitergehende Angaben zu machen. Examensrelevant dürften hier nur Fragen zum **Strafantrag,** im Zusammenhang mit der **Entziehung der Fahrerlaubnis** und zu einer etwaigen **Einziehung** sein.[403]

Sowohl bei relativen als auch bei absoluten Antragsdelikten ist immer ein entsprechender Hinweis im Anschluss an die Liste der anzuwendenden Vorschriften aufzunehmen. Wurde ein Strafantrag gestellt, ist dies kurz zu erwähnen:

„Der im Hinblick auf den Hausfriedensbruch erforderliche Strafantrag wurde vom Verletzten, dem Augenoptiker Karl Kope, am 27. November 2021 gestellt (Bl. 3 d. A.).“

242 Fehlt hingegen bei einem **relativen Antragsdelikt** der Strafantrag,[404] ist in der Anklageschrift **festzustellen,** dass die Staatsanwaltschaft ein **„besonderes öffentliches Interesse“** annimmt; eine Begründung, warum ein solches zu bejahen war, ist an dieser Stelle[405] nicht darzulegen:

„Ein Strafantrag in Bezug auf den Diebstahl ist nicht gestellt, jedoch bejaht die Staatsanwaltschaft ein besonderes öffentliches Interesse an der Strafverfolgung.“

243 Auch die Voraussetzungen von **Maßnahmen,** deren Anordnung im Urteil wahrscheinlich ist, sind ohne weitere Begründung in einem Satz wiederzugeben:

---

400 Vgl. auch *Solbach* MDR 1978, 900 (901).

401 Vgl. *Kraß* S. 44.

402 Auch bei Verwirklichung der Qualifikation sollte der Grundtatbestand in die Liste aufgenommen werden.

403 Der Feststellung einer „besonderen Schwere der Schuld“ (§ 57a Abs. 1 Satz 1 Nr. 2 StGB), die nach Rechtsprechung des *Bundesverfassungsgerichts* im Urteilstenor erscheinen muss (vgl. BVerfGE 86, 288 ff.; *Fischer* StGB § 57a Rn. 14), wenn sie angenommen wird, und daher wohl auch schon in die Anklageschrift aufgenommen werden kann, dürfte in der Klausur keine Bedeutung zukommen (vgl. dazu *Solbach/Auchter-Mainz/Deller/Schützeberg* S. 137 f.).

404 Fehlt dieser bei einem absoluten Antragsdelikt, liegt – wie oben dargestellt – ein Verfolgungshindernis vor, so dass der Tatbestand auch nicht Teil des Anklagevorwurfs sein kann.

405 Ausführliche Erwägungen hierzu waren schon im Gutachten anzustellen (→ Rn. 25 ff.).

„Der Angeschuldigte Andersson hat sich durch sein Verhalten als ungeeignet zum Führen von Kraftfahrzeugen erwiesen (§ 69 StGB).“[406]

„Das zur Tat verwandte im Eigentum des Angeschuldigten Borowski stehende Messer unterliegt der Einziehung nach § 74 Abs. 1 StGB.“

D. Angabe der Beweismittel

In der Anklageschrift sind nunmehr die „Beweismittel“ aufzuführen (§ 200 Abs. 1 Satz 2 StPO sowie Nummer 111 RiStBV). Gerade für die zumeist in Zeitnöten anzufertigende Klausur ist von besonderer Bedeutung, dass hier nicht sämtliche Beweismittel, die sich aus den Akten ergeben, zwingend aufgenommen werden müssen, sondern nur diejenigen zu nennen sind, die für die Aufklärung des Sachverhalts und für die Beurteilung der Persönlichkeit des Angeschuldigten wesentlich sind (Nummer 111 Abs. 1 RiStBV). Eine bestimmte Ordnung ist gesetzlich zwar nicht vorgeschrieben, üblicherweise werden jedoch die **persönlichen vor den sächlichen Beweismitteln** in folgender Reihenfolge aufgeführt: 244

- Angaben des Angeschuldigten,
- Zeugen,
- Sachverständige,
- Urkunden,
- Gegenstände des Augenscheins.[407]

I. Angaben des Angeschuldigten

In den meisten Klausurtexten wird sich eine Einlassung des Angeschuldigten zu den Tatvorwürfen finden, so dass die Aufzählung der Beweismittel hiermit in der Regel zu beginnen hat. In der Praxis werden Angaben des Angeschuldigten, die dieser im Ermittlungsverfahren gemacht hat, im Beweismittelkatalog aufgeführt, obwohl diesen Angaben in der Regel noch *keine* Beweiskraft zukommt; durch die Aufnahme in den Beweismittelkatalog wird vielmehr lediglich (vorausschauend) zum Ausdruck gebracht, der Angeschuldigte werde in der Hauptverhandlung seine Angaben (zumindest hinsichtlich ihres wesentlichen Inhalts) wiederholen, so dass sie dann als Beweismittel[408] zur Verfügung stehen werden.[409] 245

Bei der Nennung der Angaben des Angeschuldigten kann gekennzeichnet werden, ob und gegebenenfalls in welchem Umfang die **Vorwürfe bestritten** werden.[410] Hat sich der Angeschuldigte im Ermittlungsverfahren zur Sache nicht eingelassen, wird dies im Beweismittelkatalog nicht erwähnt.

---

[406] Ein Hinweis, dass in der Hauptverhandlung die Entziehung der Fahrerlaubnis, die Einziehung des Führerscheins und eine Sperrfrist für die Erteilung einer neuen Fahrerlaubnis (s. § 69 Abs. 1 Satz 1 und Abs. 3 Satz 2 sowie § 69a Abs. 1 Satz 1 StGB) beantragt werden wird, findet sich an dieser Stelle nicht, da dies nur eventuell zu beantragende Rechtsfolgen betrifft, die nicht in den Anklagetenor aufzunehmen sind (etwas anderes gilt für die Antragsschrift im Sicherungsverfahren [vgl. § 414 Abs. 2 Satz 2 StPO]).

[407] Gelegentlich findet sich auch die Überschrift „Sonstige Beweismittel“ (s. etwa *Brunner* Rn. 186 und 190).

[408] Die Angaben des Angeschuldigten sind dabei stets nur als Beweismittel im weiteren Sinne zu verstehen, da die eigentliche „Beweisaufnahme“ nach § 244 Abs. 1 StPO erst „nach der Vernehmung des Angeklagten“ zur Sache (§ 243 Abs. 4 Satz 2 StPO) beginnt.

[409] S. dazu *Solbach/Auchter-Mainz/Deller/Schützeberg* S. 140 ff.

[410] Diese Kennzeichnung hat lediglich klarstellende Funktion, da das Beweismittel selbstverständlich die (vollständige) Einlassung des Angeschuldigten ist.

„Beweismittel

I. Geständnis[411] (oder geständige Einlassung)[412] bzw. Teilgeständnis (oder teilgeständige Einlassung) des Angeschuldigten"

oder (wenn der Angeschuldigte die Tatvorwürfe in Gänze bestreitet)

„I. Einlassung des Angeschuldigten"

II. Zeugen und Sachverständige

246 In der Regel werden sich in der Klausur neben der Einlassung des Beschuldigten auch Zeugenaussagen finden. Sollte der Beschuldigte – was in Klausuren nicht die Regel sein dürfte – in vollem Umfang geständig sein, sollte stets daran gedacht werden, dass auf die Benennung von Zeugen verzichtet werden kann, wenn schon das Geständnis „zur vollständigen Beurteilung der Tat" und „der Strafbemessung" voraussichtlich ausreichen wird (Nummer 111 Abs. 4 RiStBV). Dabei sollte jedoch berücksichtigt werden, dass ein solches Vorgehen in der Praxis das Risiko in sich birgt, dass im Falle eines etwaigen Widerrufs oder auftretenden Zweifeln an der Glaubhaftigkeit des Geständnisses weitere Beweismittel in die Hauptverhandlung eingeführt werden müssen, die aber in der Anklage unerwähnt geblieben sind. Damit wird dem Angeklagten die Möglichkeit eröffnet, einen Antrag auf Aussetzung der Hauptverhandlung nach § 246 Abs. 2 StPO zu stellen, so dass sich der der Prozessökonomie dienende Ansatz der Nummer 111 Abs. 4 RiStBV ins Gegenteil verkehren kann.

247 Soll in der Klausur in einem solchen Fall dennoch einmal dieser Richtlinie gemäß verfahren werden, muss sich ein kurzer Hinweis bereits im prozessualen Gutachten finden, ohne dass es dann einer weiteren Erwähnung in der Anklageschrift oder der Begleitverfügung[413] bedarf:

„Die Angeschuldigte hat das Geschehen in vollem Umfang gestanden. Da Hinweise für einen Widerruf ihres Geständnisses nicht vorliegen und dieses zudem glaubhaft ist, wird es zur

---

[411] Gelegentlich wird von einzelnen Praktikern betont, die Bezeichnung „Geständnis" sei nur für *richterliche* Vernehmungen zu verwenden. Dies findet in der Strafprozessordnung freilich gerade keine unzweideutige Stütze: So mag eine solche Betrachtung zwar durchaus in § 254 Abs. 1 StPO anklingen, § 362 Nr. 4 StPO macht aber ohne Weiteres erkennbar, dass ein „Geständnis" auch „außergerichtlich" (mithin sogar gegenüber Privatleuten) abgelegt werden kann. Wer insoweit sicher gehen will, möge die Bezeichnung „geständige Einlassung" für Vernehmungen von Polizei und Staatsanwaltschaft verwenden.

[412] Da – wie oben bereits erwähnt – das Geständnis unabhängig von seiner Beweiskraft im Beweismittelkatalog aufgeführt wird, sollte es an dieser Stelle auch nur als „Geständnis" aufgelistet werden, ohne dass hervorzuheben ist, wer den Angeschuldigten vernommen hat (vgl. aber *Emde* JuS 1996, 825 [826]). Kommt der Unterscheidung zwischen richterlichen und anderen Vernehmungen einmal Bedeutung zu, ist das Protokoll der richterlichen Vernehmung im Beweismittelkatalog allerdings als „Urkunde" aufzuführen, da es sich bei der Verlesung nach § 254 StPO nach überwiegender Auffassung um einen Urkundenbeweis handelt (s. nur *Meyer-Goßner/Schmitt* StPO § 254 Rn. 1 mit weiteren Nachweisen).

[413] Die Auflistung der Zeugen im Beweismittelkatalog mit dem Zusatz „Im Hinblick auf das Geständnis des Angeschuldigten wird auf die Ladung der genannten Zeugen vorläufig verzichtet" kann schon deswegen nicht empfohlen werden (so aber wohl *Brunner* Rn. 189), weil die Staatsanwaltschaft die Zeugen in der Anklage lediglich „benennt", nicht aber „lädt". Damit verbietet sich aber auch, zunächst in der Anklageschrift alle Zeugen zu benennen und lediglich in der Begleitverfügung einen Hinweis darauf zu geben, dass die Ladung für entbehrlich gehalten wird (in diesem Sinne auch *Solbach/Auchter-Mainz/Deller/Schützeberg* S. 140).

vollständigen Beurteilung der Tat voraussichtlich ausreichen, so dass auf die Benennung von Zeugen im Beweismittelkatalog der Anklageschrift vorläufig verzichtet werden kann."

Bei der Benennung von **Zeugen** müssen nicht deren gesamte Personalien aufgeführt werden. Vielmehr genügt neben dem **Namen und Vornamen**[414] die Angabe des Wohn- oder Aufenthaltsortes. Einer Angabe der vollständigen Anschrift bedarf es gemäß § 200 Abs. 1 Satz 3 StPO dagegen nicht, mag sie in der Praxis auch noch verbreitet sein. Sach- und interessengerecht dürfte es insoweit vielmehr sein, nur noch den Namen und die Blattzahl der Ermittlungsakte anzugeben, auf der die Anschrift zu finden ist; das Gericht sollte dann zusätzlich eine Liste mit den ladungsfähigen Anschriften aller Zeugen erhalten. In den wenig klausurtypischen Fällen des § 200 Abs. 1 Satz 3 i. V. m. § 68 Abs. 2 Satz 1 StPO etwa kann sich aber auch eine vom Wohnort abweichende Angabe ergeben. Bei Zeugen, die Wahrnehmungen „in amtlicher Eigenschaft" (also zumeist Polizeibeamte) gemacht haben, sollte nur die Dienststelle angegeben werden (§ 200 Abs. 1 Satz 3 i. V. m. § 68 Abs. 1 Satz 2 StPO). 248

„II. Zeugen
1. Franziska Steller, (Maierbachstraße 27,) 48249 Münster,
2. Monika Müller, (Beethovenring 45,) 20450 Hamburg, gesetzlicher Vertreter:[415] Herbert Müller, wohnhaft ebenda,
3. PHM Kurt Roggensack, zu laden über das 2. Polizeirevier Wuppertal, Falckstraße 17, 42369 Wuppertal"

Bei der Benennung der persönlichen Beweismittel ist – nicht zuletzt aus Zeitgründen – stets zu überlegen, ob nicht **auf** einzelne **Zeugen verzichtet** werden kann. Ist etwa der Beschuldigte in weiten Teilen des Anklagevorwurfs geständig und stimmen zudem mehrere Zeugenaussagen mit diesem Geständnis überein (was in Klausurakten nur selten vorkommen dürfte), sollte als Beweismittel nur die Person ausgewählt werden, die die Tatvorgänge am zuverlässigsten wiedergeben dürfte (Nummer 111 Abs. 2 RiStBV). Auch in diesem Falle sollte sich aber schon im prozessualen Gutachten ein kurzer Hinweis finden: 249

„Die Angestellten B, C und D haben inhaltlich übereinstimmend bekundet, die Beschuldigte beobachtet zu haben, als sie die Bohrmaschine an sich nahm und in ihrer Tasche verbarg. Da die Angestellte C die Beschuldigte nach Verlassen des Baumarktes zur Rede stellte, sie danach an der Flucht hinderte und später das Geschehen zur Anzeige brachte, erscheint es ausreichend, allein sie als Zeugin im Beweismittelkatalog der Anklageschrift zu benennen."

Hinsichtlich der Benennung von **Sachverständigen** gelten die Ausführungen zu den Zeugen entsprechend: 250

„III. Sachverständige
1. Dipl.-Ing. Werner Hinrichsen, Balsenring 45, 44742 Bochum,
2. Prof. Dr. Delal Eriel, zu laden über das Rechtsmedizinische Institut der Freien Universität Berlin, 10545 Berlin"

Für die Klausur von besonderer Bedeutung ist, dass Sachverständige, deren Gutachten nach § 256 StPO in die Hauptverhandlung durch Urkundenbeweis eingeführt werden, im Beweismittelkatalog keine Erwähnung finden, sondern unter der

---

[414] Wenig klausurrelevant sind die Fälle, in denen auch auf die Personalien eines Zeugen verzichtet werden kann (vgl. § 200 Abs. 1 Satz 4 StPO).

[415] Jedenfalls bei Kindern (also solchen Personen, die das vierzehnte Lebensjahr noch nicht vollendet haben, vgl. § 19 StGB und § 1 Abs. 2 JGG) ist die Nennung des gesetzlichen Vertreters vonnöten, da sie zu dessen Händen geladen werden; auch bei Jugendlichen empfiehlt sich eine Aufnahme des gesetzlichen Vertreters, obwohl sie auch persönlich geladen werden können. Vgl. dazu *Meyer-Goßner/Schmitt* StPO § 48 Rn. 7.

folgenden Überschrift „Urkunden“ genannt werden. Hierauf ist vor allem bei den häufig vorkommenden den Blutalkoholgehalt bestimmenden Gutachten, aber auch bei „Attesten über Körperverletzungen, die nicht zu den schweren gehören“, zu achten.

III. Urkunden und Gegenstände des Augenscheins

251 Bei der Auflistung der Urkunden sind nur solche Schriftstücke anzuführen, bei denen die rechtlichen Voraussetzungen für eine **Verlesung in der Hauptverhandlung** gegeben sind. So ist etwa das Protokoll über eine polizeiliche Vernehmung überhaupt nur dann aufzunehmen, wenn der Zeuge verstorben ist oder aus einem anderen Grunde gerichtlich nicht vernommen werden kann (§ 251 Abs. 1 StPO).

„IV. Urkunden

1. Auszug aus dem Bundeszentralregister für den Angeschuldigten Albertz (Bl. 12 d. A.),
2. Auszug aus dem Erziehungsregister für den Angeschuldigten Brenne (Bl. 13 d. A.),
3. Gutachten über die Bestimmung des Blutalkoholgehaltes von dem Rechtsmedizinischen Institut der Freien Universität Berlin (Bl. 12 d. A.),
4. Brief des Angeschuldigten Albertz an Herrn Erkan Baier (Bl. 6 d. A.),
5. Niederschrift der richterlichen Vernehmung des am 3. Oktober 2021 verstorbenen Zeugen Jakob Gündogan (Bl. 11 d. A.)“[416]

Ebenfalls im Beweismittelkatalog aufzuführen sind diejenigen Akten, die neben der Hauptakte dem Gericht vorzulegen sind (s. vor allem § 199 Abs. 2 Satz 2 StPO und Nummer 119 RiStBV). Ob deren Nennung unter einer eigenen Überschrift („Beiakten“) oder unter derjenigen der „Urkunden“ erfolgt, ist inhaltlich ohne Bedeutung.

252 Als weiteres sachliches Beweismittel sind daran anschließend **Objekte des Augenscheins** aufzuführen. Gegenstand des Augenscheins bilden diejenigen Sachgegebenheiten und Vorgänge, die durch sinnliche Wahrnehmung zu erfassen sind, aber nicht im Wege des persönlichen oder des Urkundsbeweises erhoben werden;[417] Augenscheinsobjekte können danach auch solche sein, die zu Gehör gebracht werden sollen (etwa Tonbandaufnahmen).

„V. Gegenstände des (richterlichen) Augenscheins

1. Bluse der Marke ‚Donna Karan‘, asserviert unter Nummer 234/21 bei der Staatsanwaltschaft bei dem Landgericht München I, und
2. Messer der Marke ‚Buck‘, asserviert unter …“

E. Wesentliches Ergebnis der Ermittlungen

253 Nach § 200 Abs. 2 Satz 1 StPO ist in der Anklageschrift auch das „wesentliche Ergebnis der Ermittlungen“ darzustellen. Hiervon abgesehen werden darf nur dann, wenn **Anklage beim Strafrichter** erhoben wird (§ 200 Abs. 2 Satz 2 StPO).[418] Da in der Klausur sehr häufig der Bearbeitungsvermerk auch in den übrigen Fällen von der Erstellung dieses Teils der Anklageschrift entpflichtet, sollen hier lediglich die wichtigsten Anforderungen behandelt werden.

---

[416] Vgl. zu dieser Form des Urkundsbeweises § 251 Abs. 2 Nr. 1 StPO; s. zu § 251 StPO schon → Rn. 57 f.

[417] Vgl. KK-StPO/*Krehl* § 244 Rn. 22.

[418] Auch bei einer Anklage zum Strafrichter soll aber gemäß Nummer 112 Abs. 1 RiStBV das wesentliche Ermittlungsergebnis in die Anklageschrift aufgenommen werden, wenn „die Sach- und Rechtslage Schwierigkeiten bietet“.

Aus der Strafprozessordnung ergibt sich lediglich, dass das wesentliche Ergebnis der Ermittlungen in die Anklageschrift aufzunehmen, nicht hingegen wie dieses zu gestalten ist. Der in der Praxis überwiegend gewählte Aufbau ist mit demjenigen des strafrechtlichen Urteils verwandt:

Unter dem Gliederungspunkt „I." ist danach mit **Angaben zur Person des Angeschuldigten** zu beginnen. Hier sind die Informationen, die sich bereits aus dem Anklagesatz ergeben (Geburtstag und -ort, Beruf etc.), nicht erneut zu erwähnen. Zu beschreiben sind vor allem die persönlichen und wirtschaftlichen Verhältnisse des Angeschuldigten und weitere Umstände, die für die Strafzumessung von Bedeutung sein können. Insbesondere sind etwaige Veränderungen im Leben des Angeschuldigten nach der Tat sowie seine Vorstrafen hervorzuheben. 254

Es folgen (unter „II.") **Angaben zur Sache.** Diese bestehen zum einen aus einer umfangreichen Schilderung des der Anklage zugrunde liegenden – für erwiesen erachteten – Sachverhalts, wobei (über die Konkretisierung hinaus) auch Umstände mitzuteilen sind, die nicht eine unmittelbare Grundlage der Subsumtion darstellen, aber für das Gesamtbild von Tat und Täter bedeutsam erscheinen. Hier ist auch Raum für Ausführungen zur Vorgeschichte der Tat und zum Verhalten des Täters nach der Tat. 255

An diese Darstellung schließt sich die **Einlassung des Angeschuldigten** an. Ist er im gesamten Umfang geständig, muss im wesentlichen Ergebnis der Ermittlungen auf die Aussagen von Zeugen regelmäßig nicht eingegangen werden;[419] bestreitet er hingegen die ihm zur Last gelegte Tat, hat sich eine umfassende Würdigung der Beweise anzuschließen, aus der sich die hinreichende Wahrscheinlichkeit des eingangs festgestellten Sachverhalts ergibt. An dieser Stelle kann von der Bearbeitung also verlangt werden, sich mit den zur Verfügung stehenden Beweismitteln abwägend auseinander zu setzen, was keine Schwierigkeiten bereiten dürfte, da zu diesen Fragen bereits im sachlichrechtlichen Gutachten Stellung genommen wurde. 256

Bei der **Beweiswürdigung** ist darauf zu achten, dass nur solche Beweismittel verwandt werden, die zuvor auch im Katalog benannt worden sind; umgekehrt darf in diesem Katalog auch kein Beweismittel aufgelistet sein, auf das im wesentlichen Ermittlungsergebnis mit keinem Wort eingegangen wird. 257

Rechtliche Ausführungen werden sich im wesentlichen Ergebnis der Ermittlungen nur bei Besonderheiten finden: So sind dem ebenfalls juristisch gebildeten Gericht nicht etwa bestimmte Tatbestandsauslegungen aufzudrängen, jedoch kann sich durchaus einmal die Notwendigkeit ergeben, Zuständigkeitsprobleme oder abgelegene Rechtsfragen vertieft darzustellen. 258

F. Mit der Anklageschrift zu stellende Anträge

Dürfte der Bearbeitungsvermerk häufig von dem Entwurf des „wesentlichen Ergebnisses der Ermittlungen" entpflichten, so sollten in der Examensklausur aber unbedingt etwaige mit der Anklageschrift zu stellende Anträge beachtet werden. 259

Jede Anklageschrift hat nach § 199 Abs. 2 Satz 1 StPO den Antrag zu enthalten, das **Hauptverfahren zu eröffnen.**[420] Darüber hinaus sieht Nummer 110 Abs. 3 RiStBV vor, auch das **Gericht und den Spruchkörper zu bezeichnen.** 260

---

[419] Etwas anderes gilt hier nur, wenn das Geständnis des Angeschuldigten in Teilen nicht glaubhaft ist; s. dazu schon → Rn. 43 f. und Rn. 245.

[420] In Berlin wird der Antrag üblicherweise mit dem Antrag zur Zulassung zur Hauptverhandlung verbunden.

Nicht erforderlich sind die gelegentlich in der staatsanwaltschaftlichen Praxis zu findenden Anträge, „die Anklage zuzulassen" oder einen „Termin zur Hauptverhandlung zu bestimmen", da sich diese Folgen bereits aus dem Gesetz ergeben (s. §§ 207 Abs. 1 und 213 StPO).

261 Obwohl auch die Prüfung der **Anordnung oder Fortdauer der Untersuchungshaft** gemäß § 207 Abs. 4 StPO von Amts wegen geschieht, sieht Nummer 110 Abs. 4 Satz 2 RiStBV vor, dass jedenfalls für deren Fortdauer ein „bestimmter Antrag" zu stellen ist.[421]

So kann ein mit der Anklageschrift zu verbindender Antrag etwa lauten:

„Es wird beantragt,

a) das Hauptverfahren vor dem Amtsgericht – Schöffengericht – Witten zu eröffnen,
b) zur Hauptverhandlung einen zweiten Richter zuzuziehen,
c) gegen den Angeschuldigten Haftbefehl gemäß § 112 Abs. 2 StPO zu erlassen,[422] (oder:) die Fortdauer der Untersuchungshaft anzuordnen,
d) dem Angeschuldigten einen Verteidiger zu bestellen, da ein Fall notwendiger Verteidigung nach § 140 Abs. 1 Nr. 2 StPO vorliegt,
e) die Fahrerlaubnis nach § 111a StPO vorläufig zu entziehen."

262 Nach dem Antrag oder den Anträgen (in Bayern nach dem Zuleitungsvermerk an das Gericht[423]) folgen die **Unterschrift** des Staatsanwalts und seine Dienstbezeichnung. Ist ein Name des zuständigen Beamten der Staatsanwaltschaft aus der Akte ersichtlich, wird mit diesem unterschrieben, anderenfalls genügt der Hinweis:

„Unterschrift

Dienstbezeichnung"

G. In Bayern und Baden-Württemberg zu beachtende Besonderheiten

263 In inhaltlicher Hinsicht ergeben sich in den verschiedenen Bundesländern keine Unterschiede, da die Anforderungen durch die Strafprozessordnung oder die bundeseinheitlich geltenden RiStBV weitgehend vorgegeben sind. In Baden-Württemberg und Bayern hat sich allerdings ein von der oben beschriebenen Form abweichender Aufbau der Anklageschrift herausgebildet.

I. Der Aufbau der Anklageschrift in Bayern

264 In Bayern[424] wird der Anklagesatz mit der Darstellung der Tat (mithin der „Konkretisierung") begonnen, wobei diese mit der Wendung

„Die Staatsanwaltschaft legt aufgrund ihrer Ermittlungen dem Angeschuldigten zur Last:"

eingeleitet wird, so dass die Konkretisierung mit einem neuen Hauptsatz beginnt:

---

[421] Sowohl der Antrag auf Anordnung oder Fortdauer der Untersuchungshaft als auch auf Bestellung eines Verteidigers ist hier nur aufzunehmen, wenn diese nicht bereits in der Abschlussverfügung gestellt worden sind (s. dazu schon → Rn. 197).

[422] Hier kann auch darüber nachgedacht werden, ob der Antrag auf Erlass eines Haftbefehls nicht vorzugswürdig in der Abschlussverfügung zu platzieren ist, da andernfalls die Gefahr bestehen mag, dass sich der durch die Anklageschrift gewarnte Angeschuldigte seiner Verhaftung durch Flucht entzieht.

[423] S. *Brunner* Rn. 191 f.

[424] Muster einer Anklageschrift in der in Bayern üblichen Form finden sich bei *Brunner* Rn. 193 und bei *Solbach/Auchter-Mainz/Deller/Schützeberg* S. 163 ff.

„Am 3. Dezember 2021, gegen 13.00 Uhr, versetzte der Angeschuldigte dem Oberstudienrat Heinz Gerds mit einem Bierglas einen heftigen Schlag auf den Oberkörper, …“

An die Konkretisierung schließt sich die Wiedergabe der gesetzlichen Merkmale der Straftat (vgl. → Rn. 217 ff.) an, die gewöhnlich wie folgt eingeleitet wird:

„Der Angeschuldigte wird daher beschuldigt, …“

Es folgen die rechtliche Bezeichnung der Straftaten und die Paragraphenbezeichnungen:

„Strafbar als Diebstahl, tatmehrheitlich begangen mit gefährlicher Körperverletzung nach den §§ 223 Abs. 1, 224 Abs. 1 Nr. 2, 242 Abs. 1, 53 StGB“.

Danach wird in Bayern das „wesentliche Ergebnis der Ermittlungen“ mitgeteilt und die Anklageschrift mit dem Hinweis versehen, welches Gericht zuständig ist und dass öffentliche Klage erhoben wird:

„Zur Aburteilung ist das Landgericht Passau – Wirtschaftsstrafkammer – zuständig (§§ 24, 74, 74c GVG, § 7 Abs. 1 StPO).
Ich erhebe öffentliche Klage und beantrage, …“

Erst im Anschluss an die Anträge werden die Beweismittel aufgeführt. Zum Abschluss wird der Zuleitungsvermerk an das Gericht („Mit Akten an das Landgericht …“) formuliert und die Anklageschrift unterschrieben.

II. Der Aufbau der Anklageschrift in Baden-Württemberg

In Baden-Württemberg wird die Anklageschrift (in der Regel) wiederum anders 265
aufgebaut.[425] Im Anschluss an die Personalien des Angeschuldigten wird zunächst (mit einem verbindenden „wird angeschuldigt“) die zur Last gelegte Tat, sodann die gesetzlichen Merkmale der Tat (mit der Einleitung „er habe somit“) und daran anschließend die verletzten Strafgesetze und schließlich die Konkretisierung angeführt.

„Staatsanwaltschaft bei dem Landgericht Waldshut-Tiengen

Az.: …

An das Amtsgericht Bad Säckingen – Schöffengericht –

Anklageschrift

Unter Vorlage der Akten und mit dem Antrag, das Hauptverfahren vor dem Amtsgericht – Schöffengericht – zu eröffnen, wird

Anklage

erhoben gegen

den am 3. Januar 2000 in Bielefeld geborenen, in der Hufelandstraße 17, 48194 Münster wohnhaften deutschen Influencer

David Heinz.

Er wird angeschuldigt,

er habe am 4. Dezember 2021 in Lörrach …

Er habe somit eine andere Person körperlich misshandelt,

Strafbar als …“

---

[425] Das Muster bei *Solbach/Auchter-Mainz/Deller/Schützeberg* S. 166 ff. entspricht wohl nicht der *alleinigen* Praxis in diesem Bundesland, da es sich kaum von der in den übrigen Bundesländern üblichen Form abhebt (vgl. auch *Solbach/Auchter-Mainz/Deller/Schutzeberg* S. 163, die selbst darauf hinweisen, dass in Baden-Württemberg *unterschiedliche* Formen zu finden sind). Vgl. auch das Muster bei *Kunigk* S. 206 ff.

Es schließen sich der Beweismittelkatalog und das „wesentliche Ergebnis der Ermittlungen“ sowie die Unterschrift an.

§ 3. Besonderheiten bei Antrag auf Erlass eines Strafbefehls

266 In der Regel werden die im Klausursachverhalt geschilderten Tatsachen für die Feststellung der Voraussetzungen des § 407 StPO nicht ausreichen. Daher sollte jedenfalls solange kein Entwurf eines Antrags auf Erlass eines Strafbefehls, sondern der einer Anklageschrift gefertigt werden, wie sich keine weiteren Anhaltspunkte aus der Akte ergeben.[426] Man sollte sich aber darauf einstellen, dass der Bearbeitungsvermerk durchaus einmal ausdrücklich den Entwurf eines Strafbefehlsantrags verlangen kann, so dass dessen Voraussetzungen und Formalien auch hinsichtlich der Pflichtklausur Bedeutung erlangen können.

Die Anforderungen an den notwendigen **Inhalt eines Strafbefehls** finden sich in § 409 Abs. 1 StPO. Danach unterscheidet sich der Strafbefehl hinsichtlich des Anklagesatzes und der Angabe der Beweismittel kaum von der Anklageschrift. Unterschiede zu dieser ergeben sich jedoch im Weiteren vor allem daraus, dass dem Strafbefehl, gegen den kein Einspruch eingelegt wird, die Wirkung eines rechtskräftigen Urteils zukommt, er also auch den Erfordernissen des § 260 StPO genügen muss. Er steht daher im Hinblick auf seine formale Gestaltung der Anklage sehr nahe, muss aber auch Elemente des Urteils in sich aufnehmen.

267 Im Unterschied zur Anklageschrift, in welcher der Beschuldigte in der dritten Person bezeichnet wird, beginnt der Strafbefehl mit einer **direkten Anrede:**

„Die Staatsanwaltschaft beschuldigt Sie,[427]
am 5. November 2021
in Stralsund
eine andere Person an der Gesundheit geschädigt zu haben.“

268 Auch die **Konkretisierung,** die in sonstiger Hinsicht den Regeln der Anklageschrift folgt, wird in direkter Rede abgefasst:

„Sie schlugen die Vorsitzende des Apothekenverbandes T in der Gaststätte ‚Zur güldenen Möwe‘ mit der flachen Hand dreimal ins Gesicht, wobei diese – wie Sie vorausgesehen und gebilligt haben – einen Bluterguss unter dem rechten Auge erlitt.“

269 Nach § 409 Abs. 1 Satz 1 Nr. 4 StPO, der § 260 Abs. 5 Satz 1 StPO entspricht, sind daran anschließend die **angewendeten Vorschriften** genau zu **bezeichnen.** Bei der Liste der angewendeten Vorschriften am Ende des Anklagesatzes ist es nach der hier vertretenen Auffassung[428] auch beim Strafbefehl entbehrlich, die Straftat im Sinne des § 12 StGB zu kennzeichnen; dies gilt hier schon deswegen, weil ein Strafbefehl nach § 407 Abs. 1 Satz 1 StPO überhaupt nur bei „Vergehen“ in Betracht zu ziehen ist.

„Strafbar als Körperverletzung nach § 223 Abs. 1 StGB“

270 Der **Beweismittelkatalog** kann beim Strafbefehl wie in der Anklageschrift gestaltet werden.

---

[426] S. dazu schon → Rn. 167 f.

[427] Vertretbar ist auch die an § 407 Abs. 1 Satz 4 StPO angelehnte Formulierung „… klagt Sie an, …“ (s. *Solbach/Auchter-Mainz/Deller/Schützeberg* S. 146).

[428] → Rn. 238.

Besondere Schwierigkeiten ergeben sich bei dem Strafbefehlsantrag hingegen bezüglich der **„Festsetzung der Rechtsfolgen“** (§ 409 Abs. 1 Satz 1 Nr. 6 StPO), da sich der Prüfling hier mit (wenig vertrauten) Gesichtspunkten der Strafzumessung auseinander zu setzen hat.[429] Bei der Rechtsfolgenfestsetzung ist darüber hinaus zu beachten, dass der Strafbefehl nur „auf bestimmte Rechtsfolgen zu richten“ (§ 407 Abs. 1 Satz 3 StPO) ist, so dass es etwa heißen kann:

„Gegen Sie wird eine Geldstrafe von 30 Tagessätzen zu je 20,– Euro[430] festgesetzt. Ihnen wird gestattet, die Strafe in Teilbeträgen von 100,– Euro, zahlbar in monatlichen Raten, beginnend mit dem 1. des auf die Rechtskraft dieses Strafbefehls folgenden Monats, zu zahlen.“[431]

Anders als im Urteil ist es wegen der möglichen weit reichenden Folgen für den Beschuldigten vertretbar, schon an dieser Stelle auf die drohende **Ersatzfreiheitsstrafe** nach § 43 StGB hinzuweisen. Ein solcher Zusatz erscheint im Strafbefehlsverfahren insbesondere deswegen sinnvoll, weil der Beschuldigte hier nicht vom Richter (und eventuell auch nicht von einem Verteidiger) über diese Konsequenzen aufgeklärt wird.[432] 271

„Sollte die Geldstrafe uneinbringlich sein, tritt an ihre Stelle Freiheitsstrafe, wobei einem Tagessatz ein Tag Freiheitsstrafe entspricht.“

Abschließend ist hier noch darauf hinzuweisen, dass der Antrag auf Erlass eines Strafbefehls gegen einen Jugendlichen ausgeschlossen (§ 79 Abs. 1 JGG) und gegen einen Heranwachsenden, auf den Jugendstrafrecht nicht angewendet wird, mit der Maßgabe zulässig ist, dass § 407 Abs. 2 Satz 2 StPO keine Anwendung findet, eine Freiheitsstrafe also nicht festgesetzt werden darf (§ 109 Abs. 3 JGG). 272

---

429 Aus diesem Grunde wird in vielen Aufgabenstellungen der Bearbeitungsvermerk diesen Teil erlassen. S. zu den Grundzügen der Strafzumessung noch → Rn. 391 ff.

430 Wie im Urteilstenor sollte auch bei der Festsetzung der Rechtsfolge im Strafbefehl davon abgesehen werden, die Gesamtsumme aufzunehmen.

431 Zahlungserleichterungen nach § 42 StGB sind bereits im Tenor des Urteils – und damit auch im Strafbefehl – zu bestimmen und festzulegen (s. nur *Fischer* StGB § 42 Rn. 4).

432 Vgl. *Meyer-Goßner/Schmitt* StPO § 407 Rn. 12.

2. Teil. Anwaltliche Aufgabenstellungen[1]

Die Betonung der „anwaltsorientierten Juristenausbildung“ hat auch dazu geführt, dass staatliche Prüfungsämter ihr Augenmerk verstärkt auf anwaltliche Aufgabenstellungen richten, so dass immer häufiger in der strafrechtlichen Assessorklausur die Anfertigung einer Klausur aus der Perspektive eines Anwalts verlangt wird. Neben revisionsrechtlichen Aufgabenstellungen[2] können insbesondere Aufgaben zum Vorgehen im Ermittlungsverfahren, zur Vertretung des Verletzten einer Straftat oder betreffend den Schlussvortrag eines Verteidigers[3] auftauchen. 273

In der Ausbildungsliteratur sind Klausuranleitungen und beispielhafte Falllösungen aus der Anwaltsperspektive bislang noch spärlich.[4] Der Prüfling sollte diesem Aufgabentyp aber dennoch nicht zu ängstlich begegnen. Zwar ist eine kaum zu über-

---

[1] Für ihre wertvolle Mitarbeit insbesondere an diesem Teil des Buches sei Frau Rechtsanwältin *Dr. Verena Steenfatt*, Berlin sehr herzlich gedankt.

[2] Zu den anwaltlichen Aufgabenstellungen aus dem revisionsrechtlichen Bereich s. die eingehende Darstellung der Revision im 4. Teil (→ Rn. 431 ff.).

[3] An dieser Stelle sei darauf hingewiesen, dass insbesondere im süddeutschen Raum durchaus die Aufgabenstellung (dann allerdings das erstinstanzliche Hauptverfahren betreffend) dahingehend lauten kann, dass (gegebenenfalls neben einer gutachterlichen Würdigung des Aktenstückes) **der Schlussvortrag als Verteidiger/-in des Angeklagten** in wörtlicher Rede zu entwerfen ist. In der Regel weisen derartige Aufgabenstellungen hinsichtlich des *Aufbaus* der Klausurbearbeitung keine besonderen Schwierigkeiten auf: Je nach Lage des Aktenstückes und Bearbeitungsvermerk kann es sich anbieten (wenn und soweit vorweg ein Gutachten verlangt wird), zunächst zu den materiellen Fragen und dann darauf aufbauend zu den prozessualen Problemen Ausführungen zu machen. Dabei ist das gegebenenfalls verlangte materiellrechtliche Gutachten in der aus dem ersten Examen bekannten Form zu fertigen (s. hierzu auch → Rn. 9 ff.: naturgemäß ist aber nicht der hinreichende Tatverdacht, sondern vielmehr zu prüfen, ob und inwieweit der Angeklagte sich nach dem Ergebnis der Hauptverhandlung nachweisbar strafbar gemacht hat), wobei auch Ausführungen zur Strafzumessung erforderlich sein können. Im Plädoyer selbst hat der Prüfling als Verteidiger aufzuzeigen, wo sich die Schwachstellen der Beweiserhebung (und gegebenenfalls der Beweiswürdigung – falls das Plädoyer der Staatsanwaltschaft im Aktenstück wiedergegeben sein sollte) befinden. Abweichungen zu dem in der Anklage niedergelegten Sachverhalt sind herauszuarbeiten. Hinsichtlich der rechtlichen Würdigung sollte der Prüfling alle für eine Verurteilung in Betracht kommenden Delikte ansprechen, dabei jedoch (seiner Stellung als Verteidiger entsprechend und nicht zuletzt auch aus Zeitgründen) nur auf solche Merkmale vertieft eingehen, die der Verurteilung entgegenstehen. Sollte der Kandidat in Übereinstimmung mit dem Beamten der Staatsanwaltschaft zu dem Ergebnis der Verurteilung des Mandanten kommen, so ist das Schwergewicht der Ausführungen auf etwaig strafrahmenmildernde oder strafhöhensenkende Umstände im Rahmen der Strafzumessungserwägungen zu legen. Muster von Klausuren zum anwaltlichen Plädoyer finden sich etwa bei *Brunner/Kunnes/Reiher* 3. Klausur; *Krüger/Neumann* S. 59 ff.; *Lewinski* JuS 2006, 431 ff.; *Kroiß* JuS 2005, 256 ff.; *Jahn,* JuS 2002, 1212 ff.; *Westphal/Tetenberg* 5. Klausur; ausführlich zum Inhalt und Aufbau eines Abschlussplädoyers des Strafverteidigers s. *Kudlich/Oberhof* JA 2006, 463 ff. und *Weitner/Schuster* JA 2015, 618.

[4] Über den revisionsrechtlichen Bereich hinausgehende Hinweise zur strafrechtlichen Assessorklausur aus Anwaltsperspektive enthalten etwa *Ebert/Gregor/Günter, Mürbe/Geiger/Haidl* und *Krüger/Neumann.*

blickende Vielzahl von Fallgestaltungen möglich,[5] jedoch befindet man sich bei der Bearbeitung hier zumeist in der (angenehmen) Situation, auf ein vorgegebenes Verhalten der Strafverfolgungsbehörden zu *reagieren,* was bedeutet, dass er seine Begutachtung auch eben hieran ausrichten kann. Geht es etwa darum, als Strafverteidiger auf eine Anklageschrift zu erwidern, so werden die anwaltlichen „Einwendungen gegen die Eröffnung des Hauptverfahrens" (§ 201 Abs. 1 StPO) vor allem den Inhalt der Anklageschrift betreffen.

274 Aus dem (großen) Kreise der denkbaren Aufgabenstellungen sollen folgende wesentliche beispielhaft herausgenommen werden: Aus der Perspektive des Anwalts (der im Strafverfahren als **„Verteidiger"** bezeichnet wird [§ 137 StPO]) kann im *Ermittlungsverfahren* insbesondere die **Abwehr des staatlichen Strafbegehrens insgesamt** oder das **Vorgehen gegen** (künftige oder bereits vollzogene) grundrechtsbeeinträchtigende **Maßnahmen** Gegenstand der Überlegungen sein. Auch kann als anwaltliche Aufgabenstellung einmal in Rede stehen das **Vorgehen gegen einen Strafbefehl.**[6]

Unabhängig von der konkreten Aufgabenstellung wird von dem oder der Klausurbearbeitenden im Allgemeinen verlangt werden, ein Gutachten abzufassen, das neben den (aus anderen Klausurtypen vertrauten) materiell- und prozessrechtliche Aspekten auch Zweckmäßigkeitserwägungen enthalten muss. Über diesen gutachterlichen Teil hinaus kann nach dem Bearbeitungsvermerk die Abfassung einer „Verteidigungsschrift" oder einer Rechtsmittel- bzw. Rechtsbehelfseinlegungsschrift oder einer Rechtsmittel- bzw. Rechtsbehelfsbegründungsschrift verlangt sein.

275 Möglich ist auch, dass der Prüfling „auf der Seite des Opfers" einer Straftat tätig werden soll. In dieser Konstellation wird der Mandant über die Möglichkeiten der Strafverfolgung des Täters zu beraten und auf geeignete Maßnahmen zur Durchsetzung des (staatlichen) Strafanspruches hinzuweisen sein. Hier ist (neben einer Verfolgung im Privatklageverfahren nach den §§ 374 ff. StPO) vornehmlich die Wahrnehmung von Rechtsbehelfen im Klageerzwingungsverfahren zu nennen.[7] Neben der gutachterlichen Würdigung des Klausurfalles und gegebenenfalls Ausführungen zum zweckmäßigen weiteren Vorgehen dürfte auch hier in der Regel ein praktischer Teil – vorrangig in Gestalt der Abfassung von Schriftsätzen an den Mandanten bzw. solcher zur Verfahrensförderung – verlangt werden. Nach dem

---

5 Für einen ersten Einstieg möglichen Strafverteidigerhandelns sei ein Blick in das Inhaltsverzeichnis von *Hamm/Leipold* empfohlen. Empfehlenswert ist auch das Werk *Riemann-Prehm/Soyka* sowie die Aufsätze von *Gubitz* JA 2007, 210 ff., 369 ff., und JA 2008, 52 ff.

6 Systematisch betrachtet ist der Strafbefehl insofern dem Hauptverfahren zuzuordnen, als dass der Erlass des Strafbefehls der Eröffnung des Hauptverfahrens gleichsteht (§ 433 Abs. 1 Satz 2 StPO).

7 Sofern sich der Sachverhalt des Aktenstücks zeitlich gesehen im Vorfeld von Ermittlungen befindet, kann dagegen auf der Grundlage der gutachterlichen Würdigung auch die Erstattung einer Strafanzeige in Betracht zu ziehen sein. Grundsätzlich ist auch die Prüfung der Privatklage (§§ 374 ff. StPO) denkbar, wenn die Staatsanwaltschaft bei einem Privatklagedelikt (§ 374 StPO) das öffentliche Interesse an der Strafverfolgung verneint hat (§ 376 StPO) und der Mandant die Erhebung einer solchen begehrt (§ 381 StPO). Bei nebenklagefähigen Delikten (§ 395 StPO) kann überdies schon im Stadium des Ermittlungsverfahrens die Prüfung geboten sein, ob bereits jetzt (§ 396 Abs. 1 Satz 2 StPO) ein Anschluss erklärt werden sollte. Schließlich kommt die Einleitung eines Adhäsionsverfahrens (§§ 403 ff. StPO) in Betracht, wenn zugleich zivilrechtliche Schadensersatzansprüche im Raum stehen. Auf die nähere Erläuterung der genannten Aspekte wird mangels gesteigerter Examensrelevanz verzichtet, zumal sich die prozessualen Besonderheiten durch einen Blick in das Gesetz bzw. (jedenfalls soweit die Prüflinge die Klausur in einem Land anfertigen, in dem die Benutzung von Hilfsliteratur erlaubt ist) den Kommentar auch in einer Klausursituation erschließen lassen sollten.

Bearbeitungsvermerk kann zusätzlich die Anfertigung eines Sachberichtes gefordert sein.

Die hier zu gebende Darstellung der strafrechtlichen Anwaltsklausur hat sich naturgemäß auf Einzelfragen zu beschränken, um einen Überblick über mögliche Fallgestaltungen zu geben und ihm die Angst vor der häufig unbekannten Materie zu nehmen. Der Schwerpunkt der folgenden Darstellung liegt daher auf der Vermittlung des zur Lösung derartiger Klausuren notwendigen prozessualen Wissens, mit welchem über das grundlegende Rüstzeug zur Bewältigung der anwaltlichen Aufgabenstellungen in diesem Bereich verfügt werden sollte. Bereits an dieser Stelle sei angemerkt, dass sich der Aufbau der Klausur insbesondere an der konkreten Aufgabenstellung (nochmals: nicht zuletzt aus diesem Grunde sollte der Bearbeitungsvermerk aufmerksam gelesen werden) sowie nach der für die jeweilige Fragestellung gültigen Ordnung zu orientieren hat (dazu noch sogleich). 276

1. Abschnitt. Anwaltliche Aufgabenstellungen in der Rolle des Strafverteidigers

§ 1. Maßnahmen des Strafverteidigers zur Verteidigung im Ermittlungsverfahren

Besteht die Aufgabe nach dem Bearbeitungsvermerk bzw. nach Lage des Aktenstückes für den Prüfling darin, das gegen seinen Mandanten gerichtete staatliche Strafverfolgungsbegehren in Gänze abzuwehren,[8] so kann das in der Regel verlangte Gutachten gewöhnlich in einen **sachlichrechtlichen und** einen **prozessuale Fragen betreffenden Abschnitt** gegliedert werden, wobei es hinsichtlich letzterem insbesondere prozesstaktischer (Vor-)Überlegungen zum weiteren zweckmäßigen Vorgehen bedarf. Als praktischer Teil dürfte sodann ganz überwiegend ein **Schriftsatz** anzufertigen sein, bei welchem es sich für gewöhnlich um eine „Verteidigungsschrift"[9] mit etwaig zu stellenden Anträgen (eventuell kumulativ oder alternativ hierzu auch um das Mandantenschreiben) handeln dürfte (mit Blick auf den Umfang des Gutachtens kann auch nur der Vorschlag und die Formulierung etwaiger Anträge bzw. Anregungen verlangt sein).[10] Gibt der Bearbeitungsvermerk dagegen vor, 277

---

[8] Dies kann auch in einer Klausur Aufgabe sein, in der das Ermittlungsverfahren bereits abgeschlossen ist: Dem dann Angeschuldigten wird nach Erhebung der öffentlichen Klage die Anklageschrift zugestellt, und er wird gemäß § 201 Abs. 1 StPO aufgefordert, innerhalb einer bestimmten Frist zu erklären, ob er Einwendungen gegen die Eröffnung des Hauptverfahrens vorbringen wolle. Aus Sicht des Verteidigers hat der Prüfling dann darauf hinzuwirken, die Eröffnung des Hauptverfahrens zu verhindern, soweit kein hinreichender Tatverdacht gegeben ist, oder eine Einstellung (§§ 153 Abs. 2, 153a Abs. 2 StPO) herbeizuführen. Die diesbezüglichen Ausführungen in den folgenden Randnummern gelten für eine solche Klausur entsprechend; näher *Krüger/Neumann* S. 33 ff.

[9] Soweit noch nicht geschehen, haben Schriftsätze des Anwaltes für seinen Mandanten in der Regel die (oder eine ähnliche) Formulierung zu enthalten: „... zeige ich unter Vorlage einer auf mich lautenden Vollmacht an, dass der ... mich mit der Wahrnehmung seiner rechtlichen Interessen beauftragt hat".

[10] S. zum Aufbau des materiellrechtlichen Teils eines Gutachtens im Assessorexamen schon → Rn. 9 ff. (dort mit Blick auf die staatsanwaltliche Aufgabenstellung – gleichwohl gelten die Ausführungen hier überwiegend entsprechend); die in einigen Anleitungsbüchern (so etwa *Krüger/Neumann* S. 4) auch bei anwaltlichen Aufgabenstellungen empfohlene Unter-

der Prüfling möge das weitere Vorgehen des Rechtsanwalts als solches darstellen, so wird in der Regel allein der Entwurf etwa zu fertigender verfahrensfördernder Schriftsätze und/oder von Mandantenschreiben verlangt sein. Die rechtlichen Gesichtspunkte sind bei dieser Aufgabenstellung also nicht in einem Gutachten, sondern sogleich in den jeweiligen Schriftsätzen zu erörtern (im Zusammenhang mit den verfahrensfördernden Schriftsätzen sei bereits hier darauf hingewiesen, dass in der Rolle des Strafverteidigers naturgemäß nur solche Umstände vorzutragen sind, die für den Mandanten günstig sind). Gegebenenfalls bedarf es dann zusätzlich eines Hilfsgutachtens hinsichtlich im Aktenstück zwar angesprochener, aber für die anzufertigenden Schriftsätze nicht relevanter Rechtsfragen.

A. Materiellrechtliche Begutachtung

278 Der Prüfling hat in sachlichrechtlicher Hinsicht einen **hinreichenden Tatverdacht** des Mandanten im Hinblick auf möglicherweise verwirklichte Straftatbestände zu prüfen. Dabei ist zu beachten, dass der Strafverteidiger (und damit auch die Klausurbearbeitung) die Prüfung eines Straftatbestandes keinesfalls abbrechen darf, wenn die Subsumtion ergibt, dass ein Tatbestandsmerkmal nicht erfüllt ist bzw. voraussichtlich nicht beweisbar sein wird. Vielmehr ist aus **anwaltlicher Vorsicht** weiter zu untersuchen, ob sich zu Gunsten des Mandanten zusätzliche Angriffspunkte ergeben. Der Anwalt hat, wenn möglich, mit „doppeltem (oder dreifachem) Boden" zu arbeiten und **„Hilfsgründe"** zu erwägen. Je nach Lage des Einzelfalles ist auch zu überlegen, wie eine etwaige **Gegenposition** bekämpft werden kann. Die Schwachstellen der Beweisbarkeit sind herauszuarbeiten, gegebenenfalls ist eine antizipierte Beweiswürdigung hinsichtlich der einzelnen voraussichtlich zur Verfügung stehenden Beweismittel vorzunehmen. Ein Schwerpunkt auch der Anwaltsklausur kann danach durchaus einmal in dem Bereich der Beweisverwertung liegen.[11]

B. Prozessuale Überlegungen zum weiteren Vorgehen

279 Rechtsschutz im Ermittlungsverfahren **gegen die Einleitung und Durchführung des Ermittlungsverfahrens selbst** ist gesetzlich nicht vorgesehen. Auch gebietet Art. 19 Abs. 4 GG einen solchen nicht, da durch Art. 19 Abs. 4 GG Rechtsschutz nicht sofort, sondern nur „zur rechten Zeit" gewährt wird. Letztere ist erst mit dem Abschluss des Ermittlungsverfahrens gekommen. Dennoch kann der Beschuldigte daran interessiert sein, schon im Ermittlungsverfahren auf den weiteren Ablauf einzuwirken.

Grundsätzlich sind im Ermittlungsverfahren drei verschiedene Verteidigungsziele möglich: das Hinwirken auf die Einstellung des Verfahrens, auf den Erlass eines Strafbefehls oder die Vorbereitung der Hauptverhandlung. Die Frage des Weiteren zweckmäßigen Vorgehens hat sich vorrangig nach dem insoweit festzustellenden Begehren des Mandanten zu richten und an den im Gutachten gefundenen Ergebnissen zu orientieren. Stets muss ein **realistisches Ziel** angestrebt werden.

280 Besteht nach Begutachtung durch den Strafverteidiger **kein hinreichender Tatverdacht,** ist in der Regel durch einen Antrag[12] auf Verfahrenseinstellung nach § 170

---

gliederung in ein „A-„ und ein „B-Gutachten" ist nicht allgemein üblich und bundesweit bekannt.

[11] S. hierzu im Einzelnen → Rn. 48 ff.

[12] Da ein förmliches Antragsrecht diesbezüglich nicht besteht, handelt es sich strukturell um eine Anregung des Strafverteidigers.

Abs. 2 StPO zweckmäßig zu reagieren (hinzuweisen sein kann etwa auf weitere Beweismittel, auf Fehler in der antizipierenden Beweiswürdigung der Staatsanwaltschaft oder auf bestehende Verfahrenshindernisse wie die Verfolgungsverjährung).[13]

Wenn die dem Mandanten vorgeworfene **Tat** dagegen **voraussichtlich nachweisbar** ist, so ist ein Antrag auf Verfahrenseinstellung nach § 170 Abs. 2 StPO unbegründet und daher auch unzweckmäßig. Vielmehr kommen je nach Schwere des Tatvorwurfs der Vorschlag einer Einstellung nach Opportunitätsvorschriften (§§ 153 ff. StPO, insbesondere eine Einstellung gegen Auflage nach § 153a StPO) oder die Anregung eines Strafbefehlsverfahrens (§§ 407 ff. StPO)[14] in Betracht (die jeweiligen Voraussetzungen derartiger Verfahrensbeendigungen bedürfen selbstverständlich der sorgsamen Prüfung im prozessualen Teil des Gutachtens). Mit Blick auf eine Einstellung nach den §§ 153 und 153a StPO kann in der entsprechenden Klausursituation mit eindeutiger Beweislage zu Ungunsten des Mandanten weiterhin erwogen werden, letzterem zu einer geständigen Einlassung zu raten, da sich eine solche als strafhöhensenkender Umstand bei der Beurteilung des Schuldmaßes günstig auswirken könnte.[15] 281

Sind weder eine Verfahrenseinstellung noch eine Erledigung im Strafbefehlsverfahren realistisch, muss an das Zwischen- und Hauptverfahren gedacht werden. Der Verteidiger muss seine Bemühungen nun darauf richten, eine **möglichst günstige Ausgangsposition für den Mandanten** zu schaffen. Dies bezieht sich nicht nur auf einen möglichen Schuldspruch, sondern auch auf die Strafzumessungsfaktoren.[16] In Betracht kommt namentlich wiederum, dem Mandanten zu einem Geständnis zu raten und möglichst frühzeitig einen Täter-Opfer-Ausgleich herbeizuführen. 282

Falls die Begutachtung ergeben hat, dass die Unverwertbarkeit von Beweismitteln noch von weiteren Voraussetzungen abhängt, welche vom Strafverteidiger beeinflusst werden können, hat die Klausurbearbeitung hierauf hinzuweisen. So ist es mit Blick auf die Widerspruchslösung des *Bundesgerichtshofs* zweckmäßig, der Verwertung von nicht rechtmäßig gewonnenen Beweismitteln bereits im Ermittlungsverfahren zu **widersprechen** und darauf hinzuweisen, dass ein derartiger Widerspruch auch in einer etwaigen Hauptverhandlung aufrechterhalten wird.[17] 283

Es sei darauf hingewiesen, dass sich der Strafverteidiger **nur prozessual zulässiger Mittel** bedienen darf.[18] Die Grenzen erlaubten Verteidigerhandelns sind in Rechtsprechung und Lehre lebhaft diskutiert und umstritten.[19] Eine vertiefte Auseinandersetzung mit dieser Problematik kann und soll an dieser Stelle nicht erfolgen. Für die Klausur sollten sich vor allem folgende Schranken vergegenwärtigt werden: Alles, was der Verteidiger sagt, muss der Wahrheit entsprechen. Jedoch muss er nicht alles 284

[13] Sofern etwa bereits im Ermittlungsverfahren der Führerschein des Mandanten vorläufig sichergestellt wurde (§ 111a StPO), kann zusätzlich der Antrag zweckmäßig sein, ihm den Führerschein umgehend wieder aushändigen zu lassen. Stets ist dabei das Vorliegen der Voraussetzungen für eine Entschädigung nach StrEG, etwa § 2 Abs. 2 Nr. 4 StrEG, zu prüfen.

[14] Zu den Vorteilen eines Strafbefehlsverfahren für den Mandanten oder die Mandantin noch sogleich.

[15] S. zu strafmildernden Umständen durch das Verhalten des Täters nach der Tat *Fischer* StGB § 46 Rn. 46 ff.

[16] So auch *Bosbach* Rn. 208.

[17] Zur Widerspruchslösung schon → Rn. 48.

[18] Zu der möglichen Strafbarkeit eines Anwaltes wegen (versuchter) Nötigung, indem er in einem Schreiben an den Schuldner seines Mandanten mit einer Strafanzeige „droht", s. *Kudlich/Melloh* JuS 2005, 912 ff.

[19] Vgl. nur *Fischer* StGB § 258 Rn. 16 ff.

sagen, was er weiß.[20] Umstände, die dem Mandanten schaden könnten, dürfen und müssen verschwiegen werden.[21] Mit Blick auf die Verschwiegenheitspflicht des Anwalts (§ 203 Abs. 1 Nr. 3 StGB) darf er mithin über alles, was er weiß, nach Zweckmäßigkeit für den Mandanten schweigen. Wichtig ist insbesondere, dass der Verteidiger ein (ihm gegenüber abgelegtes) Geständnis seines Mandanten nicht offen zu legen braucht und ihm zum Schweigen raten darf.

285 Entsprechend den dargelegten Erwägungen zur Zweckmäßigkeit steht am Ende der Bearbeitung als praktischer Teil häufig die **Fertigung einer Verteidigungsschrift** gerichtet an die Staatsanwaltschaft und/oder eines Schreibens an den Mandanten. Hinsichtlich des Aufbaus der Verteidigungsschrift dürfte es sich empfehlen, kurz darzulegen, was dem Mandanten zur Last gelegt wird. Anschließend ist vorzutragen, wie sich der Sachverhalt nach Abschluss der Ermittlungen aus der Sicht der Verteidigung darstellt, wobei in der entsprechenden Klausurkonstellation insbesondere auch auf die Verwertbarkeit der Beweismittel eingegangen werden sollte. Sodann können die rechtlichen Erörterungen folgen.[22]

§ 2. Maßnahmen des Strafverteidigers gegen Zwangsmaßnahmen im Ermittlungsverfahren

286 Es kann durchaus im Interesse des Mandanten liegen, sich nicht gegen die Tatvorwürfe in Gänze, sondern nur **gegen einzelne Maßnahmen der Strafverfolgungsbehörden** im Ermittlungsverfahren zu wenden.[23] Als klausurrelevante grundrechtsbeeinträchtigende strafprozessuale Maßnahmen sind insbesondere die Anordnung der Untersuchungshaft durch Haftbefehl (§§ 112 ff. StPO), die vorläufige Entziehung der Fahrerlaubnis (§ 111a StPO), die Beschlagnahme (§§ 94, 98 StPO) sowie die Durchsuchung (§§ 102 ff. StPO) zu nennen.[24] Bei der Überprüfung von gegen den Mandanten gerichteten strafprozessualen Maßnahmen im Ermittlungsverfahren bieten sich (wie grundsätzlich bei der Einlegung von Rechtsbehelfen) für das in der Regel nach dem Bearbeitungsvermerk verlangte Gutachten zur Rechtslage – soweit keine weiteren Vorgaben des Aufgabenstellers gemacht sind – zwei Aufbaumöglichkeiten an: Einerseits kann zunächst untersucht werden, ob ein **Rechtsbehelf in der Sache sinnvoll** ist, indem geprüft wird, ob und inwieweit die konkrete Maßnahme rechtswidrig ist bzw. rechtswidrig war und der Mandant dadurch in seinen Rechten verletzt wird bzw. wurde. Im Anschluss hieran kann dann die Prüfung erfolgen, ob der **Rechtsbehelf** im konkreten Fall (noch) **zulässig** eingelegt werden kann. Andererseits ist auch ein umgekehrtes Vorgehen möglich, indem mit der Zulässigkeit eines etwaigen Rechtsbehelfes begonnen und anschließend geklärt wird, ob dieser im konkreten Fall auch begründet und dem Mandanten zu empfehlen (also: zweckmäßig) ist. Bei der Einlegung von Rechtsbehelfen erscheint der zuletzt genannte prozessuale Aufbau praxisnäher, so dass in der Regel die Zulässigkeit und die Begründetheit des jeweiligen Rechtsbehelfes nacheinander zu untersuchen sind (ge-

[20] Vertiefend hierzu *Dahs* StraFo 2000, 181 ff.

[21] Zur Vertiefung s. *Bottke* ZStW 96, 726 ff.

[22] Einen ähnlichen Aufbau schlagen *Ebert/Gregor/Günter* Rn. 423 vor.

[23] Einen kurzen Überblick zum Einstieg hierzu liefert *Burghardt* JuS 2010, 605 ff.

[24] Das Beispiel einer Assessorklausur mit einer Mehrzahl von Beschwerdevorgängen mit vielfältiger Problematik findet sich etwa bei *Weber* Jura 1993, 432 ff.; eine beispielhafte Falllösung zum Rechtsschutz gegen Bewegungsbilderstellung bei der Telekommunikationsüberwachung ist enthalten in *Hellmann* Klausur Nr. 3.

gebenenfalls folgt als praktischer Teil die Anfertigung des jeweils erforderlichen Schriftsatzes bzw. die Ausformulierung von Anträgen).

Ist nach dem Bearbeitungsvermerk dagegen das weitere Vorgehen des Rechtsanwalts als solches darzustellen, so wird in der Regel der **Entwurf des Schriftsatzes,** mit dessen Hilfe das maßgebliche Rechtsmittel bei der zuständigen Stelle eingelegt werden kann, sowie gegebenenfalls das Mandantenschreiben niederzulegen sein. Die rechtlichen Gesichtspunkte sind also bei dieser Aufgabenstellung (wie schon in → Rn. 277 angesprochen) nicht in einem Gutachten, sondern gleich in den jeweiligen Schriftsätzen zu erörtern (gegebenenfalls bedarf es dann zusätzlich eines Hilfsgutachtens hinsichtlich im Aktenstück zwar angesprochener, aber für die anzufertigenden Schriftsätze nicht relevanter Rechtsfragen). 287

Begehrt der Mandant nach Lage des zu bearbeitenden Aktenstückes Rechtsschutz gegen strafprozessuale grundrechtsbeeinträchtigende Maßnahmen, gilt für die von dem Strafverteidiger zu ergreifenden Maßnahmen folgende **Differenzierung** (welche in der Klausurbearbeitung entweder zu Beginn unter dem Anknüpfungspunkt des richtigen Rechtsbehelfes oder in der Zulässigkeit im Rahmen des statthaften Rechtsbehelfes anzusprechen ist): 288

Zunächst ist hinsichtlich der Anordnung der Maßnahme zu unterscheiden, **wer** sie ausgesprochen hat, ob also gegen solche der Staatsanwaltschaft und ihrer Ermittlungspersonen oder aber gegen Eingriffe, die ein Richter angeordnet hat, vorgegangen werden soll. Weiter ist hinsichtlich des **zeitlichen Ablaufes** danach zu differenzieren, ob es sich um bevorstehende oder andauernde Eingriffe handelt oder vielmehr um erledigte (also: bereits vollzogene) Maßnahmen: 289

Hat ein **Richter** eine **noch nicht erledigte Maßnahme** angeordnet, ist bezüglich ihrer Rechtmäßigkeit in der Regel die einfache Beschwerde nach § 304 StPO statthaft, wenn und soweit die Wirkung der Maßnahme noch fortdauert und das Gesetz sie der Anfechtung nicht ausdrücklich entzieht (wie etwa die wenig examensrelevante Beschränkung der Anfechtungsmöglichkeit in § 304 Abs. 5 StPO). Hinsichtlich durch den **Richter** angeordneter **erledigter** Maßnahmen war lange umstritten, ob solche im Ermittlungsverfahren überhaupt angefochten werden können. Früher sind erledigte *richterliche* Maßnahmen wegen prozessualer Überholung zumeist als unanfechtbar angesehen worden, weil nachträglicher Rechtsschutz in der Strafprozessordnung nicht vorgesehen sei.[25] Unter Aufgabe seiner früheren Rechtsprechung entzog das *Bundesverfassungsgericht*[26] 1997 jedoch dieser Auffassung die Grundlage, weil das Erfordernis effektiven Rechtsschutzes (Art. 19 Abs. 4 GG) es gebiete, die *Beschwerde* nach § 304 StPO zuzulassen. Dem ist schon deshalb zuzustimmen, weil andernfalls häufig wegen der relativ kurzen Zeitspanne, in der sich (zumeist: zwangsweise) Eingriffe typischerweise vollziehen, von dem Betroffenen kein effektiver Rechtsschutz zu erlangen sein würde. Die erforderliche Beschwer und das Rechtsschutzbedürfnis (Feststellungsinteresse) für die Beschwerde bestehen, wenn die Maßnahme in tief greifender Weise die Grundrechte des Betroffenen berührt und die von der Prozessordnung gegebene weitere Instanz nach dem typischen Verfahrensablauf nicht über die direkte Belastung durch den beanstandeten Akt entscheiden kann.[27] 290

---

[25] Vgl. nur BVerfGE 49, 329, 340 ff. sowie BGHSt 28, 57 (58).

[26] S. BVerfGE 96, 27 (38 ff.).

[27] Insbesondere bei einer Durchsuchung (§§ 102 ff. StPO) ist das Rechtsschutzbedürfnis in der Regel zu bejahen, weil ein tief greifender Grundrechtseingriff in die Unverletzlichkeit der Wohnung gegeben ist und die Durchsuchung nahezu immer bereits abgeschlossen ist, bevor der Betroffene die richterliche Anordnung mit der Beschwerde angreifen kann (dazu *BVerfG* NJW 2004, 1517 ff.).

291 Wurde die **Maßnahme** dagegen **von der Staatsanwaltschaft oder der Polizei angeordnet**, muss es zwar mit Blick auf Art. 19 Abs. 4 GG ebenfalls eine Rechtsschutzmöglichkeit geben, jedoch finden sich gesetzliche Regelungen nur in den §§ 98 Abs. 2 Satz 2, 161a Abs. 3 Satz 1 StPO. Das Gebot effektiven Rechtsschutzes bewirkt allerdings, dass der Anwendungsbereich des § 98 Abs. 2 Satz 2 StPO über den Wortlaut hinaus erheblich erweitert ist.[28] Haben die Staatsanwaltschaft oder eine ihrer Ermittlungspersonen andere als die dort genannten Maßnahmen kraft ihrer Eilkompetenz angeordnet, so besteht danach die Möglichkeit, hiergegen *entsprechend* § 98 Abs. 2 Satz 2 StPO die Entscheidung des Richters herbeizuführen, solange die Maßnahme noch andauert.[29] Aber auch bezüglich bereits vollzogener Maßnahmen ist bei Vorliegen eines besonderen Rechtsschutzinteresses (insbesondere bei schwerwiegenden Grundrechtseingriffen) die Möglichkeit einer Überprüfung der Anordnung allgemein anerkannt. Insofern kann – wie im Fall der noch andauernden Maßnahme – nach § 98 Abs. 2 Satz 2 StPO die Entscheidung des Richters herbeigeführt werden,[30] der sich auch mit der Frage zu befassen hat, ob für die Ermittlungsbehörde überhaupt eine Anordnungskompetenz („Gefahr im Verzug“[31]) bestanden hat.[32]

292 Schließlich ist hinsichtlich des **Rechtsschutzziels** zu differenzieren, ob die **Rechtmäßigkeit der Anordnung** oder die **Art und Weise ihrer Durchführung** beanstandet werden soll. Möchte der Mandant sich nicht gegen die Anordnung der Maßnahme als solche zur Wehr setzen, sondern gegen die Art und Weise ihrer Durchführung,[33] ist nach Ansicht des *Bundesgerichtshofs*[34] ebenfalls die Möglichkeit eröffnet, in entsprechender Anwendung von § 98 Abs. 2 Satz 2 StPO die richterliche Entscheidung herbeizuführen.

Im Folgenden sollen diejenigen Prüfungspunkte einer Beschwerde und eines Antrages auf richterliche Entscheidung nach § 98 Abs. 2 Satz 2 StPO (analog) angesprochen werden, welche in der entsprechenden Klausurkonstellation zu erörtern sind.

A. Zulässigkeit der Beschwerde

293 Wenn nicht besondere Zulässigkeitsprobleme bestehen, ist die Prüfung üblicherweise kurz zu halten. **Statthaft** ist die Beschwerde nach § 304 Abs. 1 StPO gegen richterliche Beschlüsse und Verfügungen sowie gegen alle richterlichen Maßnahmen, die nicht mit der Berufung oder Revision anfechtbar sind.[35] Weiterhin ist regelmäßig die **Beschwer** bzw. Beschwerdeberechtigung anzusprechen. Beschwert ist, wer

---

[28] Zur analogen Anwendung von § 98 Abs. 2 Satz 2 StPO s. *Meyer-Goßner/Schmitt* StPO § 98 Rn. 23.

[29] *BGH* NJW 1990, 57.

[30] Vgl. *BVerfG* NJW 2004, 1519 (1520).

[31] S. dazu den Fall *BGH* NStZ 2006, 114 (= RÜ 2006, 37).

[32] S. *BVerfG* NJW 2002, 2456.

[33] Denkbar ist etwa, dass die Mandantin sich gegen die Sicherstellung von Postsendungen als Zufallsfunde im Rahmen einer Durchsuchung wehren möchte.

[34] *BGH* NJW 1999, 3499f. für den Fall, dass der Betroffene während der Durchsuchung am Verlassen der (zu durchsuchenden) Kanzleiräume gehindert worden war; dagegen soll nach Ansicht des *BVerfG* (NJW 1997, 2163) für diese Überprüfung der Rechtsweg gemäß § 23 EGGVG zu den Oberlandesgerichten gegeben sein. In der Klausur dürften beide Möglichkeiten vertretbar sein, wobei es sich bei der analogen Anwendung von § 98 Abs. 2 Satz 2 StPO um die bekanntere handeln dürfte; vertiefend hierzu *Hellmann* Klausur Nr. 3.

[35] Vgl. hierzu *Meyer-Goßner/Schmitt* StPO § 304 Rn. 1 sowie zu den Fällen des Beschwerdeausschlusses sowie zu Sonderregelungen Rn. 5.

durch die angegriffene Entscheidung in seinen Rechten oder schutzwürdigen Interessen verletzt oder unmittelbar beeinträchtigt ist (hinsichtlich der Beschwer kann im Falle der Erledigung der Maßnahme das Problem der prozessualen Überholung und der Fortdauer der Beschwer bei schwerwiegenden Grundrechtseingriffen zu diskutieren sein; dazu schon → Rn. 290).[36] Die Anordnung oder der Vollzug einer Zwangsmaßnahme gegen den Mandanten beschwert diesen regelmäßig. Auch der Strafverteidiger selbst oder Dritte können beschwerdeberechtigt sein, wenn sie in eigenen Rechten betroffen sind (§ 304 Abs. 2 StPO).[37] Ausführungen zum **zuständigen Gericht** sowie zu **Form und Frist** der Einlegung können auch erst in den Zweckmäßigkeitserwägungen erfolgen. Nach § 306 Abs. 1 StPO ist die Beschwerde bei dem Gericht einzulegen, das die angegriffene Entscheidung erlassen hat. Außerdem bestimmt die Vorschrift, dass die Beschwerde schriftlich oder zu Protokoll der Geschäftsstelle des Ausgangsgerichtes einzulegen ist. Dagegen ist eine Beschwerdefrist hinsichtlich der einfachen Beschwerde gesetzlich nicht vorgesehen. Auch eine Beschwerdebegründung ist nicht vorgeschrieben, aber zulässig und für die Klausur (ebenso wie für die Praxis) grundsätzlich zu empfehlen.

B. Zulässigkeit des Antrages auf richterliche Entscheidung

Was den Umfang der Zulässigkeitsdarstellung anbelangt, so gelten die obigen Ausführungen zur Beschwerde entsprechend. Aufgrund der ausdrücklichen Regelung in § 98 Abs. 2 Satz 2 StPO ist der Antrag auf gerichtliche Entscheidung **statthaft,** wenn die Beschlagnahme eines Gegenstandes ohne richterlichen Beschluss durch die Staatsanwaltschaft oder ihrer Ermittlungspersonen vorgenommen wurde (zur analogen Anwendung der Norm s. schon → Rn. 291). Weiter kann auch der Antrag nach § 98 Abs. 2 Satz 2 StPO (analog) nur bei Vorliegen einer **Beschwer** ergriffen werden. Dauert die Maßnahme nicht mehr an, gilt es auch hier wieder zu prüfen, ob ein Rechtsschutzbedürfnis besteht. Antragsberechtigt ist im Fall der unmittelbaren Geltung von § 98 Abs. 2 Satz 2 StPO der von der Beschlagnahme betroffene Eigentümer oder Besitzer.[38] Bei analoger Anwendung der Vorschrift ist entscheidend, wer von der sonstigen Maßnahme in seinen Rechten verletzt oder in seinen rechtlich geschützten Interessen betroffen ist. Während des Ermittlungsverfahrens ist der Antrag auf richterliche Entscheidung im unmittelbaren Anwendungsbereich der Norm grundsätzlich bei dem Amtsgericht zu stellen, in dessen Bezirk die Beschlagnahme stattgefunden hat (§ 98 Abs. 2 Satz 3 StPO). Dies gilt entsprechend, soweit andere Zwangsmaßnahmen analog § 98 Abs. 2 Satz 2 StPO überprüft werden sollen (zu den weiteren Zuständigkeiten s. § 98 Abs. 2 Sätze 4 bis 6 StPO). Schließlich bedarf der Antrag auf richterliche Entscheidung nach § 98 Abs. 2 Satz 2 StPO (analog) weder einer Fristeinhaltung noch einer Begründung, ist aber schriftlich zu stellen. 294

C. Begründetheit von Beschwerde und Antrag auf richterliche Entscheidung

Beschwerde und Antrag auf richterliche Entscheidung sind begründet, wenn die beanstandete Maßnahme **rechtswidrig** ist bzw. war und der **Mandant** dadurch **in seinen Rechten verletzt** wurde. Die primäre Aufgabe besteht in der Begründetheitsprüfung somit darin, nach Fehlern zu suchen, die den Strafverfolgungsbehörden unterlaufen sind. Solche können im materiellen Recht, etwa bei einer unzutreffenden 295

[36] S. *Meyer-Goßner/Schmitt* StPO Vor § 296 Rn. 9 ff. mit weiteren Nachweisen.
[37] S. zur Beschwerdeberechtigung *Meyer-Goßner/Schmitt* StPO § 304 Rn. 6 f.
[38] Hierzu *Meyer-Goßner/Schmitt* StPO § 98 Rn. 20.

Subsumtion, liegen, oder sich aus formellen Vorschriften ergeben, etwa wenn die Beweiserhebung unter Verstoß gegen zwingende Normen vorgenommen wurde. Die jeweiligen Voraussetzungen der Eingriffsnorm sind einer eingehenden Prüfung zu unterziehen.

D. Weitere Vorgehensweise

296 Wie auch sonst hat sich das weitere Vorgehen des Strafverteidigers an dem Ziel des Mandanten, den **Erfolgsaussichten** des einschlägigen Rechtsbehelfes und der **konkreten Aufgabenstellung** zu orientieren. Das dargestellte Verteidigerverhalten kann sich dabei auch auf **begleitende Maßnahmen** beziehen, wie den Vorschlag, dem Mandanten zu raten, von seinem Schweigerecht Gebrauch zu machen (dazu schon → Rn. 284). Sofern sich gegen den Beschuldigten mehrere prozessuale Maßnahmen richten, die nicht alle erfolgversprechend anzugreifen sind, dürfte es zweckmäßig sein, den Antrag auf richterliche Entscheidung bzw. die Beschwerde auf die Maßnahmen zu beschränken, die mit hinreichender Wahrscheinlichkeit rechtswidrig sind bzw. waren.

297 Am Ende der Klausurbearbeitung sind wiederum je nach Aufgabenstellung die praktischen Fertigkeiten dadurch zu beweisen, dass die gefundenen Ergebnisse (entweder ausschließlich oder neben einem vorangegangen Gutachten) in der Fertigung der entsprechenden **Beschwerde- oder Antragsschrift** und/oder in dem **Mandantenschreiben** umgesetzt werden. Zwar bedürfen weder die Beschwerde noch der Antrag auf richterliche Entscheidung der Begründung, auf diese sollte in der Klausur gleichwohl selbst dann nicht verzichtet werden, wenn die Sach- und Rechtslage bereits gutachterlich gewürdigt wurde.

§ 3. Maßnahmen des Strafverteidigers gegen die Anordnung der Untersuchungshaft

298 Eine Examensklausur, welche die **Anordnung einer Untersuchungshaft** zum Gegenstand hat, verlangt aus der Sicht der Verteidigung in der Regel eine Untersuchung, ob diese Anordnung mit Aussicht auf Erfolg angegriffen werden kann.[39] Es bedarf mithin der Prüfung, ob der Erlass des Haftbefehls unter Zugrundelegung der den Strafverfolgungsbehörden vorliegenden Erkenntnisse überhaupt gerechtfertigt war und/oder ob er im nunmehr maßgeblichen Entscheidungszeitpunkt noch zulässig ist.

Dem Strafverteidiger stehen **bei bereits vollzogener Maßnahme** grundsätzlich **zwei Möglichkeiten** offen, nachträglich gegen die Anordnung (und damit zugleich gegen die Fortdauer) der Untersuchungshaft vorzugehen. Zum einen kann die Anordnung mit dem *allgemeinen* Rechtsbehelf der Beschwerde (§§ 304 ff. StPO) angefochten werden (sogenannte *Haftbeschwerde*). Zum anderen kann der Strafverteidiger den *besonderen* Rechtsbehelf des Haftrechts aus den §§ 117 ff. StPO ergreifen und den Antrag auf *Haftprüfung* stellen. Im Vorfeld sollte in der Praxis jedoch die schnellste Möglichkeit bedacht werden, nämlich den zuständigen Staatsanwalt vom Nichtvorliegen der Voraussetzungen der §§ 112 ff. StPO zu überzeugen. Gelingt dies, erfolgt seitens des Staatsanwalts ein Antrag auf Aufhebung des Haftbefehls nach § 120

[39] S. das Beispiel bei *Brunner/Kunnes/Reiher* Klausur 5. Zum Rechtsschutz im Haftverfahren aus anwaltlicher Sicht s. auch *Kruse* JA 2008, 219 ff.

Abs. 3 StPO, dem das Gericht folgen muss, und zugleich eine Anordnung der sofortigen Entlassung.[40]

Hinsichtlich der **Haftbeschwerde** gelten im Wesentlichen die allgemeinen Beschwerdevorschriften (→ Rn. 293 ff.); ihr Ziel kann auch eine Aussetzung des Vollzugs gemäß § 116 StPO sein.[41] Die Haftbeschwerde ist bei dem Ermittlungsrichter einzulegen (§ 306 Abs. 1 StPO), der ihr abhelfen kann. Hilft letzterer ihr nicht ab, so legt er die Beschwerde dem nächsthöheren Gericht vor (§ 306 Abs. 2 StPO). Beschwerdegericht ist die jeweils zuständige Kammer des Landgerichts (oder aber ein Strafsenat des Oberlandesgerichts, wenn eine Anordnung des Landgerichts angefochten wird). Die Haftbeschwerde hat somit einen Devolutiveffekt. Gegen die Entscheidung des Beschwerdegerichts ist die weitere Beschwerde zulässig (§ 310 Abs. 1 StPO). 299

Mit dem besonderen haftrechtlichen Rechtsbehelf der **Haftprüfung** kann ebenfalls die Aufhebung des Haftbefehls oder die Aussetzung des Vollzugs (§ 116 StPO) beantragt werden (§ 117 Abs. 1 StPO). Im Unterschied zur Haftbeschwerde hat die Haftprüfung keinen Devolutiveffekt, die Entscheidung verbleibt mithin bei dem Richter, der den Haftbefehl erlassen hat (§ 126 StPO). Allerdings kann seine Entscheidung wiederum mit der Beschwerde und der weiteren Beschwerde angefochten werden (§ 117 Abs. 2 Satz 2 StPO).[42] 300

Begehrt der Mandant nicht die Aufhebung des erlassenen Haftbefehls, sondern möchte sich gegen die **Art und Weise seiner Durchsetzung,** also das Vorgehen bei der Festnahme, zur Wehr setzen, ist statthafter Rechtsbehelf in entsprechender Anwendung von § 98 Abs. 2 Satz 2 StPO auch hier der Antrag auf richterliche Entscheidung. Anders ist die Rechtslage aber, wenn Maßnahmen des **Vollzugs der Untersuchungshaft** (§ 119 StPO) in der Justizvollzugsanstalt angegriffen werden sollen. Gegen richterliche Entscheidungen nach § 119 Abs. 6 Satz 1 StPO kann zugunsten des Mandanten Beschwerde nach § 304 StPO eingelegt werden. 301

Handelt es sich hingegen um einen noch **nicht vollzogenen Haftbefehl,** kommt als statthaftes Rechtsmittel gegen diesen nur die Haftbeschwerde in Betracht, da Voraussetzung der Haftprüfung nach § 117 Abs. 1 StPO ist, dass sich der Beschuldigte „in Untersuchungshaft" befindet, mithin tatsächlich und aufgrund des Haftbefehls in staatlicher Gewalt ist. 302

Die **Gliederung der Klausur** hat sich – wie sonst auch – an dem Bearbeitungsvermerk zu orientieren. Im Übrigen kann in dem in der Regel verlangten Gutachten entweder bereits zu Beginn Stellung zur Wahl des interessengerechten Rechtsbehelfes genommen werden (beispielsweise dann, wenn von vornherein nur ein Rechtsbehelf statthaft ist, der Mandant etwa die Überprüfung der Rechtmäßigkeit des Vollzugs des Haftbefehls begehrt), um diesen dann anschließend auf seine Zulässigkeit und Begründetheit zu untersuchen. Oder man nimmt zunächst die Zulässigkeits- und Begründetheitsprüfung der für den Klausurfall in Betracht kommenden Maßnahmen vor, um sich innerhalb der Zweckmäßigkeitserwägungen auf die Wahl des richtigen Rechtsbehelfs festzulegen. Letztlich ist hier ein logischer Gedankenaufbau entscheidend. 303

---

[40] Für den wertvollen Hinweis danken wir Herrn Staatsanwalt *Dr. Artkämper* von der Staatsanwaltschaft Dortmund.

[41] Vgl. *Meyer-Goßner/Schmitt* StPO § 117 Rn. 10.

[42] Dazu *Meyer-Goßner/Schmitt* StPO § 117 Rn. 7.

A. Zulässigkeit von Haftprüfung und Haftbeschwerde

304 Ausführungen zur Zulässigkeit können zumeist knappgehalten werden. Anzusprechen sind in der Regel die **Statthaftigkeit** (hier kann mit Blick auf den Vorrang der Haftprüfung gegebenenfalls einmal hinsichtlich der Statthaftigkeit der Beschwerde ein Hinweis auf den Beschwerdeausschluss nach § 117 Abs. 2 Satz 1 StPO erforderlich sein) und die **Antrags- bzw. Beschwerdeberechtigung** des Mandanten und dessen **Beschwer,** welche durch den Haftbefehl grundsätzlich gegeben sind (die Berechtigung des Verteidigers ergibt sich aus §§ 118b, 297 StPO). Ausführungen zum **Adressaten** des jeweiligen Rechtsbehelfes (dazu schon → Rn. 299 f.) können in der Zulässigkeit oder der Zweckmäßigkeit erfolgen. Dies gilt ebenso für die **Form und die Frist.** Während der Haftprüfungsantrag formfrei erfolgen kann, ist die Beschwerde schriftlich oder zu Protokoll der Geschäftsstelle einzulegen (§ 306 Abs. 1 StPO). Beide Rechtsbehelfe erfordern keine Begründung in der Sache. Für den Antrag auf Haftprüfung und die einfache Beschwerde ist keine Frist zu beachten.

B. Begründetheit von Haftprüfung und Haftbeschwerde

305 In der Begründetheit ist zu prüfen, ob der Haftbefehl wegen **inhaltlicher Mängel** oder wegen **fehlender Haftvoraussetzungen** aufzuheben (§ 120 StPO) oder gegebenenfalls außer Vollzug zu setzen ist (§ 116 StPO). Prüfungsumfang beider Rechtsbehelfe ist eine umfassende Neubewertung der gesamten Sach- und Rechtslage, wobei die Beschwerdeinstanz Tatsacheninstanz ist.

Die rechtmäßige Anordnung der Untersuchungshaft setzt das Vorliegen eines Antrages der Staatsanwaltschaft voraus (außer im Rahmen des § 125 Abs. 1 Fall 2 StPO), der Beschuldigte muss der Tat dringend verdächtig sein (§ 112 Abs. 1 StPO), weiter muss einer der in §§ 112 Abs. 2 und Abs. 3, 112a Abs. 1 StPO beschriebenen Haftgründe vorliegen, und schließlich darf der Haftbefehl dann nicht erlassen bzw. aufrecht erhalten werden, wenn er unverhältnismäßig ist bzw. wäre.[43] Es bedarf an dieser Stelle einer eingehenden Prüfung der Rechtslage, wobei wiederum Fragen der Verwertbarkeit von Beweismitteln, die beim Erlass des Haftbefehls berücksichtigt wurden, eine Rolle spielen können. Bei der Überprüfung des Haftbefehles sind im Rahmen der Haftprüfung und der Haftbeschwerde insbesondere auch nachträglich zu Gunsten des Beschuldigten wirkende Umstände zu berücksichtigen. Sowohl bei der Haftprüfungs- als auch bei der Beschwerdeentscheidung ist nämlich nicht ausschlaggebend, ob der Erlass des Haftbefehls zulässig war, sondern vielmehr, ob er im jetzigen Entscheidungszeitpunkt noch zulässig *ist.*

C. Weitere Vorgehensweise

306 Sind nach dem Ergebnis der Begutachtung sowohl Haftprüfung als auch Haftbeschwerde statthaft und erfolgversprechend, ist die **Interessenlage** des Mandanten mit den Vor- und Nachteilen der jeweiligen Anfechtungsmöglichkeit **abzuwägen.** Jedoch ergibt sich insoweit ein Vorrang der Haftprüfung, als beide Vorgehensweisen nicht gleichzeitig zulässig sind. Wegen § 117 Abs. 2 Satz 1 StPO kann eine Beschwerde dann nicht mehr erhoben werden, sobald der Antrag auf Haftprüfung gestellt ist. Eine zuvor eingelegte Beschwerde wird ab dem Zeitpunkt unzulässig, in dem der Antrag auf Haftprüfung eingereicht wird.

---

[43] S. zu den materiellen Voraussetzungen des Haftbefehls schon → Rn. 124 ff.

Das **Haftprüfungsverfahren** besitzt gegenüber der Haftbeschwerde, der es nach § 117 Abs. 2 Satz 1 StPO vorgeht, mehrere Vorteile: Der Haftprüfungsantrag kann wiederholt werden. Da es sich bei der Haftbeschwerde dagegen um ein allgemeines Rechtsmittel handelt, kann sie nur einmal eingelegt werden. Wurde das Beschwerdeverfahren durchgeführt, so ist die Entscheidung mit diesem Rechtsmittel nicht mehr anfechtbar (s. aber § 310 Abs. 1 StPO). Im Unterschied zur Haftbeschwerde, bei der gemäß § 118 Abs. 2 StPO die Durchführung einer mündlichen Verhandlung im Ermessen des Beschwerdegerichts steht, kann der Strafverteidiger für seinen Mandanten gemäß § 118 Abs. 1 StPO im Haftprüfverfahren eine mündliche Verhandlung erzwingen.[44] Außerdem führt die Haftprüfung zumeist schneller zu einer Entscheidung, da gemäß § 118 Abs. 5 StPO die mündliche Verhandlung unverzüglich, spätestens aber zwei Wochen nach Antragstellung anzuberaumen ist. Dementsprechend wird eher die Haftprüfung vorzuschlagen sein, wenn die Entscheidung des Ermittlungsrichters durch das persönliche Erscheinen des Mandanten beeinflusst werden soll. Dies kann insbesondere bei dem Haftgrund der Fluchtgefahr ein entscheidendes Kriterium für die Wahl des zweckmäßigen Vorgehens sein, da der persönliche Eindruck, den der Beschuldigte bei dem Richter hinterlassen kann, durchaus ausschlaggebend für die Verneinung (des Fortbestehens) der Fluchtgefahr sein kann. 307

Dagegen kann sich die **Haftbeschwerde** insbesondere dann anbieten, wenn die gutachterliche Würdigung eine im Vergleich zu den Ausführungen des Haftbefehles abweichende Beurteilung der Lage in rechtlicher und nicht in tatsächlicher Hinsicht ergeben hat. Zwar überprüft das Beschwerdegericht die angefochtene Entscheidung nicht nur auf Rechtsfehler, sondern auch in tatsächlicher Hinsicht. Entscheidend ist jedoch, dass im Falle der Nichtabhilfe durch den Ermittlungsrichter das Beschwerdegericht und damit andere Richter über die Sach- und Rechtslage entscheiden (§ 306 Abs. 2 StPO). Nicht selten liegt gerade hierin für den Mandanten der entscheidende Vorteil, so dass aufgrund dieser Zweckmäßigkeitserwägungen wohl die Haftbeschwerde einzulegen wäre. Was die Entscheidung zwischen den zwei Vorgehensmöglichkeiten gegen einen Haftbefehl anbelangt, so ist letztlich für die Klausurbenotung entscheidend, dass die weitere Vorgehensweise sachgerecht und mit tragfähigen Argumenten dargelegt wird. Auf das Ergebnis dürfte es dabei weniger ankommen.[45] 308

Möchte der Mandant dagegen die **Rechtmäßigkeit der Art und Weise der Durchsetzung des Haftbefehls,** also der Festnahme, gerichtlich überprüft wissen und hat das vorangegangene Gutachten diesbezüglich (jedenfalls teilweise) eine hinreichende Erfolgsaussicht bescheinigt, so hat die Klausurbearbeitung hinsichtlich des weiteren Vorgehens in der Regel vorzuschlagen, einen Antrag auf Feststellung zu stellen, dass die Art und Weise der Vollziehung des Haftbefehls rechtswidrig war. 309

In der Regel wird das nach Zweckmäßigkeitsüberlegungen gefundene Ergebnis nunmehr im praktischen Teil der Klausur in der Form umzusetzen sein, dass der 310

---

[44] Allerdings kann die mündliche Verhandlung nicht beliebig herbeigeführt werden. Erst nach zwei Monaten seit der letzten mündlichen Verhandlung besteht ein erneuter Anspruch und das auch nur dann, wenn der Beschuldigte mindestens drei Monate in Untersuchungshaft verbracht hat (§ 118 Abs. 3 StPO). Hat der Beschuldigte unmittelbar nach seiner Ergreifung eine mündliche Haftprüfung beantragt, so kann eine weitere mündliche Verhandlung erst nach drei Monaten, dann erst wieder nach zwei Monaten verlangt werden.

[45] *Ebert/Gregor/Günter* Rn. 414 empfehlen dem Prüfling im Zweifel eine Haftbeschwerde zu fertigen, da diese im Vergleich zu einem Antrag auf Haftprüfung umfassender begründet wird, obwohl eine negative Haftprüfungsentscheidung ebenfalls mit der Beschwerde angefochten werden kann.

interessengerechte Rechtbehelf und Antrag an das zuständige Gericht in einem **Schriftsatz** auszuformulieren sind.

§ 4. Maßnahmen des Strafverteidigers gegen einen Strafbefehl

311 Ist das Ermittlungsverfahren durch den Erlass eines Strafbefehls nach § 407 StPO abgeschlossen worden, kann die Klausuraufgabe darin bestehen, dessen Rechtmäßigkeit und die Zweckmäßigkeit einer Anfechtung zu prüfen. Hinsichtlich eines gegen den Mandanten erlassenen Strafbefehles kommt allein der **Einspruch** als möglicher Rechtsbehelf[46] in Betracht (§ 410 Abs. 1 Satz 1 StPO).[47]

Bei der Überprüfung eines Strafbefehls aus anwaltlicher Sicht bieten sich für das etwaig verlangte Gutachten wiederum die an anderer Stelle bereits angesprochenen Aufbaumöglichkeiten an. Es kann zunächst untersucht werden, ob ein Einspruch *in der Sache* berechtigt ist, was vor allem dann der Fall ist, wenn der Schuld- und Rechtsfolgenausspruch auf keiner tragfähigen Grundlage steht; im Anschluss hieran kann dann die Prüfung erfolgen, ob der (an sich materiell gerechtfertigte) Einspruch im konkreten Fall noch zulässig eingelegt werden kann. Möglich und (bei Fehlen eines anders lautenden Bearbeitungsvermerks) in der Regel vorzugswürdig ist auch, zunächst die Zulässigkeit des Einspruchs zu prüfen und anschließend zu erörtern, ob dieser auch begründet und dem Mandanten zu empfehlen ist. Gegebenenfalls folgt als praktischer Teil neben etwaigen Schreiben an den Mandanten insbesondere das Einspruchsschreiben an das Gericht. Falls dagegen das weitere Vorgehen des Rechtsanwalts als solches darzustellen ist, so entfällt ein vorangehendes Gutachten, und die Sach- und Rechtslage ist in den entsprechenden Schriftsätzen zu erörtern (hinsichtlich im Aktenstück zwar angesprochener, aber für die anzufertigenden Schriftsätze nicht relevanter Rechtsfragen bedarf es gegebenenfalls eines Hilfsgutachtens).

A. Zulässigkeit des Einspruchs

312 Die Begutachtung der Zulässigkeit des Einspruchs wird in den meisten Klausuren keinerlei Schwierigkeiten aufweisen. Sie umfasst grundsätzlich die – deshalb möglichst knappe – Darstellung der **Statthaftigkeit,** gegebenenfalls der **Anfechtungsberechtigung** des Verteidigers, einen Hinweis auf die **Form** sowie die noch mögliche Einhaltung der **Einlegungsfrist.** Größeren Begründungsaufwand erfordern nur (nicht selten abgefragte) Einzelprobleme (hier sind insbesondere der Fristlauf, fehlerhafte Zustellungen sowie die Wiedereinsetzung in den vorigen Stand, §§ 44, 45 StPO, zu nennen).

Als alleiniger Rechtsbehelf gegen einen Strafbefehl ist der **Einspruch** stets **statthaft** (§ 410 Abs. 1 Satz 1 StPO). **Anfechtungsberechtigt** ist der Angeklagte, soweit er durch den Strafbefehl beschwert ist.[48] Für die Einspruchseinlegung durch den Verteidiger gilt § 297 StPO entsprechend (§ 410 Abs. 1 Satz 2 StPO). Die Einlegung des Einspruchs kann in schriftlicher **Form** oder zu Protokoll der Geschäftsstelle bei dem

---

[46] Achten Sie beim Einspruch auf die richtige Terminologie: „Rechtsbehelf" und nicht „Rechtsmittel", weil er die Sache nicht in eine höhere Instanz bringt. Es fehlt also am Devolutiveffekt.

[47] Eine Übungsklausur zur anwaltlichen Beratung im Falle eines Strafbefehls findet sich bei *Westphal/Tetenberg* Klausur 3; s. auch *Brunner/Kunnes/Reiher* Klausur 6.

[48] Zur Beschwer s. noch → Rn. 449 ff.

Gericht erfolgen, das den Strafbefehl erlassen hat (Erörterungen zur Form können wiederum auch den Zweckmäßigkeitserwägungen vorbehalten bleiben). Die Einlegung muss binnen **zwei Wochen** erfolgen (§ 410 Abs. 1 Satz 1 StPO). Entscheidender Zeitpunkt für die Berechnung der Frist ist die Zustellung (§ 410 Abs. 1 Satz 1 StPO), welche sich in Strafsachen gemäß § 37 Abs. 1 StPO nach den §§ 166 ff. ZPO richtet. Man sollte sich daher bei Gelegenheit durchaus einmal näher mit den Möglichkeiten der Ersatzzustellung vertraut machen.[49] Ist die Einspruchseinlegungsfrist im Klausurfall tatsächlich einmal versäumt, so wird eine Wiedereinsetzung in den vorigen Stand nach § 44 StPO zu erwägen sein.[50]

B. Begründetheit des Einspruchs

Der zulässig eingelegte Einspruch führt bereits dazu, dass der Termin zur Haupt- 313
verhandlung anberaumt wird (§ 411 Abs. 1 Satz 2 StPO). Es kommt mithin für einen „Erfolg" des Rechtsbehelfs nicht darauf an, ob der Einspruch auch begründet ist. Dennoch muss aus Verteidigersicht der Begründetheitsstation besondere Aufmerksamkeit zuteilwerden. Gegenstand der anschließenden Urteilsfindung ist nämlich – soweit Einspruch eingelegt wurde – die durch den Strafbefehlsantrag der Staatsanwaltschaft bezeichnete Tat im prozessualen Sinne (§ 264 Abs. 1 StPO); der Richter ist hier aber nach § 411 Abs. 4 StPO grundsätzlich weder an die im Strafbefehl getroffene rechtliche Würdigung noch an die dort angeordneten Rechtsfolgen gebunden,[51] was für den Mandanten vor allem bedeutet, dass bei dem späteren Erlass des Urteils auf seinen zulässigen Einspruch das Verbot der Schlechterstellung nach den §§ 331, 358 Abs. 2 StPO *nicht gilt.* Für die gewissenhafte Prüfung der Begründetheit des Einspruchs hat dies aus der Verteidigerperspektive zur Folge, dass die **Strafbarkeit des Mandanten** in jedem Fall **umfassend zu untersuchen** ist, da andernfalls eine sachgerechte Beratung des Mandanten nicht gewährleistet werden kann (so kann etwa der Einspruch gegen einen wegen Betrugs schuldig sprechenden Strafbefehl zwar materiellrechtlich begründet sein, im Hauptverfahren aber eine Verurteilung wegen Diebstahls mit der Möglichkeit der Anwendung des schärferen Sonderstrafrahmens des § 243 Abs. 1 Satz 2 StGB drohen).

Neben der **gesetzeskonformen Anwendung der Straftatbestände** ist zu prüfen, ob 314
der Mandant tatsächlich überführt werden kann oder ob nicht Beweismittel für das weitere Verfahren gesperrt sind (Überprüfung von **Beweisverwertungsverboten**).[52] Schließlich sind auch mögliche Fehler im **Rechtsfolgenausspruch** zu untersuchen (so etwa, wenn gegen § 407 Abs. 2 Satz 1 oder 2 StPO verstoßen worden ist).

C. Weitere Vorgehensweise

Die Zweckmäßigkeit des weiteren Vorgehens durch den Anwalt hat sich wiederum 315
an den **Erfolgsaussichten** des Einspruchs zu orientieren. Je nach Lage des Einzelfalles muss dem Mandanten hinsichtlich der Einlegung eines Einspruchs (gegebenenfalls teilweise) zu- oder abgeraten werden.

Kommt die rechtliche Würdigung zu dem Ergebnis, dass der Einspruch schon unzulässig oder nicht begründet ist, so wird dem Mandanten in der Regel vor-

---

49 Im Einzelnen hierzu *Meyer-Goßner/Schmitt* StPO § 37 Rn. 6 ff.

50 Dazu → Rn. 458.

51 Das Verbot der reformatio in peius gilt gemäß § 411 Abs. 1 Satz 3 StPO jedoch ausnahmsweise dann, wenn der Einspruch auf die Höhe der Tagessätze einer Geldstrafe beschränkt wurde.

52 Zu den Beweisverwertungsverboten → Rn. 48 ff.

zuschlagen sein, von einer Einspruchseinlegung abzusehen bzw. einen bereits eingelegten Einspruch (gegebenenfalls auch nur teilweise) zurückzunehmen. Die Zurücknahme des Einspruchs ist nach § 410 Abs. 1 Satz 2 i. V. m. § 302 Abs. 1 Satz 2 StPO möglich.

316 Andernfalls hat der Prüfling in seine Zweckmäßigkeitsüberlegungen den Gesichtspunkt einzustellen, dass der **Einspruch** entweder **unbeschränkt** (also sowohl hinsichtlich des Schuldspruches als auch des Rechtsfolgenausspruches) **oder nur in Bezug auf den Rechtsfolgenausspruch** eingelegt werden kann (bei mehreren selbstständigen Straftaten ist auch die Beschränkung auf eine Tat möglich).[53] Die Beschränkung des Einspruches auf **bestimmte Beschwerdepunkte** ist bis zur Verkündung des Urteils im ersten Rechtszug in gleichem Maße möglich wie die Beschränkung der Rechtsmittel gegen Urteile nach §§ 318, 344 Abs. 1 StPO. Entscheidend ist, dass der Einspruch nur dann als erfolgversprechend anzusehen ist, wenn der Mandant damit rechnen kann, in Bezug auf den Schuldspruch und/oder hinsichtlich des Strafmaßes in dem einer Hauptverhandlung folgenden Urteil besser gestellt zu werden als durch den Strafbefehl.

317 Auch wenn der Einspruch (teilweise) erfolgversprechend ist, kann das **Erwachsenlassen des Strafbefehls in Rechtskraft** (§ 410 Abs. 3 StPO) für den Mandanten etwa dann Vorteile haben, wenn die Rechtslage im Strafbefehl zwar nicht vollständig zutreffend beurteilt wurde, für den Mandanten aber insofern „günstiger" ausgefallen ist, als dass etwa die Bestrafung anstatt aus einem Vorsatzdelikt nur aus dem Fahrlässigkeitstatbestand erfolgt ist oder nach Lage der Dinge in der Hauptverhandlung eine höhere Strafe zu erwarten ist. In entsprechenden Konstellationen kann dem Mandanten durchaus einmal zu empfehlen sein, den Strafbefehl – so wie er erlassen ist – zu akzeptieren; ob im Einzelfall Einspruch eingelegt werden sollte, hängt maßgeblich vom Begehren des Mandanten ab (dem es ja durchaus auch darauf ankommen kann, die Rechtskraft hinauszuschieben). Überdies kann der Verzicht auf die Durchführung einer öffentlichen Hauptverhandlung im Einzelfall mit Rücksicht auf die Interessenlage des Mandanten (unerwünschte Publizität, seelische Belastung oder bei zu befürchtenden Nachteilen mit Blick auf reputationssensible Berufsgruppen) zweckmäßig sein. Auch Kostengründe können zu erwägen sein; im Vergleich zur Durchführung einer Hauptverhandlung ist das Strafbefehlsverfahren nämlich die kostengünstigere Variante und führt gleichermaßen wie ein Urteil (s. aber § 373a StPO) zur (strafklageverbrauchenden) Rechtskraft (§ 410 Abs. 3 StPO).

318 Entsprechend den dargelegten Erwägungen zur Zweckmäßigkeit steht am Ende der Bearbeitung häufig als praktischer Teil die Fertigung einer **Einspruchsschrift** an das Gericht und/oder eines **Schreibens an den Mandanten.**[54] Was das Einspruchsschreiben betrifft, so ist die Stellung von Anträgen entsprechend den Revisionsschriften (§ 344 Abs. 1 StPO) nicht nötig. In der Sache selbst kann der Einspruch begründet werden, muss es aber nicht (gleichwohl ist aus klausurtaktischer Sicht von einer Begründung allenfalls dann abzusehen, wenn die rechtlichen Fragen bereits gutachterlich gewürdigt wurden).

---

[53] Voraussetzung einer wirksamen Teilanfechtung ist stets, dass der angefochtene Teil der Entscheidung gegenüber dem nicht angefochtenen derart selbstständig ist, dass er tatsächlich und rechtlich eine gesonderte Prüfung und Beurteilung erlaubt und die dann ergehende Entscheidung in sich widerspruchsfrei bleibt (sogenannte **Trennbarkeitsformel** [vgl. *Meyer-Goßner/Schmitt* StPO § 318 Rn. 6 ff.]).

[54] Ein vollständiger Entwurf eines Einspruchsschreibens ist bei *Mürbe/Geiger/Haidl* S. 191 ff. zu finden.

Bei Begründung des Einspruches sollte sich die Einspruchsschrift hinsichtlich ihres Aufbaus an den **Sachverhaltskomplexen** orientieren. Innerhalb dieser empfiehlt es sich, etwaige Verfahrenshindernisse gefolgt von den formellen und materiellen Fehlern darzulegen.[55] Es versteht sich von selbst, dass in der Einspruchsschrift nur diejenigen Umstände vorzutragen sind, welche die erreichbaren Ziele des Mandanten zu stützen vermögen (falls ein Gutachten nicht verlangt sein sollte, gehört in der Regel alles, was keine Wirkung zu Gunsten des Mandanten hat, in ein Hilfsgutachten). 319

2. Abschnitt. Anwaltliche Aufgabenstellungen als Rechtsbeistand des Verletzten

Der Klausurfall kann auch so gestaltet sein, dass der Prüfling auf der **Seite des Opfers** einer Straftat tätig werden soll. In der Rolle als Rechtsbeistand des Verletzten ist der Mandant oder die Mandantin in der Regel über die Möglichkeiten der Strafverfolgung des Täters zu beraten und sind geeignete Maßnahmen zur Durchsetzung des (staatlichen) Strafanspruches zu ergreifen. Dabei sollen, wie bereits eingangs angesprochen, im Folgenden wegen der gesteigerten Examensrelevanz lediglich die **Rechtsbehelfe gegen eine Verfahrenseinstellung nach § 170 Abs. 2 StPO** besprochen werden.[56] 320

Die Einstellung nach § 170 Abs. 2 StPO beendet das Strafverfahren nicht notwendig endgültig, da sie die Strafklage nicht verbraucht. Vielmehr kann die Staatsanwaltschaft das Ermittlungsverfahren jederzeit (also selbst bei unveränderter Sach- und Rechtslage) wieder aufnehmen.[57] Daher gibt es für den Anwalt grundsätzlich zwei Möglichkeiten, gegen die Einstellung des Verfahrens vorzugehen. Zum einen kann er die Einstellung formlos durch die schlichte Anregung neuer Ermittlungen, durch eine Gegenvorstellung oder durch eine Aufsichtsbeschwerde und Dienstaufsichtsbeschwerde angreifen. Zum anderen gibt das Gesetz die Möglichkeit, die Einstellung unter den Voraussetzungen von § 172 StPO anzufechten (sogenannte „förmliche **Vorschaltbeschwerde**"). Diese Vorschaltbeschwerde macht den Weg für das **Klageerzwingungsverfahren** frei (§ 172 Abs. 2 Satz 1 StPO). Erst nach Zurückweisung der Beschwerde durch die Generalstaatsanwaltschaft kann der Verletzte einen Antrag auf gerichtliche Entscheidung stellen (§ 172 Abs. 2 Satz 1 StPO). Wie sich aus § 172 Abs. 3 und aus den §§ 174, 175 StPO ergibt, ist das Ziel der Beschwerde und des Antrages auf gerichtliche Entscheidung die Erhebung der öffentlichen Klage. 321

Auf die Voraussetzungen von Vorschaltbeschwerde und Klageerzwingungsverfahren soll nunmehr im Einzelnen eingegangen werden. Welcher Rechtsbehelf zu erörtern ist, hängt von der Aufgabenstellung ab: Ist von dem Einstellungsbescheid des § 171 StPO auszugehen, hat der Anwalt eine Vorschaltbeschwerde zu prüfen; ist 322

[55] Der Aufbau dürfte aus dem Revisionsrecht bekannt sein – auch dort ist grundsätzlich darzulegen, ob Verfahrenshindernisse bestehen, formelle Fehler vorliegen oder die materielle Subsumtion im Urteil unzutreffend erfolgte.

[56] In seltenen Fällen kann auch ein „Ermittlungserzwingungsverfahren" anzustrengen sein: Dieses kommt in Betracht, wenn die Staatsanwaltschaft bereits aus rechtlichen Gründen den Anfangsverdacht nach § 152 Abs. 2 StPO verneint (s. dazu *OLG München* NJW 2007, 3734 ff.).

[57] Vgl. *Meyer-Goßner/Schmitt* StPO § 170 Rn. 9.

bereits eine (zurückweisende) Entscheidung der Generalstaatsanwaltschaft ergangen, bedarf es Überlegungen zum Antrag auf gerichtliche Entscheidung.

§ 1. Zulässigkeit einer Vorschaltbeschwerde

323 Da die Beschwerde gemäß § 172 Abs. 1 StPO eine Zulässigkeitsvoraussetzung für den Antrag auf gerichtliche Entscheidung bildet, ist sie nur eröffnet, soweit der Antrag auf gerichtliche Entscheidung selbst **statthaft** ist. Unzulässig ist die Beschwerde daher, wenn das Verfahren ausschließlich Privatklagedelikte zum Gegenstand hat (§ 172 Abs. 2 Satz 3 Halbsatz 1 Fall 1 StPO) oder die Staatsanwaltschaft (unabhängig davon, ob mit oder ohne die Zustimmung des Gerichts)[58] das Verfahren (vor allem) nach den §§ 153 Abs. 1, 153a Abs. 1 oder 154 Abs. 1 StPO eingestellt hat (§ 172 Abs. 2 Satz 3 Halbsatz 1 Fall 2 und Halbsatz 2 StPO). Weiter muss der Mandant **Strafantragsteller und Verletzter** sein (§ 172 Abs. 1 Satz 1 StPO). Die Verletzteneigenschaft ist gegeben, wenn der Beschwerdeführer – den behaupteten Sachverhalt als wahr unterstellt – in den Schutzbereich der angeblich verwirklichten Strafnorm fallen würde.[59] **Form, Frist und Adressat** können auch erst in der Zweckmäßigkeit angesprochen werden. Da das Gesetz keine besondere Form vorsieht, kann die Beschwerde formfrei eingelegt werden. Die Einlegung muss binnen zwei Wochen nach der Bekanntmachung bei der Staatsanwaltschaft, welche die Einstellungsentscheidung getroffen hat, oder bei dem zuständigen Generalstaatsanwalt erfolgen (§ 172 Abs. 1 Satz 1 StPO).

§ 2. Zulässigkeit eines Antrages auf gerichtliche Entscheidung

324 Der Antrag auf gerichtliche Entscheidung ist **statthaft,** wenn eine **endgültige Beschwerdeentscheidung** nach § 172 Abs. 2 Satz 1 StPO vorliegt, durch die der Generalstaatsanwalt die (Vorschalt-)Beschwerde **zurückgewiesen** hat. Zur Verletzteneigenschaft gilt das im Rahmen der Beschwerde Gesagte entsprechend (→ Rn. 323). Die gerichtliche Entscheidung ist **innerhalb eines Monats** nach Zugang des ablehnenden Bescheides des Generalstaatsanwaltes zu beantragen (§ 172 Abs. 2 Satz 1 StPO). Der Antrag ist **beim** zuständigen **Oberlandesgericht** zu stellen (§ 172 Abs. 4 StPO). Er muss dahingehend lauten, dass (mit Bezeichnung des angefochtenen

[58] *Meyer-Goßner/Schmitt* StPO § 172 Rn. 2. Hintergrund dieses Ausschlusses ist, dass das Klageerzwingungsverfahren der Sicherung des Legalitätsprinzips dient: Letzterem wird in Fällen der Beteiligung des Gerichts an der Entscheidung über die Verfahrenseinstellung aus Opportunitätsgründen schon durch das Zustimmungserfordernis Rechnung getragen. In Fällen, in denen die Staatsanwaltschaft eigenständig einstellen kann (vor allem im Rahmen der §§ 153 Abs. 1 Satz 2, 153a Abs. 1 Satz 1 und 7, 154 StPO), sieht der Gesetzgeber angesichts der (relativen) Geringfügigkeit der Tat offenbar keine Veranlassung, die Möglichkeit einer gerichtlichen Kontrollinstanz vorzusehen. Diese Wertung gilt freilich dann nicht, wenn die Staatsanwaltschaft ihre Befugnisse überschritten hat (wenn etwa nach § 153 Abs. 1 Satz 2 StPO eingestellt wird, obwohl das Vergehen im Mindestmaß einen angehobenen Strafrahmen vorsieht, oder es wird § 153a Abs. 1 Satz 1 und 7 StPO zur Grundlage der Entscheidung gemacht, obwohl ein Verbrechensverdacht gegeben war). Zur Durchsetzung des Legalitätsprinzips wird hier der Ausschluss des § 172 Abs. 2 Satz 3 StPO nicht gelten, die Beschwerde bzw. der Antrag auf gerichtliche Entscheidung ist danach zulässig (vgl. *Meyer-Goßner/Schmitt* StPO § 172 Rn. 2).

[59] Dazu *Meyer-Goßner/Schmitt* StPO § 172 Rn. 9ff.

Bescheides und der vom Oberlandesgericht zu treffenden Anordnung) Anklage gegen einen bestimmten Beschuldigten wegen genau zu bezeichnender Delikte zu erheben ist. Von **besonderer Bedeutung** ist das **Begründungserfordernis** aus § 172 Abs. 3 Satz 1 StPO. Der von einem Rechtsanwalt zu unterzeichnende (§ 172 Abs. 3 Satz 2 StPO) Antrag muss eine aus sich selbst heraus verständliche Schilderung des Sachverhalts enthalten, der bei Unterstellung des Tatverdachts die Erhebung der öffentlichen Klage in materieller und formeller Hinsicht rechtfertigt. Wiederzugeben sind auch die Beweismittel und der gesamte Gang des bisherigen Verfahrens, also der Inhalt des Einstellungsbescheids und des ablehnenden Bescheides des Generalstaatsanwaltes. Jede schlichte Bezugnahme auf Schriften macht den Antrag formunwirksam. Die Anforderungen sind also außerordentlich streng. Das **Gericht** muss in die Lage versetzt werden, **allein aufgrund der Antragsschrift** über die Begründetheit des Antrags zu entscheiden (§ 172 Abs. 3 Satz 1 und 2 StPO).[60]

§ 3. Begründetheit der Vorschaltbeschwerde und des Antrages auf gerichtliche Entscheidung

Vorschaltbeschwerde und Antrag auf gerichtliche Entscheidung sind begründet, wenn **genügender Anlass zur Erhebung der öffentlichen Klage** besteht, wenn sich also aus der in dem Einstellungsbescheid zugrunde gelegten prozessualen Tat ein hinreichender Tatverdacht für eine Straftat ergibt. Der Prüfling befindet sich hier demnach wieder auf vertrautem Terrain und hat eine **umfassende Würdigung** der Sach- und Rechtslage des Aktenstückes vorzunehmen. 325

§ 4. Weitere Vorgehensweise

Auch hier gilt der bereits mehrfach angesprochene Grundsatz, dass sich die Zweckmäßigkeit des weiteren Vorgehens nach den gefundenen Ergebnissen und nach der **Interessenlage des Mandanten** bestimmt. Da die hier besprochene Klausurkonstellation letztlich nicht viele Wahlmöglichkeiten eröffnet, können die Ausführungen häufig knapp ausfallen. Besteht hinreichende Erfolgsaussicht, ist dem Mandanten (je nach Lage des Aktenstücks) die Einlegung einer Beschwerde oder gegen die Zurückweisung der Beschwerde die Durchführung eines gerichtlichen Klageerzwingungsverfahrens zu empfehlen.[61] Eine Beschränkung der Vorschaltbeschwerde ist allenfalls hinsichtlich einzelner Taten im prozessualen Sinne möglich. 326

---

[60] S. vertiefend zur Form *Meyer-Goßner/Schmitt* StPO § 172 Rn. 26 ff.

[61] *Mürbe/Geiger/Haidl* S. 183 empfehlen gegen einen Einstellungsbescheid nach § 170 Abs. 2 StPO – soweit die Aufgabenstellung nichts anderes hergibt – der Einlegung einer formlosen Beschwerde gegenüber der Vorschaltbeschwerde den Vorzug zu geben, da insoweit weder Fristen bestehen noch Einschränkungen zu beachten sind. Da der Korrektor aber vermutlich eher mit der Vorschaltbeschwerde rechnen dürfte, dürfte diese im Zweifelsfalle eher vorzuschlagen sein. Dagegen ist die formlose Beschwerde von vornherein der richtige Rechtsbehelf, wenn die Frist zur Einlegung der Vorschaltbeschwerde verschuldet versäumt wurde. Die Einlegung einer Vorschaltbeschwerde trotz Verfristung ist jedoch wohl insofern unschädlich, als dass die unzulässige Beschwerde in der Regel als Dienstaufsichtsbeschwerde behandelt wird.

3. Teil. Das Strafurteil

Im strafrechtlichen Assessorexamen kann in mehreren Bundesländern auch die Anfertigung eines Urteilsentwurfs verlangt werden.[1] Da in der strafrechtlichen Stationspraxis immer noch die staatsanwaltschaftliche Ausbildung überwiegt, müssen viele Referendare erstmalig im Rahmen ihrer Examensklausur ein Strafurteil (zumeist erster Instanz) entwerfen. Durch die fehlende Praxis dürften gerade die Formalien die größten Schwierigkeiten bereiten, während der überwiegend sachlichrechtliche Inhalt der Urteilsgründe vertrauter sein wird.[2] 327

Der Schwerpunkt der folgenden Darstellung liegt daher in der Gestaltung des Urteils. Die inhaltlichen Fragen sollen dabei in der Reihenfolge abgehandelt werden, in der sie auch im Urteilsentwurf zu beachten sind. So werden etwa Überlegungen zu den Rechtsfolgen der Straftat nicht erst im materiellrechtlichen Teil, sondern bereits im Zusammenhang mit der Behandlung der Urteilsformel angestellt. Innerhalb der „Gründe" des Urteils werden nur einige wesentliche und häufig wiederkehrende Gesichtspunkte abgehandelt.[3]

1. Abschnitt. Urteilskopf

Zunächst ist das Urteil mit einem **Urteilskopf (Rubrum)** zu versehen.[4] Einige, aber nicht alle Bestandteile des Urteilskopfes sind dem § 275 Abs. 3 StPO zu entnehmen. Die Praxis hat aber eine nahezu einheitliche Linie hinsichtlich der Formulierung und Gestaltung des Rubrums gefunden. 328

Fehler in diesem Teil des Urteils können zwar nicht zu dessen Aufhebung führen,[5] dennoch sollte auch dem Kopf des Urteils eine gewisse Sorgfalt entgegengebracht werden. In der Klausur gilt dies nun vor allem deswegen, weil diese Ausführungen am Beginn der Arbeit stehen und so vom Korrektor auch zuerst gelesen werden; sie sind damit als „Aushängeschild" der Arbeit anzusehen.

In der folgenden Darstellung wird ein Urteilskopf musterhaft[6] im Kleindruck wiedergegeben.

---

[1] Muster für Klausuren zum Strafurteil finden sich in der Ausbildungsliteratur selten, etwa *Bischoff/Teepe* JuS 2019, 1198 ff.; *Bischoff/Braam* JuS 2017, 1203 ff.; *Bischoff/Braam* JA 2016, 939 ff.; *Gremmer* JuS 2009, 251 ff.; *Bischoff* JuS 2004, 508 ff.; *Brunner* JA 2003, 152 ff.

[2] Beispiel einer Klausur zum Strafurteil bei *Brunner/Kunnes/Reiher* Klausur 8.

[3] Einen sehr guten ersten Einblick in den Aufbau des erstinstanzlichen Strafurteils bietet *Melzer* JuS 2008, 878 ff.

[4] In der Klausur befreit der Bearbeitungsvermerk, der nicht zuletzt aus diesem Grunde stets aufmerksam gelesen werden sollte, den Prüfling häufig von der Abfassung dieses Entscheidungsteils.

[5] *Meyer-Goßner* NStZ 1988, 529.

[6] Wichtiger Hinweis: Um eine Vielzahl von Varianten aufnehmen zu können, „passen" naturgemäß nicht sämtliche Beispiele dergestalt zueinander, dass wirklich das Muster *eines* Urteils wiedergegeben wird.

329 Das Aktenzeichen wird oben links über den Urteilsentwurf gesetzt. Da sich praktisch in allen Klausuraufgaben auch ein Protokoll der Hauptverhandlung findet, ist das Aktenzeichen diesem zu entnehmen.

„II Kns 38/06"

330 Nach dem **Aktenzeichen** ist der Urteilsentwurf mit der **Bezeichnung des Gerichts** zentriert zu überschreiben. Nach § 268 Abs. 1 StPO hat das Urteil **„im Namen des Volkes"** zu ergehen. Ob letztere Überschrift vor oder nach der Bezeichnung der Entscheidung als „Urteil" erscheint, wird (regional) unterschiedlich gehandhabt und ist daher wohl Geschmackssache.

„LANDGERICHT MÜNSTER
Im Namen des Volkes
Urteil"

331 **Eingeleitet wird** das Urteil sodann mit den Worten

„In der Strafsache gegen"

Anschließend sind im Urteilskopf die **Personalien des Angeklagten** genau wiederzugeben. Aufgenommen werden müssen der Vorname, der Nachname, der Beruf, der Wohnort, der Familienstand, der Geburtstag und Geburtsort, die Staatsangehörigkeit und gegebenenfalls auch der gesetzliche Vertreter mit Anschrift. Bei mehreren Angeklagten ist die Reihenfolge der Anklageschrift zu übernehmen, wobei die Beteiligten mit einem „und" zu verbinden und zu nummerieren sind.

„den Studienrat Martin Willer, geboren am 25. Mai 1991 in Görlitz, ledig, deutscher Staatsangehöriger, wohnhaft in 45699 Herten, Richtstrecke 3,"

332 Befindet sich der Angeklagte zurzeit **in Untersuchungs- oder Strafhaft** ist auch dies zu erwähnen:

„seit 2. November 2021 in dieser (oder: in anderer) Sache in Untersuchungshaft (oder: Strafhaft) in der JVA Münster"

Im Urteilskopf sollte der bzw. sollten die **Verteidiger** unter den Personalien des Angeklagten aufgenommen werden,[7] da das Urteil nicht nur dem oder den Angeklagten, sondern auch dem Verteidiger zuzustellen ist.

„– Verteidigerin: Dr. Delal Özdemir, Howaldtstraße 66, 48149 Münster,"

333 Auch wenn dies gesetzlich nicht vorgeschrieben ist, ist es allgemein üblich, in einem Betreff die Straftat genau zu bezeichnen. Hier wird ganz überwiegend das Delikt aufgenommen, das den Schuldspruch trägt; daher sollte nicht leichtfertig das angeklagte Delikt wiedergegeben werden. So heißt es auch „wegen Diebstahls", wenn ein Raub angeklagt war; bei einem Schuldspruch wegen mehrerer Delikte wird nur das schwerste Delikt mit dem Zusatz „u. a." angegeben. Wird der Angeklagte freigesprochen, sollte dies durch die Bezeichnung „wegen Verdachts der schweren Brandstiftung" kenntlich gemacht werden.

„wegen räuberischen Diebstahls u. a."

---

[7] So auch *Gerhold/Hoefer/Ingwersen-Stück/Schulz* S. 93. Allerdings ist dies in der Praxis nicht überall üblich, da die Verteidiger auch als Sitzungsteilnehmer aufgeführt werden (→ Rn. 334). Letztlich empfiehlt es sich auch hier wieder, den ortsüblichen Gepflogenheiten zu folgen, will man nicht riskieren, dass der – zumeist der Praxis entstammende – Korrektor die (zusätzliche) Erwähnung bemängelt.

Nach § 275 Abs. 3 StPO sind im Urteilskopf **Spruchkörper und Tag der mündlichen Verhandlung** anzugeben. Mitwirkende Personen sind nach dieser Vorschrift die Richter (mit Amtsbezeichnungen), die Schöffen (gewöhnlich mit Vor- und Nachname, Berufsangabe und Wohnort), der Beamte der Staatsanwaltschaft (wenn mehrere beteiligt waren, sind alle aufzunehmen, und zwar in der Regel mit Amtsbezeichnung), der Verteidiger und der Urkundsbeamte der Geschäftsstelle (ebenfalls mit der Dienstbezeichnung); waren mehrere Urkundsbeamte beteiligt, wird nur derjenige aufgeführt, der an der Urteilsverkündung teilgenommen hat. Erstreckte sich die Hauptverhandlung über mehrere Verhandlungstage, werden üblicherweise sämtliche Tage erwähnt. 334

„hat die 2. Große Strafkammer des Landgerichts Münster in der Hauptverhandlung am 8., 10., 15. und 17. September 2021, an der teilgenommen haben die Vorsitzende Richterin am Landgericht Dr. Muller, die Richter am Landgericht Meier und Schulze als beisitzende Richter, der Schreinermeister Emil Huber aus Münster und die Hochschullehrerin Dr. Maria Sauer aus Münster als Schöffen, Oberstaatsanwalt Baader als Vertreter der Anklagebehörde, Rechtsanwalt Dr. Laubach als Verteidiger sowie Justizsekretär Tolan als Urkundsbeamter der Geschäftsstelle, für Recht erkannt:“

2. Abschnitt. Urteilsformel

Im Anschluss an den Urteilskopf (Rubrum) folgt die **Urteilsformel (Tenor),** § 260 Abs. 4 StPO, die zum einen aus dem **Ausspruch zur Sache** und zum anderen aus der **Kostenentscheidung** besteht.[8] Der Tenor enthält das Ergebnis der Verhandlung, er ist damit der wichtigste Teil,[9] das „Herz“ des Urteils, so dass er mit besonderer Sorgfalt angefertigt werden sollte.[10] Seine Bedeutung zeigt sich auch darin, dass das Urteil nach § 268 Abs. 2 StPO erst durch die Verlesung der zuvor schriftlich niedergelegten Formel (zusammen mit der Eröffnung der Urteilsgründe) am Schluss der Verhandlung „verkündet“ wird. 335

Die Urteilsformel soll sich durch Kürze und Deutlichkeit auszeichnen und daher in knappen Worten über die Schuldfrage und die daran zu knüpfenden weiteren Entscheidungen informieren. Der Tenor ist demnach von allem freizuhalten, was nicht unmittelbar der Erfüllung dieser Aufgabe dient.[11] 336

Hinsichtlich der Tenorierung zur Hauptsache ist – ähnlich der Unterscheidung im Zivilprozess nach Prozess- und Sachurteil – zwischen Fällen mit und ohne Sachentscheidung zu differenzieren.[12]

§ 1. Ausspruch ohne Sachentscheidung

Fehlt es an einer Prozessvoraussetzung, kann keine Sachentscheidung über Tat und Täter ergehen. Es ergeht im Regelfall ein **Prozessurteil** gemäß § 260 Abs. 3 StPO 337

[8] Der alte Gerichtsgebrauch, den Tenor mit der Formel „von Rechts wegen“ zu beschließen, ist heute – mit Ausnahme der Urteile des *Bundesgerichtshofs* – nicht mehr üblich (*Meyer-Goßner/Appl* Rn. 26).

[9] *Meyer-Goßner/Appl* Rn. 20.

[10] S. auch *Meyer-Goßner* NStZ 1988, 529.

[11] *Meyer-Goßner/Appl* Rn. 27 mit Verweis auf *BGH* NStZ 1983, 524.

[12] Grundfälle zur Tenorierung strafrechtlicher Entscheidungen finden sich bei *Mansdörfer/Timmerbeil* JuS 2001, 1102 ff. und 1209 ff.

oder – außerhalb der Hauptverhandlung – ein Beschluss nach § 206a StPO. Einen Sonderfall beschreibt § 389 StPO für den Fall, dass sich im Privatklageverfahren herausstellt, dass ein Offizialdelikt vorliegt.

Hauptanwendungsfälle für einstellende Urteile sind – entsprechend obigen Erwägungen im materiellrechtlichen Gutachten – der Strafklageverbrauch,[13] fehlende oder zurückgenommene Strafanträge[14] und die Verfolgungsverjährung (§§ 78 ff. StGB). Die Prozessvoraussetzung einer wirksamen (das heißt: ausreichend konkretisierten) Anklageschrift dürfte eher in der Praxis als für die Klausur Bedeutung erlangen.

Auch Zuständigkeitsprobleme dürften in der Klausur kaum jemals relevant werden. Bei Mängeln der örtlichen Zuständigkeit wird zumeist § 16 StPO eingreifen, während die sachliche Unzuständigkeit überhaupt nur dann zu einem Verweisungsbeschluss führt, wenn die Sache bei einem Gericht niederer Ordnung verhandelt wird (s. §§ 269, 270 StPO).

Liegt ein Prozesshindernis vor, lautet die Formel in der Sache:

„Das Verfahren wird eingestellt."[15]

338 Da die Aufgabenstellung – entsprechend den Überlegungen bei der abschließenden Entscheidung der Staatsanwaltschaft – auch in den Fällen, in denen einmal über eine Verfahrenseinstellung nachgedacht werden kann, stets auch eine Entscheidung in der Sache verlangen dürfte, ist eine Einstellung des gesamten Verfahrens die wohl seltene Ausnahme. Auch hier wird daher allenfalls das Verfahren hinsichtlich eines von mehreren Angeklagten oder aber hinsichtlich einer von mehreren Taten im prozessualen Sinne[16] einzustellen sein. In diesen Fällen wäre bei einer „vertikalen Teileinstellung"[17] etwa zu tenorieren:

„1. Das Verfahren gegen den Angeklagten Andersson wird eingestellt.
2. Der Angeklagte Borowski wird wegen Diebstahls sowie Sachbeschädigung zu einer Gesamtfreiheitsstrafe von … verurteilt."[18]

Bei einer „horizontalen Teileinstellung" lautet der Tenor dementsprechend:

„1. Das Verfahren wird im Hinblick auf die Taten zu Ziffer 2 bis 4 der Anklageschrift eingestellt.
2. Der Angeklagte wird im Übrigen wegen Diebstahls sowie Sachbeschädigung zu einer Gesamtfreiheitsstrafe von … verurteilt."

§ 2. Urteilsformel mit Sachentscheidung

339 Entscheidungen des Gerichts, die das gesamte Verfahren einstellen, sind in der Klausur eher die seltene Ausnahme, so dass in der Regel zumindest hinsichtlich eines Angeklagten eine Entscheidung in der Sache zu treffen ist. Für die Urteilsformel ist zunächst zu unterscheiden zwischen den Fällen, in denen der Angeklagte schuldig gesprochen, und denjenigen, in denen er freigesprochen wird.

---

[13] S. BGHSt 28, 119 (121).
[14] S. dazu *Meyer-Goßner/Schmitt* StPO Einl. Rn. 145.
[15] Zu der Kostenentscheidung bei einer Einstellung → Rn. 374.
[16] Zu der Frage, ob auch *innerhalb* einer prozessualen Tat teileinzustellen ist, ist von denselben Grundsätzen auszugehen wie für einen Teilfreispruch (s. noch → Rn. 374).
[17] Zum Begriff → Rn. 141 f.
[18] Bei mehreren Angeklagten findet sich die Kostenentscheidung auch in Einstellungskonstellationen erst am Ende der Urteilsformel.

A. Urteilsformel bei Verurteilung

Wird der Angeklagte verurteilt, setzt sich der Tenor regelmäßig aus dem **Schuldspruch,** einem Ausspruch über die **Rechtsfolgen** der Tat, der Entscheidung über die **Kosten** sowie gegebenenfalls einer Entscheidung über eine Entschädigung nach dem Gesetz über die **Entschädigung** für Strafverfolgungsmaßnahmen (StrEG) zusammen. 340

I. Schuldspruch

Bei einem Schuldspruch ist die **„rechtliche Bezeichnung der Tat"** anzugeben (§ 260 Abs. 4 Satz 1 StPO). Hat diese eine gesetzliche Überschrift, erscheint sie im Schuldspruch (§ 260 Abs. 4 Satz 2 StPO). Die vorsätzliche oder fahrlässige Art der Begehung ist nur dann anzuführen,[19] wenn die Verwirklichung nach beiden Formen strafbar ist:[20] Wie aus § 260 Abs. 4 Satz 2 StPO hervorgeht und bereits bei der Liste der anzuwendenden Vorschriften am Ende des Anklagesatzes angesprochen, ist hier – entgegen vereinzelter Praxis – nicht aufzunehmen, ob es sich bei der festgestellten Tat um ein Vergehen oder Verbrechen handelt.[21] 341

„Der Angeklagte ist schuldig der Körperverletzung" oder
„... der fahrlässigen Trunkenheit im Verkehr" oder
„... des vorsätzlichen Vollrausches", aber
„... der Sachbeschädigung".

Bei Fehlen einer gesetzlichen Überschrift (im Nebenstrafrecht) lautet der Schuldspruch (am Beispiel des § 95 Abs. 1 Nr. 1 AMG):[22]

„Der Angeklagte ist schuldig des vorsätzlichen Inverkehrbringens von Arzneimitteln."

Der **Versuch,** die konkrete Form der (versuchten) **Teilnahme** und („echte") **Qualifikationen**[23] **bzw. Privilegierungen haben zu erscheinen.** Schuldig zu sprechen ist also etwa „wegen versuchten Betrugs", „wegen Anstiftung zum Diebstahl", „wegen Wohnungseinbruchsdiebstahls", „wegen Diebstahls mit Waffen", „wegen Beihilfe zur schweren räuberischen Erpressung" oder „wegen Verabredung zum schweren Raub".[24] Auch wenn dies nicht einheitlich gehandhabt wird, so empfiehlt es sich doch, eine Tatbestandsverwirklichung durch **Unterlassen** entsprechend zu kennzeichnen („wegen schwerer Brandstiftung durch Unterlassen").[25] 342

Hingegen sind **bloße Tatmodalitäten,** wie „gemeinschaftlich",[26] „in mittelbarer Täterschaft", „in verminderter Schuldfähigkeit", **nicht** zu erwähnen.[27] Bei einem Schuldspruch wegen Vollrausches wird die Rauschtat nicht erwähnt.[28]

---

19 Vgl. *OLG Hamm* NStZ-RR 2000, 178 f.

20 *Huber/Hofer* Rn. 71; *Meyer-Goßner/Schmitt* StPO § 260 Rn. 24.

21 Dazu nochmals *BGH* NJW 1986, 1116 f.; vgl. *Huber/Hofer* Rn. 75; *Meyer-Goßner/Schmitt* StPO § 260 Rn. 22.

22 Dazu *Meyer-Goßner* NStZ 1988, 529 (530); *Huber/Hofer* Rn. 73 f.

23 Fehlt es der Qualifikation an einer eigenen gesetzlichen Überschrift (wie etwa bei den Absätzen 3 und 4 des § 177 StGB) erscheint nur der Grundtatbestand im Tenor (also nicht: „wegen schwerer sexueller Nötigung" [*BGH* NStZ 2000, 255]). Zum Regelbeispiel des § 177 Abs. 2 Satz 2 Nr. 1 StGB s. aber noch sogleich.

24 Sieht eine Qualifikationsvorschrift weitere Abstufungen vor, findet einheitlich die gesetzliche Überschrift Verwendung: Unabhängig etwa vom Vorliegen der Voraussetzungen des § 250 Abs. 1 Nr. 1 lit. a oder des § 250 Abs. 2 Nr. 1 StGB wird „wegen schweren Raubs" schuldig gesprochen (anders *Meyer-Goßner/Appl* Rn. 48).

25 Abweichend *Huber/Hofer* Rn. 76.

26 S. etwa *BGH* NStZ-RR 1999, 260 und *BGH* bei *Becker* NStZ-RR 2002, 257 (259).

27 *Meyer-Goßner* NStZ 1988, 529 (529 f.); *Huber/Hofer* Rn. 76.

28 *Meyer-Goßner/Appl* Rn. 46; *Meyer-Goßner/Schmitt* StPO § 260 Rn. 24.

343 Bei **Strafzumessungsvorschriften** erscheint im Schuldspruch nur der „Grundtatbestand“, so dass etwa auch im Falle der Anwendung des Strafrahmens des § 243 Abs. 1 Satz 1 StGB „wegen Diebstahls“ verurteilt wird.[29] Auch beim „Versuch“ von Regelerschwerungsgründen erfolgt ein Schuldspruch aus dem „Grunddelikt“,[30] wobei zu beachten ist, dass nach Ansicht des *Bundesgerichtshofs* für die Anwendung des erhöhten Strafrahmens schon der Beginn der Ausführung der Merkmale eines Regelbeispiels genügt.[31] Schuldig gesprochen wird auch hier also „wegen Diebstahls“ bzw. „versuchten Diebstahls“.

Einen Sonderfall stellt hier die – aber wohl auch wenig examensrelevante – Vorschrift der sexuellen Nötigung nach § 177 StGB dar. Zwar ist der Regelungsgehalt der Vergewaltigung nach § 177 StGB a. F. nun in ein Regelbeispiel nach § 177 Abs. 6 Satz 2 Nr. 1 StGB eingegangen, so dass das oben Gesagte entsprechende Geltung beanspruchen müsste (also Schuldspruch „wegen sexueller Nötigung“ auch im Falle der Verwirklichung der Regelbeispielsvoraussetzungen); schon die Überschrift („Sexueller Übergriff; sexuelle Nötigung; Vergewaltigung“) und die gesetzliche Bezeichnung des Regelbeispiels in der Klammer („Vergewaltigung“) machen aber deutlich, dass der Gesetzgeber trotz Änderung der Deliktsstruktur nicht gänzlich von der früheren Benennung Abstand nehmen wollte. Daher sollte sich bei Anwendung dieses Regelbeispiels ausnahmsweise auch im Tenor ein entsprechender Hinweis finden:[32]

„Der Angeklagte wird wegen Vergewaltigung in Tateinheit mit gefährlicher Körperverletzung zu einer Freiheitsstrafe von … verurteilt.“[33]

344 Bei **„besonders“ oder „minder schweren Fällen“** lautet das Urteil etwa auch dann auf „Totschlag“, wenn ein Fall des § 212 Abs. 2 oder des § 213 StGB vorliegt[34] (etwas anderes gilt aber bei § 216 StGB, da dieser einen selbstständigen Privilegierungstatbestand bildet).

345 Bei **gleichartiger Tateinheit,** etwa der Tötung von vier Menschen durch eine Handlung, wird

„wegen tateinheitlich begangenen vierfachen Mordes“

(nicht aber „in vier Fällen“, da dies eine tatmehrheitliche Begehung zum Ausdruck bringt) schuldig gesprochen.

Bei **ungleichartiger Tateinheit** lautet die Formulierung „in Tateinheit mit“ oder „tateinheitlich begangen mit“, also etwa:

„wegen Körperverletzung in Tateinheit mit fahrlässiger Tötung.“

346 Die **ungleichartige Tatmehrheit** wird durch die Worte „und“ oder „sowie“ ausgedrückt, also beispielsweise:

„wegen fahrlässiger Körperverletzung sowie Sachbeschädigung.“

---

29 S. etwa *BGH* NStZ 1999, 205, *Meyer-Goßner/Schmitt* StPO § 260 Rn. 25.

30 Vgl. *Huber/Hofer* Rn. 76; *Meyer-Goßner/Appl* Rn. 50.

31 S. zu diesem sehr umstrittenen Problembereich SK-StGB/*Horn/Wolters* § 46 Rn. 87.

32 So auch *BGH* NJW 1998, 2987 (2988); SK-StGB/*Wolters* § 177 Rn. 92.

33 Nach *BGH* NStZ 1998, 510 (511) soll bei nur „versuchtem“ Regelbeispiel der Vergewaltigung nach § 177 Abs. 2 StGB und vollendetem „Grunddelikt“ nach § 177 Abs. 1 StGB allein wegen „sexueller Nötigung“ schuldig gesprochen werden, da die Tatvollendung im Schuldspruch zum Ausdruck kommen müsse; wird hingegen auch die sexuelle Nötigung nur versucht, soll wegen „versuchter Vergewaltigung“ schuldig zu sprechen sein. Vgl. auch *BGH* NStZ 2000, 254, wonach die *Qualifikationen* der sexuellen Nötigung nach den § 177 Abs. 3 und § 177 Abs. 4 StGB im Schuldspruch *nicht* zum Ausdruck kommen.

34 *Meyer-Goßner/Appl* Rn. 49.

Bei **gleichartiger Tatmehrheit** wird die Anzahl der Fälle in den Tenor aufgenommen, etwa:

„wegen Diebstahls in fünf Fällen."

347 Werden in der Urteilsformel **mehrere Straftatbestände** (tateinheitlich oder tatmehrheitlich) verbunden, sollte das schwerste Delikt an den Anfang gestellt werden.[35]

348 Liegen die Voraussetzungen einer **Wahlfeststellung** vor, ist zu unterscheiden:[36] Wenn bei Tatsachenalternativität eine gleichartige Wahlfeststellung vorliegt, hat dies keine Auswirkungen auf den Schuldspruch („Der Angeklagte ist schuldig des Diebstahls"). Bei ungleichartiger Wahlfeststellung ist zu differenzieren: Stehen nur unterschiedliche Begehungsformen in Rede, lautet der Schuldspruch einheitlich „wegen vorsätzlicher Körperverletzung", was schon daraus folgt, dass Tatmodalitäten im Tenor keine Erwähnung finden. Die in Klausuren häufig vorkommende wahlweise Verurteilung aus verschiedenen gesetzlichen Tatbeständen fließt durch ein verbindendes „entweder ... oder"[37] in den Tenor, so dass der Schuldspruch in der examenstypischsten Konstellation

„... ist schuldig entweder des Diebstahls oder der Hehlerei"

lautet.

II. Rechtsfolgenausspruch

349 Vom Schuldspruch zu trennen ist der Ausspruch zur Rechtsfolge.[38] Ob diese Trennung auch durch Verwendung zweier Sätze deutlich gemacht wird, ist inhaltlich ohne Bedeutung, kann sich aber bei schwierigeren Aussprüchen durchaus empfehlen. So kann es in einfachen Fällen etwa:

„Der Angeklagte wird wegen Sachbeschädigung zu einer Geldstrafe von 5 Tagessätzen zu je 1,– Euro[39] verurteilt."

heißen. Sind aber mehrere Tatbestände verwirklicht, sollte der Tenor entzerrt, also etwa formuliert werden:

„Der Angeklagte ist schuldig der fahrlässigen Trunkenheit im Verkehr, tateinheitlich begangen mit fahrlässigem Fahren ohne Fahrerlaubnis, sowie der vorsätzlichen Gefährdung des Straßenverkehrs, tateinheitlich begangen mit Widerstand gegen Vollstreckungsbeamte und vorsätzlichem Fahren ohne Fahrerlaubnis. Er wird daher zu einer Gesamtgeldstrafe von 160 Tagessätzen zu je 500 Euro verurteilt."

Die mildesten Sanktionsformen des Absehens von Strafe (§ 60 StGB) und der Straffreierklärung (§ 199 StGB) dürften in der Klausur kaum relevant werden. Hier erfolgt praktisch nur der Schuldspruch (s. § 260 Abs. 4 Satz 4 a. E. StPO), also etwa:

„Die Angeklagte ist schuldig des Diebstahls. Von der Verhängung einer Strafe wird abgesehen."

---

35 S. *BGH* NStZ 2002, 656: Verbrechen ist Vergehen voranzustellen.

36 S. dazu auch *Meyer-Goßner/Appl* Rn. 68 ff.; *Huber/Hofer* Rn. 79; *Kruse* Jura 2008, 173 ff.

37 Wie hier *Huber/Hofer* Rn. 79; *Meyer-Goßner/Appl* Rn. 68 begnügt sich mit einem schlanken „oder".

38 In der Examensklausur ist häufig die Bestimmung der konkreten Strafhöhe erlassen. Dies ist begründet darin, dass der schmale Akteninhalt oftmals die hierfür erforderlichen Informationen nicht enthalten kann und die Festlegung des Strafquantums vom Prüfling zudem kaum zu erwartende Praxiskenntnisse verlangt.

39 Das Beispiel zeigt sowohl hinsichtlich der Tagessatzanzahl als auch hinsichtlich der Tagessatzhöhe die gesetzliche Mindest(geld)strafe auf (s. § 40 Abs. 1 Satz 2 und § 40 Abs. 2 Satz 3 StGB sowie → Rn. 351).

1. Haupt- und Nebenstrafen

350 Für die Klausur sehr wichtig ist dagegen ein Grundwissen zu den Hauptstrafen. Zu diesen gehören die Geldstrafe (§§ 40 bis 43 StGB [lesen!][40]) und die Freiheitsstrafe (§§ 38 und 39 StGB), aber auch der Strafarrest (Wehrstrafrecht) und die Jugendstrafe (§ 17 JGG).[41]

a) Geldstrafe

351 Bei Verhängung von **Geldstrafe** sind **Zahl und Höhe der Tagessätze** anzugeben, nicht dagegen die Gesamtsumme (s. § 260 Abs. 4 Satz 3 StPO). Die Festsetzung der Geldstrafe in Tagessätzen ergibt sich aus § 40 Abs. 1 Satz 1 StGB; die Mindestgeldstrafe beträgt danach fünf, die Höchststrafe 360 Tagessätze (§ 40 Abs. 1 Satz 2 StGB). Die Tagessatzhöhe geht dabei in der Regel vom Nettotageseinkommen des Täters aus (§ 40 Abs. 2 Satz 2 StGB),[42] wobei zumindest auch Unterhaltsverpflichtungen in Abzug gebracht werden müssen;[43] die Höhe des einzelnen Tagessatzes ist zwischen einem und nunmehr 30.000 Euro festzusetzen (§ 40 Abs. 2 Satz 3 StGB).[44]

Über **Zahlungserleichterungen** (§ 42 StGB) ist von Amts wegen zu entscheiden, eine etwaige Gewährung ist schon in den Tenor aufzunehmen. Die bei Uneinbringlichkeit der Geldstrafe drohende Ersatzfreiheitsstrafe (§ 43 StGB) erscheint dort hingegen nicht, da ihre Voraussetzungen schon aus dem Gesetz folgen. Eine Geldstrafenaussetzung ist dem Gesetz grundsätzlich fremd (vgl. § 56 StGB); eine vergleichbare Rechtsfolge enthält aber die Verwarnung mit Strafvorbehalt (§ 59 StGB). In einem solchen Fall lautet die Tenorierung:

„Der Angeklagte ist schuldig der fahrlässigen Körperverletzung. Er wird deswegen verwarnt. Die Verurteilung zu einer Geldstrafe von … bleibt vorbehalten."

b) Freiheitsstrafe

352 Das Strafgesetzbuch sieht neben der Geldstrafe die **lebenslange und** die **zeitige Freiheitsstrafe** vor. Bei Verhängung lebenslanger Freiheitsstrafe ist nach der Rechtsprechung des *Bundesverfassungsgerichts*[45] und des *Bundesgerichtshofs*[46] neben dem Schuldspruch und dem Rechtsfolgenausspruch auch über eine mögliche „besondere Schwere der Schuld" (s. § 57a StGB) zu entscheiden.[47] Wenn eine solche angenommen wird, ist dies schon im Anschluss an den Schuld- und Rechtsfolgenausspruch im Tenor hervorzuheben:

„Der Angeklagte wird wegen Mordes zu lebenslanger Freiheitsstrafe verurteilt. Die Schuld des Angeklagten wiegt besonders schwer."

Die Verneinung der besonderen Schuldschwere wird im Tenor hingegen nicht ausdrücklich erwähnt, hier bedarf es nur einer Ausführung in den Urteilsgründen.

---

[40] § 43a StGB wurde aufgehoben durch das Gesetz zur Reform der strafrechtlichen Vermögensabschöpfung vom 13. April 2017 (BGBl. I S. 872) mit Wirkung vom 1. Juli 2017; dem ging zuvor die Entscheidung des *BVerfG* vom 20. März 2002 – 2 BvR 794/95 – (BGBl. I S. 1340): „§ 43a StGB ist mit Artikel 103 Abs. 2 GG unvereinbar und nichtig".

[41] Zum Urteil in Jugendsachen → Rn. 420 ff.

[42] Schönke/Schröder/*Kinzig* StGB § 40 Rn. 9b; *Fischer* StGB § 40 Rn. 6 f.

[43] *OLG Celle* MDR 1975, 1038; *OLG Hamm* NJW 1976, 733; *Fischer* StGB § 40 Rn. 14.

[44] Eine Festsetzung auf volle Euro ist vom Gesetz nicht gefordert, entspricht aber wohl der ganz überwiegenden Praxis. S. aber etwa die Festsetzung eines Tagessatzes von 1,20 Euro bei einem vermögenslosen Asylbewerber (*LG Karlsruhe* StV 2006, 473).

[45] BVerfGE 86, 323 ff.

[46] BGHSt 39, 209 ff.

[47] S. zu den Voraussetzungen *Fischer* StGB § 57a Rn. 7 ff.

Bei der Verhängung einer **zeitigen Freiheitsstrafe** (§§ 38 und 39 StGB) wird zunächst nur das **Strafmaß** angegeben. Eine Verneinung der Strafaussetzung erscheint nicht im Tenor. Wird hingegen eine **Strafaussetzung** nach § 56 Abs. 1 oder Abs. 2 StGB gewährt, erscheint diese auch in der Formel: 353

„Die Vollstreckung der Strafe wird zur Bewährung ausgesetzt."

In diesem Fall darf es nicht heißen: „Die Strafe wird zur Bewährung ausgesetzt"[48] (s. den Wortlaut des § 56 Abs. 1 StGB). Hinsichtlich der Nebenentscheidungen über die Bewährungszeit und Bewährungsauflagen oder -weisungen (§§ 56a ff. StGB) ergeht mit dem Urteil ein Beschluss nach § 268a StPO.[49]

Die **Anrechnung von erlittener Untersuchungshaft** wird im Tenor nicht erwähnt, da diese gemäß § 51 Abs. 1 Satz 1 StGB nach dem Gesetz regelmäßig erfolgt, es eines klarstellenden Hinweises demnach nicht bedarf.[50] Die Anordnung des Unterbleibens einer solchen Anrechnung (§ 51 Abs. 1 Satz 2 StGB) hat dagegen (angesichts ihres Ausnahmecharakters) im Tenor zu erscheinen.[51] Dieser für die Klausur wenig typische Fall dürfte durch deutliche Hinweise im Aufgabentext erkennbar gemacht sein.[52] Auch die (ebenfalls wenig klausurrelevante) Anordnung der Anrechnung ausländischer Freiheitsentziehung (§ 51 Abs. 3 StGB) ist in die Urteilsformel aufzunehmen,[53] da zwar das „Ob" der Anrechnung dem Gesetz zu entnehmen ist, das „Wie" (in Gestalt eines Umrechnungsmaßstabs) jedoch im Ermessen des Gerichts steht (§ 51 Abs. 4 Satz 2 StGB). 354

Ist nach der sogenannten **Vollstreckungslösung**[54] ein Teil der Strafe zur Entschädigung einer rechtsstaatswidrigen Verfahrensverzögerung als vollstreckt zu erklären, so ist dies im Tenor ausdrücklich zu erklären: 355

„Der Angeklagte wird wegen Raubes zu einer Freiheitsstrafe von 3 Jahren verurteilt. Von dieser Strafe gelten 6 Monate zur Entschädigung einer rechtsstaatswidrigen Verfahrensverzögerung als vollstreckt."

c) Besonderheiten bei der Gesamtstrafenbildung

Besonderheiten ergeben sich bei der Verhängung einer Gesamtstrafe. Wird zu einer Gesamtstrafe (§§ 53 und 54 StGB) verurteilt, erscheint nur diese, nicht dagegen die Einzelstrafen im Tenor: 356

„Der Angeklagte wird wegen Diebstahls in drei Fällen sowie Urkundenfälschung zu einer Gesamtgeldstrafe von 95 Tagessätzen zu je 25 Euro verurteilt."

---

48 SK-StGB/*Schall* § 56 Rn. 1.

49 Dazu → Rn. 417 ff.

50 S. im Einzelnen SK-StGB/*Wolters* § 51 Rn. 13.

51 SK-StGB/*Wolters* § 51 Rn. 14.

52 Diese Hinweise werden schon deswegen nicht zu übersehen sein, weil eine derartige Anordnung nicht auf jedwedes Nachtatverhalten (vgl. demgegenüber § 46 Abs. 2 StGB für die Strafzumessung), sondern nur auf bestimmte (gerade auf die Freiheitsentziehung bezogene) Verhaltensweisen des Verurteilten „nach der Tat" gestützt werden kann. So rechtfertigen nach dem Regelungszweck der Vorschrift eine Versagung der Anrechnung nicht „Gründe, welche die Tat selbst betreffen, wie Art und Schwere der Verfehlung oder ein unrechts- oder schulderhöhendes nachträgliches Verhalten" (BGHSt 23, 307 [307 f.]); vielmehr kommt in Betracht nur ein solches Verhalten des Verurteilten, „das nicht seiner Verteidigung dient und entweder gerade darauf abzielt, die (angeordnete) Untersuchungshaft zu verlängern, um sich durch deren spätere Anrechnung ungerechtfertigte Vorteile bei der Strafvollstreckung zu verschaffen", oder das „den Zweck verfolgt, das Verfahren aus anderen Gründen böswillig zu verschleppen" (BGHSt 23, 307 [307 f.]).

53 SK-StGB/*Wolters* § 51 Rn. 19 ff.

54 BGHSt 52, 124 ff. Dazu → Rn. 410.

Im Normalfall (der bei Unsicherheiten in diesem Bereich in der Klausur auch angestrebt werden sollte) treffen bei der Bildung der Gesamtstrafe entweder **Einzelfreiheits- oder aber Einzelgeldstrafen** zusammen. Es ist dann die höchste verwirkte Einzelstrafe zu erhöhen, wobei der Strafrahmen durch die Summe aller Einzelstrafen begrenzt wird (§ 54 Abs. 1 Satz 2 und Abs. 2 Satz 1 StGB). Ist daher etwa aus drei Einzelfreiheitsstrafen von einem Jahr sowie zwei und drei Jahren eine Gesamtfreiheitsstrafe zu bilden, kann diese dem Rahmen von drei Jahren und einem Monat[55] („Erhöhung der verwirkten höchsten Strafe" [§ 54 Abs. 1 Satz 2 StGB]) und fünf Jahren und elf Monaten („die Gesamtstrafe darf die Summe der Einzelstrafen nicht erreichen" [§ 54 Abs. 2 Satz 1 StGB]) entnommen werden.

357 Etwas anspruchsvoller ist hingegen die Bildung der Gesamtstrafe aus **Einzelfreiheits- und Einzelgeldstrafe.** Hier wird grundsätzlich auf eine Gesamtfreiheitsstrafe erkannt (§ 53 Abs. 2 StGB). Im Einzelfall kann jedoch neben Freiheitsstrafe auch Geldstrafe (gegebenenfalls auch Gesamtgeldstrafe [§ 53 Abs. 2 Satz 2 Halbsatz 2 StGB]) gesondert verhängt werden (§ 53 Abs. 2 Satz 2 StGB). Diese entspricht der Höhe der verwirkten Einzelstrafe; eine Kürzung ist nicht vorzunehmen, jedoch ist das gesonderte Erkennen auf Geldstrafe bei der daneben vorzunehmenden Freiheitsstrafenzumessung zu berücksichtigen.

358 Ist eine der Einzelstrafen **lebenslange Freiheitsstrafe,** so wird auf diese „als Gesamtstrafe" erkannt (§ 54 Abs. 1 Satz 1 StGB). Die übrigen Einzelstrafen werden auch in diesem Fall nicht in den Tenor aufgenommen (in den Urteilsgründen müssen sich jedoch wegen § 57b StGB Ausführungen zu diesen finden; dies gilt insbesondere dann, wenn im Tenor gerade ihretwegen die „besondere Schwere der Schuld" festgestellt wurde).

359 Dieselben Grundsätze wie bei der Gesamtstrafe gelten auch bei der **nachträglichen Gesamtstrafenbildung** nach § 55 StGB. Voraussetzung hierfür ist einerseits, dass die neue Verurteilung eine Straftat zum Gegenstand hat, die *vor* einer früheren Verurteilung begangen wurde, und andererseits, dass sich die dort erkannte Strafe noch nicht (vollständig) erledigt hat. Die Einbeziehung der früheren Strafe (nicht „des Urteils"![56]) muss im Tenor deutlich gemacht werden. So heißt es etwa:

„Der Angeklagte wird wegen Diebstahls unter Einbeziehung der Strafe aus dem Urteil des Amtsgerichts Dülmen vom …, Az. …, zu einer Gesamtfreiheitsstrafe von einem Jahr verurteilt."

Ist bereits in der Vorverurteilung auf eine Gesamtstrafe erkannt worden, ist diese in ihre Einzelstrafen aufzulösen und aus allen (alten und neuen) Einzelstrafen eine neue Gesamtstrafe zu bilden.

360 Schwierigkeiten, insbesondere für die Frage der Tagessatzhöhe, können bei der **nachträglichen Gesamtstrafenbildung** auftreten, wenn sich die wirtschaftlichen Verhältnisse des Angeklagten im Vergleich zur Vorverurteilung verändert haben.[57] War beispielsweise als einzubeziehende Strafe Geldstrafe von 20 Tagessätzen zu je 100 Euro verhängt worden und ergibt sich in der späteren Verhandlung eine Geldstrafe von 50 Tagessätzen zu je 20 Euro als Einzelstrafe, ist von folgenden Überlegungen auszugehen: Die Einsatzstrafe ist nunmehr die Einzelstrafe mit der höchsten Tagessatzanzahl, hier also die neue Einzelstrafe. Nach der Rechtsprechung des *Bundesgerichtshofs*[58] ist diese zu erhöhen, was also die Verhängung von mindestens

[55] Freiheitsstrafen über einem Jahr werden nach § 39 StGB „nach vollen Monaten und Jahren bemessen". Zur Gesamtstrafenbildung auch → Rn. 407.
[56] *Fischer* StGB § 55 Rn. 15.
[57] Vgl. *Lackner/Kühl* StGB § 55 Rn. 12 ff.
[58] BGHSt 28, 364; BGHSt 27, 359.

51 Tagessätzen voraussetzt. Die neue Gesamtstrafe muss darüber hinaus das höchste Produkt aus Anzahl und Höhe der Tagessätze aller einzubeziehenden Einzelstrafen, hier also 2.000 Euro, überschreiten.[59] Im Beispielsfall könnte die neu gebildete Gesamtgeldstrafe damit etwa auf 55 Tagessätze zu je 40 Euro lauten.

Sollte die Anwendung des § 55 StGB im Einzelfall allein daran scheitern, dass die frühere Strafe bereits vollständig vollstreckt wurde, kann eine nachträgliche Gesamtstrafe naturgemäß nicht gebildet werden. Es ist dann aber die Wertung des § 55 StGB bei der neuen Strafzumessung im Wege des „Härteausgleichs“ zu berücksichtigen.[60] Das bedeutet, dass dieser Umstand strafmildernd in die Überlegungen zu den Rechtsfolgen der (neuen) Tat einfließen muss.

d) Nebenstrafe und Nebenfolgen

Als einzige Nebenstrafe ist das **Fahrverbot** (§ 44 StGB) vorgesehen (beachte auch die Belehrungspflicht nach § 268c StPO): 361

„Dem Angeklagten wird für die Dauer von drei Monaten verboten, Kraftfahrzeuge jeder Art zu führen.“

Diese Nebenstrafe hat kaum Bedeutung, da sie zur Maßregel der „Entziehung der Fahrerlaubnis“ nach § 69 StGB nachrangig ist (§ 44 Abs. 1 Satz 3 StGB) und die Anwendung auf Straftaten, die nicht im Zusammenhang mit dem Straßenverkehr stehen (§ 44 Abs. 1 Satz 2 StGB),[61] bisher in der Praxis kaum Bedeutung erlangt hat. Auch Nebenfolgen (§§ 45 ff. StGB) dürften in der Klausur eine untergeordnete Rolle spielen.

2. Maßregeln der Besserung und Sicherung

Jedoch sollte die Möglichkeit der Anordnung einer **Maßregel der Besserung und Sicherung** (§§ 61 ff. StGB) nicht aus den Augen verloren werden. Diese dürfte jedenfalls dann in Betracht kommen, wenn sich entsprechende Gutachten aus dem Protokoll der Hauptverhandlung ergeben. Die Berücksichtigung des Maßregelrechts kann dem Korrektor den Eindruck einer gewissen Praxisnähe vermitteln. Die **Anordnung** einer Maßregel hat **im Tenor** zu erscheinen, nicht dagegen die Ablehnung eines entsprechenden Antrags der Staatsanwaltschaft. 362

a) Die freiheitsentziehenden Maßregeln

Eine freiheitsentziehende Maßregel der **Unterbringung** in einem psychiatrischen Krankenhaus (§ 63 StGB) oder in einer Entziehungsanstalt (§ 64 StGB) bzw. der kaum examensrelevanten Sicherungsverwahrung (§§ 66 ff. StGB) wird abstrakt, entsprechend der Gesetzesformulierung, angeordnet: 363

„Die Unterbringung in einem psychiatrischen Krankenhaus wird angeordnet.“

Weder die Dauer (vgl. § 67d StGB) noch die Vollstreckungsreihenfolge (vgl. § 67 StGB) werden im Tenor bestimmt, da beides bereits aus dem Gesetz folgt. Soll die Reihenfolge der Vollstreckung allerdings nach § 67 Abs. 2 StGB umgekehrt werden, muss diese Bestimmung im Tenor erscheinen. Gleiches gilt, wenn die Vollstreckung der Maßregeln des § 63 oder des § 64 StGB gemäß § 67b StGB zur Bewährung

---

[59] S. dazu *Meyer-Goßner/Appl* Rn. 87 ff.; *Lackner/Kühl* StGB § 55 Rn. 12 ff.; *Fischer* StGB § 55 Rn. 8 ff.

[60] SK-StGB/*Wolter* § 55 Rn. 23; *Fischer* StGB § 55 Rn. 21.

[61] Dazu eingehend *Wolters* Festschrift Feltes, 2021, 597 ff.

ausgesetzt wird (beachte, dass dies nur möglich ist, wenn auch die Strafvollstreckung zur Bewährung ausgesetzt wird, § 67b Abs. 1 Satz 2 StGB):

„Der Angeklagte wird wegen … zu einer Freiheitsstrafe von einem Jahr verurteilt. Seine Unterbringung in einem psychiatrischen Krankenhaus wird angeordnet. Die Vollstreckung von Strafe und Maßregel wird zur Bewährung ausgesetzt.“

Die Nebenentscheidungen ergehen auch hier durch Beschluss (§ 268a Abs. 1 und Abs. 2 StPO). Im Maßregelrecht ist noch zu beachten, dass diese Rechtsfolgen unabhängig von einer Verurteilung angeordnet werden können (s. §§ 63 und 64 StGB) und die Anordnung der Unterbringung in einem psychiatrischen Krankenhaus nach § 63 StGB (ebenso wie die Sicherungsverwahrung nach §§ 66 ff. StGB) nicht vom Amtsgericht ausgesprochen werden kann (§ 24 Abs. 2 GVG). Für diese Anordnung ist vielmehr das Landgericht zuständig (§ 74 Abs. 1 Satz 2 GVG).

b) Die übrigen Maßregeln

364 Bei den nicht freiheitsentziehenden Maßregeln wird der Anordnung eines **Berufsverbotes** nach § 70 StGB, bei dem die in § 260 Abs. 2 StPO genannten berufsspezifischen Angaben genau zu bezeichnen sind, keine große Bedeutung in der Klausur zukommen.[62]

Die in der Praxis und auch Assessorklausur häufigste Maßregel ist die der **Entziehung der Fahrerlaubnis** (§ 69 StGB). Bei dieser hat im Tenor ein „Dreistufenausspruch“ zu erfolgen: Erstens ist die Fahrerlaubnis nach § 69 Abs. 1 Satz 1 StGB zu entziehen. Zweitens ist der Führerschein gemäß § 69 Abs. 3 Satz 2 StGB einzuziehen. Drittens ist nach § 69a Abs. 1 Satz 1 StGB über die Sperrfrist zu entscheiden. Eine Tenorierung kann daher etwa lauten:

„Der Angeklagte wird wegen … zu einer Geldstrafe von … verurteilt. Ihm wird die Fahrerlaubnis entzogen, sein Führerschein wird eingezogen. Für die Dauer von einem Jahr darf ihm keine neue Fahrerlaubnis erteilt werden.“

365 Ist – was regelmäßig der Fall sein wird – die Fahrerlaubnis nach **§ 111a Abs. 1 StPO** vorläufig entzogen worden, so verkürzt sich kraft Gesetzes (§ 69a Abs. 4 StGB) das Maß der Sperre entsprechend, so dass es einer Erwähnung im Tenor nicht bedarf. Wie sich in einem Umkehrschluss aus § 51 Abs. 5 StGB ergibt, kann eine Nichtanrechnung (anders als beim Fahrverbot nach § 44 StGB) nicht angeordnet werden. Im Einzelfall ist § 69a Abs. 2 StGB zu beachten, nach dem bestimmte Arten von Kraftfahrzeugen (etwa landwirtschaftliche) ausgenommen werden können.

366 Schwierigkeiten können sich ergeben, wenn im Rahmen einer nachträglichen **Gesamtstrafenbildung** nach § 55 StGB eine Sperrfrist aus einer früheren Verurteilung einzubeziehen ist. Aus § 55 Abs. 2 StGB folgt nur, dass die Maßnahme, also neben der Maßregel der Entziehung der Fahrerlaubnis selbst auch die frühere Bestimmung der Sperrfrist, „aufrechtzuerhalten“ ist. Das ist immer dann unproblematisch, wenn die neue Tat die Voraussetzungen der §§ 69 und 69a StGB *nicht* erfüllt. Insoweit eröffnet § 55 Abs. 2 StGB nämlich keine Befugnis zum Eingriff in die Rechtskraft[63] der früheren (hinsichtlich der Rechtsfolgen im Übrigen einzubeziehenden) Entscheidung.[64] Hier ist folglich schlicht zu formulieren:

„Der Angeklagte wird wegen Diebstahls unter Einbeziehung der Strafe aus dem Urteil des Amtsgerichts Tiergarten vom …, Az. … zu einer Gesamtfreiheitsstrafe von … verurteilt. Die in

---

[62] Formulierungsvorschlag bei *Ziegler* Rn. 491.

[63] BGHSt 42, 306 (307).

[64] S. im Einzelnen LK-StGB/*Rissing-van Saan* § 55 Rn. 51 ff.

jenem Urteil angeordnete Entziehung der Fahrerlaubnis und bestimmte Sperrfrist bleiben aufrechterhalten."

Demgegenüber schwieriger ist die Tenorierung dann, wenn im ersten Urteil eine Sperrfrist angeordnet worden ist und **auch bei der neuen Entscheidung die Voraussetzungen des § 69a StGB** vorliegen.[65] Ist nach der ersten Verurteilung im obigen Beispielsfall nun etwa wegen einer erneuten Trunkenheitsfahrt über die Sperrfrist zu entscheiden, ist zunächst die neue Sperrfrist isoliert zu berechnen. Würde diese nun, für sich allein betrachtet, eine Sperrfrist von 18 Monaten ergeben, bietet es sich (jedenfalls in der Klausur[66]) an, die neue (gesamte) Sperrfrist durch eine einfache Addition zu berechnen, wobei die bereits abgelaufene Zeit seit dem früheren Urteil Berücksichtigung finden muss. Zu der neuen, isoliert zu betrachtenden, Sperrfrist von 18 Monaten wird der verbleibende Zeitraum der ersten Sperrfrist, hier also drei Monate, hinzugerechnet, so dass sich eine „zusammengerechnete" Sperrfrist von 21 Monaten ergibt: 367

„Für die Dauer von 21 Monaten darf ihm unter Einbeziehung der Sperrfristbestimmung des Urteils des Amtsgerichts Tiergarten vom ... Az. ... keine neue Fahrerlaubnisfrist erteilt werden."

Eine Besonderheit ordnet § 69a Abs. 1 Satz 3 StGB an. Nach dieser Vorschrift kann eine Sperre für die Erteilung einer Fahrerlaubnis auch dann angeordnet werden, wenn der Täter keine Fahrerlaubnis hat **(„isolierte Sperre")**. 368

Nach der Zusammenrechnung darf die Höchstfrist von fünf Jahren des § 69a Abs. 1 Satz 1 StGB allerdings nicht überschritten werden.

3. Weitere Rechtsfolgen der Tat

Als weitere mögliche Rechtsfolge der Tat spielt die Einziehung von Taterträgen (§§ 73 bis 73e StGB) im Examen wohl nur eine Rolle bei Eigentums- und Vermögensdelikten. Sehr häufig vorkommen dürfte die **Einziehung** von Tatprodukten, Tatmitteln und Tatobjekten nach § 74 StGB;[67] teilweise wird ihre Anordnung vorgeschrieben (so etwa in den §§ 150 Abs. 2 und 282 Abs. 2 Satz 2 StGB), andernorts ihr Anwendungsbereich durch Sonderregelungen auch auf sog. Beziehungsgegenstände ausgedehnt (so etwa in § 21 Abs. 3 StVG, § 6 Abs. 3 PflVG sowie den §§ 132a Abs. 4 und 282 Abs. 2 Satz 1 StGB). 369

Auch wenn ein ausdrücklicher Antrag der Staatsanwaltschaft in der Anklageschrift fehlen sollte, findet sich häufig schon im Aufgabentext ein Hinweis auf einen einziehungsfähigen Gegenstand. Ein solcher kann etwa darin zu sehen sein, dass eine Tatwaffe schon im Ermittlungsverfahren gemäß § 94 StPO als Beweismittel oder bereits im Hinblick auf eine spätere Einziehung nach § 111c StPO sichergestellt wurde. Gedanken über die Einziehungsanordnung sollte man sich aber auch ohne diese Hinweise dann machen, wenn sich unter den in der Anklage genannten Beweismitteln ein einziehungsfähiger Gegenstand befindet (etwa wenn unter der Überschrift der Augenscheinsobjekte ein blutverschmiertes Messer aufgeführt ist).

Eine **Bekanntmachung der Verurteilung** (so etwa bei den §§ 165 und 200 StGB) dürfte in der Klausur nicht übersehen werden, da sie nur auf Antrag des Verletzten 370

---

[65] Vgl. auch *BGH* NStZ 2001, 245 f.

[66] Die Neuberechnung der Sperrfrist wird in Rechtsprechung und Literatur nicht einheitlich gesehen; zur Vertiefung s. *Fischer* StGB § 55 Rn. 32 f. S. auch den Überblick bei *Ziegler* Rn. 390; vgl. *BGH* NStZ 2001, 245.

[67] Die einzuziehenden Gegenstände müssen genau bezeichnet werden (*BGH* NStZ 2017, 88).

ausgesprochen wird und sich daher aus den Akten geradezu aufdrängt; sie muss in der Urteilsformel vollstreckungsfähig formuliert werden.

4. Zusammentreffen von Straftat und Ordnungswidrigkeit

371 Besonderheiten sind zu beachten beim Zusammentreffen von Straftat und Ordnungswidrigkeit. Nach § 21 Abs. 1 OWiG kommt eine Verfolgung der Ordnungswidrigkeit (etwa § 24 StVG und § 49 StVO) überhaupt nur dann in Betracht, wenn ein Fall der Tatmehrheit vorliegt, wobei im Regelfall wohl nach § 154 Abs. 2 StPO eine Einstellung erfolgen dürfte. Kommt es im Einzelfall (etwa wegen eines fehlenden Einstellungsantrages der Staatsanwaltschaft) doch einmal zu einem Schuldspruch, lautet der Tenor beispielsweise bei Zusammentreffen von § 21 Abs. 1 StVG und § 111 Abs. 1 OWiG:

„Der Angeklagte wird wegen vorsätzlichen Fahrens ohne Fahrerlaubnis zu einer Geldstrafe von 20 Tagessätzen zu je 20 Euro verurteilt. Gegen ihn wird zudem wegen falscher Namensangabe eine Geldbuße von 150 Euro verhängt.“

B. Kostenentscheidung bei Verurteilung

372 Jedes Urteil und jede abschließende Einstellungsentscheidung muss eine Bestimmung über die Kostentragung treffen (§ 464 Abs. 1 StPO). Hier sind begrifflich zu trennen: **„Kosten“** sind die Gebühren und Auslagen der Staatskasse (§ 464a Abs. 1 Satz 1 StPO); **„notwendige Auslagen“**, über die nach § 464 Abs. 2 StPO stets zu entscheiden ist, sind insbesondere die Aufwendungen des Angeklagten zur zweckentsprechenden Verteidigung.

Bei einer Verurteilung hat der **Angeklagte** gemäß § 465 Abs. 1 StPO die **Kosten des Verfahrens zu tragen.** Ein Ausspruch über die notwendigen Auslagen des Angeklagten ist in diesem Fall zwar nicht unbedingt erforderlich, da diese ohne Ausspruch stets bei demjenigen verbleiben, dem sie entstanden sind,[68] jedoch wird in der Praxis aus § 464 Abs. 2 StPO die Notwendigkeit einer ausdrücklichen Bestimmung im Tenor abgeleitet:[69]

„Der Angeklagte hat die Kosten des Verfahrens und seine notwendigen Auslagen sowie die notwendigen Auslagen des Nebenklägers zu tragen.“

373 Die **gesamtschuldnerische Haftung** Mitangeklagter nach § 466 StPO wird kraft Gesetzes angeordnet, sie erscheint daher nicht im Schuldspruch:

„Die Angeklagten haben die Kosten des Verfahrens und ihre notwendigen Auslagen zu tragen.“

Zu beachten ist ferner, dass § 466 StPO nur für die „Auslagen“ der Staatskasse, nicht für die Gerichtsgebühren gilt.[70]

C. Besonderheiten bei freisprechendem und einstellendem Urteil

374 Die Hauptsacheentscheidung bei einem Freispruch ergeht abstrakt ohne die Hinweise „mangels Beweises“, „wegen Unschuld“ oder „aus Rechtsgründen“, also schlicht:

„Der Angeklagte wird freigesprochen.“

---

[68] *Meyer-Goßner/Schmitt* StPO § 464 Rn. 12.
[69] Vgl. KK-StPO/*Gieg* § 464 Rn. 1. Abweichend etwa *Meyer-Goßner/Schmitt* StPO § 464 Rn. 10.
[70] *Meyer-Goßner/Schmitt* StPO § 466 Rn. 2.

Bei einem Freispruch oder einer Einstellung sind nach **§ 467 Abs. 1 StPO** die Auslagen der Staatskasse und die notwendigen Auslagen des Angeklagten der **Staatskasse** aufzuerlegen:

„Der Angeklagte wird freigesprochen. Die Kosten des Verfahrens und die notwendigen Auslagen des Angeklagten fallen der Staatskasse zur Last."

Kaum klausurtypische Besonderheiten einer abweichenden Kostenentscheidung trotz Freispruchs folgen etwa aus § 467 Abs. 3 Satz 1 StPO bei **wahrheitswidriger Selbstanzeige.**

Etwas anspruchsvoller ist die Tenorierung bei **teilfreisprechenden oder teileinstellenden Urteilen.** Ein Teilfreispruch ist zunächst immer dann notwendig, wenn wegen einer prozessualen Tat freizusprechen, wegen einer anderen zu verurteilen ist. Der Tenor beginnt mit der Verurteilung, wobei sowohl der Schuldspruch als auch die Rechtsfolge und etwaige Nebenentscheidungen (wie die Strafaussetzung) abzuhandeln sind.[71] Sodann ist festzustellen:

„Im Übrigen wird der Angeklagte freigesprochen."

Nicht einheitlich bewertet wird, ob ein solcher Teilfreispruch auch in denjenigen Fällen auszusprechen ist, in denen zwar eine prozessuale Tat vorliegt, die in Rede stehenden Delikte aber tatmehrheitlich begangen wurden. Nach Auffassung des *Bundesgerichtshofs* muss auch „innerhalb" einer prozessualen Tat (und damit im Gegensatz zum staatsanwaltschaftlichen Ermittlungsverfahren, bei dem nicht teileingestellt wird) teilweise freigesprochen werden.[72] Entsprechendes gilt für die Teileinstellung, wenn etwa hinsichtlich einer prozessualen Tat der Strafantrag zurückgenommen wurde.

Bei einem Teilfreispruch wird die **Kostenentscheidung** für den verurteilenden und freisprechenden Teil gemeinsam gefasst, so dass im Tenor zu formulieren ist (s. § 465 Abs. 1 Satz 1 StPO):

„Der Angeklagte hat die Kosten des Verfahrens und seine notwendigen Auslagen zu tragen, soweit er verurteilt ist; soweit er freigesprochen worden ist, trägt die Staatskasse die Kosten des Verfahrens und die notwendigen Auslagen des Angeklagten."[73]

D. Entschädigungsentscheidung

Bei einem Freispruch oder einer Einstellung hat das Gericht in dem Urteil die 375
Verpflichtung zur Entschädigung auszusprechen, wenn der Angeklagte durch den Vollzug der Untersuchungshaft oder einer anderen Strafverfolgungsmaßnahme einen Schaden erlitten hat (§§ 2 und 8 Abs. 1 StrEG). Nach § 8 Abs. 2 StrEG sind Art und Zeitraum der Freiheitsentziehung anzugeben:

---

[71] *Huber/Hofer* Rn. 285; vgl. *Meyer-Goßner/Appl* Rn. 642.

[72] *BGH* NJW 1992, 989 (991); ebenso *BGH* NStZ-RR 2008, 316; *OLG Saarbrücken* NStZ 2005, 117 (118) mit weiteren Nachweisen, wonach für die Frage, ob hinsichtlich eines nicht erwiesenen Tatvorwurfs freizusprechen ist, nicht der prozess- sondern der materiellrechtliche Tatbegriff maßgebend sei. Ein Angeklagter, der nicht wegen aller Delikte verurteilt wird, die er der Anklage zufolge in Tatmehrheit begangen haben soll, sei insoweit freizusprechen; dies gelte auch dann, wenn das Gericht das Konkurrenzverhältnis anders beurteile und von Tateinheit ausgehe; s. auch *Meyer-Goßner/Schmitt* StPO § 260 Rn. 13; *Huber/Hofer* Rn. 283 (abweichend *Roxin/Schünemann* § 49 Rn. 13 f.).

[73] Da die Berechnung einer solchen Kostenentscheidung und damit auch die Vollstreckung in der Praxis häufig auf Schwierigkeiten stößt, wird zunehmend zu einer genaueren Tenorierung („Die Staatskasse trägt ein Drittel der Kosten und notwendigen Auslagen des Angeklagten, zwei Drittel fallen dem Angeklagten zur Last") übergegangen.

„Der Angeklagte wird freigesprochen. Die Kosten des Verfahrens und die notwendigen Auslagen des Angeklagten fallen der Staatskasse zur Last. Der Angeklagte ist für die in dieser Sache vom … bis … erlittene Untersuchungshaft zu entschädigen."

Wird trotz Freispruchs eine Entschädigung versagt (§ 6 StrEG), wird tenoriert:

„Die Staatskasse ist nicht verpflichtet, den Angeklagten dafür zu entschädigen, dass …"

Hinzuweisen ist noch auf die Entschädigungspflicht des § 2 Abs. 2 Nr. 2 StrEG bei vorläufiger Festnahme nach § 127 Abs. 2 StPO. Auch ein Teilfreispruch kann zur Entschädigung etwa dann führen, wenn sich der Haftbefehl auf den „freigesprochenen Teil" gestützt hat.

§ 3. Liste der angewendeten Vorschriften

376 Die angewendeten Vorschriften (§ 260 Abs. 4 Satz 1 StPO) sind unmittelbar **nach der Urteilsformel genau wiederzugeben.** Erscheinen müssen neben den Vorschriften des Besonderen Teils insbesondere §§ 22, 23, 25 Abs. 2, 26, 27, 52 und 53, aber auch §§ 69 und 69a sowie § 56 StGB. Bei den die Strafzumessung betreffenden Vorschriften werden die besonderen (wie §§ 41 und 42 StGB) erwähnt, während allgemeine (wie §§ 37 ff., 40 und 46 StGB) keinen Eingang finden. Im Fall des § 323a StGB ist die Rauschtat aufzuführen. Eine Besonderheit gilt nach § 260 Abs. 5 Satz 2 StPO für bestimmte auf einer Betäubungsmittelabhängigkeit beruhende Delikte (s. § 35 BtMG): In diesen Fällen ist außerdem § 17 Abs. 2 BZRG zu nennen.

377 Bei **mehreren Angeklagten** sind die Vorschriften jeweils gesondert anzugeben (vgl. Nummer 141 Abs. 1 Satz 4 RiStBV), es sei denn, für alle Angeklagten stimmen die Vorschriften vollständig überein.[74]

Bei einem **freisprechenden Urteil** werden nicht diejenigen Vorschriften als „angewendet" aufgeführt, die in der Anklage genannt sind, sondern nur die, auf denen der Freispruch beruht (und die in der Anklage gerade nicht erscheinen [wie § 20 StGB][75]); aufzunehmen sind aber solche, welche die neben dem Freispruch angeordneten Rechtsfolgen (wie etwa §§ 71 und 63 StGB) tragen:

„Angewendete Vorschriften: §§ 20, 63 und 71 StGB."

378 Wird **aus tatsächlichen Gründen freigesprochen,** so ist die Liste der angewendeten Vorschriften, da es keine allgemeine „Freispruchnorm" gibt, ausnahmsweise weggelassen. Auf die Urteilsformel folgen in diesem Falle unmittelbar die Gründe.

379 Hinsichtlich der anzuführenden Vorschriften gilt Entsprechendes bei **einstellenden Urteilen;** so kann es etwa lauten:

„Angewendete Vorschrift: § 19 StGB."

---

[74] *Meyer-Goßner/Schmitt* StPO § 260 Rn. 55.
[75] Wegen § 11 Abs. 1 Nr. 1 BZRG.

3. Abschnitt. Urteilsgründe

Es folgt der Teil des Urteils, der üblicherweise mit dem Wort **„Gründe"** zentriert überschrieben wird.[76] Eine insoweit eindeutige begriffliche Vorgabe, der auch zu entnehmen wäre, dass sich der Begriff „Urteilsgründe" verböte, folgt zwar gerade nicht aus § 267 StPO, da in ihm weitgehend von „Urteilsgründen" gesprochen wird, dennoch spricht für die praktisch geläufige (kürzere) Form, dass sich dieser Teil eben bereits unter der Überschrift „Urteil" findet (so auch § 267 Abs. 3 Satz 1 StPO). Die Gründe werden gewöhnlich in durch römische Zahlen bezeichnete Abschnitte gegliedert, wobei die (den folgenden Überschriftennummerierungen entsprechenden) Gliederungspunkte den jeweiligen Teilen zentriert vorangestellt werden. Bei **Berufungsurteilen** und vorangegangenem Strafbefehlsverfahren ist in einem gesonderten Abschnitt „Prozessgeschichte" zu beginnen, der – wenig überzeugend, aber den Gebräuchen der Praxis folgend – mit „0." überschrieben werden kann. Wesentlicher Bestandteil der Prozessgeschichte ist die Mitteilung der Tatsachen, aus denen sich ergibt, dass form- und fristgerecht das Rechtsmittel eingelegt wurde. 380

§ 1. Persönliche Verhältnisse

Aus § 46 Abs. 2 StGB folgt die Pflicht, die persönlichen Verhältnisse des Angeklagten darzustellen. In der Praxis finden sich diesbezügliche Ausführungen häufig erst in dem Abschnitt über die Strafzumessung.[77] In der Klausur empfiehlt sich aber, falls nicht der Bearbeitungsvermerk einen anderen Hinweis gibt oder sogar diesen Abschnitt – was häufig geschieht – ganz erlässt, eine vorangestellte straffe Darstellung der wichtigsten persönlichen Daten. Hier werden in erster Linie der **Lebenslauf** (nicht jedoch Informationen wie das Geburtsdatum, die sich bereits aus dem Rubrum ergeben), der **berufliche Werdegang,** die **Familienverhältnisse** und vor allem die **Vorstrafen** (s. §§ 51 und 52 sowie insbesondere § 52 Abs. 2 BZRG) geschildert. Vorstrafen sollten aber nicht schematisch aufgezählt werden, vielmehr genügt die Angabe der „einschlägigen" oder für die Beurteilung dieser Tat relevanten Vorstrafen. 381

Allgemein gilt für die Darstellung der persönlichen Verhältnisse, dass sie nur insoweit erforderlich ist, als sie Schlüsse auf Anlage, Entwicklung, Persönlichkeit und Umwelt des Angeklagten zulässt und damit einen Einfluss auf das Maß der Schuld oder die Höhe der Strafe hat.[78]

---

[76] Im Hinblick auf eine Examensklausur bedarf es wohl kaum des Hinweises, „dass die Urteilsgründe weder ‚lustig' noch ‚satirisch' zu sein haben" (*BGH* NStZ-RR 1999, 261: „die von der Strafkammer gewählte, einem Kriminalroman nachempfundene ‚Erzählform' ist weder mit der Würde des Gerichts vereinbar, noch wird sie der Tragik des abgeurteilten Kapitalverbrechens gerecht"; vgl. *BGH* NStZ-RR 2000, 293 [jeweils mit weiteren Nachweisen]).

[77] Zum Aufbau s. *Huber/Hofer* Rn. 67 ff.

[78] Auch bei freisprechendem Urteil sind aber Feststellungen zur Person des Angeklagten verpflichtend, wenn sie zur Überprüfung des Freispruchs durch das Revisionsgericht auf Rechtsfehler hin notwendig sind, *BGH* NStZ-RR 2008, 206 f.

§ 2. Feststellungen

382 Ein besonderes Augenmerk ist zu legen auf die **Darstellung des Sachverhalts.** Hier hat die Bearbeitung nicht nur die Möglichkeit, sich sprachlich auszuzeichnen, sondern auch Gelegenheit zu zeigen, dass der Schritt von einem vorgefertigten Sachverhalt wie im ersten Staatsexamen hin zur Verarbeitung eines komplexeren Akteninhaltes vollzogen wurde.

In der Sachverhaltsschilderung, die im **Imperfekt und Plusquamperfekt** erfolgt, sind sämtliche nach der Überzeugung des Gerichts (§ 267 Abs. 1 Satz 1 StPO) feststehenden Tatsachen anzugeben, die den Schuldspruch tragen. Es empfiehlt sich insbesondere bei einer Vielzahl von Taten, bereits in diesem Teil des Urteils eine sinnvolle Gliederung (die auch in Ordnungsziffern[79] zum Ausdruck zu bringen ist) des Geschehens vorzunehmen. **Zu vermeiden sind** möglichst **Rechtsbegriffe oder** Feststellungen, die sich auf die **Wiederholung des Gesetzestextes** beschränken. Es empfiehlt sich, bei der Abfassung des Sachverhalts die Augenzeugenperspektive zu verwenden. Dies bedeutet, dass der Sachverhalt, von dem das Gericht bei seinem Urteil ausgeht, so zu schildern ist, als sei das Gericht Augenzeuge gewesen. Überdies muss der Richter sich in die Stellung des Angeklagten versetzen und mitteilen, was der Angeklagte dachte und wollte.[80] Daher gehören Formulierungen wie „nach Aussage des Zeugen hat der Angeklagte …“ nicht hierher. Bei der Sachverhaltsdarstellung ist sorgsam darauf zu achten, dass sich aus den Formulierungen die Verwirklichung **aller Tatbestandsmerkmale** des angewendeten Strafgesetzes ergibt. Wichtig ist insbesondere auch die Behandlung der **inneren Tatseite**[81] („Dabei hielt der Angeklagte den Eintritt des Todes für möglich und nahm ihn billigend in Kauf“). Eine sorgfältige Darstellung muss auch hinsichtlich der Umstände, welche die Strafbarkeit ausschließen, vermindern oder erhöhen (s. § 267 Abs. 2 StPO), vorgenommen werden.

§ 3. Beweiswürdigung

383 Es schließen sich Ausführungen zur Würdigung der Beweise an. Dabei ist zu beachten, dass sich aus dem Urteil die erschöpfende Auseinandersetzung mit den zur Verfügung stehenden Beweismitteln ergeben muss.[82] Dies ist deswegen so bedeutsam, weil im Falle einer Revision das Revisionsgericht die gesamte Beweiswürdigung schon auf die nicht weiter ausgeführte Sachrüge des Rechtsmittelführers („Gerügt wird die Verletzung des materiellen Rechts“) hin überprüft.[83]

---

79 S. etwa *BGH* NStZ-RR 2002, 260 und *BGH* NStZ-RR 2001, 133.

80 Dazu *Meyer-Goßner* NStZ 1988, 529 (531); gleichwohl sei an dieser Stelle auf die Gefahr einer allzu erzählerischen Sachverhaltsdarstellung hingewiesen: sie kann leicht dazu führen, dass entgegen § 267 Abs. 1 Satz 1 StPO die Urteilsgründe nicht alle für erwiesen erachteten Tatsachen angeben, in denen die gesetzlichen Merkmale der Straftat gefunden werden (s. dazu auch *BGH* StraFo 2005, 214).

81 *BGH* NStZ 1990, 496.

82 S. dazu *Bick* JA 1995, 583 (585).

83 Wobei es gleichsam nicht erforderlich ist, für jede einzelne, unwesentliche Feststellung einen Beleg in den Urteilsgründen zu bringen (vgl. *BGH* NStZ-RR 2018, 23).

In der Praxis findet sich häufig zu Beginn der Beweiswürdigung ein allgemein gehaltener Einleitungssatz, der sämtliche – tatsächlich verwendete – Beweismittel benennt:

„Der vorstehende Sachverhalt steht fest aufgrund der Einlassung des Angeklagten, der Aussagen des Zeugen Müller und der Zeugin Maier, der Verlesung des Gutachtens über die Bestimmung des Blutalkoholgehaltes sowie des Gutachtens der Sachverständigen Prof. Dr. Klüver und der Augenscheinseinnahme des Grundstücks Ulmenweg 17 in Flensburg."

Dieses Vorgehen ist zwar nicht falsch, aber eine – gerade in der Klausur – überflüssige Schreibarbeit, weil sich der Umfang der durchgeführten Beweisaufnahme schon aus dem Protokoll der Hauptverhandlung (§ 273 Abs. 1 StPO) ergibt. Zudem wird eine zusätzliche Fehlerquelle[84] eröffnet, da nämlich die Gefahr besteht, dass Beweismittel aufgeführt werden, die tatsächlich überhaupt nicht verwandt wurden, oder hierdurch deutlich wird, dass andere Beweismittel vergessen wurden.[85]

Hat sich der Angeklagte zum Schuldvorwurf geäußert, wird die – im Regelfall im Präsens abzufassende – Beweiswürdigung mit den Angaben des Angeklagten, die in indirekter Rede wiedergegeben werden, eingeleitet. Hierbei lassen sich drei Konstellationen unterscheiden: 384

Bei einem **Geständnis des Angeklagten** ist auszuführen:

„Der Angeklagte hat die Tat – so wie sie festgestellt wurde – gestanden. Das ist glaubhaft. Sein Geständnis deckt sich nämlich mit …"

Leugnet der Angeklagte die Tat oder äußert er sich nicht, ist folgende Weiterführung zu empfehlen:

„Der Angeklagte leugnet die Tat (oder: „schweigt zu den Vorwürfen"). Er ist aber aus folgenden Gründen überführt. Aus der Aussage des Zeugen …"

Hat der Angeklagte nur **bestimmte Punkte bestritten**, so bedarf es in dieser Hinsicht einer genauen Auseinandersetzung:

„Der Angeklagte räumt zwar ein, den Zeugen Müller geschlagen zu haben, behauptet aber, sich nur gegen dessen Schlag zur Wehr gesetzt zu haben. Dies ist widerlegt aufgrund …"[86]

Bei der Wahl der Begriffe ist dabei zu beachten, dass von einer „Einlassung" des Angeklagten, aber von einer „Aussage" oder „Bekundung" des Zeugen zu sprechen ist.

Ein **Schweigen des Angeklagten** ist grundsätzlich nicht nachteilig zu werten. Dagegen kann Teilschweigen, bei dem der Angeklagte nur bestimmte Fragen (innerhalb derselben prozessualen Tat) nicht beantwortet, in die Beweiswürdigung einbezogen werden.

Bei der Beweiswürdigung sind Fragen zu **Beweiserhebungs- und Beweisverwertungsverboten** nur dann anzusprechen, wenn sie im konkreten Fall auch tatsächlich berührt sein können (also niemals isolierte Ausführungen!). Für die Klausur ist hier eine Grundkenntnis vor allem der Verlesungs- und Verwertungsverbote der §§ 136a und 252 StPO anzuraten.[87] 385

Bei einem **Freispruch** aus tatsächlichen Gründen muss im Anschluss an die Sachverhaltsdarstellung wiedergegeben werden, welche Erwägungen die Überzeugung 386

---

[84] Vgl. *BGH* NStZ-RR 2000, 293 und *BGH* NStZ-RR 1999, 272.

[85] Dazu sehr instruktiv *Meyer-Goßner* NStZ 1988, 529 (532).

[86] Dazu eingehend *Huber/Hofer* Rn. 96 ff.

[87] S. dazu die Übersicht bei *Meyer-Goßner/Schmitt* StPO Einl. Rn. 50 ff. und die umfassende Darstellung → Rn. 64 ff. und → Rn. 86 ff.

des Gerichts geleitet haben. So müssen etwa Zweifel an der Begehung eines Deliktes nachvollziehbar dargelegt werden. Sind rechtliche Gründe ausschlaggebend für den Freispruch, bedarf es jedenfalls immer dann keiner Beweiswürdigung, wenn das festzustellende Geschehen in jedem Falle straflos wäre.

§ 4. Rechtliche Würdigung

387 Die rechtliche Würdigung hat nun den festgestellten Sachverhalt den die Verurteilung tragenden Normen zu subsumieren. Die Bearbeitung soll hier Kenntnisse im materiellen Recht aufzeigen. Sinnvoll ist es dabei, zu Beginn der rechtlichen Erörterung noch einmal den Schuldspruch zu wiederholen:

„Die Angeklagte war daher wegen Betruges gemäß § 263 Abs. 1 StGB zu verurteilen …"

In der Klausur kommt es in der rechtlichen Würdigung entscheidend darauf an, die rechtlichen Probleme des Falles zutreffend zu gewichten; überflüssige Ausführungen sind zu vermeiden und unproblematische Merkmale des jeweiligen Straftatbestands nur kurz, die wirklich problematischen aber vertieft zu erörtern. Stilistisch gesehen ist darauf zu achten, bei der Abfassung der rechtlichen Würdigung durchgängig den sogenannten **Urteilsstil einzuhalten** und nicht in den aus dem ersten Staatsexamen bekannten Gutachtenstil zurückzufallen.

Bei der rechtlichen Würdigung der Feststellungen sind auch **Strafzumessungsregeln** (wie § 243 Abs. 1 Satz 2 StGB) zu prüfen. Bei einem aus rechtlichen Gründen freisprechenden Urteil müssen sämtliche in Betracht kommenden Strafvorschriften sorgfältig geprüft werden.

388 Gerade in Examensklausuren dürften zumeist auch **prozessuale Erwägungen** anzustellen sein. Insbesondere der Problembereich der „prozessualen Tat" nach § 264 StPO kann hier eine Rolle spielen.[88] Die Einordnung des Täterverhaltens als **eine oder mehrere prozessuale Taten** ist nämlich maßgebend zum einen für die Entscheidung, ob eventuell ein Teilfreispruch erfolgen muss, und zum anderen für die Frage, ob bei einer von der Anklage abweichenden Würdigung des Sachverhaltes die Verurteilung einer **Nachtragsanklage nach § 266 StPO oder** lediglich eines **Hinweises auf die Veränderung des rechtlichen Gesichtspunktes nach § 265 StPO** bedarf. Wenn von der Anklage abgewichen wird, ist zu begründen, warum eine Verurteilung wegen der angeklagten Taten nicht in Betracht kommt. Am Ende der stattdessen angenommenen Straftaten ist zu formulieren:

„Die Angeklagte kann auch wegen der Tat verurteilt werden, weil sie auf die Veränderung des rechtlichen Gesichtspunktes hingewiesen wurde."[89]

389 Während der Bearbeitungsvermerk einen rechtlichen Hinweis des Gerichts unterstellen dürfte, ist dies im Hinblick auf eine Nachtragsanklage regelmäßig nicht der Fall, so dass ein Prozesshindernis in diesem Bereich bestünde.

390 **Zur Wiederholung:** Bei **Tateinheit** liegt in der Regel auch eine prozessuale Tat vor; eine Ausnahme macht der *Bundesgerichtshof* hier nur bei sog. Organisationsdelikten (wie § 129 StGB). Bei **Tatmehrheit** liegen dagegen in der Regel auch mehrere Taten nach § 264 StPO vor; etwas anderes gilt nach höchstrichterlicher Rechtsprechung

---

[88] S. dazu schon → Rn. 143 f.

[89] Nach einigen Bearbeitungsvermerken ist eine entsprechende Klarstellung in einer Fußnote im Rahmen der Klausur anzubringen.

nur, wenn mehrere tatmehrheitlich verwirklichte Delikte derart miteinander verbunden sind, dass eine getrennte Würdigung als unnatürliche Aufspaltung eines einheitlichen Lebensvorganges empfunden würde.[90] Auch eine Verurteilung im Wege der **Wahlfeststellung** ist nur möglich, wenn die fraglichen Alternativen noch als Bestandteil der angeklagten Tat angesehen werden können.[91] Entsprechendes gilt bei der Postpendenzfeststellung. In beiden Konstellationen bedarf es einer sorgfältigen Auslegung des Tatbegriffs. Auch Erwägungen hinsichtlich der Rechtskraft eines früheren Urteils können anzustellen sein, wobei wiederum § 264 StPO eine zentrale Rolle spielen würde.

§ 5. Strafzumessung

§ 267 Abs. 3 Satz 1 StPO verpflichtet dazu, diejenigen Umstände im Urteil anzugeben, die für die Zumessung der Strafe bestimmend gewesen sind. Bei Ausführungen zur Strafzumessung besteht die Möglichkeit, dem Prüfer praxisnahes Wissen aufzuzeigen. 391

Die hier zu gebende Darstellung der Strafzumessung beschränkt sich – der Zielsetzung dieses Werkes entsprechend – darauf, die elementaren Regeln der Strafzumessung zur Lösung der Klausur an die Hand zu geben. Um eine bessere Verständlichkeit zu gewährleisten, wird im Folgenden zunächst vollständig die Festlegung der Einzelstrafe besprochen, anschließend die Strafzumessung bei Schuldspruch wegen mehrerer Straftaten.

A. Festlegung der Einzelstrafe

Bei der Strafzumessung kommt es maßgeblich auf ein korrektes methodisches Vorgehen an: Ausgehend vom gesetzlichen Regelstrafrahmen sind etwaige (obligatorische und fakultative) Strafrahmenverschiebungen zu prüfen (= Begründung des **angewendeten Strafrahmens**); sodann erfolgt die Festlegung der konkreten Strafhöhe innerhalb des angewendeten Strafrahmens **(Strafhöhenfestsetzung)** und die Wahl der schuldangemessenen Sanktionsart **(Strafartwahl)** sowie gegebenenfalls die Prüfung der **Strafartfolgeentscheidung,** insbesondere also die Strafvollstreckungsaussetzung zur Bewährung. 392

I. Bestimmung des angewendeten Strafrahmens

In einem ersten Schritt ist zunächst der **Regelstrafrahmen festzustellen.**[92] Hier ist in den Urteilsgründen der Strafrahmen zu nennen, welchen der Gesetzgeber für den Tatbestand grundsätzlich zur Verfügung stellt.[93] 393

Ist der Regelstrafrahmen herausgestellt worden, ist in einem zweiten Schritt zu **prüfen,** ob eine **Strafrahmenverschiebung** und damit ein Sonderstrafrahmen im konkreten Fall zur Anwendung gelangt. Dieser wichtige Schritt der Festlegung des angewendeten Strafrahmens darf keinesfalls vergessen werden. Dieses Fehlen

---

[90] *Meyer-Goßner/Schmitt* StPO § 264 Rn. 2; eine umfassende Ausführung mit Blick auf das Strafurteil findet sich bei *Huber/Hofer* Rn. 1 ff.; s. schon → Rn. 143 f.

[91] Vgl. *Huber/Hofer* Rn. 20 f.

[92] Vgl. *Bick* JA 1995, 583 (587).

[93] So reicht der Strafrahmen des Diebstahls gemäß § 242 Abs. 1 StGB von einem Monat bis zu fünf Jahren Freiheitsstrafe oder von fünf bis zu 360 Tagessätzen Geldstrafe.

alleine kann in der Revision unter Umständen schon zur Aufhebung des Urteils führen.[94]

Eine Strafrahmenverschiebung kann für den Täter eine Strafrahmenmilderung oder eine Strafrahmenschärfung zur Folge haben.

1. Strafrahmenmilderungen

394 Strafrahmenmilderungen können durch minder schwere Fälle oder besondere gesetzliche auf § 49 StGB verweisende (sogenannte „vertypte") Milderungsgründe entstehen.

a) Minder schwere Fälle

395 Das Gesetz enthält **benannte** (also im Gesetz selbst mit bestimmten Merkmalen beschriebene Strafmilderungsgründe – wie § 213 StGB) und **unbenannte** (also erst durch Wertung auszufüllende Strafrahmenmilderungen – wie von den §§ 154 Abs. 2, 225 Abs. 4, 244a Abs. 2, 250 Abs. 3 StGB vorgesehen) **„minder schwere Fälle"**. Wenn eine in der Klausur angenommene Strafvorschrift einen „minder schweren Fall" vorsieht, muss dieser dann nicht erörtert werden, wenn seine Annahme fern liegt. Mit der Frage muss sich die Bearbeitung in den Urteilsgründen zur Vermeidung eines Darstellungsmangels jedoch dann auseinandersetzen, wenn die Feststellungen zur Annahme eines minder schweren Falles drängen; eines Antrags des Angeklagten oder des Verteidigers (§ 267 Abs. 3 Satz 2 StPO) bedarf es hierfür nicht notwendigerweise.[95] In diesen Fällen ist vorab zu klären, ob von dem Regel- oder Sonderstrafrahmen auszugehen ist. Dabei hat die Frage, ob ein „minder schwerer Fall" angenommen werden kann, der Erörterung einer Strafrahmenverschiebung nach § 49 Abs. 1 StGB stets vorauszugehen,[96] da der Ausnahmestrafrahmen dem Täter in der Regel günstiger ist als eine Strafrahmenverschiebung über § 49 Abs. 1 StGB. Bei der Prüfung, ob ein „minder schwerer Fall" angenommen werden kann, ist nach (zweifelhafter[97]) höchstrichterlicher Rechtsprechung eine **Gesamtbetrachtung** unter Einbeziehung und Abwägung aller Umstände, die für die Wertung der Tat und des Täters in Betracht kommen nötig, gleichviel, ob sie der Tat selbst innewohnen, sie begleiten, ihr vorausgehen oder nachfolgen, und die Prüfung, ob deshalb die Strafwürdigkeit im Vergleich zu den erfahrungsgemäß vorkommenden und bei der Bestimmung des ordentlichen Strafrahmens vom Gesetzgeber schon bedachten Fälle so sehr verringert ist, dass die Anwendung des Regelstrafrahmens nicht angebracht erscheint.[98] So hat beispielsweise der *Bundesgerichtshof* es für

---

[94] S. etwa *BGH* NStZ 1996, 278 (279). Kommen in einem Fall verschiedene Strafrahmen in Betracht, so liegt ein sachlichrechtlicher Fehler vor, wenn die Urteilsgründe nicht erkennen lassen, von welchem Strafrahmen das erkennende Gericht ausgegangen ist. Das mit der Revision angefochtene Urteil ist insoweit schon wegen dieses Darstellungsmangels im Rechtsfolgenausspruch aufzuheben. Allerdings ist die Angabe des zugrunde gelegten Strafrahmens ausnahmsweise dann entbehrlich, wenn das Urteil umgekehrt keine tatsächlichen Anknüpfungspunkte enthält, welche die Wahl verschiedener Strafrahmen ermöglichen (vgl. hierzu *OLG Düsseldorf* StV 2001, 224 [225]).

[95] S. *Fischer* StGB § 46 Rn. 86. Insoweit besteht hier in sachlichrechtlicher Hinsicht ein Begründungserfordernis, das weiterreicht als die entsprechenden verfahrensrechtlichen Anforderungen nach § 267 Abs. 3 Satz 2 StPO.

[96] *Meyer-Goßner* NStZ 1988, 529 (535); SK-StGB/*Horn*/*Wolters* § 46 Rn. 69 f.

[97] Zu den Einwänden s. SK-StGB/*Horn*/*Wolters* § 46 Rn. 70.

[98] Ständige Rechtsprechung. S. nur BGHSt 26, 97 (98 f.); *BGH* NStZ 1983, 119. Für die Beurteilung, ob ein unbenannter minder schwerer Fall vorliegt, kann in der Klausur ein Blick in die einschlägige Kommentierung zu dem jeweiligen Straftatbestand hilfreich sein,

zulässig erklärt, dass bei selbstverschuldeter Trunkenheit die Strafrahmenmilderung versagt werden kann, da eine alkoholische Berauschung das Risiko strafbaren Verhaltens generell erhöhe.[99]

Schon bei dieser Gesamtabwägung, ob ein minder schwerer Fall vorliegt, sind **allgemeine[100] und besondere gesetzliche (vertypte) Strafmilderungsgründe** zu berücksichtigen. In § 50 StGB geht das Gesetz selbst davon aus, dass ein vertypter Milderungsgrund allein oder zusammen mit anderen Milderungsgründen auch die Annahme eines minder schweren Falles begründen kann. Grundsätzlich kann also für ein und dieselbe Tat beides vorliegen, mit der Konsequenz, dass sich der Strafrahmen, der für den minder schweren Fall vorgesehen ist (nochmals: die Frage, ob ein minder schwerer Fall angenommen werden kann, ist immer als erstes zu prüfen), über § 49 Abs. 1 StGB verschieben könnte. § 50 StGB verbietet diese doppelte Strafmilderung nun für den Fall, dass Anknüpfungspunkt für jede dieser Strafmilderung derselbe Umstand ist. Für diesen Fall muss sich das Gericht entscheiden, ob es einen minder schweren Fall annehmen möchte oder diesen Umstand zu einer Strafrahmenverschiebung nach § 49 Abs. 1 StGB heranzieht.[101] Es ist daher in der Klausur sorgfältig im Einzelfall zu prüfen, ob der Umstand, der den gesetzlichen Milderungsgrund begründet, wirklich für die Annahme eines minder schweren Falles benötigt wird, da er dann nach § 50 StGB für eine weitere Strafrahmenverschiebung nach § 49 Abs. 1 StGB „verbraucht" ist. Alle nicht bei der Strafrahmenermittlung „verbrauchten" vertypten Strafmilderungsmöglichkeiten führen dagegen dazu, dass der bereits einmal abgesenkte Strafrahmen aus der konkreten Milderungsnorm ein zweites Mal, nämlich über § 49 StGB, gemildert werden kann. 396

b) Besondere gesetzliche Milderungsgründe

Bei den **vertypten Milderungsgründen** wird in der jeweiligen Norm auf § 49 Abs. 1 bzw. Abs. 2 StGB verwiesen, wobei diese Verweisung zwingend[102] oder fakultativ[103] sein kann. Falls die Milderung nur fakultativ vorgesehen ist, muss zunächst geprüft werden, ob von der Möglichkeit der Strafrahmenverschiebung überhaupt Gebrauch gemacht wird oder ob es angemessener ist, den konkreten Milderungsgrund lediglich als allgemeine Strafzumessungserwägung im Sinne des § 46 StGB innerhalb des Regelstrafrahmens zu berücksichtigen. Hierzu ist nach der Rechtsprechung wiederum eine **Gesamtwürdigung** aller Tatumstände und der Täterpersönlichkeit erforderlich.[104] 397

2. Strafrahmenschärfungen

Im Einzelfall kann auch ein im Vergleich zum Normalstrafrahmen verschärfter Strafrahmen anzuwenden sein, wenn das Strafgesetzbuch **„besonders schwere Fälle"** vorsieht. Bei den **benannten** „besonders schweren Fällen" ist zwischen den *zwingenden* Beispielen (so etwa die wenig examensrelevante Vorschrift des § 129 Abs. 5 StGB mit zwei benannten Fällen: „Rädelsführer oder Hintermänner") und den 398

---

da es Fallgestaltungen gibt, die mit ihrem typischen Erscheinungsbild häufig vorkommen und bereits als minder schwerer Fall anerkannt sind.

99 BGHSt 62, 247 (256).

100 Allgemeine Strafmilderungsgründe sind solche, die nicht gesetzlich eine Strafmilderung auslösen, aber das Maß der Strafzumessungsschuld absenken.

101 Vgl. *Fischer* StGB § 50 Rn. 5. abweichend Schönke/Schröder/*Kinzig* StGB § 50 Rn. 3.

102 So bei §§ 27 Abs. 2 Satz 2, 28 Abs. 1, 30 Abs. 1 Satz 2, 35 Abs. 2 Satz 2 StGB.

103 So bei §§ 13 Abs. 2, 17 Satz 2, 21, 23 Abs. 2, 3, 35 Abs. 1 StGB.

104 *BGH* NJW 1986, 793 (793 f.); *Fischer* StGB § 49 Rn. 3.

Regelbeispielen (wie § 243 Abs. 1 Satz 2 StGB) zu unterscheiden. Zumeist bereiten weder zwingende Beispiele noch Regelbeispiele in der Strafzumessung Probleme, da ihre Merkmale in tatsächlicher Hinsicht stets schon bei der Sachverhaltsschilderung festgestellt und in rechtlicher Hinsicht bereits in der rechtlichen Würdigung der Feststellungen geprüft wurden.[105] Sind solche Beispiele verwirklicht, ist im Normalfall ohne weitere Erwägungen der erhöhte Strafrahmen anzuwenden (§ 267 Abs. 3 Satz 3 StPO). Sind jedoch besondere für den Täter sprechende Umstände erkennbar, ist bei verwirklichtem Regelbeispiel zu prüfen, ob nicht doch der normale Strafrahmen ausreicht.[106]

399 Dagegen bedarf es für die Annahme eines **unbenannten** besonders schweren Falles (etwa in den §§ 113 Abs. 2 Satz 1, 212 Abs. 2, 240 Abs. 4 Satz 1 und 253 Abs. 4 Satz 1 StGB) in der Regel einer substantiierten Begründung. Ein unbenannter besonders schwerer Fall ist nach der Rechtsprechung anzunehmen, wenn er sich bei einer Gesamtabwägung aller Zumessungsgesichtspunkte nach dem Gewicht von Unrecht und Schuld vom Durchschnitt der erfahrungsgemäß gewöhnlich vorkommenden und deshalb für den ordentlichen Strafrahmen bereits berücksichtigten Fälle so weit abhebt, dass die Anwendung des Ausnahmestrafrahmens geboten ist.[107]

II. Festlegung der konkreten Strafhöhe, die Strafart und die weiteren Entscheidungen

400 In einem dritten Schritt erfolgt nunmehr die **Bestimmung der konkreten Strafhöhe** innerhalb des angewendeten Strafrahmens nach den Grundsätzen des § 46 StGB (unbedingt lesen!).[108] An dieser Stelle sind nach § 267 Abs. 3 Satz 1 StPO die Umstände anzuführen, die für die Zumessung der Strafe „bestimmend" gewesen sind – es müssen daher nicht etwa sämtliche Strafzumessungsgründe angegeben oder alle in § 46 StGB aufgeführten Umstände ausdrücklich abgehandelt werden. Sie müssen aber diejenigen Umstände umfassend darstellen, die als Grundlage für Ihre konkret gefundene Strafe dienen. Die aufgefundenen Gesichtspunkte werden zweckmäßigerweise in zwei Gruppen („für den Angeklagten sprach …" bzw. „gegen ihn ist anzuführen …") gegliedert.[109] Als Gesichtspunkte der Strafzumessung, die zugunsten des Angeklagten zu berücksichtigen sind, kommen zum Beispiel in Betracht: nicht (einschlägig) vorbestraft, geständig, geringer Schaden, Schadenswiedergutmachung. Zulasten des Angeklagten sind unter anderem folgende Umstände zu berücksichtigen: einschlägig vorbestraft, Länge des Tatzeitraums, Rückfallgeschwindigkeit, Bewährungsverstoß, bei einer Trunkenheitsfahrt auch Dauer der Fahrt, Tatzeit, Höhe der Blutalkoholkonzentration.

401 Im Hinblick auf die Festlegung des konkreten Strafmaßes muss sodann eine **umfassende Gesamtabwägung** aller für und wider den Angeklagten sprechenden Umstände vorgenommen werden („unter umfassender Abwägung aller für und wider den Angeklagten sprechenden Umstände erscheint eine Strafe von … als angemessen").

---

[105] Regelbeispiele werden wegen ihres Charakters als benannte Strafzumessungsgründe üblicherweise bereits in der rechtlichen Würdigung diskutiert; s. dazu schon → Rn. 387.

[106] *BGH* NStZ-RR 2003, 297; *Fischer* StGB § 46 Rn. 91.

[107] BGHSt 28, 318 (319). Vgl. auch *Fischer* StGB § 46 Rn. 89.

[108] Zur Vertiefung der Strafzumessungsfragen s. die instruktive Darstellung bei SK-StGB/*Wolters* Vor § 46.

[109] Beachten Sie hierbei das in § 46 Abs. 3 StGB normierte **Doppelverwertungsverbot,** wonach ein Umstand, der bereits Gegenstand des gesetzlichen Unrechts ist, aus dem der Täter verurteilt wird, nicht zum Strafzumessungsfaktor gemacht werden darf.

Seit der Entscheidung des Großen Senats zur „Vollstreckungslösung"[110] muss der Tatrichter in Fällen rechtsstaatswidriger Verfahrensverzögerungen entscheiden, ob von der – ohne Berücksichtigung der Verzögerung gefundenen – schuldangemessenen Strafe ein bestimmter Teil bereits als vollstreckt gilt oder gegebenenfalls die ausdrückliche Feststellung der rechtsstaatswidrigen Verzögerung hinreicht. Kriterium für diese Entscheidung ist neben dem Umfang der Verzögerung und deren Auswirkungen auf den Angeklagten auch das Maß des Fehlverhaltens der Verfolgungsbehörden.[111] Wird ein bezifferter Teil der Strafe als vollstreckt angesehen, orientieren sich die weiteren Entscheidungen zur Sanktionsart und Straffolgen (Vollstreckungsaussetzung) an der schuldangemessenen, nicht an der noch zu vollstreckenden Strafe.[112] 402

Da die Straftatbestände in der Regel Freiheitsstrafe *und* Geldstrafe androhen, ist sodann die Entscheidung der konkreten **Sanktionsart** zu begründen. Die vorangegangene Feststellung der Strafhöhe kann hier schon gewisse Weichen gestellt haben: So kommt bei einer schuldangemessenen Strafe von unter einem Monat von vornherein nur Geldstrafe (§ 38 Abs. 2 StGB), bei einer solchen von über einem Jahr nur Freiheitsstrafe (§ 40 Abs. 1 Satz 2 StGB) in Betracht. Einiger Begründungen bedarf es für die Strafartwahl demnach nur im Bereich eines Strafquantums zwischen einem Monat und einem Jahr. Liegt letzteres unter sechs Monaten, ist der gesetzlich vorgesehene Vorrang der Geldstrafe nach § 47 StGB zu beachten. Eine Freiheitsstrafe ist hier nur ausnahmsweise aus spezial- oder generalpräventiven Gründen gerechtfertigt (§ 47 Abs. 1 StGB).[113] Hinsichtlich des Bereichs von sechs Monaten bis zu einem Jahr wird man zwar nicht von einer Umkehrung des Regel-Ausnahme-Verhältnisses des § 47 Abs. 1 StGB,[114] wohl aber davon sprechen können, dass von einem Quantum von sechs Monaten an die steigende Schuld sich nicht nur in *höherer* Strafe niederschlägt, sondern auch die Tendenz gewinnt, in einer *anderen* (eben der Freiheits-)Strafe die entsprechende Antwort zu finden, so dass die Geldstrafe mithin kontinuierlich ihren Charakter als Regelstrafart verliert.[115] Mit anderen Worten: Je näher die konkrete Strafe der Jahresgrenze kommt, umso geringer ist die Anforderung an die Begründungspflicht für eine Freiheitsstrafe im Urteil. 403

Ist im Urteil die Strafart **„Geldstrafe"** gewählt worden, so erfolgt die konkrete Festsetzung in drei nacheinander zu vollziehenden Schritten. Zunächst ist die **Anzahl** der zu verhängenden *Tagessätze* zu bestimmen (§ 40 Abs. 1 StGB). In einem zweiten Schritt ist deren **Höhe** festzulegen (§ 40 Abs. 2 StGB). Schließlich ist zu überlegen, ob **Zahlungserleichterungen** erforderlich erscheinen (§ 42 StGB).

Wird dagegen eine **Freiheitsstrafe** (von einem Monat) bis zu zwei Jahren verhängt, ist stets zu **prüfen, ob die Vollstreckung der Strafe zur Bewährung ausgesetzt** 404

---

[110] BGHSt 52, 124 ff. Dazu noch eingehend → Rn. 410.

[111] BGHSt 52, 124 (146).

[112] BGHSt 52, 124 (141). Dies kann für den Angeklagten bei der Frage nach einer Aussetzung gemäß § 56 StGB einen Nachteil zum früheren Modell des „Strafabschlags" bedeuten, dagegen kann etwa der Zwei-Drittel-Zeitpunkt des § 57 Abs. 1 StGB früher erreicht werden.

[113] Dies gilt gemäß § 47 Abs. 2 Satz 1 StGB selbst dann, wenn der anzuwendende Strafrahmen keine Geldstrafe vorsieht (s. etwa den minder schweren Fall in § 224 Abs. 1 StGB). In Fällen sachlich und zeitlich ineinander verschränkter Vermögensdelikte, von denen die gewichtigeren die Verhängung von Einzelfreiheitsstrafen von sechs Monaten und mehr gebieten, liegt die Verhängung kurzer Freiheitsstrafen nach § 47 StGB auch in den Einzelfällen mit geringeren Schaden nahe (*BGH* NStZ-RR 2019, 40).

[114] SK-StGB/*Wolters* § 46 Rn. 22, Vor § 46.

[115] SK-StGB/*Wolters* § 47 Rn. 9 f.

werden kann (§§ 56 bis 56g StGB). Die Voraussetzungen der Aussetzung zur Vollstreckung sind in § 56 Abs. 1 bis Abs. 3 StGB (lesen!) je nach der Höhe der erkannten Strafe unterschiedlich geregelt. In allen Fällen wird aber eine **günstige Prognose** dergestalt verlangt, dass „der Verurteilte sich schon die Verurteilung zur Warnung dienen lassen und künftig auch ohne die Einwirkung des Strafvollzugs keine Straftaten mehr begehen wird" (§ 56 Abs. 1 Satz 1 StGB). Für eine solche Prognose ist ausreichend, dass die Wahrscheinlichkeit künftigen straffreien Verhaltens größer ist als diejenige für die Begehung künftiger Straftaten.[116] Wie der Gegenschluss aus § 56 Abs. 1 und Abs. 3 StGB zeigt, ist die Vollstreckungsaussetzung zur Bewährung bei Freiheitsstrafen unter sechs Monaten bei günstiger Prognose zwingend. Bei Freiheitsstrafen von sechs Monaten bis zu einem Jahr muss die Aussetzung zur Bewährung gewährt werden, wenn nicht die Verteidigung der Rechtsordnung die Vollstreckung gebietet (§ 56 Abs. 1 und Abs. 3 StGB). Für Freiheitsstrafen von mehr als einem Jahr bis zu zwei Jahren kann eine Vollstreckungsaussetzung zur Bewährung bewilligt werden, wenn besondere Umstände vorliegen (§ 56 Abs. 2 StGB) und der Ausschlussgrund der Verteidigung der Rechtsordnung nicht eingreift (§ 56 Abs. 3 StGB). Wird die Vollstreckung einer Strafe zur Bewährung ausgesetzt, ist dies nach § 267 Abs. 3 Satz 4 StPO **zu begründen.** Einer Begründung bedarf es auch, wenn trotz Vorliegens der zeitlichen Voraussetzung des § 56 Abs. 1 und Abs. 2 StGB eine Strafaussetzung nicht gewährt wurde (§ 267 Abs. 3 Satz 4 StPO).

B. Strafzumessung bei Schuldspruch wegen mehrerer Straftaten

405 Bei der Strafzumessung bei Schuldspruch wegen mehrerer Straftaten ist es erforderlich, nochmals **alle Delikte aufzuzeigen,** deren Verwirklichung bei der rechtlichen Würdigung festgestellt worden ist, wobei es zwingend erforderlich ist, die in Tatmehrheit stehenden Delikte und Deliktskomplexe voneinander zu trennen.

406 Für jeden dieser Teile ist nunmehr **gesondert** eine **Strafzumessung** vorzunehmen. Verletzt **dieselbe Handlung** mehrere Strafgesetze oder dasselbe Strafgesetz mehrmals, so wird nach **§ 52 Abs. 1 StGB** nur auf eine Strafe erkannt. Für die Bestimmung des anzuwendenden Strafrahmens bei tateinheitlich verwirklichten Delikten ist zu differenzieren zwischen gleichartiger und ungleichartiger Tateinheit. Während der Strafrahmen bei gleichartiger Tateinheit unmittelbar dem mehrmals verletzten Straftatbestand[117] zu entnehmen ist, ist der Strafrahmen bei ungleichartiger Tateinheit (also Verletzung verschiedener Gesetze) der Vorschrift zu entnehmen, die im Höchstmaß die nach Art und Höhe schwerste Strafe androht (§ 52 Abs. 2 Satz 1 StGB).[118] Damit steht bei ungleichartiger Tateinheit zugleich die Obergrenze des neuen Strafrahmens fest (unter Berücksichtigung von Strafrahmenverschiebungen im konkreten Fall). Die Untergrenze bildet das höchste Mindestmaß, das eines der verletzten Gesetze androht (§ 52 Abs. 2 Satz 2 StGB). Die Strafzumessung innerhalb dieses Rahmens erfolgt unter Berücksichtigung der oben im Zusammenhang mit der Festlegung der Einzelstrafe besprochenen Vorgehensweise nach allgemeinen Grundsätzen (§§ 46, 47 StGB).

407 Hat der Angeklagte dagegen **mehrere Straftaten** begangen, wird gemäß **§ 53 StGB** auf eine Gesamtstrafe erkannt. Bei tatmehrheitlich verwirklichten Delikten ist zu-

[116] Vgl. *Fischer* StGB § 56 Rn. 4 f.

[117] Die mehrfache Verletzung dieses Gesetzes kann aber als allgemeiner Strafzumessungsgrund im Sinne von § 46 StGB Berücksichtigung finden; vgl. *Fischer* StGB § 52 Rn. 4.

[118] Die Verletzung der Delikte, aus denen der Strafrahmen nicht entnommen wird, kann wiederum ohne Verstoß gegen § 46 Abs. 3 StGB strafschärfend bei der Strafzumessung berücksichtigt werden.

nächst für jede einzelne Tat eine konkrete Einzelstrafe zu bilden, wobei auch hier die oben beschriebenen Schritte einzuhalten sind. Die Gesamtstrafe selbst wird dann nach § 54 Abs. 1 Satz 2 StGB gebildet.[119] Hierzu wird die schwerste Einzelstrafe – sogenannte Einsatzstrafe – als Grundlage für die Gesamtstrafe genommen. Innerhalb des Gesamtstrafenrahmens ist die konkrete Gesamtstrafe unter **nochmaliger Gesamtwürdigung** aller für und wider den Angeklagten sprechenden Umstände (§ 54 Abs. 1 Satz 3 StGB) festzusetzen, indem die Einsatzstrafe erhöht wird, ohne dass am Ende die Addition der Einzelstrafen steht (§ 54 Abs. 2 Satz 1 StGB).

Erfolgt ein Schuldspruch auf der Grundlage **ungleichartiger Wahlfeststellung,** ist der Strafrahmen des milderen Deliktes heranzuziehen. 408

Wird eine **Maßregel der Besserung und Sicherung** angeordnet oder entgegen einem gestellten Antrag nicht angeordnet, bedarf es der sorgfältigen Begründung (§ 267 Abs. 6 Satz 1 StPO). Besonderheiten gelten hier für die **Entziehung der Fahrerlaubnis** nach § 69 StGB: Kommt diese wegen der Art der Straftat (§ 69 Abs. 2 StGB) regelmäßig in Betracht, so müssen die Gründe nur ergeben, warum eine Anordnung unterblieben ist (§ 267 Abs. 6 Satz 2 StPO). Im umgekehrten Fall der Regelanordnung nach § 69 Abs. 2 StGB genügt hingegen der kurze Hinweis auf diese Vorschrift: 409

„Die Entscheidung über die Entziehung der Fahrerlaubnis folgt aus § 69 Abs. 2 StGB."

C. Die „Vollstreckungslösung"

In der Assessorklausur mag auch einmal über den gebotenen Ausgleich eines rechtsstaatswidrigen Verstoßes gegen das Gebot zügiger Verfahrenserledigung nachzudenken sein.[120] Wie dieser in das Strafzumessungssystem einzuordnen ist bzw. zu erfolgen hat, ist seit langem Gegenstand kontroverser Diskussionen.[121] Die frühere Rechtsprechung hat die angezeigte Kompensation vor allem über einen bezifferten Abschlag auf die an sich verwirkte Strafe gesucht, also die Höhe der Strafe modifiziert; tragend war hierbei weniger der Gedanke der Quasi-Strafwirkung der langen Verfahrensdauer[122] als jener, dass der staatliche Strafanspruch in gewisser Weise „teilverwirkt" ist.[123] Die – in der Wissenschaft überwiegend positiv aufgenommene[124] – Rechtsprechung (BGHSt [GS] 52, 127)[125] hat dieser viele Jahre praktizierten „Strafzumessungslösung"[126] eine Absage erteilt. Der gebotene Ausgleich hat nunmehr im Sinne einer „Vollstreckungslösung" zu erfolgen, nach der nicht die Strafhöhe gemindert wird, sondern in der Urteilsformel auszusprechen ist, dass „zur Entschädigung für die überlange Verfahrensdauer ein bezifferter Teil der verhängten Strafe als vollstreckt gilt".[127] Die Strafzumessungsentscheidung hat mithin im Groben folgenden Grundsätzen zu folgen:[128] Allem voran sind – wie auch bei der „Strafzumessungslösung" vertraut – Art, Ausmaß und Ursachen der Verzögerung zu 410

---

[119] S. zu den Besonderheiten bei der Gesamtstrafenbildung schon → Rn. 356 ff.

[120] S. bereits → Rn. 402.

[121] Mit weiteren Nachweisen zusammenfassend *Waßmer* ZStW 118 (2006), 159 (177 ff.).

[122] Vgl. aber *Kohlmann* Festschrift Pfeiffer, 1988, 203 (205).

[123] *BVerfG* StV 1984, 97.

[124] S. den Überblick bei *Imme Roxin* Festschrift Volk, 2009, 617 (625 ff.).

[125] Zu ihrer Entwicklung *Waßmer* ZStW 118 (2006), 159 (178 ff.).

[126] Gründend auf BGHSt 24, 239. Zur Entwicklung s. *Ziegert* StraFo 2008, 321 (322 ff.), zum Begrifflichen s. *Keiser* GA 2008, 686 (688 f.).

[127] BGHSt (GS) 52, 124 (127). Zu verfassungsrechtlichen Bedenken der „Vollstreckungslösung" s. *Ignor/Bertheau* NJW 2008, 2209 (2212 f.) mit weiteren Nachweisen.

[128] BGHSt (GS) 52, 124 (146 f.).

ermitteln und festzustellen.[129] Zu berücksichtigen sind dabei nicht nur der durch die Verzögerung der Justizorgane verursachte Zeitraum der Verfahrensverlängerung, sondern auch die Schwere des Tatvorwurfs, der Umfang und die Schwierigkeit des Verfahrensgegenstandes sowie das Ausmaß der mit dem Andauern des Verfahrens verbundenen Belastung des Beschuldigten. Nachdem die Voraussetzungen einer derartigen rechtsstaatswidrigen Verfahrensverzögerung festgestellt worden ist, ist zu prüfen, ob es eines Ausgleichs („Entschädigung")[130] überhaupt bedarf und gegebenenfalls wie hoch er zu beziffern ist.[131] Die höchstrichterliche Vorstellung geht dahin, dass sich die Anrechnung „häufig auf einen eher geringen Bruchteil der Strafe zu beschränken haben (wird)".[132] Das Maß der Kompensation hat sich am Rechtsgedanken des § 51 Abs. 4 Satz 2 zu orientieren.[133] Bei dieser – schematischen oder pauschalen Erwägungen nicht zugänglichen[134] – Ermessensentscheidung des Gericht ist die Höhe nicht nur am Umfang der Verzögerung, sondern entscheidend an den Auswirkungen auf den Angeklagten zu bemessen.[135] Die Vollstreckungslösung soll indes nach höchstrichterlichem Verständnis – was durchaus Anlass zu Zweifeln an dieser Konstruktion gibt[136] – nicht dergestalt missverstanden werden, dass die überlange Verfahrensdauer keine Bedeutung für die Strafhöhenzumessung mehr hat. So soll sie insoweit Gewicht behalten, als dass mit dem langen Zeitraum zwischen Tat und (rechtskräftigem) Urteil das Strafbedürfnis schon allgemein abnimmt,[137] ohne dass es auf die Gründe für die Verzögerung ankommt.[138] Hat das Gericht die Strafhöhe wegen der langen Verfahrensdauer gemindert, wird für eine weitere Anrechnung im Sinne einer „Vollstreckungsentschädigung" jedenfalls dann kaum Raum bleiben, wenn die Strafe nicht zu verbüßen ist.[139] Allgemein lässt sich sagen, dass dem Angeklagten die Verfahrensverzögerung nur einmal zugute gebracht werden soll.[140]

§ 6. Begründung der Nebenentscheidungen

411 Eine Begründung der Kostenentscheidung ist im Regelfall nicht erforderlich. Es genügt der kurze Hinweis etwa auf § 465 StPO. In besonderen Konstellationen (etwa bei Anwendung der §§ 469 oder 470 StPO) wird eine kurze Begründung nötig

[129] Dazu eingehend und mit zahlreichen weiteren Nachweisen *Waßmer* ZStW 118 (2006), 159 (168 ff. und 194 ff.).
[130] Zur (alternativen) Möglichkeit eines „Ausgleichs in Geld" s. eingehend *Volkmer* NStZ 2008, 608 (612 f.); vgl. dazu auch *Scheffler* ZIS 2008, 269 (278) mit weiteren Nachweisen.
[131] BGHSt (GS) 52, 124 (146).
[132] BGHSt (GS) 52, 124 (147); *BGH* NStZ-RR 2008, 368.
[133] BGHSt (GS) 52, 124 (135).
[134] *Pohlit* Festschrift Rissing-van Saan, 2011, 453 (464 ff.) mit Beispielen aus der Rechtsprechung.
[135] *BGH* NStZ 2009, 287; *BGH* NStZ 2008, 478.
[136] Vgl. *Heghmanns* ZJS 2008, 197 (202); *Scheffler* ZIS 2008, 269 (274); *Weber* JR 2008, 36; *Ziegert* StraFo 2008, 321 (323 f.).
[137] *Scheffler* ZIS 2008, 269 (276).
[138] So ausdrücklich BGHSt (GS) 52, 124 (141 f.). Vgl. *BGH* NStZ 2011, 651 zu einem Fall einer sachlich gerechtfertigten Verfahrensverzögerung wegen einer Einstellung nach § 154 Abs. 1 StPO mit späterer Wiederaufnahme der Ermittlungen. Kritisch *Kraatz* JR 2008, 189 (191): „janusköpfiges Monstrum".
[139] *BGH* NStZ 2012, 470; *BGH* NStZ-RR 2011, 771; *BGH* StV 2009, 638 (639); *BGH* NStZ 2009, 287; *BGH* NStZ-RR 2009, 339.
[140] *BGH* NStZ-RR 2008, 368 (369).

sein. Entsprechendes gilt bei einem Freispruch und einer Einstellung. Einer Begründung bedarf es auch hier nur, wenn von der gesetzlichen Wertung abgewichen wird. Eine besondere Aufmerksamkeit ist auf die Vorschrift des § 467 Abs. 3 Satz 2 Nr. 2 StPO zu richten, nach der die Kosten dem Angeklagten trotz Einstellung auferlegt werden können. Hier ist umstritten, wie wahrscheinlich bei Hinwegdenken des Prozesshindernisses eine Verurteilung sein muss.[141] Bei Berücksichtigung der Unschuldsvermutung wird wenigstens hinreichender, eher wohl dringender Tatverdacht zu fordern sein.

§ 7. Besonderheiten bei Teilverurteilung, Teilfreispruch, Teileinstellung

Ist ein **„gemischtes Urteil"** zu fertigen, so gelten für die Urteilsgründe Besonderheiten. Ein gemischtes Urteil liegt vor, wenn der Angeklagte nur zum Teil verurteilt, im Übrigen jedoch freigesprochen und/oder das Verfahren (teilweise) eingestellt wird. Bei der Abfassung der Gründe ist hierbei zu beachten, dass Verurteilung, Freispruch und Einstellung des Verfahrens streng voneinander getrennt und jeweils in sich geschlossen gerechtfertigt werden müssen. In derartigen Fällen sind somit zwei bzw. drei „Urteile" hintereinander zu fertigen. Nur für die Begründung der Nebenentscheidungen gibt es einen einheitlichen Begrundungsabschnitt.[142] 412

Erfolgt ein **Teilfreispruch,** so sind die Urteilsgründe also hinsichtlich der einzelnen prozessualen Taten aus Gründen der Übersichtlichkeit deutlich zu trennen. Zu beginnen ist mit den Ausführungen, welche die Verurteilung tragen, und zwar umfassend bis hin zur Strafzumessung. Im Anschluss daran ist der „freisprechende Teil", beginnend mit dem Vorwurf der Anklage, abzuhandeln. Nach dem Anklagevorwurf ist der insoweit festgestellte Sachverhalt darzulegen. Im Anschluss folgt auch hier gegebenenfalls[143] eine ausführliche Beweiswürdigung, beginnend mit der Einlassung des Angeklagten zur Sache. Je nach Lage des Aktenstücks sind dabei Beweistatsachen, Aussagen und Gutachten etc. ausführlich zu würdigen. Schließlich folgt die Feststellung, ob der Angeklagte aus tatsächlichen oder rechtlichen Gründen freizusprechen war (§ 267 Abs. 5 Satz 1 StPO). Die Begründung des Freispruchs muss genau aufzeigen, warum bei dem den Entscheidungsgegenstand bildenden Sachverhalt freizusprechen war. 413

Muss das **Verfahren im Übrigen eingestellt** werden, so schließen sich nunmehr die diesbezüglichen Begründungen an. Dabei bedarf es bei einem einstellenden Urteil regelmäßig keiner Feststellungen, da ein Strafklageverbrauch durch ein Prozessurteil nicht ausgelöst werden kann.[144] Empfehlenswert ist allerdings eine kurze Darstellung der Sachlage, um dem Leser Verständnishilfen zu geben. So kann zunächst der Anklagevorwurf wiedergegeben und sodann das Prozesshindernis erörtert werden. 414

Schließlich ist die Begründung der Kosten- und Auslagenentscheidung zusammen vorzunehmen. 415

---

141 Vgl. *Meyer-Goßner/Schmitt* StPO § 467 Rn. 16.

142 S. hierzu auch *Huber/Hofer* Rn. 284 ff.

143 Wenn die Tat zwar nachgewiesen, aber nicht strafbar ist – mithin ein Freispruch aus rechtlichen Gründen erfolgt – bedarf es einer Darlegung der Beweiswürdigung naturgemäß nicht, sondern vielmehr einer rechtlichen Würdigung; vgl. auch *Meyer-Goßner/Schmitt* StPO § 267 Rn. 34.

144 *Meyer-Goßner/Schmitt* StPO § 260 Rn. 48 und Einl. Rn. 172.

4. Abschnitt. Unterschriften

416 Das Urteil bedarf der Unterschriften (§ 275 Abs. 2 StPO) der Berufsrichter, nicht der Schöffen (§ 275 Abs. 2 Satz 3 StPO).

5. Abschnitt. Mit dem Urteil zu verkündende Beschlüsse

417 Wenn der Bearbeitungsvermerk dies nicht erlässt, müssen in der Klausur auch die mit dem Urteil zu verkündenden Beschlüsse entworfen werden. Die wichtigsten Beschlüsse etwa hinsichtlich der **Bewährungszeit** und etwaiger **Bewährungsauflagen** folgen aus § 268a StPO. Ist der Angeklagte in **Untersuchungshaft,** ist § 268b StPO zu beachten, wonach von Amts wegen über deren Fortdauer zu entscheiden ist. Grundsätzlich ist hier materielles Haftrecht anzuwenden (§§ 112 ff. StPO). Wird der Angeklagte verurteilt und soll die **Haft** (nach Prüfung des § 120 Abs. 1 Satz 1 StPO) **fortdauern,** lautet der Beschluss:

„Es wird die Fortdauer der Untersuchungshaft angeordnet."

418 Andernfalls wird der **Haftbefehl aufgehoben oder** nach § 116 StPO **außer Vollzug** gesetzt. Der Beschluss lautet in diesen Fällen:

„Der Haftbefehl des Amtsgerichtes Mölln vom … wird aufgehoben" oder „… wird außer Vollzug gesetzt."

419 Wird der Angeklagte dagegen **freigesprochen oder das Verfahren eingestellt,** muss nach § 120 Abs. 1 Satz 2 StPO der Haftbefehl aufgehoben werden.

6. Abschnitt. Das Urteil in Jugendsachen

420 Führt die Verhandlung gegen Jugendliche oder Heranwachsende zu einer Einstellung des Verfahrens oder zu einem Freispruch, treten im Vergleich zum Erwachsenenstrafrecht keine Schwierigkeiten auf. Besonderheiten gelten jedoch für die Verurteilung. Hier wird von der Bearbeitung einer Klausur naturgemäß nicht verlangt werden können, dass sie den Anforderungen der Praxis genügt (er also nach § 37 JGG „erzieherisch befähigt" ist), jedoch sollten die wesentlichen **Unterschiede zum Erwachsenenstrafrecht** vertraut sein.

§ 1. Die Urteilsformel

421 Schon bei der Urteilsformel ist den Besonderheiten des jugendgerichtlichen Verfahrens Rechnung zu tragen. Da dem Jugendstrafrecht vor allem eine erzieherische Funktion zukommt, werden die Rechtsfolgen nicht „wegen", sondern **„aus Anlass" der Tat** ausgesprochen. Die Verknüpfung von Schuldspruch und Sanktion („… wird wegen … zu … verurteilt") sollte daher vermieden werden. Vielmehr empfiehlt es sich, den Schuldspruch voranzustellen:

„Der Angeklagte ist der Körperverletzung, tateinheitlich begangen mit Sachbeschädigung, sowie einer Brandstiftung in zwei Fällen[145] schuldig."

Die **Rechtsfolgen**[146] des Jugendgerichtsgesetzes unterscheiden sich grundlegend von denen des allgemeinen Strafrechts. Hier können von der Aufgabenstellung daher nur Grundkenntnisse verlangt werden.[147] Im Jugendstrafrecht sind Erziehungsmaßregeln, Zuchtmittel und Jugendstrafe zu unterscheiden (§ 5 JGG). Erziehungsmaßregeln und Zuchtmittel können gemäß § 8 Abs. 1 JGG miteinander kombiniert werden. Bei der Tenorierung sollten die im Gesetz verwandten Begriffe benutzt werden. 422

„Der Angeklagte Andersson ist schuldig des Raubes. Gegen ihn wird eine Jugendstrafe von acht Monaten verhängt.[148] Die Vollstreckung der Jugendstrafe wird zur Bewährung ausgesetzt.[149]

Der Angeklagte Borowski ist schuldig des Diebstahls. Ihm werden die folgenden Weisungen erteilt:

1. Er hat sich bei dem Verletzten, Gerald Kerner, zu entschuldigen.
2. Er hat darüber hinaus 40 Stunden gemeinnützige Arbeit nach Weisung der Jugendgerichtshilfe zu erbringen.

Der Angeklagte Christiansen ist schuldig der vierfachen Körperverletzung sowie der Beihilfe zum Diebstahl. Gegen ihn wird ein Dauerarrest von zwei Wochen verhängt."

Wird Jugendstrafe verhängt, wird unter den Voraussetzungen des § 21 Abs. 1 oder 2 JGG ihre Vollstreckung zur Bewährung ausgesetzt; daneben kann unter den Voraussetzungen des § 27 JGG bereits die Verhängung von Jugendstrafe ausgesetzt werden:

„Die Angeklagte Dörner ist schuldig der Beihilfe zum Raub. Die Entscheidung über die Verhängung der Jugendstrafe wird für die Dauer von zwei Jahren zur Bewährung ausgesetzt."[150]

§ 2. Die Urteilsgründe

Die „Gründe" des Urteils in Jugendsachen weisen kaum Unterschiede zum Urteil in Strafsachen gegen Erwachsene auf. So ist auch hier mit den persönlichen Verhältnissen zu beginnen und daran die Feststellung des Sachverhalts sowie die Einlassung des Angeklagten, die Beweiswürdigung und die rechtlichen Erwägungen anzuschließen. Da im Jugendstrafrecht der Täter im Vordergrund der Betrachtung steht, sollte 423

[145] Beim Schuldspruch ergeben sich hinsichtlich der materiellrechtlichen Konkurrenzsituation noch keine Besonderheiten, da § 31 JGG sich lediglich auf die Rechtsfolgenseite bezieht.

[146] Zur Strafzumessung im Jugendstrafrecht *von der Heide/Kassebaum* NStZ-RR 2017, 233, 265.

[147] Angesichts der schwierigen Materie dürften viele Bearbeitungsvermerke von dem Rechtsfolgenausspruch in Jugendsachen entpflichten.

[148] Jugendstrafe wird gemäß § 17 Abs. 2 JGG nur verhängt, wenn wegen der schädlichen Neigungen des Jugendlichen, die in der Tat hervorgetreten sind, Erziehungsmaßregeln oder Zuchtmittel zur Erziehung nicht ausreichen oder wenn wegen der Schwere der Schuld Strafe erforderlich ist. Die Dauer wird nicht bestimmt durch die allgemeinen Strafrahmen, sondern beträgt sechs Monate bis fünf (oder zehn) Jahre, § 18 Abs. 1 JGG.

[149] S. zur Vollstreckungsaussetzung im Jugendverfahren §§ 21 ff. JGG; vgl. dazu *Böhm/Feuerhelm* S. 216 ff.; *Meyer-Goßner/Appl* Rn. 732.

[150] Zu beachten ist, dass hier die Dauer der Bewährungszeit bereits in den Tenor aufgenommen wird und nicht erst in einen mit dem Urteil zu verkündenden Beschluss (dazu *Meyer-Goßner/Appl* Rn. 813).

seiner Person eine besondere Aufmerksamkeit zukommen; die Darstellung der persönlichen Verhältnisse hat damit vor allem auf die familiären Zusammenhänge und auf die Entwicklung des Angeklagten einzugehen.

7. Abschnitt. Besonderheiten bei Berufungsurteilen

424 Bei Berufungsentscheidungen ergeben sich hinsichtlich der Tenorierung einige Besonderheiten, die vor allem darin begründet sind, dass das Berufungsgericht nicht erstmalig über Tat und Täter zu befinden hat, sondern an ein bereits ergangenes erstinstanzliches Urteil anzuknüpfen hat. Schon im Tenor ist hervorzuheben, welcher Verfahrensbeteiligte (in der Regel die Staatsanwaltschaft oder der Angeklagte) das Rechtsmittel der Berufung eingelegt hat.

Bei der Abfassung der Entscheidung der Berufungsinstanz ist zu unterscheiden zwischen Fällen der **unzulässigen und** denjenigen der **begründeten bzw. unbegründeten Berufung.**

§ 1. Die Entscheidung bei unzulässiger Berufung

425 Die Berufung wird im Strafverfahren bei dem **Gericht** eingelegt, dessen Urteil angefochten werden soll (§ 314 Abs. 1 StPO). Dieses Gericht hat zunächst zu prüfen, ob die **Einlegung** des Rechtsmittels **rechtzeitig** erfolgte. Ist die Berufung verspätet erhoben, wird sie durch Beschluss „als unzulässig verworfen“ (§ 319 Abs. 1 StPO). In der Klausur wird es nun selten vorkommen, dass eine Entscheidung des iudex a quo zu entwerfen ist, da hier im Falle der Unzulässigkeit eine nur knappe Entscheidung zu ergehen[151] und im Falle der Zulässigkeit die Akten ohne weitere Entscheidung lediglich (über die Staatsanwaltschaft) dem Berufungsgericht zuzuleiten sind (§§ 320 und 321 StPO). Daher werden Klausurfälle in der Weise gestaltet sein, dass diese Zuleitung bereits stattgefunden hat und nunmehr eine Entscheidung des Rechtsmittelgerichtes zu ergehen hat.

426 Gelegentlich kann es vorkommen, dass auch das Berufungsgericht die **Unzulässigkeit der Berufung** feststellen wird (in der Klausur etwa hinsichtlich eines von mehreren Berufungsführern). In diesem Falle wird die Berufung durch Beschluss „verworfen“ (§ 322 Abs. 1 Satz 1 StPO).

§ 2. Die Entscheidung des Berufungsgerichtes in der Sache

427 In praktisch allen Klausurfällen ist über die Berufung auch in sachlicher Hinsicht zu befinden. Dies geschieht gemäß § 322 Abs. 1 Satz 2 StPO „durch Urteil“.

Ist die **Berufung unbegründet,** wird sie durch Urteil schlicht „verworfen“ (die im zivilrechtlichen Verfahren gängige Differenzierung, nach der nur unzulässige Rechtsmittel „verworfen“, unbegründete dagegen „zurückgewiesen“ werden, ist im Strafverfahren unüblich). Die Kosten und Auslagen werden in diesem Falle dem Berufungsführer auferlegt (§ 473 Abs. 1 StPO).

---

[151] S. etwa *Huber/Hofer* Rn. 321.

„Die Berufung der Angeklagten gegen das Urteil des Amtsgerichts Coesfeld vom 3. Dezember 2021 – Az. … – wird verworfen.

Die Angeklagte trägt die Kosten des Verfahrens und ihre notwendigen Auslagen."

Ist die **Berufung** dagegen **begründet,** enthält der Ausspruch zur Sache in aller Regel zwei Teile: Erstens ist das erstinstanzliche Urteil „aufzuheben" (kassatorischer Teil) und zweitens in der Sache zu entscheiden (§ 328 Abs. 1 StPO). Hat etwa der Angeklagte mit der Berufung **in vollem Umfang Erfolg,** kann zu tenorieren sein:

„Auf die Berufung des Angeklagten wird das Urteil des Amtsgerichtes Tecklenburg vom 5. November 2021 – Az. … – aufgehoben.

Der Angeklagte wird freigesprochen.

Die Kosten des Verfahrens und die notwendigen Auslagen des Angeklagten trägt die Staatskasse."

Hat der Angeklagte mit seinem unbeschränkten Rechtsmittel nur **teilweise Erfolg,** 428
so lautet die Formulierung (verbunden mit der aus § 473 Abs. 4 StPO folgenden Kostenentscheidung):

„Auf die Berufung des Angeklagten wird das Urteil des Amtsgerichts Schwerin vom 3. Dezember 2021 – Az. … – im Rechtsfolgenausspruch aufgehoben.

Der Angeklagte wird zu einer Gesamtfreiheitsstrafe von einem Jahr und sechs Monaten verurteilt. Die Vollstreckung der Strafe wird zur Bewährung ausgesetzt.

Im Übrigen wird die Berufung verworfen.

Der Angeklagte trägt die Kosten des Verfahrens und seine notwendigen Auslagen; die Gebühr sowie die notwendigen Auslagen des Angeklagten für die Berufungsinstanz werden zur Hälfte von der Staatskasse getragen."

§ 3. Weitere Besonderheiten bei Berufungsurteilen

Hat das Berufungsgericht eine eigene Entscheidung in der Sache ausgesprochen, 429
muss es – wie vom Urteil erster Instanz bekannt – entsprechend § 260 Abs. 5 StPO die angewendeten Vorschriften angeben; hier sind keine Besonderheiten zu beachten. Wird die Berufung (als unzulässig oder unbegründet) verworfen, bedarf es keiner Liste der angewandten Vorschriften, da das erstinstanzliche Urteil weiterhin Bestand hat.

Die **Gründe des Berufungsurteils** haben zunächst (in einem „prozessgeschichtlichen" Teil) den wesentlichen Inhalt der Vorinstanz und die Förmlichkeiten der Rechtsmitteleinlegung wiederzugeben. Des Weiteren sollte die Abfassung der Entscheidungsgründe den allgemeinen Grundsätzen folgen, da das Berufungsgericht ebenfalls Tatgericht ist und daher keine Besonderheiten gegenüber dem erstinstanzlichen Urteil zu beachten sind.[152]

[152] S. *Huber/Hofer* Rn. 349; vgl. auch *Meyer-Goßner/Appl* Rn. 678 ff.

4. Teil. Die Revision

Das Revisionsrecht erfreut sich bei den meisten Prüfungsämtern großer (und wohl noch immer wachsender) Beliebtheit.[1] Dies findet seine Begründung darin, dass sich Revisionsklausuren in ganz besonderer Weise eignen, Schwierigkeiten aus dem materiellen und formellen Strafrecht zu verbinden.[2] 430

So kann der aus dem ersten Staatsexamen vertraute „Grundfall" (der sich in dem mit der Revision anzufechtenden oder angefochtenen Urteil aus den Feststellungen[3] ergibt) „angereichert" werden mit mehr oder weniger versteckten Fehlern bei der Anwendung des Gesetzes nicht nur aus allen Stadien des Strafverfahrens, sondern auch aus sämtlichen Bereichen des materiellen Rechts. In revisionsrechtliche Aufgaben können so unschwer eingebettet werden das Verkennen eines Verfahrenshindernisses, Verstöße gegen Beweiserhebungsverbote im Ermittlungsverfahren, Versäumnisse bei der Entscheidung über die Eröffnung des Hauptverfahrens, eine unzureichende Aufklärung des Instanzgerichts bei der Erforschung der Wahrheit im Rahmen der Beweisaufnahme oder eine falsche Auslegung bzw. Annahme eines gesetzlichen Merkmals, eine unzureichende Beweiswürdigung oder unzutreffende Rechtsfolgenentscheidung des erkennenden Gerichts.

Angesichts der zahllosen und vielfältigen materiell- und prozessrechtlichen Schwierigkeiten, die sich in der Revisionsklausur stellen können, beschränkt sich die folgende Darstellung auf eine „Checkliste". Zur Schärfung des Problembewusstseins werden aber auch Einzelfragen beispielhaft herausgegriffen und im Hinblick auf die Anforderungen der Assessorklausur mit Hinweisen auf vertiefende Literatur dargestellt.

1. Abschnitt. Vorüberlegungen

§ 1. Revisionsrechtliche Aufgabenstellungen

Um revisionsrechtliche Problemstellungen in einer strafrechtlichen Assessorklausur bearbeiten zu lassen, stehen den Aufgabenstellern verschiedene Möglichkeiten zur Verfügung: 431

In der nach wie vor die Prüfungspraxis deutlich beherrschenden – und daher auch den Schwerpunkt dieser Darstellung bildenden – revisionsrechtlichen Aufgabenstellung werden die Bearbeitenden in die Perspektive (häufiger) eines Strafverteidigers oder (seltener) eines Staatsanwalts versetzt. Hier wird ihnen in aller Regel die 432

---

[1] Die Revisionsklausur hat inzwischen der Urteilsklausur weitgehend den Rang abgelaufen und gehört in der Mehrzahl der Länder zu den regelmäßig zu erwartenden Klausurtypen. In Nordrhein-Westfalen etwa ist unter den zwölf „S-2-Klausuren" eines jeden Jahres zumeist nur noch eine Urteils-, im Übrigen werden Revisionsklausuren gestellt.

[2] S. dazu auch *Vollmer/Heidrich* Rn. 565.

[3] Dazu *Huber/Hofer* Rn. 80 ff.

Aufgabe gestellt, die **Erfolgsaussichten einer** noch einzulegenden oder einer bereits eingelegten[4] (aber noch nicht nach den §§ 344 und 345 StPO begründeten) **Revision** (zu Gunsten oder zu Lasten des instanzgerichtlich verurteilten oder freigesprochenen Angeklagten) zu begutachten; zur Verfügung gestellt wird dabei zumeist neben der Anklageschrift (bzw. dem Strafbefehl, gegen den zulässigerweise Einspruch eingelegt worden ist) und dem Protokoll der Hauptverhandlung das (vollständige oder auszugsweise wiedergegebene) Strafurteil der ersten Instanz (oder auch des Berufungsgerichts).[5]

433 In diesem Gutachten haben sich die Bearbeitenden sowohl mit **verfahrensrechtlichen als auch mit materiellrechtlichen Fragen** aus **revisionsrechtlicher Sicht** zu befassen. Ausgangspunkt des Gutachtens ist hier der für das Revisionsgericht und damit auch für den Rechtsmittelführer grundsätzlich bindend festgestellte (mit anderen Worten nur in besonderen Fällen [dazu im Zweiten Abschnitt] angreifbare) Sachverhalt im Strafurteil. Damit sind Klausuren dieses Typs durchaus mit denen aus dem ersten Staatsexamen vergleichbar. Im Unterschied zu letzteren haben die Bearbeitenden jedoch am Ende des Gutachtens Zweckmäßigkeitserwägungen anzustellen sowie bestimmte Anträge zu formulieren. Letzterer Teil der Klausur ist von besonderer Bedeutung, da die Prüflinge hier zu beweisen haben, nicht nur die Rechtsfragen bearbeiten, sondern auch eine praktisch verwertbare Entscheidung treffen zu können. Der am Ende des Klausurentextes zu findende Vermerk für die Bearbeitung kann im Falle eines solchen Klausurentyps lauten:

„Die Erfolgsaussichten der Revision sind zu begutachten. Etwaige Revisionsanträge sind auszuformulieren."

434 Andere Aufgabentypen dürften deutlich seltener gestellt werden, da sie sich wenig für die Darstellung in der Klausur eignen.[6] Dennoch soll der Vollständigkeit halber kurz auf sie eingegangen werden.

So können die Bearbeitenden in der Rolle eines Strafverteidigers oder eines Staatsanwalts beauftragt sein, (evtl. neben einem Gutachten) eine **Revisionsbegründungsschrift** zu fertigen.[7] In einer Abwandlung dieses Typs kann auch die Anfertigung einer Gegenerklärung der Staatsanwaltschaft nach § 347 Abs. 1 Satz 2 StPO, Nummer 162 RiStBV gefordert sein.[8] Das Problem dieses Klausurentyps liegt darin, dass die Strafprozessordnung und die Rechtsprechung **hohe formelle Anforderungen an die Revisionsbegründungsschrift** (hinsichtlich der in nahezu jeder Revisionsklausur zu erhebenden Verfahrensrüge) stellen,[9] in der Praxis daher viele Revisionen schon an der Zulässigkeitshürde des § 344 Abs. 2 Satz 2 StPO scheitern. Der Vermerk für die Bearbeitung kann bei diesem Klausurentyp lauten:

---

4 Beispiel bei *Brunner/Kunnes/Reiher* Klausur 9.

5 In einer Variante dieses Aufgabentyps kann es einmal verlangt sein, ein vorbereitendes Gutachten nebst Gegenerklärung des Staatsanwalts (gemäß Nummer 162 RiStBV) oder auch des Strafverteidigers auf eine bereits eingelegte und begründete Revision anzufertigen. Bei diesem Gutachten können die folgenden Darlegungen entsprechend angewandt werden. Zum formalen Aufbau einer Gegenerklärung s. *Graf* Rn. 512 ff.

6 So auch die Praxis des gemeinsamen Prüfungsamtes für die Länder Schleswig-Holstein, Hamburg und Bremen. Prüflinge sind gut beraten, sich nach den genauen Gepflogenheiten des für sie zuständigen Prüfungsamtes zu erkundigen. Zu weiteren denkbaren Aufgabenstellungen s. *Russack* Rn. 3.

7 Beispiel bei *Brunner/Kunnes/Reiher* Klausur 10.

8 S. dazu *Graf* Rn. 512 ff.

9 *Meyer-Goßner/Schmitt* StPO § 344 Rn. 20 mit weiteren Nachweisen.

„Die Erfolgsaussichten der Revision sind zu begutachten. Die Revisionsbegründungsschrift ist anzufertigen. Etwaige Verfahrensrügen und Revisionsanträge sind auszuformulieren."[10]

Schließlich können auch Revisionsklausuren als sogenannte **Urteils- oder Beschlussklausuren** zur Bearbeitung gestellt werden.[11] In diesen Fällen, in denen vom Aufgabensteller auch die Revisionsbegründungsschrift (möglicherweise nebst einer Gegenerklärung und gegebenenfalls eines Hauptverhandlungsprotokolls des Revisionsgerichts) zur Verfügung gestellt wird, haben die Bearbeitenden einen Beschluss oder ein Urteil des Revisionsgerichts zu entwerfen.[12] Der entsprechende Vermerk für die Bearbeitung kann dann schlicht lauten: 435

„Die Entscheidung des Gerichts ist zu entwerfen."

Hierbei ist insbesondere auf § 349 StPO, der unter bestimmten Umständen (die in der Praxis in der weit überwiegenden Zahl der Revisionen vorliegen) eine Entscheidung durch Beschluss erlaubt, und auf § 354 StPO, der die möglichen Entscheidungen des Revisionsgerichts bei begründeter Revision darlegt, einzugehen.

§ 2. Grundlagen zum Wesen der Revision

Unabhängig von Einzelfragen der Zulässigkeit oder Begründetheit des Rechtsmittels ist stets das in § 337 StPO niedergelegte „Grundgesetz" der Revision vor Augen zu behalten: Nach **§ 337 Abs. 1 StPO** kann die Revision allein darauf gestützt werden, dass das (anzufechtende oder angefochtene) Urteil auf einer **Verletzung des Gesetzes** beruht; eine solche Gesetzesverletzung ist nach § 337 Abs. 2 StPO gegeben, wenn eine Rechtsnorm (des Grundgesetzes, aller formellen und materiellen Gesetze, des Gewohnheitsrechts und der allgemeinen Regeln des Völkerrechts, vgl. § 7 EGStPO) nicht oder nicht richtig angewendet worden ist. 436

Mit diesem Ansatz gibt § 337 StPO auch vor, was Gegenstand einer Revision eben niemals ist: Die (weitere) Aufklärung von Tatumständen. Wenn demnach mit der Revision nur zu überprüfen ist, ob das (Berufungs-)Urteil **rechtliche Fehler** enthält, so unterliegen grundsätzlich weder die dem Urteil zugrunde liegenden Feststellungen (die „für erwiesen erachteten Tatsachen" [§ 267 Abs. 1 Satz 1 StPO]) noch die tatrichterliche Beweiswürdigung der Richtigkeitskontrolle.

Der genaue Prüfungsauftrag des Revisionsgerichts ergibt sich aus **§ 344 Abs. 2 StPO,** einer weiteren „Kernvorschrift" des Revisionsrechts. Danach kann mit der Revision neben einer „Verletzung einer Rechtsnorm über das Verfahren" auch eine „Verletzung einer anderen Rechtsnorm" gerügt werden. Letzteres spricht die sogenannte Sachrüge an, mit der nicht nur die fehlerhafte Anwendung des Rechts auf den festgestellten Sachverhalt gerügt werden kann, sondern – in engen Grenzen, auf die noch einzugehen sein wird – auch die Beweiswürdigung, aufgrund derer das Revisionsgericht zu diesen Feststellungen kommt.[13] 437

---

[10] Wer mit einer solchen Aufgabe konfrontiert ist, muss besondere Sorgfalt auf eine ordnungsgemäße Begründung (insbesondere der Verfahrensrüge) verwenden. Eine Orientierung bietet der Kommentar von *Meyer-Goßner/Schmitt,* der die Anforderungen an die Begründung der Verfahrensrüge zum einen allgemein (§ 344 Rn. 20), zum anderen hinsichtlich einzelner Verfahrensvorschriften (jeweils am Ende der Einzelkommentierungen) enthält.

[11] Variante bei *Brunner/Kunnes/Reiher* Klausur 11; *Russack* Rn. 3.

[12] Zum Revisionsurteil s. nur *Dahs* Rn. 577 ff. und *Brößler/Kunnes* Rn. 378 ff.

[13] Vgl. dazu näher → Rn. 495 f.

§ 3. Das Lesen der Akte und die konkrete Aufgabenstellung

438 Da sich ein ordnungsgemäß durchgeführtes Strafverfahren kaum dazu eignet, Gegenstand einer revisionsrechtlichen Klausur zu sein, haben alle revisionsrechtlichen Fragestellungen in der Assessorklausur – unabhängig vom jeweiligen Klausurentyp – eines gemeinsam: Die Bearbeitenden werden mit einem mehr oder minder fehlerhaften Strafverfahren und/oder mit einer fehlerhaften Anwendung des sachlichen Rechts durch das Instanzgericht konfrontiert. Dies bedeutet freilich nicht, dass das Ergebnis des Gutachtens stets in dem Sinne feststeht, dass die Revision in vollem Umfange zulässig und begründet ist; vielmehr sind zahlreiche Fälle denkbar, in denen zwar bei der Wahrheitsfindung nicht alles in Übereinstimmung mit den Verfahrensregeln abgelaufen ist, jedoch im Ergebnis die Nichteinlegung (bzw. Rücknahme) der Revision vorzuschlagen ist, da die Gesetzesverletzung sich revisionsrechtlich nicht[14] oder nicht mehr[15] auswirkt.

439 Wie bei allen Aufgaben[16] hat auch zu Beginn der Bearbeitung einer revisionsrechtlichen Klausur ein aufmerksames Lesen[17] des Aufgabentextes zu stehen. Auch wenn dies selbstverständlich sein sollte, bedarf es hier besonderer Betonung: Gerade im Revisionsrecht kann nämlich die Weichenstellung von nur einem einzigen Wort im Klausurentext abhängen. So kann es in einem Hauptverhandlungsprotokoll beispielsweise lauten:

> „Auf Anordnung des Vorsitzenden wird die soeben protokollierte Nachtragsanklage in das Verfahren 75 Ls 55 Js 1123/06 einbezogen."

oder

> „Es wurde folgender Beschluss des Vorsitzenden verkündet: Der Beweisantrag des Verteidigers des Angeklagten X wird abgelehnt."

Übersieht der Prüfling (was bei einem nur flüchtigen Lesen des Hauptverhandlungsprotokolls schnell geschehen kann), dass in den genannten Beispielen jeweils der erforderliche[18] Beschluss des Gerichts fehlt, sich der oder die Vorsitzende also verfahrensfehlerhaft eine alleinige Entscheidungsbefugnis angemaßt hat, können wertvolle Punkte verschenkt werden.

440 Insoweit müssen sich die Bearbeitenden schon beim ersten Lesen des Klausurtextes immer den **ordnungsgemäßen Gang der Hauptverhandlung und ein fehlerfreies Protokoll**[19] vor ihr geistiges Auge halten. Der aus dem Zivilrecht bekannte „Pendelblick"[20] gilt daher in abgewandelter Form auch in einer strafrechtlichen Revisionsklausur. So ist zu empfehlen, sich aus dem Aktenauszug ergebende Anormalitäten schon beim ersten Lesen zu markieren, damit sie später (wenn einem möglicherweise ein materiellrechtliches Problem den Blick auf die „Formalien" verstellt) nicht bei der Begutachtung übersehen werden. Ob die markierten Stellen tatsächlich revisi-

---

[14] Etwa bei einem Verstoß gegen die Belehrungspflicht nach § 55 Abs. 2 StPO (dazu noch → Rn. 476).

[15] Etwa bei dem Verlust von Verfahrensrügen durch Verzicht oder Zeitablauf (dazu noch → Rn. 488).

[16] S. nochmals → Rn. 3 ff.

[17] Zum „Lesen" einer *zivilrechtlichen* Klausur s. *Fischer* JuS 2003, 375.

[18] §§ 266 Abs. 1, 244 Abs. 6 StPO.

[19] Hinweise zum Abfassen eines Protokolls finden sich bei: *Meyer-Goßner/Appl* Rn. 896 ff.

[20] Zum „Pendelblick" im Zivilrecht s. *Schellhammer* Rn. 5 und 56.

onsrechtlich von Bedeutung sind, kann letztlich bei Abfassung des Gutachtens entschieden werden.

Auch der **Vermerk für die Bearbeitung** am Ende des Klausurentextes ist oftmals von entscheidender Bedeutung. Zu beachten ist dabei jedoch, dass, anders als dies der früheren Prüfungspraxis entsprach, ein abgedruckter Kalender kein Hinweis mehr auf Fristprobleme sein muss, da in vielen Ländern jedem Aufgabentext ein solcher angehängt ist. Dennoch empfiehlt es sich, die Daten vom Tag der Hauptverhandlung, der Urteilsverkündung, der Urteilszustellung und (soweit schon geschehen) der Revisionseinlegung zu notieren und mit Blick auf die gesetzlichen Vorgaben[21] sowie den im Bearbeitungsvermerk häufig angegebenen Begutachtungszeitpunkt zu überprüfen. **441**

§ 4. Der Aufbau der revisionsrechtlichen Gutachtenklausur

Zur Bearbeitung einer Gutachtenklausur aus der – in aller Regel einzunehmenden – Perspektive des (mandatierten oder bestellten) Strafverteidigers[22] erhalten die Bearbeitenden einen Aktenauszug, der zumeist aus der Anklageschrift, dem Hauptverhandlungsprotokoll und dem bereits abgesetzten Urteil besteht. Ferner kann es vorkommen, dass ein Besprechungsvermerk zu finden ist, in welchem eine Unterredung des Verteidigers mit dem bereits verurteilten Angeklagten festgehalten ist; aus einem solchen Vermerk können sich wertvolle Hinweise zum Begehren des Mandanten sowie zu möglichen Angriffspunkten des Urteils ergeben. **442**

Es empfiehlt sich daher, die (Gutachten-)Klausur **schlicht zu gliedern** in einen ersten Teil, der die „Erfolgsaussichten der Revision" zum Gegenstand hat, sich mithin der Frage nach der Zulässigkeit (→ Rn. 444 ff.) und der Begründetheit (→ Rn. 463 ff.) der Revision annimmt, sowie einen zweiten Teil, der das „zweckmäßige weitere Vorgehen" (Einlegung der Revision, Beschränkung der einzulegenden oder eingelegten Revision, Zurücknahme der eingelegten Revision etc.) sowie etwaige Anträge behandelt (→ Rn. 498 ff.).[23]

2. Abschnitt. Das revisionsrechtliche Gutachten

Eine (eingelegte oder noch einzulegende) Revision wird Erfolg haben,[24] wenn sie zulässig und begründet ist. **443**

Eingangs sei gesagt, dass die im Folgenden dargelegten – insbesondere die Zulässigkeit des Rechtsmittels betreffenden – Punkte der gutachterlichen Prüfung in der Klausur nicht stets und sklavisch „abzustottern" sind. Auch bei strafrechtlichen Revisionen gilt, was etwa in Bezug auf verwaltungsprozessuale Klausuren[25] schon

---

[21] §§ 268 Abs. 2, 275 Abs. 1, 341, 345 StPO.

[22] Ebenso *Russack* Rn. 7 („Ganz überwiegend sind Revisionen des Angeklagten thematisiert. Daneben geht es häufiger um die Erfolgsaussichten einer Revision der Staatsanwaltschaft, für die sich prüfungstechnisch keine großen Besonderheiten ergeben. Die Begutachtung einer Revision des Nebenklägers ist der ganz große Ausnahmefall").

[23] Einen ähnlichen Aufbau empfiehlt *Brößler/Kunnes* Rn. 426.

[24] In einem Rechtsstaat „wird die Revision Erfolg" und nicht nur „Aussicht auf Erfolg" haben, wenn sie zulässig und begründet ist.

[25] S. etwa *Schenke* § 1 Rn. 66.

für das erste Staatsexamen nicht häufig genug betont werden kann: Nur die wirklich problematischen Gesichtspunkte sind (nicht nur aus Gründen der sachgerechten Zeiteinteilung, sondern auch zur Vermittlung des Eindrucks einer gewissen Souveränität) eingehend zu erörtern. Dabei sollte man sich stets darüber im Klaren sein, dass die Aufgabenstellung durch Erwähnung bestimmter Umstände zwar durchaus einmal auch in der Zulässigkeitsstation Erörterungsbedarf sehen wird (Fristen etc.), sie aber die Klausur nur in sehr seltenen Ausnahmefällen in Richtung einer Unzulässigkeit des Rechtsmittels gelöst sehen möchte, da auch die Fähigkeiten im sachlichen Recht und in Bezug auf das weitere Vorgehen gezeigt werden sollen, dem (bei Annahme der Unzulässigkeit vom Bearbeitungsvermerk zumeist verlangten) Hilfsgutachten aber gerade jede Praxisnähe fehlt.

Die nachfolgende Darstellung geht im Wesentlichen von einem Gutachten aus Verteidigersicht bei noch nicht eingelegter Revision aus.

§ 1. Die Zulässigkeit der Revision

444 Gesetzlicher Anknüpfungspunkte der Zulässigkeitsprüfung einer Revision sind neben den „Allgemeinen Vorschriften“ zu den „Rechtsmitteln“ im ersten Abschnitt des dritten Buches der Strafprozessordnung (§§ 296 ff. StPO) die besonderen Vorschriften im vierten Abschnitt (§§ 333 ff. StPO).

Der in den meisten Bundesländern zur Verfügung stehende Kommentar von *Meyer-Goßner/Schmitt* enthält insoweit in den Vorbemerkungen zu § 296 StPO einen guten Leitfaden.[26]

A. Statthaftigkeit

445 Die Revision muss zunächst statthaft sein. Der Begriff (und dessen Ausfüllung) der im Rechtsmittelrecht stets erwähnten „Statthaftigkeit“ findet sich in der Strafprozessordnung nicht.[27] Hinter ihm verbirgt sich die Frage, ob das Gesetz gegen die ergangene gerichtliche Entscheidung eine – generelle – **Anfechtungsmöglichkeit** vorsieht.

Gemäß § 333 StPO können – nach Erwachsenenstrafrecht ergangene[28] – Urteile der (erstinstanzlich entscheidenden) Großen Strafkammern (§§ 74 Abs. 1, 76 Abs. 1 GVG) und Berufungsurteile der Kleinen Strafkammern (§§ 74 Abs. 3, 76 Abs. 1 GVG) sowie Schwurgerichtsurteile (§ 74 Abs. 2 GVG) und im ersten Rechtszug ergangene Urteile der Oberlandesgerichte (§ 120 GVG) mit der Revision angefochten werden. Nur „Urteile“ (also Entscheidungen, die jedenfalls eine Instanz beenden und die nach dem Gesetz eine mündliche Verhandlung und eine öffentliche Verkündung voraussetzen[29]) sind mit der Revision anzugreifen; dabei ist freilich immer auf die gesetzlich vorgesehene Form der Entscheidung abzustellen: Hat so etwa das

[26] *Meyer-Goßner/Schmitt* StPO Vor § 296 Rn. 1 ff.

[27] In der Zivilprozessordnung ist er durch die (inzwischen) gesetzliche Überschrift und die Silbe „statt“ in § 542 ZPO vertreten.

[28] Eine Besonderheit gilt für Urteile im Jugendstrafverfahren: Hier ist die Revision nur statthaft, wenn *keine* Berufung eingelegt worden ist; der Rechtsmittelführer hat demnach bei berufungsfähigen Urteilen zu wählen zwischen der Berufung und der Sprungrevision (zu letzterer noch sogleich). Insoweit findet auch keine Revisionserstreckung nach § 357 StPO statt, wenn ein erwachsener Mitangeklagter erfolgreich Revision einlegt, vgl. *BGH* NStZ 2006, 649 ff.

[29] *Krause* Rn. 48.

Landgericht das Verfahren in der Hauptverhandlung wegen eines Prozesshindernisses unter Verstoß gegen § 260 Abs. 3 StPO durch Beschluss eingestellt, so ist nicht Beschwerde, sondern Revision einzulegen.

§ 335 Abs. 1 StPO sieht ferner die Möglichkeit der **„Sprungrevision"** für solche 446
Urteile vor, gegen welche die Berufung nach § 312 StPO zulässig ist; auch Urteile des Amtsgerichts (Strafrichter und Schöffengericht [§§ 24, 25, 28 GVG]) können so (bei Überspringen einer möglichen zweiten Tatsacheninstanz) auf reine Rechtsfehler überprüft werden, was sich in den Fällen anbietet, in denen allein die Verletzung des formellen oder materiellen Rechts zu rügen ist. Im Rahmen der Statthaftigkeit einer (Sprung-)Revision gegen ein Urteil, welches mehreren Beteiligten ein Anfechtungsrecht gibt, von denen der eine das Rechtsmittel der Berufung und der andere das der Revision gewählt hat, ist die Besonderheit des § 335 Abs. 3 Satz 1 StPO zu beachten: Danach wird auch die Revision als Berufung behandelt, solange sich die Berufung nicht durch Zurücknahme oder Verwerfung erledigt hat.[30] Da die Revision von § 335 Abs. 1 Satz 1 StPO lediglich suspendiert wird, ist auch die als Berufung zu behandelnde Revision ordnungsgemäß zu begründen (§ 335 Abs. 1 Satz 2 StPO), damit diese dann nicht gegebenenfalls nach § 349 Abs. 1 StPO als unzulässig verworfen werden kann. Schon bei der Statthaftigkeitsprüfung können sich einmal Fragen in Bezug auf den **Übergang zu einem anderen Rechtsmittel** stellen. Grundsätzlich gilt dabei, dass der Beschwerdeführer nicht von vornherein an ein schon eingelegtes Rechtsmittel gebunden ist. So kann von einer bereits eingelegten Berufung in dem von § 345 Abs. 1 StPO markierten zeitlichen Rahmen (Ablauf der Revisionsbegründungsfrist) zu einer Revision übergegangen werden.[31]

Schwierigkeiten ergeben sich bei der Statthaftigkeit der (Sprung-)Revision, wenn die 447
(übersprungene) **Berufung** nach § 313 Abs. 1 StPO **annahmebedürftig** ist bzw. wäre.[32] Hier ist zunächst weitgehend anerkannt, dass eine Revision dann unzulässig ist, wenn der Rechtsmittelführer zunächst Berufung eingelegt hat und diese vom Berufungsgericht nach den §§ 313, 322a StPO nicht angenommen worden ist.[33] Dagegen wird es nicht einheitlich beurteilt, ob vor der Einlegung einer Sprungrevision zunächst (Annahme-)Berufung eingelegt werden muss. Ein Teil der (nicht höchstrichterlichen) Rechtsprechung geht davon aus, dass bei einer Sprungrevision nicht zunächst über die Annahmeberufung zu entscheiden ist, da der Gesetzgeber mit der Einführung der Annahmeberufung nur dieses Rechtsmittel und nicht die Revision beschränken wollte.[34] Demgegenüber wird eingewandt, dass die Annahme der Berufung Zulässigkeitsvoraussetzung für die Sprungrevision ist; ansonsten habe es der Rechtsmittelgegner etwa in der Hand, durch Einlegung einer Berufung, aus einer annahmefreien Sprungrevision, eine annahmepflichtige Berufung zu machen.[35] Wird die Entscheidung über die Annahme der Berufung als notwendige Voraussetzung gesehen, muss der Rechtsmittelführer zunächst Berufung einlegen und nach deren Annahme zur Revision übergehen; da deren Einlegungsfrist hier in aller Regel

---

[30] In der Examensklausur wird sich die Berufung in der Regel aber zwischenzeitlich durch Zurücknahme oder Verwerfung erledigt haben, damit die revisionsrechtliche Aufgabe bearbeitet werden kann. In der Klausur empfiehlt es sich gleichwohl, die Sperrwirkung des § 335 Abs. 3 Satz 1 StPO kurz darzustellen, um dem Korrektor das Erkennen dieses prozessualen Zusammenhangs deutlich zu machen; vgl. auch *Russack* Rn. 15.

[31] BGHSt 5, 338 (340); *Brößler/Kunnes* Rn. 15.

[32] Dazu *Meyer-Goßner/Schmitt* StPO § 335 Rn. 21 ff. mit weiteren Nachweisen; *Russack* Rn. 16.

[33] *Krause* Rn. 50a.

[34] *OLG Karlsruhe* NStZ 1995, 562; *OLG Zweibrücken* StV 1994, 119.

[35] *Meyer-Goßner* NStZ 1998, 19 (22).

abgelaufen ist, muss die Erklärung des Übergangs mit einem Wiedereinsetzungsantrag verbunden werden.[36] In der Examensklausur sollte dieses Problem – nicht zuletzt aus diesem Grunde – nicht überbewertet werden und schon aus klausurtaktischen Gründen das Erfordernis der Durchführung einer Annahmeberufung vor Einlegung der Sprungrevision abgelehnt werden.

B. Anfechtungsberechtigung

448 Die Anfechtungsberechtigung ergibt sich vor allem aus den §§ 296 ff. StPO. Danach können der Beschuldigte (§ 296 Abs. 1 StPO) sowie – nicht gegen dessen ausdrücklichen Willen – sein Verteidiger (§ 297 StPO, und zwar aus eigenem Recht und im eigenen Namen und ohne dass er zum Nachweis seiner Berechtigung eine Vollmacht vorlegen muss[37]), ferner der gesetzliche Vertreter des Beschuldigten (§ 298 StPO) und (auch zu Gunsten des Beschuldigten) die Staatsanwaltschaft (§ 296 Abs. 2 StPO) das statthafte Rechtsmittel einlegen. Für den Neben- und Privatkläger ergeben sich die Anfechtungsberechtigungen aus § 401 Abs. 1 bzw. § 390 Abs. 1, 2 StPO. Dieser Punkt der Zulässigkeit ist in der Klausur in den meisten Fällen nur in gebotener Kürze im Urteilsstil anzusprechen.

C. Beschwer

449 In einem nachfolgenden (grundsätzlich ebenfalls sehr knapp zu haltenden) Prüfungspunkt („Beschwer") ist zu erörtern, ob das ergangene Urteil die rechtlichen Interessen des generell Anfechtungsberechtigten überhaupt beeinträchtigt. Zu betonen ist in dieser Hinsicht eingangs, dass es sich bei der „Beschwer" um eine allgemeine Voraussetzung der Revision handelt. Zu fragen ist hier allein danach, ob der Ausspruch des Urteils für den Rechtsmittelführer eine nachteilige Entscheidung darstellt. Noch nicht bei diesem Prüfungspunkt zu erörtern ist demnach die Frage, ob der Verurteilte durch die konkrete Verletzung der Rechtsnorm (etwa einer fehlenden Belehrung des Zeugen nach § 55 Abs. 2 StPO) auch in dem weiteren Sinne „beschwert" ist, dass er die Revision auf eben diesen Verstoß „stützen" darf.[38] Letzterer Gesichtspunkt mag zwar (etwa bei Heranziehung eines aus § 42 Abs. 2 VwGO abzuleitenden allgemeinen Rechtsgedankens) bereits die Zulässigkeit der Revision (in Bezug auf die Erfordernisse der Anbringung der Verfahrensrüge) berühren,[39] kann in der Klausur aber sinnhaft nur im Rahmen der Begründetheitsprüfung angesprochen werden, da die Verletzung des Gesetzes erst dort festgestellt werden kann.[40]

450 Der **Beschuldigte** (aus dessen Perspektive die Klausurbearbeitung in aller Regel anzufertigen sein wird) ist durch **jede für ihn nachteilige Entscheidung** „beschwert".[41] Die Nachteiligkeit hat sich dabei allein aus der **Urteilsformel** zu ergeben,[42] etwaige empfundene Belastungen aus den Urteilsgründen reichen nicht aus. So kann ein freisprechendes Urteil, das angesichts des Vorliegens der Voraussetzungen fehlender Schuldfähigkeit die Tatbestandsmäßigkeit des Verhaltens offen gelas-

---

[36] *Meyer-Goßner/Schmitt* StPO § 335 Rn. 21.

[37] Vgl. *Meyer-Goßner/Schmitt* StPO § 297 Rn. 2; *Russack* Rn. 19.

[38] S. aber *Stülpnagel* JA 2004, 231 (233).

[39] *Meyer-Goßner/Schmitt* StPO § 337 Rn. 18.

[40] Auch in der Rechtsprechung wird diese Frage im Übrigen erst im Rahmen der Begründetheit angesprochen (s. etwa BGHSt 11, 213 [214]); s. auch *Krause* Rn. 99.

[41] *Meyer-Goßner/Schmitt* StPO Vor § 296 Rn. 12; *Kroiß* S. 5; *Krause* Rn. 66 ff.; *Dahs* Rn. 31 f.; *Russack* Rn. 21.

[42] BGHSt 7, 153 (153); BGHSt 13, 75 (77); KK-StPO/*Paul* Vor § 296 Rn. 5a.

sen hat oder wegen Nichterweislichkeit der Tatbeteiligung ergangen ist, nicht mit der Begründung angefochten werden, das Gericht hätte die Nichtverwirklichung des Tatbestands feststellen müssen oder man begehre einen reinwaschenden „Freispruch erster Klasse“.[43] Vergleichbares gilt für Einstellungsurteile nach § 260 Abs. 3 StPO wegen eines Verfahrenshindernisses (etwa bei Eintritt der Verfolgungsverjährung); eine Ausnahme (Beschwer wegen eines „Anspruchs auf freisprechendes Urteil“) wird hier freilich anzunehmen sein, wenn die Sache bei Eintritt oder Feststellung des Verfahrenshindernisses bereits „freispruchreif“ war, das Gericht aber dennoch eingestellt hat.[44]

Die anfechtungsberechtigte **Staatsanwaltschaft** ist in ihrer Rolle[45] als „Hüterin des Rechts“ **stets „beschwert“**, wenn sie die Verletzung des Gesetzes rügt; dies gilt selbst dann, wenn das Urteil dem Antrag des Sitzungsvertreters entspricht.[46] Die Revisionseinlegung zu Gunsten des Beschuldigten (§ 296 Abs. 2 StPO) setzt – selbstverständlich – voraus, dass dieser im obigen Sinne (also durch die Urteilsformel) beschwert ist.[47] 451

Speziell bei der Revisionseinlegung durch einen **Nebenkläger** ist darauf zu achten, dass dieser hierzu nur berechtigt ist, soweit er durch das angefochtene Urteil gerade in seiner Stellung **als Nebenkläger beschwert** ist; so kann der Nebenkläger nach § 400 Abs. 1 Halbsatz 2 StPO eine Revision nur gründen auf die Fehlerhaftigkeit des Schuldspruchs **wegen eines Nebenklagedelikts.** Er kann das Urteil nach § 400 Abs. 1 Halbsatz 1 StPO jedoch auch insoweit nicht mit dem Ziel der Verhängung einer **anderen Rechtsfolge** anfechten; insbesondere aus dem vom Nebenkläger als zu milde empfundenen Rechtsfolgenausspruch kann sich seine Beschwer also nicht ergeben.[48] Vielmehr ist erforderlich, dass die **Rechtsvorschrift über ein Nebenklagedelikt verletzt** ist: Im praktischen Regelfall wird der Nebenkläger rügen, dass der Angeklagte insoweit zu Unrecht freigesprochen oder das Nebenklagedelikt – wenn auch ohne förmlichen Freispruch – nicht in den Schuldspruch aufgenommen worden ist.[49] 452

Der Nebenkläger büßt nach der Rechtsprechung sein Recht, sich der öffentlichen Klage anzuschließen (§ 395 StPO), nicht etwa dadurch ein, dass er instanzgerichtlich den **Freispruch des Angeklagten** anstrebt; dem stehe weder der Wortlaut des § 395 Abs. 1 StPO entgegen, der keine spezielle Zielrichtung verlange, noch ergebe die Systematik die Verpflichtung des Nebenklägers, die auf eine Verurteilung zielende Anklage zu vertreten.[50] Dieses Verständnis hat die logische Folge, dass ein Nebenkläger jedenfalls grundsätzlich auch eine **Revision** (als ein durch eine fehlerhafte Anwendung eines ihn schützenden Strafgesetzes „Beschwerter“) mit dem Ziel führen darf, dass der Verurteilte (jedenfalls vom Nebenklagedelikt) freizusprechen ist. Insoweit ist aber stets zu beachten, dass das Revisionsziel die Grenzen des § 400 453

---

43 Sehr lesenswert dazu: BGHSt 16, 374 (378); s. auch *OLG Frankfurt a. M.* NStZ-RR 2010, 342; anders, falls die Gründe eine Verletzung des Art. 1 oder 2 GG enthalten (BVerfGE 6, 7 und *EGMR* StV 2016, 1).

44 Dazu BGHSt 20, 333, (335); s. auch *Meyer-Goßner/Schmitt* StPO § 260 Rn. 44 ff. und Vor § 296 Rn. 14.

45 Dazu *Meyer-Goßner/Schmitt* StPO Einl. Rn. 87 ff.; *Haller/Conzen* Rn. 844; *Beulke* Rn. 79 ff.; *Roxin/Schünemann* § 9 Rn. 1 ff.

46 *Brößler/Kunnes* Rn. 18; *Kroiß* S. 6; *Russack* Rn. 21; *Meyer/Goßner/Schmitt* StPO Vor § 296 Rn. 16.

47 *OLG Koblenz* NJW 1982, 1770 (1771).

48 Ebenso *Russack* Rn. 23.

49 *Meyer-Goßner/Schmitt* StPO § 400 Rn. 4.

50 *BGH* NStZ 2020, 745 f. (auch für das grundlegende Verständnis, daher sehr lesenswert!).

StPO nicht überschreiten darf, was etwa der Fall ist, wenn neben einem Freispruch auch eine Maßregel angestrebt wird.[51]

D. Kein Rechtsmittelverzicht

454 Der Zulässigkeit der Revision kann des Weiteren ein bereits erklärter Rechtsmittelverzicht entgegenstehen. Die Möglichkeit des Verzichts auf ein Rechtsmittel ergibt sich aus § 302 Abs. 1 Satz 1 StPO. Hinsichtlich der Form gelten die gleichen Grundsätze, die auch für die Rücknahme eines Rechtsmittels anzuwenden sind.[52] Ein Verzicht kann (was in der Praxis sehr häufig vorkommt) auch im Anschluss an eine Hauptverhandlung zu Protokoll erklärt werden.[53] Eine Revision ist als unzulässig zu verwerfen, soweit ein **wirksamer Verzicht** erklärt wurde.[54] Gerade die Frage der Wirksamkeit eines Rechtsmittelverzichts kann in einer Klausur einmal von Bedeutung sein. Die Fallgestaltungen sind dabei vielfältig.[55] Neben – selten vorliegenden – schweren Willensmängeln und – wohl noch selteneren – Fällen verbotener Maßnahmen nach § 136a StPO[56] können unzulässige Absprachen („Deal im Strafverfahren")[57] Anlass dazu geben, die Wirksamkeit eines Rechtsmittelverzichts in Frage zu stellen.[58] So hat der *Bundesgerichtshof* nicht nur festgestellt,[59] dass das Gericht im Rahmen einer Urteilsabsprache an der Erörterung eines Rechtsmittelverzichts nicht mitwirken und auf einen solchen Verzicht nicht hinwirken darf, sondern dies auch durch die Verpflichtung des Instanzgerichts besonders hervorgehoben, bei jeder Urteilsabsprache dem Betroffenen über die allgemeine Rechtsmittelbelehrung des § 35a StPO hinaus „stets auch eine qualifizierte Belehrung über seine fortbestehende Rechtsmittelbefugnis zu erteilen".[60] Inzwischen ist die Verständigung durch § 257c StPO auch gesetzlich geregelt.[61] Zudem ist das Verbot eines Rechtsmittelverzichts für Fälle der Verständigung ausdrücklich in § 302 Abs. 1 Satz 2 StPO normiert.

E. Frist und Form der Einlegung und Begründung der Revision

455 Wie § 349 Abs. 1 StPO zeigt, ist die Revision nur zulässig, wenn deren Einlegung den Anforderungen des § 341 StPO und deren Begründung denjenigen der §§ 344 und 345 StPO genügt.

Die Bearbeitenden befinden sich hier in einem gewissen Dilemma: Sie wissen einerseits, dass es sich gerade bei den Formerfordernissen in Bezug auf die revisionsrecht-

---

51 So *BGH* BeckRS 2021, 4452 Rn. 1.

52 *Meyer-Goßner/Schmitt* StPO § 302 Rn. 18.

53 Im Unterschied zur Erklärung, das Rechtsmittel einzulegen, wird die Erklärung, auf dieses zu verzichten, nicht als gegen die „Würde des Gerichtes" verstoßend angesehen (s. *Meyer-Goßner/Schmitt* StPO Einl. Rn. 137).

54 *Meyer-Goßner/Schmitt* StPO § 302 Rn. 4 und 26 mit weiteren Nachweisen; *Russack* Rn. 73.

55 *Russack* Rn. 74 f.; vgl. auch *Bischoff* JuS 2018, 670 ff.

56 Zur Unwirksamkeit des Rechtsmittelverzichts aufgrund einer Drohung mit Haft als verbotene Methode gemäß § 136a Abs. 1 Satz 3 StPO vgl. *BGH* NStZ 2005, 279 (280).

57 Einen ersten Einblick gewährt *Meyer-Goßner/Schmitt* StPO Einl. Rn. 119 ff.; sehr lesenswert zur Entwicklung betreffend Absprachen im Strafprozess – Wirksamkeit eines Rechtsmittelverzichts ist *BGH* NJW 2005, 1440 ff.; dazu kritisch *Saliger* JuS 2006, 8 ff.; s. auch *Meyer-Goßner* NStZ 2007, 425 ff. und *Fischer* NStZ 2007, 433ff; beachte auch *BGH* NJW 2007, 1829 zur Unwirksamkeit eines Verzichts auf Rechtsmittelbelehrung bei Urteilsabsprache.

58 Weitere Beispiele bei *Meyer-Goßner/Schmitt* StPO § 302 Rn. 23 mit weiteren Nachweisen.

59 BGHSt 50, 40 ff. (lesen!).

60 BGHSt 50, 40 (61).

61 Zu den damit einhergehenden Besonderheiten in der Klausur s. die ausführliche Darstellung bei *Rössner/Safferling* 12. Problem. Zur aktuellen Rechtsprechung s. die Übersicht bei *Moldenhauer/Wenske* JA 2019, 698 ff.

lich gebotene Anbringung der „Verfahrensrüge" und der „Sachrüge" um die in der Praxis wesentlichen Zulässigkeitshürden handelt, andererseits aber auch, dass es in der Prozessstation überhaupt noch nicht möglich ist, sinnvolle Erwägungen zu den Anforderungen des § 344 Abs. 2 StPO anzustellen, da die „Verletzung einer Rechtsnorm über das Verfahren" oder „einer anderen Rechtsnorm" erst im Rahmen der nachfolgenden Sachstation erörtert wird; auch das absatzlange Darlegen der Zulässigkeitsfrage, bei welchem Gericht und in welcher Form die Revision einzulegen ist, wirkt sehr „kopflastig", wenn – bei noch nicht eingelegter Revision – später zu dem Ergebnis gelangt wird, dass die Revision unbegründet, deren Einlegung mithin nicht zweckmäßig wäre. Diese (auch den Prüfern bekannten) Schwierigkeiten lassen sich nur dadurch lösen, dass im Rahmen der Zulässigkeit nur eine Vorprüfung im Sinne des § 346 Abs. 1 StPO vorgenommen wird, sich die Frage nach der Zulässigkeit also in den Erörterungen erschöpft, dass die Revision innerhalb der Frist und in der Form des § 341 StPO eingelegt werden kann (bzw. eingelegt worden ist) sowie in der Frist des § 345 Abs. 1 StPO begründet werden kann und in der Form des § 345 Abs. 2 StPO anzubringen ist.

Ein besonderes Augenmerk ist danach stets auf die (noch mögliche) **fristgemäße** 456
Einlegung der Revision zu richten. Die Revision ist nach § 341 Abs. 1 StPO rechtzeitig nur eingelegt, wenn sie binnen einer Woche nach Verkündung des Urteils (§ 268 Abs. 2 StPO) angebracht wird. Nach § 341 Abs. 2 StPO beginnt der Lauf der Frist erst ab der Zustellung des Urteils, wenn die Urteilsverkündung in Abwesenheit des Angeklagten (etwa im Rahmen des § 231 Abs. 2 StPO) stattgefunden hat. Für die Berechnung der Fristen ist § 43 StPO maßgeblich.[62] Hinsichtlich der Form der Revisionseinlegung macht § 341 Abs. 1 StPO ebenfalls Vorgaben: So ist die Revision schriftlich (also auch per Telefax, Computerfax oder Telegramm[63]) oder zu Protokoll der Geschäftsstelle einzulegen; hingegen ist das telefonische Anbringen nicht zulässig. Anwaltszwang besteht bei der Einlegung der Revision nicht. Bei noch nicht eingelegter Revision können die vorgenannten Punkte in aller Regel mit einem Satz abgehandelt werden:

„Da vom Bearbeitungszeitpunkt des 23. November 2021 auszugehen ist, kann gegen das am 18. November 2021 ergangene Urteil des Landgerichts Traunstein nach Maßgabe des § 341 Abs. 1 StPO noch Revision eingelegt werden."

Erörterungen zur Form sollten in diesem einfachen Fall der Zweckmäßigkeitsprüfung vorbehalten bleiben.

Notwendig kann eine etwas breitere rechtliche Würdigung aber etwa dann sein, 457
wenn die Einlegungsfrist zum Zeitpunkt der Bearbeitung bereits verstrichen ist und es für die Zulässigkeit einer (bereits eingelegten) Revision entscheidend darauf ankommt, ob diese **Rechtsmittelerklärung frist- und formgemäß erfolgt ist.** Hier kann die (im Klausurergebnis wiederum sehr wahrscheinliche) Wahrung der Frist des § 341 Abs. 1 StPO etwa einmal anzusprechen sein, wenn die Revision beim (insoweit unzuständigen) Rechtsmittelgericht eingelegt worden ist und festzustellen ist, ob sie dem „Gericht, dessen Urteil angefochten wird" noch innerhalb der Frist zugegangen ist.[64] Erörterungen sind etwa auch dann geboten, wenn die Revision im Anschluss an die Hauptverhandlung zu Protokoll gegeben und in das Hauptver-

---

[62] Ausführlich zur Fristberechnung (anhand eines Fallbeispiels) *Russack* Rn. 38 ff. (Beispiele zur Fristberechnung finden sich bei *Brößler/Kunnes* Rn. 23 und *Kock/Neumann* Bd. 2 S. 117.

[63] Zu den möglichen Einlegungsformen s. *Meyer-Goßner/Schmitt* StPO Einl. Rn. 124 ff.; zu den einschlägigen Klausurfällen s. *Russack* Rn. 35 f.

[64] *Meyer-Goßner/Schmitt* StPO Vor § 42 Rn. 16.

handlungsprotokoll aufgenommen wurde. Da hiermit eine schriftliche Einlegung nicht gegeben ist,[65] fragt sich, ob eine wirksame Einlegung zu Protokoll der Geschäftsstelle anzunehmen ist. Zwar wird hier teilweise vertreten, dass die Entgegennahme der Rechtsmittelerklärung gegen die „Würde des Gerichts" verstößt,[66] jedoch besteht weitgehend Einigkeit, dass dem Beschuldigten – bei erfolgter Protokollierung – keine nachteiligen Folgen erwachsen sollen.[67] Allerdings sollte hier in der Klausur – kurz, aber problembewusst – darauf hingewiesen werden, dass für die Aufnahme der Revision zu Protokoll der Geschäftsstelle (§ 341 Abs. 1 StPO) nach § 24 Abs. 1 Nr. 1 lit. b RPflG der Rechtspfleger zuständig ist, das Protokoll der Hauptverhandlung aber gemäß § 271 Abs. 1 Satz 1 StPO vom Vorsitzenden und vom Urkundsbeamten der Geschäftsstelle geführt wird, der – wie §§ 26 und 8 Abs. 5 RPflG zeigen – mit dem Rechtspfleger nicht identisch ist. Zu beachten ist hier aber § 8 Abs. 1 RPflG: Danach ist ein dem Rechtspfleger zugewiesenes Geschäft auch dann wirksam, wenn es von einem Richter wahrgenommen wird. Da nach § 271 Abs. 1 StPO das Hauptverhandlungsprotokoll (auch) von einem Richter geführt und unterschrieben wird, lässt sich über § 8 Abs. 1 RPflG somit die Wirksamkeit der Revisionseinlegung (und damit die Fristwahrung) begründen.

458 Sollte der (in der Klausur gelegentlich vorkommende) Fall gegeben sein, dass die **Revisionsfrist verstrichen ist**, können sich aus der Akte durchaus auch einmal Umstände ergeben, welche die Möglichkeit einer **Wiedereinsetzung in den vorigen Stand** nach den §§ 44 ff. StPO tragen. Bei der Prüfung einer Wiedereinsetzung in den vorigen Stand empfiehlt es sich, im Aufbau zwischen deren **Zulässigkeit** und Begründetheit zu differenzieren. In der Zulässigkeitsstation ist die Antragstellung innerhalb einer Woche nach Beseitigung des Hindernisses zu erörtern (§ 45 Abs. 1 StPO), die Nachholung der Revisionseinlegung (oder -begründung) innerhalb derselben Frist (§ 45 Abs. 2 Satz 2 StPO) sowie die Glaubhaftmachung der Tatsachen zur Begründung des Antrags (§ 45 Abs. 2 Satz 1 StPO). Die den Antrag begründenden Tatsachen können etwa durch Vorlage von Urkunden oder eidesstattliche Versicherungen glaubhaft gemacht werden, wobei jedoch diejenige des Angeklagten ausscheidet.[68] Innerhalb der **Begründetheit** ist zu prüfen, ob der Anfechtungsberechtigte die Frist unverschuldet versäumt hat (§ 44 Satz 1 StPO). Im Gegensatz zum Zivilprozess (§ 85 Abs. 2 ZPO) findet eine Zurechnung fremden Verschuldens nicht statt, so dass die Fristversäumung durch den Verteidiger oder dessen Angestellte unschädlich ist. Allerdings ist in der entsprechenden Klausurkonstellation zu beachten, dass ein die Wiedereinsetzung ausschließendes eigenes (Mit-)Verschulden des Angeklagten darin liegen kann, dass ihm aufgrund besonderer Umstände eine mögliche Fristversäumung durch den Verteidiger oder dessen Angestellte erkennbar war.

Je nach der Lage des Aktenstücks kann in der Klausur auch einmal die Besonderheit des § 45 Abs. 2 Satz 3 StPO zu erblicken sein. Danach kann Wiedereinsetzung bei Vorliegen entsprechender Anhaltspunkte auch ohne Antrag von Amts wegen gewährt werden, wenn etwa anhand des Poststempels zu erkennen ist, dass ein Schriftstück rechtzeitig zur Post gebracht wurde, die Fristversäumung also nicht dem Angeklagten anzulasten ist.[69]

459 Eine weitere Zulässigkeitsvoraussetzung legen die §§ 344 und 345 StPO nieder – die ordnungsgemäße, d. h. insbesondere frist- und formgerechte Begründung der Revisi-

---

[65] BGHSt 31, 109 (112).
[66] S. die Nachweise bei *Meyer-Goßner/Schmitt* StPO Einl. Rn. 137.
[67] Vgl. *Meyer-Goßner/Schmitt* StPO § 341 Rn. 7; s. auch *Russack* Rn. 31 f.
[68] *Meyer-Goßner/Schmitt* StPO § 26 Rn. 8.
[69] Klausurbeispiel bei *Russack* Rn. 49.

on. Von besonderer Bedeutung sind in der Praxis die Formanforderungen der §§ 344, 345 Abs. 2 StPO – die Begründungsschrift muss vom Verteidiger bzw. einem Rechtsanwalt unterschrieben sein (§ 345 Abs. 2 StPO), sie muss den Umfang der Anfechtung des Urteils angeben (Revisionsantrag, § 344 Abs. 1 StPO). Schließlich muss sie mindestens eine zulässige Rüge (Verfahrensrüge bzw. Sachrüge) enthalten (§ 344 Abs. 2 Satz 1 StPO). Dabei werden hinsichtlich der Verfahrensrüge sehr hohe Anforderungen an die Darlegung der Verfahrenstatsachen (vgl. § 344 Abs. 2 Satz 2 StPO) gestellt, die in der Praxis den Schwerpunkt der Prüfung ausmachen.

In der Klausursituation wird meist keine Revisionsbegründung vorliegen, die insoweit überprüft werden könnte; vielmehr soll diese gerade vorbereitet werden. Ist die Revision nach der Klausuraufgabe noch nicht eingelegt, dürfte daher der bloße Hinweis genügen, dass die Revision nach ihrer Einlegung (und der Zustellung des Urteils, vgl. § 345 Abs. 1 S. 2 StPO) noch innerhalb der Frist des § 345 Abs. 1 StPO und in der Form der §§ 344, 345 Abs. 2 StPO begründet werden kann. 460

Ist hingegen die Revision bereits eingelegt, ist jedenfalls zu prüfen, ob die **Revisionsbegründungsfrist** des § 345 Abs. 1 StPO noch eingehalten werden kann. Diese ergibt sich in der großen Mehrzahl der Fälle in der Klausur wie in der Praxis aus § 345 Abs. 1 S. 2 StPO und beträgt **einen Monat ab Zustellung des Urteils.** Dabei muss die Zustellung, um die Frist in Gang zu setzen, auch wirksam sein. Ist im Klausurfall also die Revisionsbegründungsfrist anscheinend abgelaufen, sollte zunächst die Wirksamkeit der Zustellung nach den §§ 36 ff. StPO geprüft werden[70]. Daneben ist nach § 273 Abs. 4 StPO eine Zustellung des Urteils unwirksam, die bewirkt wird, bevor das Hauptverhandlungsprotokoll fertig gestellt ist.[71] Das Protokoll ist etwa auch dann nicht fertig gestellt, wenn der Vorsitzende darin handschriftliche Änderungen eingefügt hat, die der Urkundsbeamte nicht ausdrücklich genehmigt hat.[72] Erst wenn man auch nach Überprüfung der Zustellung zu dem Ergebnis kommt, dass die Begründungsfrist abgelaufen ist, sollte man einen Wiedereinsetzungsantrag in Betracht ziehen. 461

Kommt man damit (wie in aller Regel) zu dem Ergebnis, dass die Revision noch fristgerecht begründet werden kann, kann man kurz darlegen, dass dabei die Form der §§ 344, 345 Abs. 2 StPO einzuhalten ist. 462

§ 2. Die Begründetheit der Revision

Sind die Zulässigkeitsvoraussetzungen gegeben, fragt sich, ob die Revision auch begründet ist. 463

Hinsichtlich des **Aufbaus** der Begründetheit wird zumeist vorgeschlagen, die Prüfung – die §§ 338 und 337 StPO vor Augen – in „absolute" und „relative" Revisionsgründe zu gliedern.[73] Die Systematik des § 337 StPO legt dagegen einen anderen Aufbau nahe:

Ganz unabhängig von der „Qualität" des Revisionsgrundes ist danach – in einer ersten Stufe – zunächst die (jeweilige) „Verletzung des Gesetzes" festzustellen (mit-

[70] Probleme können sich hinsichtlich einer Zustellung ohne vorherige Anordnung des Vorsitzenden (vgl. *Meyer-Goßner/Schmitt* StPO § 36 Rn. 7; *Russack* Rn. 56) oder bei Ersatzzustellung (vgl. *Meyer-Goßner/Schmitt* StPO § 37 Rn. 6 f.; *Russack* Rn. 58) ergeben.

[71] *Meyer-Goßner/Schmitt* StPO § 273 Rn. 34; *Russack* Rn. 62.

[72] Vgl. BGHSt 37, 287 (288); *Meyer-Goßner/Schmitt* StPO § 271 Rn. 19 ff.; *Russack* Rn. 64.

[73] So etwa *Titz* JA 2002, 65 ff., *Weidemann/Scherf* Rn. 87 und *Kroiß* S. 21 ff. und 29 ff.

hin zu prüfen, ob „eine Rechtsnorm nicht oder nicht richtig angewendet worden ist"); wird eine solche Gesetzesverletzung – wie in der revisionsrechtlichen Klausur wohl stets – festgestellt, ist – auf einer zweiten Stufe – nachrangig zu erörtern, ob das Urteil auf dieser fehlerhaften Anwendung „beruht".

464 Im Hinblick auf die verschiedenen Arten möglicher Gesetzesverletzungen auf der ersten Prüfungsstufe hat sich danach folgende Reihenfolge bewährt: Zunächst sind etwaige Fehler in Bezug auf die von Amts wegen zu prüfenden Voraussetzungen darzustellen (A.). Sodann erfolgt eine Prüfung des Verfahrens (**„Verfahrensrüge"** [B.]), die (chronologisch) in die einzelnen Verfahrensstadien gegliedert werden sollte, und zuletzt eine Auseinandersetzung mit der Anwendung des materiellen Rechts (**„Sachrüge"** [C.]). Soweit eine Gesetzesverletzung – gleich welcher Art – festzustellen war, haben sich – jeweils im unmittelbaren Anschluss – Ausführungen zum Beruhen des Urteils auf eben dieser Verletzung anzuschließen. Vorteil dieses Aufbaus ist, dass der Dreh- und Angelpunkt der Revision, die Überprüfung von Gesetzesverletzungen, in den Vordergrund gestellt wird. Ferner wird den §§ 345, 337, 338 StPO (Rügeart und Beruhensprüfung) die Rolle im Gutachten eingeräumt, die ihnen vom Gesetz zugedacht ist. Darüber hinaus hat dieser Aufbau den Vorteil, dass die Strafprozessordnung als Gedankenstütze fungieren kann. Entsprechend dem Programm des Gesetzes (wie der Gliederung in Verfahrensstadien, den Gang der Hauptverhandlung etc.) kann die Aufteilung innerhalb des Gutachtens vorgenommen werden.

So stimmig dieser Aufbau in sich ist, birgt er allerdings die Gefahr, von Korrektoren, die möglicherweise selbst eine strikte Trennung in „absolute" und „relative" Revisionsgründe verinnerlicht haben, nicht anerkannt zu werden. Insoweit sollte sich den Gepflogenheiten des Prüfungsbezirks, die durch den jeweiligen Arbeitsgemeinschaftsleiter in Erfahrung gebracht werden können, angepasst werden. Wird danach die Trennung in „absolute" und „relative" Revisionsgründe vorgezogen, ist aber im Folgenden deutlich zu machen, dass die Systematik der §§ 337, 338 StPO verinnerlicht wurde: In der Prüfung des jeweiligen Revisionsgrundes ist zunächst die Verletzung einer Verfahrensnorm[74] festzustellen, erst in der Beruhensprüfung wird § 338 StPO relevant.

465 Soweit die Klausur in einem Bundesland bearbeitet wird, in dem die Benutzung von Kommentaren zugelassen ist, sei an dieser Stelle auf ein Hilfsmittel hingewiesen: In jeder Kommentierung einer Vorschrift finden sich am Ende jeweils Anmerkungen, welche die revisionsrechtliche Bedeutung erläutern.

A. Von Amts wegen zu beachtende Voraussetzungen des Strafverfahrens

466 Am Anfang der Begründetheitsprüfung ist der Frage nachzugehen, ob in diesem bestimmten Fall die Bedingungen dafür gegeben sind, dass vor diesem (Tatsachen-) Gericht und unter Mitwirkung dieser Verfahrensbeteiligten zu einem Sachurteil gelangt wurde. Diese Bedingungen, die als **„Prozessvoraussetzungen"** bezeichnet werden, sind (da es sich um eine Prüfung der allgemeinen Zulässigkeit des Sachurteils – nicht: der Revision! – handelt) von Amts wegen festzustellen. Dies bedeutet nichts anderes, als dass diese nicht – nur – auf die ausdrückliche Rüge, sondern **stets zu überprüfen** sind (wenn die Revision zulässig eingelegt worden ist). Auch wenn in diesem Zusammenhang in der strafprozessualen Literatur durchaus feinsinnig

---

[74] Wichtig hierbei ist, dass gerade kein Verstoß gegen § 338 StPO vorliegt. Hat man etwa den Revisionsgrund des § 338 Nr. 5 StPO im Blick, ist die verletzte Norm nicht dieser, sondern etwa § 230 StPO.

unterschieden wird zwischen dem Fehlen der Voraussetzungen, dass das Verfahren überhaupt vor diesem Gericht durchgeführt werden durfte („Befassungsverbot"), und den Umständen, die der Bestrafung des Angeklagten durch das – an sich zulässig mit der Sache befasste Gericht – entgegenstehen („Bestrafungsverbot"),[75] haben beide Gesichtspunkte eines gemein: Das Sachurteil hätte nicht ergehen dürfen, da ein „Verfahrenshindernis" gegeben war, das zur Einstellung des Verfahrens nach § 260 Abs. 3 StPO („Prozessurteil") hätte führen müssen.

Zu den hier nur im Überblick zu nennenden – von Amts wegen zu beachtenden – Verfahrenshindernissen gehören vor allem: Die Strafunmündigkeit des Angeklagten, die sachliche[76] Unzuständigkeit des Gerichts, die fehlende bzw. unwirksame Anklage und der fehlende bzw. unwirksame (und nicht wirksam nachgeholte) Eröffnungsbeschluss, der Strafklageverbrauch, die anderweitige Rechtshängigkeit, der Eintritt der Verfolgungsverjährung[77], der fehlende Strafantrag bzw. die fehlende Annahme des besonderen öffentlichen Interesses bei Antragsdelikten,[78] die dauerhafte Verhandlungsunfähigkeit und die überlange Verfahrensdauer (möchte man ihr in seltenen Ausnahmefällen die Qualität eines Verfahrenshindernisses zusprechen).[79]

In der Klausur sind die Verfahrensvoraussetzungen, soweit sich kein besonderes Problem stellt, nur kurz anzusprechen. Es dürfte sich insoweit anbieten – auch insoweit der Praxis der Revisionsgerichte folgend – kurz zu prüfen, ob eine (wirksame, d. h. die Tat ausreichend umgrenzende[80]) Anklage sowie ein wirksamer Eröffnungsbeschluss vorliegen[81] und ob zwischen Anklage, Eröffnungsbeschluss und anzugreifendem Urteil Kongruenz besteht, diese also dieselbe prozessuale Tat betreffen. Richtet sich die Revision gegen ein Berufungsurteil, ist auch (zumindest gedanklich) zu prüfen, ob diesem nicht die Rechtskraft des erstinstanzlichen Urteils entgegenstand, ob also die Berufung gegen das erstinstanzliche Urteil wirksam eingelegt worden ist.[82] Stellt man bei der Bearbeitung fest, dass eine Verfahrensvoraussetzung fehlt, kann sich die weitere Prüfung wieder an § 337 StPO orientieren. 467

Ist ein Sachurteil gesprochen, obwohl diesem ein Verfahrenshindernis entgegenstand, ist die Rechtsnorm, die für diesen Fall allein ein Prozessurteil vorsieht, im Sinne des § 337 StPO verletzt worden. Das Sachurteil „beruht" stets auf dieser Gesetzesverletzung, da die Entscheidung bei richtiger Anwendung des Gesetzes (sogar sicher) anders (nämlich in Gestalt eines Einstellungsurteils) ausgefallen wäre. Die Bearbeitung hat dem Korrektor aber in diesem Teil der Klausur deutlich zu machen, dass die Prozessvoraussetzungen von Amts wegen zu prüfen sind, die

[75] S. dazu den Überblick *Meyer-Goßner/Schmitt* StPO Einl. Rn. 142 ff.

[76] Hier erwähnt § 6 StPO *ausdrücklich,* dass es sich bei der sachlichen Zuständigkeit um eine in jeder Lage des Verfahrens „von Amts wegen" zu prüfende Voraussetzung handelt. Nicht im Rahmen der Verfahrensvoraussetzungen, sondern im Rahmen der Verfahrensrüge zu prüfen sind dagegen die örtliche (§ 16 StPO) und die sogenannte funktionale Zuständigkeit (§ 6a StPO), dazu noch → Rn. 468. Vgl. *Russack* Rn. 90; *Meyer-Goßner/Schmitt* StPO § 269 Rn. 8 und § 338 Rn. 32.

[77] Hierzu ausführlich *Russack* Rn. 126 f.

[78] Allerdings sollte der Prüfling im Blick haben, dass das öffentliche Interesse auch noch nachträglich bis zum Abschluss der Revisionsinstanz bejaht werden kann, einer Revision, die sich ausschließlich auf das Fehlen dieser Verfahrensvoraussetzung stützt, also auch im Nachhinein wieder die Grundlage entzogen werden kann; vgl. dazu *Russack* Rn. 100 f.

[79] Weitere Prozesshindernisse finden sich im Überblick bei *Meyer-Goßner/Schmitt* StPO Einl. Rn. 144 ff.

[80] Vgl. *Meyer-Goßner/Schmitt* StPO § 200 Rn. 2, 26.

[81] Zu diesem Problembereich ausführlich *Russack* Rn. 103 f.

[82] Zum Strafklageverbrauch *Russack* Rn. 121 f.

Revision demnach insoweit nicht ausdrücklich (in Form einer [Verfahrens-]Rüge) auf die Gesetzesverletzung „gestützt“ werden muss (wie es § 337 Abs. 1 StPO verlangt).

468 Dass die sachliche Zuständigkeit als Verfahrensvoraussetzung und nicht, wie § 338 Nr. 4 StPO nahe zu legen scheint, im Rahmen der Verfahrensrüge zu prüfen ist, mag für Verwirrung sorgen. Hintergrund hierfür ist, dass die sachliche Zuständigkeit gemäß § 6 StPO vom Gericht in jeder Lage des Verfahrens von Amts wegen zu prüfen ist. § 338 Nr. 4 StPO ist insofern bedeutungslos,[83] hat allerdings Bedeutung hinsichtlich der örtlichen Zuständigkeit (§ 16 StPO) und der sogenannten funktionalen Zuständigkeit besonderer Strafkammern wie etwa des Schwurgerichts (§ 6a StPO). Diese sind im Gegensatz zur sachlichen Zuständigkeit nur bis zur Eröffnung des Hauptverfahrens von Amts wegen, danach nur noch auf ausdrückliche Rüge des Angeklagten zu prüfen (§ 6a Satz 1, 2, § 16 Satz 1, 2 StPO) und damit keine Verfahrensvoraussetzungen in diesem Sinne. Mögliche Fehler in diesem Bereich sind deshalb im Rahmen der Verfahrensrüge zu beanstanden.

Anzumerken ist schließlich, dass die Prüfung der Begründetheit nicht etwa beendet ist, wenn die Bearbeitung zu dem Ergebnis kommt, ein Verfahrenshindernis führe zur Einstellung des Verfahrens. Schon aus klausurtaktischen Gründen kann dieses Vorgehen nicht empfohlen werden. Auch ist zu bedenken, dass das Gericht der Ansicht des Verteidigers, es liege etwa eine unwirksame Anklage vor, nicht zwangsläufig folgen muss. Beschränkt der Verteidiger seine Revision hierauf und erhebt (was naturgemäß in der Praxis kaum vorkommen dürfte) nicht einmal die allgemeine Sachrüge, läuft er Gefahr, das Verfahren für den Mandanten (unter Verletzung seiner anwaltlichen Pflichten) negativ zu gestalten.

B. Die Verletzung einer Rechtsnorm über das Verfahren (Verfahrensrüge)

469 Nach Abhandlung der von Amts wegen zu beachtenden Voraussetzungen ist zu erörtern, ob die Revision darauf gestützt werden kann, dass eine Rechtsnorm „über das Verfahren“ (vgl. § 344 Abs. 2 Satz 1 StPO) verletzt worden ist.

Die **Abgrenzung** zwischen Rechtsnormen des Verfahrens und des sachlichen Rechts ist nicht immer einfach: Die häufig genannte „Faustregel“, zum Verfahrensrecht gehöre die (möglicherweise verletzte) Vorschrift dann, wenn sie den förmlichen Weg beschreibt, auf dem das Gericht zur Urteilsfindung berufen und gelangt ist,[84] sagt – bei Lichte betrachtet – kaum mehr, als dass eine Verletzung von Verfahrensrecht in Rede stehen muss. Etwas mehr Hilfe mag folgende Gedankenstütze bieten: Die für Verfahrensrügen geltenden strengen Darlegungspflichten des § 344 Abs. 2 Satz 2 StPO finden ihre Begründung darin, dass sich Verfahrensfehler dem Revisionsgericht (in aller Regel) nicht bereits aus dem ohne Weiteres ersichtlichen Urteil erschließen, sondern erst aus dem Protokoll über die Hauptverhandlung (§§ 272 ff. StPO) bzw. den Akten (etwa in Bezug auf § 244 Abs. 2 StPO) erkennbar werden. Hieraus lässt sich der jedenfalls für die Klausur durchaus brauchbare Hinweis ableiten, dass sich die Verletzung sachlichen Rechts (grundsätzlich) schon aus dem Text des Urteils ergibt, die Verletzung des Verfahrensrechts aber nur bei Beachtung des Protokolls überhaupt sichtbar wird.[85]

---

[83] *Meyer-Goßner/Schmitt* StPO § 338 Rn. 32.

[84] *Meyer-Goßner/Schmitt* StPO § 337 Rn. 8; allgemein zur Abgrenzung der Sach- von der Verfahrensrüge s. *Barton* JuS 2007, 977 ff.

[85] Ähnlich *Brößler/Kunnes* Rn. 91.

Wenn sich Verfahrensfehler danach (vor allem) aus dem **Protokoll** zu ergeben haben, welches das Revisionsgericht (grundsätzlich) allein auf die ausdrückliche Rüge hin zur Kenntnis nimmt, bedeutet dies umgekehrt, dass die Rüge, das Protokoll sei unrichtig oder widersprüchlich (**„Protokollrüge“**), der Revision nicht zum Erfolg zu verhelfen vermag. Hinsichtlich der für die Hauptverhandlung vorgeschriebenen Förmlichkeiten (die in Klausuraufgaben häufig nicht oder nicht ausreichend beachtet worden sind) wird diese **ausschließliche Beweiskraft** durch **§ 274 StPO** festgeschrieben. Hieraus ergibt sich in positiver Hinsicht, dass eine im Protokoll beurkundete wesentliche Förmlichkeit als geschehen gilt; ist so etwa die Verlesung des Anklagesatzes protokolliert, kann die Rüge selbst dann nicht auf eine unterbliebene Verlesung gestützt werden, wenn der Revisionsführer zahlreiche Zeugen hierfür zu benennen in der Lage ist. In negativer Hinsicht folgt aus der Beweiskraft, dass eine wesentliche Förmlichkeit umgekehrt eben auch als nicht stattgefunden gilt, wenn sie im Protokoll nicht beurkundet worden ist; unabhängig von den tatsächlichen Gegebenheiten ist danach etwa der Anklagesatz nicht verlesen worden, wenn das Protokoll zu dieser wesentlichen Förmlichkeit schweigt.[86] 470

I. Die fehlerhafte Anwendung einer Verfahrensvorschrift durch das Gericht

Da Gegenstand der Revisionsüberprüfung die – vor allem aus dem Protokoll ersichtliche – ordnungsgemäße Anwendung sämtlicher Verfahrensvorschriften ist und sich die Anzahl der denkbaren Klausurprobleme somit – etwas überspitzt formuliert – der Summe der Normen aus der Strafprozessordnung und des sonstigen Verfahrensrechts nähert,[87] kann man natürlich kaum alle möglichen Verfahrensverletzungen kennen. Es empfiehlt sich daher, den durch die Strafprozessordnung vorgesehenen förmlichen Verfahrensablauf mit dem sich (insbesondere) aus dem Hauptverhandlungsprotokoll ergebenden zu vergleichen und kritisch zu durchleuchten. 471

Dabei ist im Ausgangspunkt stets zu beachten, dass die Revision allein auf **Fehler des Gerichts** und vor allem in der Hauptverhandlung zu stützen ist. Zum einen kann nämlich das Urteil auf Fehlern anderer Verfahrensbeteiligter (namentlich von Staatsanwaltschaft und Polizei) niemals „beruhen“, da es allein vom Gericht gesprochen wird.[88] Zum anderen vermögen Gesetzesverletzungen (durch das Gericht) vor der Hauptverhandlung die Revision nur dann zu begründen, wenn sie bis in diese „hineinwirken“, was etwa gegeben sein kann, wenn ein Antrag auf Bestellung eines Pflichtverteidigers nach § 140 Abs. 2 StPO durch den Vorsitzenden abgelehnt worden ist.[89] 472

Diese Beschränkung bedeutet nun keineswegs, dass Gesetzesverletzungen im Vorverfahren keine revisionsrechtliche Bedeutung erlangen können. Anknüpfungspunkt hat nur stets der gerichtliche Verfahrensverstoß zu sein: Ist so etwa durch die Polizei eine verbotene Vernehmungsmethode nach § 136a Abs. 1 StPO angewandt worden, kann die Rüge zwar nicht unmittelbar auf diese Gesetzesverletzung, wohl aber darauf gestützt werden, dass das Gericht den Inhalt der fehlerhaft gewonnenen Aussage (durch Vernehmung der Verhörsperson) entgegen § 136a Abs. 3 Satz 2 473

---

[86] Zur Frage der Beachtlichkeit einer Protokollberichtigung für die Beweiskraft des Protokolls und ihre Auswirkungen auf eine erhobene Revision (sogenannte **„rügeverkümmernde Protokollberichtigung“**) → Rn. 483. *Meyer-Goßner/Schmitt* StPO § 274 Rn. 13 f.; *Russack* Rn. 136.

[87] Eine ausführliche Darstellung der bereits im Examen (in Bayern) behandelten Themenbereiche findet sich bei *Brößler/Kunnes* Rn. 422 ff.

[88] *Brößler/Kunnes* Rn. 170; vgl. auch *Meyer-Goßner/Schmitt* StPO § 337 Rn. 9.

[89] Zur Bedeutung des § 336 StPO im Übrigen s. *Brößler/Kunnes* Rn. 162 ff.

StPO für die Urteilsfindung verwertet hat. Der Fehler des Gerichts liegt darin, dass es einen nicht verwertbaren Umstand zum Nachteil des Angeklagten berücksichtigt und damit gegen § 261 StPO verstoßen hat[90].

474 Aus dem großen Kreis der möglichen Verfahrensfehler sind einige Verstöße gegen (nochmals: in der Regel zu protokollierende!) Förmlichkeiten hervorzuheben. So können etwa in der Hauptverhandlung allgemein Verletzungen des Grundsatzes der Öffentlichkeit bzw. die fehlerhafte Anwendung der diese betreffenden Ausnahmevorschriften (Ausschluss und Beschränkung der Öffentlichkeit)[91] und die Überschreitung der Unterbrechungsfristen des § 229 StPO ebenso zutage treten wie Verstöße gegen gesetzliche Anwesenheitserfordernisse von Verfahrensbeteiligten[92] und der nicht ordnungsgemäße Gang der Hauptverhandlung nach § 243 StPO (wie die Erstreckung der Vernehmung über „persönliche Verhältnisse" [Abs. 2 Satz 2] auf Vorstrafen oder die „Sache", die fehlende Verlesung des Anklagesatzes [Abs. 3 Satz 1] oder der fehlende Hinweis über das Schweigerecht [Abs. 4 Satz 1]) und § 258 StPO (Nichtgewährung oder unzulässige Beschränkung der Schlussvorträge, Nichtgewährung des „letzten Worts" etc.).[93]

475 Eine besondere (Klausur-)Bedeutung kommt darüber hinaus Fehlern im Zusammenhang mit der **Aufnahme und Verwertung der Beweise zu** (wobei freilich die Grenze zur Sachrüge, die [in engen Grenzen] auch die Beweiswürdigung umfasst, zu beachten ist).

476 Der Verfahrensfehler kann hier einmal darin zu sehen sein, dass das Gericht einzelne Beweismittel (insbesondere die in § 245 Abs. 1 Satz 1 StPO genannten „präsenten") überhaupt nicht berücksichtigt hat, obwohl die Beweisaufnahme (§ 244 Abs. 2 StPO) auf diese zu erstrecken war (so kann das Gericht etwa zu Unrecht von einem umfassenden Auskunftsverweigerungsrecht eines Zeugen ausgegangen sein, obwohl dieser nach § 55 StPO allein berechtigt war, einzelne Fragen nicht zu beantworten). Ähnliches gilt, wenn das Gericht rechtsfehlerhaft ein Verbot der Verwertung eines bestimmten Beweises angenommen hat (es wird etwa dadurch die Amtsaufklärungspflicht des § 244 Abs. 2 StPO verkannt, dass aus der fehlenden Belehrung des Zeugen nach § 55 Abs. 2 StPO ein Verwertungsverbot auch für den Angeklagten [dessen „Rechtskreis" nach der höchstrichterlichen Rechtsprechung gerade nicht betroffen ist] abgeleitet wird) oder ansonsten einen Beweis nicht erhoben hat, obwohl sich die Beweiserhebung aufgedrängt hat (bei dieser **„Aufklärungsrüge"** muss der Rechtsmittelführer – möchte er den Anforderungen des § 344 Abs. 2 Satz 2 StPO genügen – die Tatsachen mitteilen, die dieses Aufdrängen erkennbar machen, und verdeutlichen, welches Ergebnis die Beweiserhebung gebracht hätte): Hier bedarf es einer bestimmten Behauptung, eine Darstellung einer Wahrscheinlichkeit genügt nicht; zum einen ist die Tatsache darzulegen, die das Gericht zu ermitteln unterlassen hat, zum anderen das Beweismittel konkret zu benennen.

---

90 *Meyer-Goßner/Schmitt* StPO § 261 Rn. 6.

91 Wobei nach ständiger Rechtsprechung seit BGHSt 10, 202 (206) die unzulässige Erweiterung (etwa die Fernsehübertragung aus dem Gerichtssaal) keinen absoluten Revisionsgrund gemäß § 338 Nr. 6 StPO darstellt, sondern lediglich einen relativen (abweichend *Roxin* NStZ 1989, 376).

92 § 338 Nr. 5 StPO. Bezüglich des Angeklagten, der nach §§ 230 Abs. 1, 231 StPO grundsätzlich anwesend sein muss, können etwa §§ 231a ff., 247 StPO zu prüfen sein. Die Anwesenheit eines Verteidigers kann durch § 140 StPO vorgeschrieben sein. Auch das Fehlen eines Dolmetschers kann eine Gesetzesverletzung im Sinne des § 338 Nr. 5 StPO sein (s. Art. 6 Abs. 3 lit. e EMRK, § 185 Abs. 1 Satz 1 GVG).

93 S. die Darstellung bei *Weidemann/Scherf* Rn. 270 ff.; so wie bei *Russack* Rn. 108 ff., 120 ff., 199 ff.

Die Verletzung des Verfahrensrechts kann darüber hinaus in einer **unzulässigen Ablehnung von Beweisanträgen** (§§ 244 Abs. 3 bis 6, 245 Abs. 2 StPO) liegen (die „Unerreichbarkeit" des Zeugen [§ 244 Abs. 3 Satz 2 StPO] wird allein damit begründet, er lebe im Ausland). 477

Zudem kann das Gericht einen bestimmten Beweis verwertet haben, obwohl dies unzulässig war (der den unantastbaren Kernbereich privater Lebensgestaltung betreffenden Inhalt eines Tagebuchs oder die unter Verletzung des § 136a Abs. 1 und Abs. 2 StPO zustande gekommene Aussage wird entgegen verfassungsgerichtlicher Deutung bzw. § 136a Abs. 3 Satz 2 StPO und trotz des Widerspruchs des verteidigten Angeklagten durch Verlesung bzw. Vernehmung der Verhörsperson in die Hauptverhandlung eingeführt und bei der Urteilsfindung berücksichtigt).

Beim **Zeugenbeweis** ist ein besonderes Augenmerk auf die Belehrungspflichten (insbesondere der §§ 52 Abs. 3 und 55 Abs. 2 StPO) zu richten. Ist eine Zeugenbelehrung unterblieben (negative Beweiskraft des Protokolls!), so ist – über die Gesetzesverletzung hinaus – sorgsam zu begründen, dass der Rechtsmittelführer die Revision auch auf diese Verletzung stützen darf, mithin herauszuarbeiten, ob und inwieweit die fragliche Belehrungsvorschrift dem Schutze des Angeklagten dient („Rechtskreistheorie"). 478

Im Zusammenhang mit dem **Urkundenbeweis** werden häufig mögliche Verstöße gegen das Unmittelbarkeitsprinzip (§ 250 StPO) anzusprechen sein. Eine Gesetzesverletzung kann hier etwa darin zu sehen sein, dass das Gericht die Ausnahmevorschriften der §§ 251, 253 oder 256 StPO zu Unrecht angenommen oder die Reichweite des Verwertungsverbotes des § 252 StPO verkannt hat. 479

Verfahrensfehler können auch nach dem Schluss der Beweisaufnahme, den Schlussvorträgen und dem letzten Wort des Angeklagten auftreten. So ist es zum einen denkbar, dass die **Beratung** (§ 260 Abs. 1 StPO) etwa deswegen fehlerhaft ist, weil sie überhaupt nicht stattgefunden oder an ihr eine nicht in § 193 GVG genannte Person (etwa der Urkundsbeamte) teilgenommen hat. Zudem kann das Urteil erst nach Ablauf der Frist des § 268 Abs. 3 StPO verkündet oder nach Ablauf der Frist des § 275 Abs. 1 Satz 2 StPO[94] schriftlich zu den Akten gebracht worden sein. 480

Verfahrensfehlerhaft zustande gekommen ist ein Urteil auch, wenn das Gericht seine Überzeugung nicht im Sinne des § 261 StPO „aus dem Inbegriff der Verhandlung" geschöpft hat. Diese **„Inbegriffrüge"** ist quasi das Gegenstück der bereits oben angesprochenen „Aufklärungsrüge": Wird mit letzterer vorgetragen, das Gericht hätte seine Beweisaufnahme auf weitere (sich aufdrängende) Beweismittel erstrecken müssen und sei demnach der Aufklärungspflicht des § 244 Abs. 2 StPO nicht nachgekommen, so wird mit ersterer gerügt, das Gericht habe seine Überzeugung entweder aus Beweisen geschöpft, die in der Hauptverhandlung überhaupt nicht erhoben worden sind (das Tagebuch des Angeklagten, dessen Inhalt verwertet worden ist, wurde in der Hauptverhandlung nicht verlesen), oder aber das Gericht habe Beweise zwar erhoben, diese aber dem Urteil nicht zugrunde gelegt (das Gericht geht im Urteil davon aus, der Angeklagte habe sich zur Sache nicht geäußert, obwohl dieser eine schriftliche Einlassung zu Protokoll gegeben hat, die auch verlesen wurde). 481

---

[94] Hier ist anzumerken, dass das Urteil auf einem Verstoß gegen das Unverzüglichkeitsgebot an sich nicht „beruhen" kann (s. *Meyer-Goßner/Schmitt* StPO § 275 Rn. 28 und § 338 Rn. 54 ff.), da das Urteil ja bereits verkündet worden ist; nach § 338 Nr. 7 StPO wird dieses Beruhen aber unwiderleglich vermutet („absoluter" Revisionsgrund).

II. Die Beweisbarkeit des Verfahrensverstoßes im Revisionsverfahren

482 Schon in der Begründetheitsstation ist nach Feststellung des Verfahrensfehlers zu prüfen, ob dieser auch im Revisionsverfahren ohne Rekonstruktion der Hauptverhandlung bewiesen werden kann. Schon in den einleitenden Bemerkungen dieser Station wurde hervorgehoben, dass dieser Beweis vor allem **durch das Protokoll über die Hauptverhandlung** zu führen ist.[95] Knüpft man an obige Beispiele der „Inbegriffrüge" an, so folgt die Tatsache der Nichtverlesung des Tagebuchs aus der negativen Beweiskraft des Protokolls, da es sich bei der Verlesung von Urkunden um eine wesentliche und damit zu protokollierende Förmlichkeit handelt; die Verfahrensrüge kann hier aber nur dann Erfolg haben, wenn auch zu beweisen ist, dass der Inhalt des Tagebuchs nicht auf anderem Wege (namentlich durch einen nicht protokollierungsbedürftigen Vorhalt) eingeführt worden ist (insoweit kann freilich auch auf die Urteilsgründe Bezug genommen werden, wenn in diesen von einer „Verlesung" gesprochen und damit eine andere Form der Einführung ausgeschlossen werden kann). Die Tatsache der Einlassung des Angeklagten zur Sache lässt sich ohne Weiteres aus der positiven Beweiskraft des Protokolls (und seiner Anlagen) rekonstruieren.

483 Eine nachträgliche **Protokollberichtigung** ist grundsätzlich zulässig, wenn beide Urkundspersonen, also Vorsitzender und Urkundsbeamter, darin übereinstimmen, dass das Protokoll unrichtig ist. Folge der Berichtigung ist, dass die Beweiskraft des alten Protokolls entfällt und durch die des neuen Protokolls ersetzt wird. Mit Beschluss des Großen Senates für Strafsachen hat der *Bundesgerichtshof* im Jahre 2007 seine Rechtsprechung dahingehend geändert, dass Protokollberichtigungen selbst dann zulässig sind, wenn sie **rügeverkümmernde Wirkung** haben. Voraussetzung sind, neben sicherer Erinnerung beider Urkundspersonen an das tatsächliche Geschehen, die Gewährung rechtlichen Gehörs an den Revisionsführer und die Begründung des Protokollberichtigungsbeschlusses.[96]

484 Die Beweiskraft des Protokolls reicht in jedem Fall nur soweit, wie es **wesentliche Förmlichkeiten** niederlegt (§ 274 Satz 1 StPO) – bei dieser Frage hilft in der Klausursituation ein Blick in den Kommentar von *Meyer-Goßner/Schmitt*.[97] Auch hinsichtlich wesentlicher Förmlichkeiten kann die Beweiskraft zudem bei offensichtlichen Lücken, Unklarheiten oder Widersprüchen entfallen.[98]

485 Lassen sich Verfahrenstatsachen nicht durch das Protokoll beweisen, klärt das Revisionsgericht sie im Wege des Freibeweisverfahrens auf. Hier empfiehlt sich in der Klausur ein kurzer Hinweis darauf, wie dann der Beweis geführt werden kann.[99]

---

95 Zum Beweis von Verfahrensrügen lesenswert *Krause* Rn. 109.

96 BGHSt 51, 298. Dieser Beschluss ist verfassungsrechtlich „gebilligt" worden (*BVerfG* NJW-Spezial 2009, 217).

97 § 273 Rn. 6 ff.

98 *Meyer-Goßner/Schmitt* StPO § 274 Rn. 17; dazu ausführlich mit Fallbeispiel *Russack* Rn. 138.

99 Hat also der Prüfling etwa einen Verstoß gegen den Grundsatz der Öffentlichkeit der Verhandlung (§ 169 GVG i.V m. § 338 Nr. 6 StPO) festgestellt, weil im Sitzungssaal keine Zuschauerplätze zur Verfügung standen, so kann diese Tatsache nicht durch das Sitzungsprotokoll bewiesen werden, da die räumlichen Gegebenheiten des Sitzungssaales nicht zu den wesentlichen Förmlichkeiten gehören. Hier empfiehlt sich ein kurzer Hinweis, dass im Freibeweisverfahren etwa eine dienstliche Äußerung des Tatrichters zu den Gegebenheiten eingeholt werden kann.

III. Das „Beruhen" auf dem (beweisbaren) Verfahrensverstoß

Wird im Gutachten festgestellt, dass eine Rechtsnorm über das Verfahren beweisbar verletzt worden ist, ist eine Revision nur erfolgreich, wenn das angefochtene Urteil auf diesem Fehler „beruht". 486

Stets auf dem jeweiligen Verfahrensfehler beruht das Urteil, wenn er in dem Katalog des **§ 338 Nr. 1 bis 7 StPO**[100] erwähnt ist. Bei diesen – im Allgemeinen als **„absolut"** bezeichneten – Revisionsgründen misst das Gesetz bestimmten Fehlern eine derart große Bedeutung zu, dass bei ihrem Vorliegen unwiderleglich vermutet wird, dass dieser Fehler bis zum Urteil fortwirkt. Diese Vermutung kann nach der Rechtsprechung aber doch in extremen Ausnahmefällen widerlegt werden, wenn ein Beruhen „denkgesetzlich ausgeschlossen ist";[101] in der Klausur sollte diese Ausnahme mit größter Zurückhaltung behandelt werden.

Lässt sich hingegen der erkannte Verfahrensfehler nicht den „absoluten" Revisionsgründen subsumieren, ist das „Beruhen" gemäß **§ 337 Abs. 1 StPO** im Einzelfall positiv festzustellen **(„relative" Revisionsgründe).** Hierfür ist zu fragen, ob das Urteil bei richtiger Anwendung der Verfahrensnorm anders ausgefallen wäre;[102] im Rahmen dieser hypothetischen Betrachtung genügt schon die Möglichkeit einer abweichenden Entscheidung,[103] so dass die Hürde nicht allzu hochgesteckt ist. 487

IV. Kein Verlust der Verfahrensrüge

In seltenen Ausnahmefällen kann einmal anzusprechen sein, dass das Urteil zwar auf einem Verfahrensverstoß beruht, der Rechtsmittelführer diesen aber wegen **Zeitablaufs** (etwa in den Fällen des § 217 Abs. 2 oder § 222b Abs. 1 Satz 1 StPO), **Verzichts oder Verwirkung** nicht (mehr) rügen darf;[104] gerade zu den beiden zuletzt genannten Rügeverlusten dürften Hinweise in der Klausur kaum zu übersehen sein. 488

C. Verletzung einer „anderen Rechtsnorm" (Sachrüge)

Nachdem die Ordnungsmäßigkeit des Verfahrens überprüft wurde, folgt in einem weiteren Schritt die Überprüfung der richtigen Anwendung der „anderen" Rechtsnormen (§ 344 Abs. 2 Satz 1 StPO), namentlich denen des **materiellen Rechts.** Dabei sind dem Revisionsgericht andere Erkenntnisquellen als die Urteilsurkunde verschlossen.[105] 489

Das Hauptaugenmerk ist in diesem Zusammenhang auf die **richtige Anwendung von Straftatbeständen** auf der Grundlage des im Urteil festgestellten Geschehens zu richten, und zwar hinsichtlich des Schuldspruchs wie des Rechtsfolgenausspruchs. Diese **„Subsumtionsrüge"** ist als „Wiege des Revisionsrechts" zu bezeichnen. Daneben überprüft das Revisionsgericht aber auch ob die Urteilsfeststellungen überhaupt eine tragfähige Grundlage für die Rechtsanwendung bieten. Im Rahmen 490

---

[100] § 338 Nr. 8 StPO als „absolutem" Revisionsgrund sollte jedenfalls in der Examensklausur mit gewisser Zurückhaltung begegnet werden; entgegen seiner systematischen Stellung empfiehlt es sich, ihn als „relativen Revisionsgrund" zu behandeln, das „Beruhen" also positiv festzustellen (s. *Brößler/Kunnes* Rn. 160 f.).

[101] Vgl. *Meyer-Goßner/Schmitt* StPO § 338 Rn. 2.

[102] KK-StPO/*Gericke* § 337 Rn. 33.

[103] BGHSt 21, 288 (290).

[104] S. dazu den Überblick bei *Meyer-Goßner/Schmitt* StPO § 337 Rn. 42 (Zeitablauf), Rn. 43 ff. (Verzicht) und Rn. 47 f. (Verwirkung).

[105] *Meyer-Goßner/Schmitt* StPO § 337 Rn. 22: „Grundlagen der Prüfung sind nur die Urteilsurkunde und (!) die Abbildungen, auf die nach § 267 I S 3 verwiesen worden ist".

dieser **„Darstellungsrüge“**[106] ist insbesondere auch die Beweiswürdigung zu überprüfen, wobei allerdings insoweit ein eingeschränkter Prüfungsmaßstab gilt.

491 Hinsichtlich der Einzelheiten der rechtlichen Würdigung kann im Wesentlichen auf die für das erste Staatsexamen erworbenen Kenntnisse zurückgegriffen werden. Dabei empfiehlt sich auch hier eine den Problemschwerpunkten angepasste Mischung aus Gutachten- und Urteilsstil.

492 Wichtig ist für den **Aufbau,** dass die einzelnen Rügen sorgfältig auseinander gehalten werden – so ist etwa im Rahmen der Subsumtionsrüge auch dann der vom Gericht festgestellte Sachverhalt zugrunde zu legen, wenn die Bearbeitung zu der Auffassung gelangt, dass dieser Sachverhalt auf einer fehlerhaften Beweiswürdigung beruht, die mit der Darstellungsrüge angreifbar wäre. Es empfiehlt sich im Einzelnen ein dreistufiger Aufbau:

I. Tatsachenfeststellungen und Subsumtion

493 Zunächst ist zu überprüfen, ob dem Urteil überhaupt **ausreichende Tatsachenfeststellungen** zugrunde liegen. Dabei wird sich nur in seltenen Ausnahmefällen schon durch einen Blick auf die Feststellungen selbst[107] ergeben, dass diese unzureichend sind – dies ist etwa der Fall, wenn sie sich selbst widersprechen oder wenn sie überhaupt nicht erkennen lassen, welchen Sachverhalt das Gericht seinem Urteil zugrunde gelegt hat.

In der Regel kann die Frage, ob die Tatsachenfeststellungen ausreichen, jedoch nur beantwortet werden, wenn man gleichzeitig die vom Gericht bejahten Delikte im Blick hat. Denn das Urteil muss grundsätzlich nur die Tatsachen feststellen, die die Verwirklichung aller Tatbestandsmerkmale dieser Delikte belegen. Daher ist bereits hier zu überprüfen, ob der festgestellte Sachverhalt den angenommenen Strafvorschriften subsumierbar ist. Diese Prüfung unterscheidet sich nicht entscheidend von anderen materiellrechtlichen Gutachten.[108] Ihr ist – wie bereits erwähnt – in jedem Fall der festgestellte Sachverhalt zugrunde zu legen, selbst wenn dieser unter Verstoß gegen eine Verfahrensvorschrift ermittelt wurde oder die Beweiswürdigung für angreifbar gehalten wird. Eigene Beweiswürdigungen sind an dieser Stelle unzulässig. Dass dieser Prüfungsmaßstab bekannt ist, sollte durch einen entsprechenden Einleitungssatz belegt werden:

„Zu prüfen ist zunächst, ob die tatsächlichen Feststellungen im Urteil die Verurteilung wegen … tragen.“

Ergibt sich anhand der Prüfung, dass nicht alle Voraussetzungen für eine Strafbarkeit festgestellt sind (was in der Klausursituation in der Regel für mindestens ein Delikt der Fall sein wird), ist eine Rechtsverletzung festgestellt. Das Beruhen des Urteils auf eben diesem Fehler ergibt sich bereits unmittelbar aus der Urteilsurkunde:[109] Tragen etwa die Feststellungen allein eine Verurteilung wegen Diebstahls, so beruht

[106] Dazu umfassend *Brößler/Kunnes* Rn. 320ff.

[107] Die Tatsachenfeststellungen finden sich üblicherweise in Abschnitt II. der Urteilsgründe, hinter den Feststellungen zur Person. Einzelne Feststellungen können aber zulässigerweise auch erst in späteren Abschnitten „nachgeschoben“ sein. So finden sich etwa in der Praxis Feststellungen zur subjektiven Tatseite gelegentlich erst im Rahmen der rechtlichen Würdigung.

[108] Dabei kommt es nicht darauf an, ob die rechtliche Würdigung durch das Tatgericht (die sich im Urteil in der Regel in Abschnitt IV. der Urteilsgründe findet) in allen Einzelheiten korrekt ist, sondern ausschließlich darauf, ob sie im Ergebnis zutrifft. In der Examensklausur wird dieser Teil des Urteils oft „zu Prüfungszwecken“ nicht mit abgedruckt sein.

[109] *Krause* Rn. 101; *Meyer-Goßner/Schmitt* StPO § 337 Rn. 40.

das Urteil bei einem Schuldspruch wegen Raubes offensichtlich auf der Gesetzesverletzung.

Nachdem alle vom Gericht angenommenen Straftatbestände überprüft worden sind, ist weiter zu prüfen, ob die Feststellungen des Gerichts die Verurteilung wegen anderer bzw. weiterer Delikte tragen können. Denn die Sachrüge kann im Ergebnis erfolglos bleiben, wenn das Revisionsgericht zu dem Ergebnis kommt, dass zwar nicht der vom Tatgericht angenommenen Tatbestand, aber statt dessen ein anderer, ebenso schwerwiegender erfüllt ist.[110] Zudem mag in den Zweckmäßigkeitserwägungen auch von einer an sich begründeten Revision im Einzelfall abzuraten sein, wenn der Angeklagte damit rechnen muss, nach erneuter Hauptverhandlung womöglich sogar wegen eines schwereren Deliktes verurteilt zu werden.[111] Der Einleitungssatz für diese Prüfung kann etwa lauten: 494

„Die tatsächlichen Feststellungen könnten aber eine Verurteilung wegen … tragen."

II. Beweiswürdigung

In einem zweiten Schritt gilt es, die Beweiswürdigung des Tatgerichts, also die Begründung, warum es von dem festgestellten Sachverhalt ausgeht, zu überprüfen.[112] Dabei ist zu beachten, dass die Beweiswürdigung grundsätzlich zur „Domäne des Tatrichters" gehört und vom Revisionsgericht nur eingeschränkt zu überprüfen ist.[113] 495

In der Regel wird das Revisionsgericht zunächst überprüfen, ob das Tatgericht sich mit der Einlassung des Angeklagten, soweit dieser eine gemacht hat, auseinandergesetzt hat. Ansonsten muss die Beweiswürdigung nur überhaupt nachvollziehbar sein, insbesondere darf sie keine Widersprüche oder Lücken enthalten oder gegen Denk- und Erfahrungssätze[114] verstoßen.

Dabei ist hinsichtlich der Frage der Nachvollziehbarkeit Zurückhaltung geboten und immer zu bedenken, dass das Revisionsgericht die Beweiswürdigung nur auf Fehler überprüfen und nicht durch eine eigene Würdigung ersetzen darf. Eigene Ausführungen etwa zur Glaubhaftigkeit von Zeugenaussagen sind daher in aller Regel fehl am Platze. Unzulässig ist auch die Behauptung, der Inhalt einer Zeugenaussage sei im Urteil falsch wiedergegeben – dies zu überprüfen, würde eine dem Revisionsverfahren fremde Rekonstruktion der Hauptverhandlung erfordern. Dies gilt selbst beim Widerspruch zwischen der im Urteil wiedergegebenen Aussage und der Wiedergabe der Zeugenvernehmung im Hauptverhandlungsprotokoll.[115]

Kommt die Bearbeitung zu dem Ergebnis, dass die Beweiswürdigung fehlerhaft ist, also ein Rechtsverstoß besteht, stellt sich wiederum die Frage, ob das Urteil auf diesem Fehler beruht. Dies ist ausnahmsweise nicht der Fall, wenn das Gericht seine Überzeugung von einer bestimmten Tatsache auf mehrere Beweismittel gestützt hat, von denen nur eines fehlerhaft gewürdigt ist, und die anderen Beweismittel die Annahme ebenfalls voll tragen können. 496

---

[110] S. hierzu noch → Rn. 500.

[111] Vgl. → Rn. 500.

[112] Die Beweiswürdigung findet sich im Urteil in aller Regel im Abschnitt III. der Gründe, unmittelbar hinter den Feststellungen.

[113] Vgl. im Einzelnen *Meyer-Goßner/Schmitt* StPO § 337 Rn. 26 ff.

[114] Fehlerhaft wäre demnach etwa die Feststellung, der Beschuldigte müsse das Opfer gesehen haben, als er es anfuhr, da es in Flensburg im Dezember um 20 Uhr noch taghell gewesen sei. In diese Fallgruppe gehört auch die Annahme tatsächlich nicht bestehender Erfahrungssätze.

[115] Vgl. *Meyer-Goßner/Schmitt* StPO § 274 Rn. 10, § 337 Rn. 13.

Weist die Beweiswürdigung des Tatgerichts keine Besonderheiten auf, reicht in der Klausur die schlichte Feststellung, dass keine Fehler ersichtlich sind. Ansonsten empfiehlt sich auch hier zu Beginn der Prüfung ein kurzer Einleitungssatz, der den eingeschränkten Prüfungsmaßstab darstellt:

„Weiter könnte die Beweiswürdigung fehlerhaft sein. Diese ist grundsätzlich Aufgabe des Tatrichters und daher in der Revision nur beschränkt überprüfbar. Sie muss aber jedenfalls überhaupt nachvollziehbar, insbesondere frei von Widersprüchen, Lücken und Verstößen gegen Denkgesetze und Erfahrungssätze sein."

III. Strafzumessung

497 In einem letzten Schritt ist die Strafzumessung zu überprüfen.[116] Nach dem angesprochenen Grundsatz, dass die verschiedenen Aspekte der Sachrüge strikt auseinander zu halten sind, sind bei Überprüfung der Strafzumessung die Feststellungen des Tatgerichts sowie deren rechtliche Würdigung auch dann zugrunde zu legen, wenn die Bearbeitung oben zu dem Ergebnis gekommen ist, dass sie fehlerhaft sind.

Aus revisionsrechtlicher Sicht ist zunächst zu überprüfen, ob ausreichende Strafzumessungstatsachen, also Feststellungen zur Person des Angeklagten sowie zu etwaigen Vorstrafen, fehlerfrei festgestellt sind. Hier stellen sich in der Revisionsklausur selten Probleme.

Im Weiteren ist (zumindest gedanklich) der gesamte Strafzumessungsvorgang, wie er im dritten Teil dieses Buches dargestellt ist,[117] zu überprüfen, von der Bestimmung des anwendbaren Strafrahmens über die Bestimmung von Strafhöhe und -art bis hin zu etwaigen Strafartfolgeentscheidungen (bei Freiheitsstrafen insbesondere die Frage der Bewährung). Aus der Vielzahl hier denkbarer Gesetzesverletzungen[118] sind insbesondere hervorzuheben die Verkennung des richtigen Strafrahmens (etwa einer Strafrahmenverschiebung des Allgemeinen oder des Besonderen Teils) und die fehlerhafte Begründung der konkreten Strafhöhe (etwa unter Verstoß gegen das Doppelverwertungsverbot aus § 46 Abs. 3 StGB[119] oder durch Zugrundelegung unzulässiger oder Missachtung naheliegender zu Gunsten des Angeklagten sprechender Strafzumessungstatsachen[120]). Richtet sich die Revision gegen ein Berufungsurteil und hatte ausschließlich der Angeklagte Berufung eingelegt, mag auch zu überprüfen sein, ob das Verschlechterungsverbot des § 331 StPO eingehalten wurde.

§ 3. Zweckmäßigkeitserwägungen und Anträge

498 Soweit man sich über die Zulässigkeit und Begründetheit der Revision Schlüssigkeit verschafft hat, gilt es nunmehr, die gutachterlich gewonnenen Erkenntnisse einer **praxisgerechten Lösung** zuzuführen. Hier ist zu unterscheiden:

A. Erfolglosigkeit der Revision

499 Kommt der Prüfling zu dem Ergebnis, dass die Revision (in der Klausur sehr selten:) schon unzulässig oder (durchaus denkbar:) nicht begründet ist, wird in aller Regel

---

[116] Diese findet sich im Urteil üblicherweise am Ende im Abschnitt V. der Gründe.
[117] → Rn. 391 ff.
[118] Zu den möglichen Fehlern in der Strafzumessung s. *Dahs* Rn. 468 ff.
[119] Dazu *Huber/Hofer* Rn. 192.
[120] Vgl. insoweit im Einzelnen *Fischer* StGB § 46 Rn. 25 ff.

vorzuschlagen sein, von einer Revisionseinlegung abzusehen bzw. eine bereits eingelegte Revision (unter Beachtung des § 302 StPO) zurückzunehmen.

Trotz prognostizierter Erfolglosigkeit einer Revision kann es aber Fallgestaltungen geben, in denen im Interesse des Mandanten eine Revision zu erwägen ist. Gibt dieser etwa (ausweislich eines Besprechungsvermerks in den Akten) an, vor Antritt einer Freiheitsstrafe noch persönliche Dinge – in Freiheit – klären zu wollen, so kann ihm der Suspensiveffekt der Revision (§ 343 Abs. 1 StPO) diese Möglichkeit eröffnen; dies setzt freilich voraus, dass nicht zuvor eine Untersuchungshaft angeordnet (§§ 112ff. StPO) oder über deren Fortdauer nicht oder nicht zu Gunsten des Angeklagten entschieden (§ 268b StPO) worden ist. Vergleichbares kann gelten, wenn dem Mandanten die Hemmung der Rechtskraft etwa deswegen gelegen kommt, weil bestimmte (Neben-)Folgen des Urteils (wie das an die Rechtskraft geknüpfte Enden des Beamtenverhältnisses nach § 41 Abs. 1 Satz 1 BBG) erst später eintreten sollen. Stets sollte der Mandant aber auf die für ihn nachteiligen Kostenfolgen des § 473 StPO hingewiesen werden.

B. Weiteres Vorgehen bei zulässiger und begründeter Revision

Folgt aus dem Gutachten, dass die Revision zulässig und begründet ist, also Erfolg haben wird, ist sie in aller Regel auch zweckmäßigerweise anzubringen. Teilweise sind in der Klausur jedoch auch Überlegungen zur Zweckmäßigkeit des weiteren Vorgehens anzustellen, über die nachfolgend nur ein Überblick gegeben werden soll. 500

Liegen nach den Feststellungen des Urteils weitere Straftatbestände vor, die das Tatgericht übersehen und daher nicht abgeurteilt hat, steht dies der Durchführung einer Revision nicht entgegen. Wegen des Verbots der *reformatio in peius* darf eine Verschlechterung in Art und Höhe der Rechtsfolgen der Tat unter den Voraussetzungen des § 358 Abs. 2 StPO nicht erfolgen. Zu beachten ist allerdings, dass das Verschlechterungsverbot nicht für eine Verschärfung des Schuldspruchs gilt.[121]

Naheliegend ist die Durchführung eines Revisionsverfahrens im Hinblick auf § 32 Abs. 2 Nr. 5 BZRG, wenn gegen den bisher nicht vorbestraften Angeklagten eine Rechtsfolge verhängt wurde, die bei Geldstrafe 90 Tagessätze oder bei Freiheitsstrafe drei Monate nur geringfügig übersteigt.

Bei einem amtsgerichtlichen Urteil kann es zweckmäßig sein, statt einer Sprungrevision eine Berufung nach § 312ff. StPO einzulegen, da die Berufung eine zweite Tatsacheninstanz ist und die Beweisaufnahme wiederholt wird. Die Sprungrevision sollte daher nur durchgeführt werden, wenn der Verteidiger sicher sein kann, dass das amtsgerichtliche Urteil aufgehoben wird. Sind hingegen die Feststellungen des Urteils für den Angeklagten günstig, da sie die Verurteilung wegen eines bestimmten, vom Amtsgericht angenommenen Straftatbestandes nicht decken, birgt eine zweite Tatsacheninstanz die Gefahr von Nachbesserungen in den Feststellungen durch die Berufungsinstanz. In diesem Fall sollte der Sprungrevision der Vorzug gegeben werden.[122]

Es sind auch durchaus Fälle denkbar, in denen das Tatgericht auf der Grundlage (wie im Gutachten geprüft) vollständiger und tragfähiger Urteilsfeststellungen lediglich das sachliche Strafgesetz insoweit fehlerhaft angewendet hat, als dass das festgestellte Verhalten zwar nicht das im Schuldspruch genannte, aber ein anderes Strafgesetz verwirklicht. Da die Rechtsprechung in einem solchen Fall in entsprechender An- 501

[121] *Meyer-Goßner/Schmitt* StPO § 331 Rn. 8.
[122] Vgl. *Roxin/Schünemann* § 55 Rn. 3.

wendung des § 354 Abs. 1 StPO eine **„Schuldspruchberichtigung“** vornimmt,[123] ist eine Revision demnach nur dann ohne weiteres zweckmäßig, wenn das Revisionsgericht es bei dieser „Auswechselung der Strafvorschrift“ belässt, die Sache aber im Übrigen unter Aufhebung des Urteils zurückverweisen wird. Wird dagegen auch der **Strafausspruch Bestand** haben, da eine Herabsetzung der Strafe trotz der Anwendung einer anderen Strafnorm ausgeschlossen erscheint, so stellt die zulässige und – an sich – begründete Revision im Ergebnis den Angeklagten nicht günstiger; ob die Revision dennoch eingelegt werden sollte, hängt vom Begehren des Mandanten ab: Strebt er vor allem an, nicht wegen eines bestimmten Delikts verurteilt zu werden (weil er etwa nicht als „Dieb“ bezeichnet werden möchte), so ist eine Revision ebenso zweckmäßig wie im bereits oben angesprochenen Fall der erwünschten Hemmung der Rechtskraft.

Ist die Durchführung einer Revision nach den oben aufgeführten Überlegungen zweckmäßig, sind nunmehr die verbleibenden Frist- und Formerfordernisse anzusprechen.

I. Revisionseinlegung

502 Im Rahmen der Einlegung der Revision können sowohl Probleme der Fristberechnung als auch Formeinhaltung zu berücksichtigen sein. Hierbei ist hinsichtlich der Vorschriften zur Revisionseinlegung (§ 341 StPO) und der zur Revisionsbegründung (§ 344 StPO) zu differenzieren.

Die Revision ist gemäß § 341 Abs. 1 StPO einzulegen bei dem Gericht, dessen Urteil angefochten wird **(„iudex a quo“);** hier kann einmal die Sondervorschrift des § 299 StPO für inhaftierte Beschuldigte zu beachten sein, nach der die Revision – fristwahrend – bei dem Amtsgericht eingelegt werden kann, das im Bezirk der Haftanstalt liegt. Ein etwaiger Revisionseinlegungsantrag[124] kann etwa lauten:

„Gegen das Urteil des Landgerichts Bochum vom 5. Oktober 2021 – Az. … – lege ich Revision ein.“

Noch nicht an dieser Stelle (nicht einmal in einem formelhaften Satz[125]) zu erwähnen ist in diesem Stadium des Rechtsmittelverfahrens der Gegenstand der Rüge.

II. Revisionsbegründung

1. Angreifbarkeit wegen Verfahrensfehlern

503 Ist das Urteil wegen Verfahrensfehlern angreifbar, sind diese mit der **Verfahrensrüge nach § 344 Abs. 2 Satz 2 StPO** geltend zu machen. Hierbei sind **die den Mangel begründenden Tatsachen anzugeben** (§ 344 Abs. 2 Satz 2 StPO), schlichte Verweisungen etwa auf das Protokoll sind dabei nicht zulässig. Wegen der genauen Anforderungen vgl. → Rn. 434.

2. Angreifbarkeit wegen sachlicher Fehler

504 Ergibt die Begründetheitsprüfung dagegen, dass dem Urteil lediglich materiell-rechtliche Fehler anhaften, sind diese mit der allgemeinen **Sachrüge** anzugreifen. An diese stellt das Gesetz **keine besonderen formellen Anforderungen.** Es genügt demnach, dass die Revision mit dem schlanken Satz „begründet“ wird:

---

[123] Dazu *Meyer-Goßner/Schmitt* StPO § 354 Rn. 12 ff.
[124] Ein Schriftsatzentwurf ist bei *Brößler/Kunnes* Rn. 27 zu finden.
[125] *Hamm* in: Hamm/Leipold S. 603.

„Gerügt wird die Verletzung materiellen Rechts“.

Lediglich die Frist zur (insoweit knappen) Revisionsbegründung ist einzuhalten. Kommt die Bearbeitung zu dem Ergebnis, dass das Urteil nur hinsichtlich des Rechtsfolgenausspruches Fehler enthält, ist an eine **Beschränkung der Revision** auf den Rechtsfolgenausspruch zu denken. Daneben kann sich auch die Frage stellen, ob die Revision nicht auf bestimmte Taten zu beschränken ist, wobei in diesem Fall Ausführungen zur „Trennbarkeitsformel“ erforderlich werden.[126] 505

3. Revisionsanträge

Entsprechend den eben dargelegten Vorüberlegungen steht schließlich am Ende der Bearbeitung die Formulierung des Antragvorschlags. Orientierungspunkt bei der Formulierung des Antrages ist der **gewünschte Tenor** des Revisionsgerichts. Wie der Antrag letztlich zu fassen ist, hängt davon ab, zu welchem Ergebnis man in der Begründetheitsprüfung gelangt ist. Gesetzlicher Anknüpfungspunkt des Antrages sind die §§ 353, 354 und 355 StPO. 506

Wurde in der Begründetheit festgestellt, dass dem Prozess ein **Verfahrenshindernis** entgegensteht, muss der Antrag auf die Einstellung des Verfahrens gerichtet werden: 507

„Es wird beantragt, das Urteil der 3. Großen Strafkammer des Landgerichts Bochum vom 9. November 2021 – Az. ... – aufzuheben und das Verfahren einzustellen.“

Handelt es sich um eine Revision gegen ein **Urteil der Kleinen Strafkammer,** so ist zu bedenken, dass beide tatgerichtliche Urteile aufzuheben sind;[127] hier kann der Antrag lauten:

„Es wird beantragt, das Urteil des Amtsgerichts Witten vom ... und der 2. Kleinen Strafkammer des Landgerichts Bochum vom ... – aufzuheben und das Verfahren einzustellen.“

Kommt das Gutachten zu dem Ergebnis, dass die angefochtene Entscheidung durch das Revisionsgericht nach § 353 Abs. 1 und Abs. 2 StPO einschließlich der zugrunde liegenden Feststellungen **aufzuheben** ist, lautet der Antrag:[128]

„Es wird beantragt, das Urteil der 2. Großen Strafkammer des Landgerichts Fulda vom 6. September 2021 – Az. ... – mit den zugrunde liegenden Feststellungen aufzuheben und die Sache an eine andere Strafkammer des Landgerichts Fulda zur erneuten Verhandlung und Entscheidung zurückzuverweisen.“

Ergibt die Begründetheitsprüfung, dass auf der Grundlage der vollständigen und tragfähigen Urteilsfeststellungen nicht eine Verurteilung, sondern vielmehr ein **Freispruch** hätte erfolgen müssen, lautet der entsprechende Antrag:

„Es wird beantragt, das Urteil der 3. Großen Strafkammer des Landgerichts Augsburg vom 22. September 2021 aufzuheben und den Angeklagten freizusprechen.“

In diesem Fall darf nicht beantragt werden, auch die tatgerichtlichen Feststellungen aufzuheben, weil damit dem Freispruch die tatsächliche Grundlage (mit weit reichenden Konsequenzen etwa für einen Strafklageverbrauch) entzogen würde.

Ist das Ergebnis des Gutachtens, dass das Urteil zwar hinsichtlich des Schuldspruchs, nicht aber hinsichtlich seines Rechtsfolgenausspruchs eine tragfähige Grundlage bietet und die Revision entsprechend **beschränkt** werden soll, kann der Antrag lauten:

---

[126] S. dazu *Brößler/Kunnes* Rn. 54 ff. und *Meyer-Goßner/Schmitt* StPO § 318 Rn. 6 ff.
[127] *Huber/Hofer* Rn. 343.
[128] *Huber/Hofer* Rn. 345.

„Es wird beantragt, das Urteil der 3. Großen Strafkammer des Landgerichts Kiel vom 6. Oktober 2021 – Az. … – im Rechtsfolgenausspruch mit den zugehörigen Feststellungen aufzuheben und die Sache an eine andere Strafkammer des Landgerichts Kiel zur erneuten Verhandlung und Entscheidung zurückzuverweisen."

5. Teil. Der Aktenvortrag in der mündlichen Prüfung

1. Abschnitt. Einführung

Mit dem Aktenvortrag beginnt die mündliche Assessorprüfung. Sein Gelingen ist damit richtungweisend für deren weiteren Verlauf. Der Prüfling hat hier die Möglichkeit, der Prüfungskommission nicht nur seine Rechtskenntnisse, sondern auch seine Fähigkeit aufzuzeigen, ein tatsächliches Geschehen schnell zu erfassen und knapp und verständlich einer sachgerechten Lösung zuzuführen. Dabei sollten Prüflinge nicht allzu große Ängste verspüren: Die Aufgabe ist nämlich in aller Regel sowohl tatsächlich als auch rechtlich einfach. Zudem kommt es bei dem Vortrag weniger darauf an, den zu bearbeitenden Aktenfall unter jedem denkbaren rechtlichen Gesichtspunkt abschließend (und auf dem vorgezeichneten Wege einer „Lösungsskizze") zu durchleuchten, als vielmehr praxisnah und vor allem im gegebenen Zeitrahmen eine vertretbare Entscheidung vorzustellen und mit einer ansprechenden und nachvollziehbaren Argumentation zu begründen. So heißt es etwa in den „Weisungen für den Aktenvortrag" für das Land Nordrhein-Westfalen auch: 508

„Durch den Vortrag soll der Prüfling zeigen, dass er befähigt ist, nach kurzer Vorbereitung in freier Rede den Inhalt einer Akte darzustellen sowie einen praktisch brauchbaren Vorschlag zu unterbreiten und zu begründen. Die Akten für den Vortrag können aus (...) dem Tätigkeitsbereich einer Staatsanwaltschaft[1] (...) entnommen werden.

Der Vortrag soll aus einem kurzen Bericht, dem wesentlichen Entscheidungsvorschlag, einer knapp gefassten Begründung dieses Vorschlags sowie einer abschließenden Mitteilung der zu treffenden Entscheidung oder Maßnahme bestehen. Die Einzelheiten ergeben sich aus dem Aufgabentext, insbesondere dem Vermerk für die Bearbeitung. Es ist vom Standpunkt eines in der Praxis tätigen Juristen auszugehen, der die Sache anderen Juristen vorträgt. Der Zuhörer muss in die Lage versetzt werden, den Vortrag ohne weiteres aufzunehmen und alles Wesentliche im Gedächtnis zu behalten. (...)"

Aus vorstehenden Weisungen (die trotz einiger Unterschiede in den Formulierungen in inhaltlicher Hinsicht auf sämtliche Prüfungsbezirke übertragen werden können) ergibt sich zunächst, dass versucht werden sollte, sich die wichtigsten Informationen für den Vortrag (in der knappen Vorbereitungszeit) gründlich einzuprägen und deren freie Wiedergabe anzustreben.[2] Nach den oben genannten Weisungen dürfen lediglich folgende Ausnahmen gemacht werden:

---

[1] Auch bei der Darstellung der Anforderungen an den Aktenvortrag soll hier von *staatsanwaltschaftlichen* Aufgabenstellungen ausgegangen werden. Zur Übung ist der Aktenvortrag von *Hauck/Peterke* JA 2007, 797 ff. zu empfehlen. Der Aktenvortrag kann auch eine anwaltliche Aufgabenstellung enthalten (s. zu den vorrangig in Betracht kommenden Klausurgestaltungen die eingehende Darstellung im 2. Teil [für den Aktenvortrag ist insbesondere das Vorgehen gegen einen Strafbefehl relevant; gängig sind auch Beratungen in Revisionsfällen]). Möglich ist überdies, dass der Kandidat über Zulässigkeit und Begründetheit einer eingelegten Vorschaltbeschwerde bzw. über ein Klageerzwingungsverfahren zu entscheiden hat. Weiter kann Gegenstand eines Aktenvortrages die Entscheidung des Gerichts über die Eröffnung des Hauptverfahrens (§§ 203 ff. StPO) sein. Es kann auch einmal ein (Berufungs-)Urteil abgefragt werden.

[2] Zum Vortragsstil s. *Müller-Christmann* S. 8.

„Beim Vortrag kann der Prüfling Stichwortzettel benutzen und bei Mitteilungen von Anträgen, Zeit oder Zahlenangaben sowie von Urkunden, auf deren Wortlaut es ankommt, die Akten heranziehen. Das Ablesen einer schriftlichen Ausarbeitung ist nicht gestattet. (...)"

Dass bei dem Aktenvortrag in der mündlichen Prüfung die Beachtung des zur Verfügung stehenden Zeitrahmens von besonderer Bedeutung ist, zeigen die Weisungen in besonders strenger Form:

„Der Vortrag soll die Dauer von 10 Minuten nicht überschreiten. Unter keinen Umständen darf er länger als 12 Minuten dauern. Nach dieser Zeit wird er in jedem Fall abgebrochen. (...)"

Gerade dieser Hinweis sollte jedoch keineswegs zur Verunsicherung führen. Vielmehr sollte er umgekehrt Anlass zur Ermutigung geben, da er erkennbar macht, dass in dieser kurzen Vortragszeit kaum der „Weisheit letzter Schluss" von den Prüfungskommissionen erwartet wird. Liegt der Schwerpunkt dieses Prüfungsteils in der straffen Darstellung und Lösung eines Aktenfalls, sollte sich der Prüfling eben auf diesen Schwerpunkt vorbereiten.[3]

2. Abschnitt. Aufbau des Aktenvortrags

509 Über die oben wiedergegebenen formalen Anforderungen hinaus enthalten die Weisungen zumeist keine Vorgaben zum Inhalt des Aktenvortrags. Der Aufbau ergibt sich aber aus der vorgegebenen Perspektive des „Tätigkeitsbereichs einer Staatsanwaltschaft". Seine Situation ist daher mit derjenigen eines Staatsanwalts oder einer Staatsanwältin vergleichbar, der oder die ein abschlussreifes Ermittlungsverfahren seinem Abteilungsleiter vorträgt. Der Aktenvortrag **gliedert** sich danach üblicherweise[4] **in fünf Teile:**

- Die Einleitung,
- den kurzen Bericht (Schilderung des Sachverhaltes),
- den wesentlichen (allgemeinen) Entscheidungsvorschlag,
- die Begründung dieses Vorschlags (Gutachten oder rechtliche Würdigung) sowie
- die abschließende Mitteilung der zu treffenden Entscheidung oder Maßnahme (konkreter Entscheidungsvorschlag).

§ 1. Einleitung des Vortrags

510 Nach den oben genannten beispielhaften Weisungen soll der Vortrag mit einem „kurzen Bericht" beginnen. Es hat sich jedoch eingebürgert, diesem – nach einer kurzen Anrede („Sehr geehrte Frau Vorsitzende, sehr geehrte Prüfungskommission")[5]

---

[3] So ist es bei Problemen in diesem Bereich keineswegs fern liegend, das Einüben des so wichtigen Einhaltens des Zeitrahmens an *bekannten* Fällen zu praktizieren. Allgemein zur Vorbereitung auf den Aktenvortrag s. *Schleif* JA 2007, 716 ff. Zum Üben von Aktenvorträgen stellt das Landesjustizprüfungsamt NRW auf seiner Homepage Kurzvorträge (mit den Originalvermerken für Prüfer) zur Verfügung, die in der Zweiten Staatsprüfung verwendet worden sind: https://www.justiz.nrw.de/Gerichte_Behoerden/landesjustizpruefungsamt/juristischer_vorbereitungsdienst/kurzvortraege/index.php.

[4] Diese Gliederung gilt für gewöhnlich auch, wenn eine anwaltliche Perspektive eingenommen werden soll.

[5] Einige Anleitungsbücher meinen, den Prüfling darauf hinweisen zu müssen, den Vortrag mit einem „Guten Morgen" zu beginnen. An dieser Stelle kann die Begrüßung jedoch

– zunächst einige einleitende Worte voranzustellen. In dieser Einleitung soll die Prüfungskommission in wenigen Sätzen darüber informiert werden, **wo** das Verfahren anhängig ist, um **welche Art des Verfahrens** es sich handelt und **gegen wen** es gerichtet ist. In bestimmten Fällen kann es angezeigt sein, weitere Beteiligte zu benennen (etwa einen Nebenkläger) und den Anlass des Verfahrens anzugeben (etwa dann, wenn zuvor ein Klageerzwingungsverfahren erfolgreich durchgeführt wurde).[6]

„Ich berichte[7] über ein Ermittlungsverfahren gegen den Oberstudienrat Werner Jakobs, das im Jahre 2021 bei der Staatsanwaltschaft Rostock anhängig war und über dessen Abschluss hier zu entscheiden ist."

§ 2. Kurzer Bericht

An die einleitenden Worte schließt sich ein „kurzer Bericht" an. Dieser soll den **Sachverhalt** in einer Weise schildern, die der späteren Entscheidung als Grundlage dient. Wie sich schon aus dem Adjektiv „kurz" ergibt, sollte der Schwerpunkt des Vortrags im Teil der rechtlichen Würdigung liegen. Der Bericht sollte danach höchstens ein Drittel des gesamten Umfangs des Vortrags ausmachen.[8] 511

Bei der Darstellung des Sachverhalts stellt sich die Frage, ob Ausführungen zu Beweisfragen („Beweisstation") bereits im Sachverhalt bzw. im Anschluss an diesen (noch vor dem wesentlichen Entscheidungsvorschlag) oder aber erst im materiellrechtlichen Gutachten platziert werden. 512

Vorzugswürdig erscheint es, zunächst einen geschichtlichen Vorgang als feststehend wiederzugeben, ohne dass bereits an dieser Stelle darzustellen ist, in welchem Umfang das Geschehen als bewiesen anzusehen ist. Der Prüfling hat demnach gegebenenfalls notwendige Überlegungen zur Beweiswürdigung bereits (gedanklich) angestellt, er informiert die Zuhörer über diese aber grundsätzlich erst im Rahmen der Begründung des Entscheidungsvorschlages.[9] Es kann sich – angesichts der keineswegs einheitlichen Praxis – hier aber durchaus anbieten, etwaige Beweisfragen schon im Bericht kurz anzudeuten (indem etwa einzelne für eine bestimmte Feststellung heranzuziehende Beweismittel an dieser Stelle bereits benannt werden), sodann aber auf die rechtliche Würdigung zu verweisen.[10]

Die Sachverhaltsschilderung im Aktenvortrag ist damit am ehesten mit der „Konkretisierung" in der Anklageschrift zu vergleichen. Sie hat das spätere Gutachten vorzubereiten und damit als Grundlage der Subsumtion sämtlicher Merkmale zu dienen, welche die äußere und innere Tatseite der verwirklichten Straftatbestände betreffen. Wie bei der Konkretisierung ist eine chronologische Wiedergabe der Vorgänge (nicht des Akteninhalts) sinnvoll. 513

„Diesem Verfahren liegt folgender Sachverhalt zugrunde: Der Beschuldigte fuhr mit dem Auto seiner Lebensgefährtin B …."

---

insbesondere dann als etwas floskelhaft empfunden werden, wenn der Prüfling bereits beim Betreten des Prüfungsraumes Höflichkeiten ausgetauscht hat.

6 Zur Formulierung der einleitenden Worte eingehend *Solbach* JA 1995, 226 (227 f.).

7 Die Formulierung „Ich *möchte* … berichten" ist bei vielen Prüfern wegen ihres unpassenden Wortsinns nicht beliebt, da der Kandidat tatsächlich *berichtet* und nicht berichten *möchte.*

8 *Müller-Christmann* S. 11.

9 So auch *Kaiser/Schöneberg* S. 9.

10 So *Kröpil* JuS 2009, 738; *Solbach* JA 1995, 226 (228); vgl. *Krüger/Kock* Bd. 2 S. 181.

514 Einerseits wegen der gebotenen Kürze, andererseits aber auch wegen der nur begrenzten Aufnahmefähigkeit der Zuhörer sollten nur solche Einzelheiten mitgeteilt werden, die für die spätere Entscheidung auch tatsächlich von Bedeutung sind. Dies gilt insbesondere für Zahlenangaben und Daten, deren gehäufte Erwähnung nicht nur die Konzentration des Zuhörers, sondern auch die des Vortragenden beeinträchtigen kann. Darüber hinaus besteht die Möglichkeit, auch unentbehrliche Details erst im Rahmen des Gutachtens darzulegen; es kann sich empfehlen, dies durch einen kurzen Hinweis anzukündigen:

„(...) Auf weitere Einzelheiten hinsichtlich der Daten und genauen Schadenshöhe wird im weiteren Verlauf des Vortrags noch einzugehen sein. (...)"

§ 3. Wesentlicher Entscheidungsvorschlag

515 An die Schilderung des Sachverhaltes schließt sich der „wesentliche Entscheidungsvorschlag" an. Dieser soll dem Zuhörer zum einen den Übergang vom Bericht zum Gutachten andeuten, zum anderen aber auch bereits eine Richtschnur der weiteren Erwägungen an die Hand geben. Der Vortragende hat an dieser Stelle daher lediglich in **knapper Form die tragende Entscheidung vorzustellen.**

Falls die **Erhebung der öffentlichen Klage** vorgeschlagen wird, ist nur der für erwiesen erachteten Tatvorwurf anzugeben; weitere Informationen, wie die sachliche und örtliche Zuständigkeit des Gerichts oder etwaige neben der Anklage zu stellende Anträge sollten dem konkreten Entscheidungsvorschlag am Ende des Vortrages vorbehalten bleiben.

„Aufgrund dieses mit überwiegender Wahrscheinlichkeit feststehenden Sachverhaltes schlage ich vor, den Beschuldigten wegen besonders schwerer Brandstiftung in Tateinheit mit Brandstiftung anzuklagen."

Soll das **Ermittlungsverfahren** (gegebenenfalls auch teilweise) **eingestellt** werden, ist es sinnvoll, bereits an dieser Stelle die angewendete Einstellungsnorm mitzuteilen, da dies die Aufmerksamkeit des Zuhörers bereits in eine bestimmte Richtung lenkt. Wird etwa die Vorschrift des § 170 Abs. 2 Satz 1 StPO genannt, deutet sich schon hier das Fehlen eines hinreichenden Tatverdachts an, während der Vorschlag einer Einstellung (bzw. eines Antrags auf Zustimmung zur Einstellung durch das Gericht) nach den §§ 153 ff. StPO die Aufmerksamkeit auf diejenigen Gründe lenkt, die den Prüfling trotz in der Regel vorliegenden hinreichenden Tatverdachts von der Anklageerhebung abgehalten haben.

„Ich schlage vor, den Beschuldigten X wegen Betruges in Tateinheit mit Urkundenfälschung anzuklagen und das Verfahren gegen den Beschuldigten Y gemäß § 153 Abs. 1 Satz 2 StPO einzustellen."

§ 4. Begründung des Entscheidungsvorschlags

516 Im Folgenden ist der zuvor gemachte Entscheidungsvorschlag zu begründen, indem der mitgeteilte Sachverhalt rechtlich zu begutachten ist. Das Gutachten ist der wichtigste Teil des Kurzvortrages, da der Prüfling in diesem zeigen soll, dass er einen geschichtlichen Vorgang rechtlich zutreffend erfassen und sachgerecht würdigen kann. Da die Sachverhalte tatsächlich und rechtlich einfach gelagert sein sollen und daher nur wenige Probleme enthalten dürften, ist besonders darauf zu achten, den

Vortrag auf eben diese Probleme auszurichten. So sollte Offensichtliches knapp und weitgehend im Urteilsstil dargelegt werden, während anspruchsvollere Rechtsfragen oder Ausführungen zur Beweiswürdigung umfassend darzustellen sind, wobei sich die Benutzung des Gutachtenstils anbietet. Die Gewichtung zwischen diesen beiden Bereichen stellt die entscheidenden Weichen für das Gelingen des Vortrags.

Wie in der strafrechtlichen Pflichtklausur hat die Bearbeitung neben den materiellrechtlichen Fragen (→ Rn. 517 ff.) auch prozessuale Gesichtspunkte (→ Rn. 522 ff.) anzusprechen und zu klären.

A. Materiellrechtliche Begutachtung

Die sachlichrechtlichen Überlegungen entsprechen praktisch vollständig den Erfordernissen des Klausurgutachtens in diesem Bereich. Der Vortragende hat daher einen hinreichenden Tatverdacht des Beschuldigten im Hinblick auf möglicherweise verwirklichte Straftatbestände zu prüfen. 517

Hierbei sollte grundsätzlich mit der Prüfung derjenigen Straftatbestände begonnen werden, für die ein **hinreichender Tatverdacht** zu begründen ist. Da im Entscheidungsvorschlag in Fällen der Anklageerhebung bereits die anzuklagenden Delikte genannt wurden, erscheint es sachgerecht, deren Prüfung auch an den Anfang des Gutachtens zu stellen. Dabei ist es sinnvoll, den Vortrag insoweit grundsätzlich im Urteilsstil zu gestalten, da das Ergebnis dieser Prüfung durch den Entscheidungsvorschlag bereits bekannt gemacht wurde. Im Übrigen sollte der Vortragende durch geschicktes Wechseln von Gutachten- und Urteilsstil versuchen, die Aufmerksamkeit seiner Zuhörer auf die jeweiligen (dann im Gutachtenstil darzustellenden) Schwerpunkte zu lenken.

„Die materiellrechtliche Würdigung ergibt Folgendes:

Der Beschuldigte hat sich eines Diebstahls nach § 242 Abs. 1 StGB hinreichend verdächtig gemacht, indem er … Zwar leugnet der Beschuldigte, am fraglichen Tag … Seine Angaben werden aber widerlegt durch …

Der Beschuldigte könnte sich darüber hinaus durch den Stich mit dem Messer einer gefährlichen Körperverletzung gemäß § 224 Abs. 1 Nr. 2 StGB hinreichend verdächtig gemacht haben. … Nach alledem ist ein hinreichender Tatverdacht für diesen Tatbestand zu verneinen."

Gerade bei Aufgabenstellungen für den Aktenvortrag spielen Probleme eines **wirksamen Strafantrages** häufig eine Rolle. Keine Besonderheiten ergeben sich bei einem absoluten Antragsdelikt. Fehlt ein Antrag, ist dies zu Beginn der Deliktsprüfung kurz anzugeben und darauf hinzuweisen, dass es an einer Verfolgungsvoraussetzung mangelt. Liegt ein Antrag hingegen vor, genügt ein Hinweis im Rahmen der prozessualen Erwägungen. Auch bei einem relativen Antragsdelikt ist das Vorliegen eines Antrags kurz anzusprechen, bei Nichtvorliegen sollte dieser Umstand mit dem Hinweis auf die späteren Ausführungen erwähnt werden. 518

Auch im Aktenvortrag ist das **Konkurrenzverhältnis** der verwirklichten Tatbestände sorgsam darzustellen. Hierbei sollte in der Regel ohne weiteres der höchstrichterlichen Rechtsprechung gefolgt werden; Ausführungen etwa zu der Frage, ob die Figur der „natürlichen Handlungseinheit"[11] anzuerkennen ist, sind im Kurzvortrag nicht angebracht.

Sollten nicht sämtliche Beweismittel dasselbe Geschehen tragen, ist dies bei dem jeweiligen Merkmal anzusprechen, hinsichtlich dessen ein hinreichender Tatverdacht 519

[11] Zu diesem Rechtsinstitut s. Schönke/Schröder/*Sternberg-Lieben/Bosch* StGB Vorbem. §§ 52 ff. Rn. 22 ff.

zu begründen ist. Hier sind die Beweise – wie aus dem materiellrechtlichen Gutachten in der Klausur vertraut – zu würdigen, wobei angesichts der knappen zur Verfügung stehenden Zeit naturgemäß keine umfassende Beweiswürdigung möglich ist. Hier kann es sich durchaus empfehlen, den Zuhörer deutlich darauf hinzuweisen, dass lediglich eine hinreichende Wahrscheinlichkeit für eine Verurteilung festgestellt werden muss.

„Der Sachverhalt beruht (im Wesentlichen) auf der Einlassung des Beschuldigten. Dieser bestreitet zwar, dass … Diese Einlassung wird jedoch durch die Bekundung des Zeugen … zu widerlegen sein. Dieser hat detailgenau geschildert, … danach ist das Geschehen in dieser Hinsicht jedenfalls hinreichend wahrscheinlich."

520 Um die Aufmerksamkeit des Hörers zu erhalten und diesem einen roten Faden an die Hand zu geben, sollte das Ergebnis des materiellrechtlichen Teils des Gutachtens schließlich **knapp zusammengefasst** werden:

„Danach hat sich der Beschuldigte hinreichend verdächtig gemacht, die Tatbestände des Betrugs gemäß § 263 Abs. 1 StGB, tateinheitlich begangen mit einer Anstiftung zur Begünstigung nach den §§ 257 Abs. 1, 26 StGB rechtswidrig und schuldhaft verwirklicht zu haben."

521 Hat der Prüfling vorgeschlagen, das **Verfahren** ganz oder (bei mehreren Beschuldigten möglicherweise auch nur im Hinblick auf einen von ihnen) teilweise nach § 153 Abs. 1 StPO **einzustellen,** so ist es im materiellrechtlichen Gutachten eigentlich nicht erforderlich, hinsichtlich sämtlicher in Betracht kommenden Delikte einen hinreichenden Tatverdacht ausführlich zu begründen, da diese Einstellungsvorschrift auch anwendbar ist, wenn kein hinreichender, sondern nur ein „irgendwie gearteter Verdacht verfolgbarer Straftaten im Sinne von § 152 Abs. 2 StPO"[12] gegeben ist. Hiervon ausgehend, wäre daher unter Hinweis auf den vorliegenden Anfangsverdacht der Schwerpunkt auf die Voraussetzungen der Verfahrensbeendigung nach § 153 Abs. 1 StPO zu richten. Dieses prozessual richtige und in der Praxis auch übliche Vorgehen kann in der Prüfungssituation aber nur mit Einschränkungen gelten. Es birgt nämlich die Gefahr in sich, dass von der Aufgabenstellung vorgesehene materiellrechtliche Erörterungen unberücksichtigt bleiben. Ein „Überspringen" dieses Teils sollte daher nur dann vorgenommen werden, wenn entweder sicher ist, dass keine Probleme „abgeschnitten" werden, oder aber etwa ein deutlicher Hinweis im Bearbeitungsvermerk die Ausführungen in Richtung der Einstellungsvorschrift des § 153 Abs. 1 StPO lenkt.

B. Prozessuale Überlegungen

522 Auch die in prozessualer Hinsicht notwendigen Erörterungen folgen im Wesentlichen den zum Gutachten in der Klausur geltenden Grundsätzen. Der prozessuale Teil des Vortrags sollte mit einem verbindenden Satz eingeleitet werden:

„In prozessrechtlicher Hinsicht ist Folgendes zu bedenken:"

An dieser Stelle ist den Zuhörern deutlich zu machen, **warum** eine bestimmte Entscheidung vorgeschlagen worden ist und **was** der zuständige Staatsanwalt darüber hinaus **zu veranlassen oder zu bedenken hat.**

Wurde etwa ein **hinreichender Tatverdacht** verneint, ist nicht allein die Einstellungsvorschrift des § 170 Abs. 2 Satz 1 StPO zu nennen, sondern es ist des Weiteren darauf hinzuweisen, dass zum einen diese **Einstellung** dem Beschuldigten nach § 170 Abs. 2 Satz 2 StPO mitzuteilen ist, wenn er verantwortlich vernommen wur-

[12] KK-StPO/*Diemer* § 153 Rn. 5.

de, und zum anderen der Antragsteller nach § 171 Satz 1 StPO unter Angabe der Gründe zu bescheiden ist. Auch ein Hinweis auf die Belehrung des Antragstellers nach § 171 Satz 2 StPO sollte nicht fehlen.[13]

Schlägt der Prüfling trotz Vorliegens eines hinreichenden Tatverdachts eine Einstellung nach § 170 Abs. 2 StPO bei gleichzeitiger **Verweisung auf den Privatklageweg** vor, sollte er nicht nur den Katalog des § 374 StPO erwähnen und kurze Erläuterungen zur Verneinung des öffentlichen Interesses nach § 376 StPO geben, sondern auch auf die Notwendigkeit einer Mitteilung an den Beschuldigten nach § 170 Abs. 2 Satz 2 StPO und eines Bescheids an den Antragsteller, der wegen des § 172 Abs. 2 Satz 3 StPO keiner Belehrung bedarf, hinweisen.

Vor allem im Rahmen des Aktenvortrags soll der Prüfling zeigen, dass er den **Erfordernissen der Praxis** Rechnung zu tragen gelernt hat. Daher kommt gerade der Entscheidung zwischen den abschließenden Entschließungen der Erhebung der öffentlichen Klage einerseits und der Einstellung des Verfahrens nach den §§ 153 ff. StPO andererseits besondere Bedeutung zu. So sollte im letzteren Fall genau herausgearbeitet werden, warum das öffentliche Interesse an der Strafverfolgung eine Anklageerhebung nicht gebietet und warum eine bestimmte Einstellungsvorschrift gewählt wurde. 523

Wie bereits mehrfach betont, kann der Prüfling durch eine (Teil-)Einstellung nach § 154 Abs. 1 StPO oder eine Verfolgungsbeschränkung nach § 154a StPO nicht nur zeigen, dass er das Verfahren praxisgerecht vereinfachen kann, sondern auch, dass er die als schwierig empfundene Materie der prozessualen Tat nach § 264 StPO durchdrungen hat.

Auch kann im Aktenvortrag dargestellt werden, warum statt einer Anklageerhebung ein Antrag auf **Erlass eines Strafbefehls** vorgeschlagen wurde. In diesem Fall ist auf die fehlende Erforderlichkeit der Hauptverhandlung abzustellen. Demgegenüber kann unter Hinweis auf die besondere Bedeutung der Sache oder auf die Notwendigkeit zur vollständigen Klärung auch der Nebenumstände oder des Verschaffens eines persönlichen Eindrucks (§ 407 Abs. 1 Satz 2 StPO) der Vorschlag, Anklage zu erheben, gerechtfertigt werden (vgl. Nummer 175 Abs. 3 RiStBV). 524

Ähnliches gilt für die Frage, ob sich der Sachverhalt für die Durchführung des **beschleunigten Verfahrens** eignet. Zwar werden im Aktenfall häufig dessen Grundvoraussetzungen gegeben sein („einfacher Sachverhalt“ oder „klare Beweislage“ [§ 417 StPO]),[14] dennoch sollte der Prüfling von dieser Möglichkeit nur zurückhaltend Gebrauch machen. Es bietet sich folgende Formulierung an:

„Zwar mögen die Voraussetzungen der Vorschrift des § 417 StPO gegeben sein, jedoch ist zu beachten, dass zum einen nicht ohne weiteres sichergestellt ist, dass sämtliche Beweismittel sofort verfügbar sind; zudem kann nicht unterstellt werden, dass die Geschäftslage des zuständigen Gerichts eine Hauptverhandlung innerhalb kurzer Zeit zulässt; dies war aber gesetzgeberisches Motiv für die Neuregelung dieser Verfahrensform.“

Bei Anklageerhebung ist zudem kurz auf die **Zuständigkeit des Gerichts** einzugehen, wobei aber hinsichtlich der Straferwartungen keine breiten Ausführungen erwartet werden. Zudem kann auf die möglicherweise notwendigen Vermerke in der Anklageschrift hinzuweisen sein, dass sich der Beschuldigte in Untersuchungshaft befindet und wann die Fristen gemäß § 122 Abs. 2 StPO und gemäß § 117 Abs. 5 StPO ablaufen. Auch sollte hier eine knappe Begründung der eventuell mit der Anklage zu verbindenden Anträge gegeben werden. 525

---

[13] S. dazu → Rn. 181 f.

[14] Dazu ausführlich → Rn. 169.

§ 5. Konkreter Entscheidungsvorschlag

526 Der Vortrag schließt mit einem konkreten, sämtliche wesentliche Informationen enthaltenden Entscheidungsvorschlag:

„Nach alledem schlage ich vor, hinsichtlich des Beschuldigten A Anklage beim Amtsgericht – Schöffengericht – Verden wegen schwerer Körperverletzung zu erheben und den Erlass eines Haftbefehls gemäß den §§ 114, 112 Abs. 1 und Abs. 2 Nr. 3 lit. b StPO zu beantragen. Zudem schlage ich vor, das Verfahren gegen den Beschuldigten B nach § 153 Abs. 1 Satz 2 StPO einzustellen.“

Sachregister

(Die Zahlen verweisen auf die Randnummern des Buches.)